Fiascos, S. A.

Fiascos, S. A.

Los grandes fracasos empresariales de la democracia

Miguel Ángel Noceda

DEBATE

Papel certificado por el Forest Stewardship Council®

MIXTO
Papel | Apoyando la silvicultura responsable
FSC® C117695

Penguin Random House Grupo Editorial

Primera edición: junio de 2025

Printed in Spain – Impreso en España

ISBN: 978-84-10214-85-9
Depósito legal: B-6.300-2025

Compuesto en M. I. Maquetación, S. L.

Impreso en Liberdúplex
Sant Llorenç d'Hortons (Barcelona)

C 2 1 4 8 5 9

A Isabel

Índice

Prólogo

La idea de escribir este libro partió de un reportaje sobre los grandes fiascos empresariales de la democracia publicado en *El País* los días 22 y 23 de agosto de 2021, unas fechas que hicieron que pasara bastante desapercibido. La serie de relatos, que me había propuesto Jesús Sérvulo González, redactor jefe de Economía del periódico a raíz de las sucesivas crisis empresariales de aquellos años, llevaba tiempo en la *nevera* de la sección. Sin embargo, por razones de espacio, cada vez más reducido en las ediciones de papel, no entraba en el planillo diario. Hubo que esperar a esas fechas veraniegas de menor actividad y más posibilidades; tal vez cuando menos periódicos se venden en España y menos gente se detiene a leerlos en las ediciones digitales, más allá de los titulares.

En esos días yo me encontraba de vacaciones en mi pueblo, Comillas. Apenas recibí reacciones, como suele ser habitual en otra época del año cuando publicas una historia seria y convincente. Únicamente el recordado Emilio Ontiveros, que pasaba los veranos en la comarca, me comentó, después de destacar el trabajo: «Tiene desarrollo». También lo alentó Joaquín Estefanía, mi primer director en *El País*, que asimismo ha escogido las tierras del occidente cántabro para sus retiros.

Las dos palabras de Ontiveros se me quedaron grabadas, y supe entonces que tenía que escribir este libro para cumplir con la previsión del que fue mi economista de cabecera (y de todos los compañeros) en los años que trabajé en *El País*. Así que, terminado el verano, y de vuelta en Madrid, fui madurando la idea, aunque dejando un horizonte a medio plazo, el conveniente para tener el tiempo que me ofreciera la jubilación, que entonces ya se acercaba. Llegado el momento, el planteamiento del libro cobró vigor y vigencia de la mano de Miguel Aguilar, otro habitual en los veranos comillanos junto a su padre, Miguel Ángel Aguilar. A Miguel hijo se debe el título *Fiascos, S. A.*, que muestra una capacidad enorme de concreción y que yo asumí inmediatamente.

El «desarrollo» al que se refería Ontiveros se convirtió en un reto formidable. La posibilidad de transitar, a través de los fiascos, por los casi cincuenta años de democracia de este país me animó a lanzarme a escribir el libro con más ganas. Se trataba de profundizar más allá de las seiscientas palabras que, más o menos, ocupaba cada uno de los relatos que componían el reportaje publicado aquel agosto de 2021. Requería ahondar en las hemerotecas, rastrear mucha documentación, hablar con protagonistas y recabar opiniones, conocer a fondo las actuaciones, preguntar por las razones y contextualizar los casos en su momento histórico. He tratado de hacerlo con la perspectiva de un reportero, es decir, observar los acontecimientos con mirada analítica y reflexiva, con el máximo rigor y veracidad. O sea, de hacer periodismo.

Se suele decir que el periodismo es el primer borrador de la historia, y es verdad. Por eso la información debe responder a esos principios básicos de veracidad, contraste, comprensión, rigor y contextualización, con honestidad y respeto a las normas éticas y deontológicas. Por esas máximas se deben regir los profesionales del periodismo para cumplir con el derecho constitucional de los ciudadanos a estar informados, alejándose de los bulos que alientan la desinformación y la polarización política, y socavan la democracia. Por eso, debemos frenar cualquier intento de dinamitarla. Sin periodismo no hay democracia, y ninguna democracia merece tal nombre si no se garantiza el derecho a la información.

Esto es lo que aprendí a lo largo de los más de cuarenta años de actividad como periodista de información económica en distintos medios (la revista *Mercado*, los diarios económicos *Cinco Días* y *La Gaceta de los Negocios*, y el diario *El País*), en los que he sido testigo de los hechos que aquí relato. Algunos los viví en primera persona como informador y otros como espectador privilegiado dentro de las redacciones. He bebido de muchos artículos (algunos escritos por mí y otros, los más, por compañeros de distintos medios) y de referencias que quedan en la memoria después de tanto tiempo de intercambio de experiencias. Además, me he servido de otros libros de contrastado rigor documental que me han aportado mucha y relevante información.

Para lograr una perspectiva lo más completa posible, acudí también a protagonistas de primera fila. Sus testimonios me sirvieron para conocer algunas informaciones o contrastar otras, lo que ha sido esencial para no desviarme de la realidad o, simplemente, para no meter la pata. En ese sentido, tuve varios encuentros con Aristóbulo de Juan, un hombre con una memoria portentosa que resultó vital para los capítulos de Rumasa, de Banca Catalana, de Banesto y, sobre todo, del Banco Popular. En los dos primeros, porque los vivió como directivo del Banco de España; en Banesto, porque estuvo inmerso en el proyecto frustrado de la fusión con el Banco Central, y en el Popular, porque trabajó quince años junto a Luis Valls al frente de esa entidad. Sus aportaciones, que fueron muchas y de las que le estoy inmensamente agradecido, enriquecieron de manera notable el texto. De esa etapa, también Carlos Solchaga, cuyo libro *Las cosas como son* supone una buena guía orientativa, y Alfredo Sáenz, reconversor de Banca Catalana y Banesto, me aportaron sus experiencias y comentarios, al igual que el abogado mercantilista Ángel Zamora y el catedrático José Domínguez Abascal.

También ha recabado informaciones redactadas por mí en los distintos medios en los que trabajé, debidamente contrastadas con sus protagonistas, y que han sido incorporadas al libro. Y he contado con las opiniones de muchos compañeros, que aceptaron leer el manuscrito y sin cuyo aporte habría quedado incompleto. Quiero agradecer esa labor a Mariano Guindal y Mar Díaz-Varela, Fernando González Urbaneja, Joaquín Estefanía, Pedro Cases, Roberto Santos, Manel Pérez, Alberto Grimaldi e Isabel Gil, así como a Paz Sanz, que con su apoyo técnico me ha sacado de más de un apuro informático.

He reportado, asimismo, los testimonios de los principales implicados en los casos derivados de estos fiascos, muchos de los cuales todavía seguían su curso judicial en el momento de escribir estas páginas, motivo que también ha impedido recoger más. Del ex vicepresidente Rodrigo Rato, inmerso en un largo proceso judicial por su gestión en Bankia, dio tiempo a incluir el alegato final del día que el juicio quedaba visto para sentencia, y de Fernando Martín, expresidente de Martinsa-Fadesa, el comienzo del juicio oral de la denominada pieza de Arganda del Rey del caso Gürtel, en la que presentó un escrito con el reconocimiento de haber abonado una mordida de veinticinco millones de euros que fueron a parar a Fernando Correa, considerado el cabecilla de la trama.

También quiero agradecer a la editorial Debate y a Miguel Aguilar la publicación de este libro y, por supuesto, a Nacho Ruiz el trabajo de revisión realizado, que mejora sustancialmente el texto definitivo. Por sugerencia del editor Sergi Siendones he añadido al final, como anexo, un glosario de términos económicos y jurídicos, así como de denominaciones y organismos que operan en dichos ámbitos, porque facilitan la comprensión de lo que se ha escrito. Es impresionante la cantidad de vocablos cuya explicación en el texto impediría una lectura fluida. Por eso, salvo algunas excepciones insalvables, resulta imprescindible el citado glosario, que he elaborado con la consulta inevitable del *Diccionario* de la Real Academia Española y tratados en materia económica y jurídica.

Introducción

El *Diccionario de la lengua española* define «fiasco» como «fracaso o decepción» y, en alguna acepción recogida en otros glosarios, como «desengaño o resultado adverso de una cosa que se esperaba sucediese bien». Es decir, lo que le ha ocurrido a un gran número de empresas en la historia de España, en muchos casos después de largas etapas de esplendor. Pero, ya fuera por una mala gestión, ya por la adversidad de los mercados o por no haber sabido adaptarse a ellos, ya por la falta de innovación o por la caída de las ventas, terminaron precipitándose al abismo. Normalmente, todos esos fiascos, de los que he seleccionado los que más huella han dejado durante la democracia, van acompañados por escándalos de corrupción y otros tipos de delitos, y han desembocado en procesos judiciales que enviaron a la mayor parte de sus protagonistas a prisión o todavía están por resolver.

Desde la instauración de la democracia no ha habido periodo en el que no se haya producido algún episodio de este tipo. Algunos ya venían gestándose desde el franquismo, etapa en la que se produjeron escándalos de tal calibre —Matesa, Redondela, Sofico o Fidecaya— que el régimen, muy propenso a taparlos para no mostrar debilidad o falta de eficiencia, no logró ocultar. La Transición, que hay que escribirla con mayúscula por lo que significó, tuvo que atajar las malas prácticas a las que estaban acostumbradas las empresas y los empresarios. Sin embargo, tanto en épocas de vacas gordas como de crisis profunda, casos como estos no han dejado de suceder.

Todos los fiascos tienen su protagonista —como toda obra tiene su autor— y, la mayoría de ellos, algunos personajes secundarios cuya aparición en el escenario resulta imprescindible para entender la trama. Unos (fiascos) y otros (protagonistas) están íntimamente ligados. Esta recopilación ofrece aquellos casos de mayor repercusión mediática, cuyos responsables han pasado además por sonados procesos: la Rumasa de José María Ruiz-Mateos, la Banca Catalana de Jordi Pujol i Soley, el Banesto de Mario Conde, el grupo KIO-Torras de Javier de la Rosa, la Ibercorp de Manuel de la Concha, la Terra de Juan Villalonga, la Gescartera de Antonio Camacho, la Martinsa de Fernando Martín, el Grupo Marsans de Gerardo Díaz Ferrán, la Bankia de Rodrigo Rato, la Pescanova de Manuel Fernández Sousa-Faro, la Gowex de Jenaro García Martín, el Banco Popular de Ángel Ron y la Abengoa de Felipe Benjumea.

Son todos los que están, aunque existieron más. Algunos de estos últimos los he incluido como parte de capítulos por estar relacionados con ellos —Galerías Preciados con Rumasa; Explosivos Río Tinto y Cros con KIO-Torras; Air Comet y Spanair con Marsans— y que, por sí solos, tuvieron menor incidencia mediática o no llegaron a ser judicializados. Otros, en los que no había relación alguna, los he agrupado en el último capítulo. Es el caso de la eléctrica Fecsa, que concentra la situación de «quiebra técnica» que arrastraba el sector tras el franquismo; las estafas de Afinsa y Fórum Filatélico, que captaron y engañaron a miles de inversores; las constructoras OHL e Isolux, que se vieron superadas por las deudas; el grupo Cantoblanco de Arturo Fernández, un imperio hostelero que se vino abajo; y Fagor, cuya quiebra puso en entredicho el modelo cooperativista de Mondragón.

He tratado de que cada capítulo sea independiente de los otros, de manera que se pueda empezar por cualquiera de ellos sin necesidad de seguir un orden de lectura preestablecido. Por eso, en alguno de ellos se repiten sucesos ya descritos en otros, por la sencilla razón de que se solapan y resultan imprescindibles para comprenderlos de forma adecuada. De no ser así, quedarían incompletos, cojos o, simplemente, ininteligibles. Ocurre, por ejemplo, en los capítulos de Banesto y KIO-Torras con la presencia de Mario Conde, Javier de la Rosa y los primos Alberto Cortina y Alberto Alcocer (conocidos como los Albertos), o en el relato de los procesos de integración bancaria.

Todos, se quiera o no, son parte de la historia empresarial española y, por tanto, de la historia de España. En efecto, a partir de los fiascos que recoge este libro se recorren los acontecimientos económicos, que no son pocos (la crisis bancaria de los primeros años de la Transición, la reestructuración sectorial que dio lugar a la concentración bancaria, la intervención de Rumasa, el derrumbe de Banesto, la reconversión y privatización de los grupos estatales, las relaciones de los agentes sociales entre ellos y con los gobiernos, la entrada en la Comunidad Económica Europea, los acuerdos de Maastricht y la moneda única, el boom de internet, las burbujas tecnológica e inmobiliaria, la reestructuración de las cajas de ahorros y la caída del Banco Popular, las crisis económicas que se han atravesado durante todo este periodo), pero también políticos, algunos en retrospectiva (la legalización del PCE, las primeras elecciones y la financiación de los partidos políticos, el intento de golpe de Estado del 23-F de 1981, la primera victoria de los socialistas, el referéndum de la OTAN, la huelga general del 14-D de 1988, la fuga del director general de la Guardia Civil, el encarcelamiento del exgobernador del Banco de España, los fallidos intentos de José María Aznar para alcanzar el poder hasta lograrlo a la tercera, el nombramiento de *amiguetes* al frente de las empresas públicas para terminar la privatización, la victoria de José Luis Rodríguez Zapatero tras los atentados de Atocha en marzo de 2004, la detención del exvicepresidente del Gobierno Rodrigo Rato). Al final, son hechos interrelacionados en los que no es fácil distinguir si tuvieron origen en la política o en la economía, pero que, en cualquier caso, demuestran que ambas están íntimamente ligadas.

En todos existe, no obstante, un hilo conductor que pone en evidencia la falta de suficientes mecanismos de control para frenar los desmanes de sus protagonistas o el mal uso de los ya existentes. Ante ello, cabe la pregunta de qué habría sido si se hubiera actuado como se debía y no dilapidando los recursos. Seguramente, se habrían evitado muchos sofocones, pero eso no deja de ser ciencia ficción de lo que pudo ser y no fue. Además, resulta en extremo complicado pelear contra las adversidades que plantea la condición humana cuando aparecen oportunidades de obtener dinero fácil y dar sonados pelotazos, palabra que se ganó una cuarta acepción en el *Diccionario* como «operación económica que produce una gran ganancia fácil y rápida» y dejó de escribirse en cursiva.

Por otro lado, de la descripción de los hechos se colige el retardo con el que se ponen en marcha los procesos judiciales que los casos aquí descritos han acarreado. Cabe reclamar, por tanto, la necesidad de agilizar los mecanismos con los que cuenta la justicia.

Pese a todo, lo cierto es que el país dio un vuelco absoluto desde el cambio de régimen, sobre todo tras el impulso que propició la entrada en la Comunidad Económica Europea y la política de apertura internacional iniciada a partir de entonces. Aunque hubo intentos de frenar los avances por parte de fuerzas retrógradas, el crecimiento y la modernización experimentados permitieron consolidar la democracia y poner al país entre las principales economías del mundo. España puede presumir de una economía abierta y de contar con un importante ramillete de empresas que son referentes internacionales —y en algunos casos líderes— en los sectores bancario, de la construcción, de las telecomunicaciones, energético, espacial, aéreo, asegurador, de la moda, del comercio, farmacéutico, hotelero, logístico y, sin dejarlo de lado, en el deportivo; sin olvidar las miles de empresas medianas que han hecho camino por el mundo y dan ejemplo de buena gobernanza y eficacia. El tejido empresarial, caracterizado por la abundancia de pymes, ha mejorado y ha ido superando las eternas asignaturas pendientes de diversificación geográfica y competitividad. En la actualidad, gran parte de las ventas de las empresas que cotizan en el IBEX 35 proceden del exterior.

En definitiva, no todo en la historia son fiascos, aunque este libro da cuenta de los más importantes. Respetando el orden cronológico, el primer gran fiasco de la democracia fue Rumasa. Siendo un redactor bastante novato en la revista *Mercado* logré, en octubre de 1984, una entrevista en exclusiva con José María Ruiz-Mateos en su exilio de Frankfurt, hecho que ocurrió por la intervención de su abogado, Crispín de Vicente, al que conocía de los veranos de Comillas, donde era asiduo. Siempre he pensado que el maltrato que sufrió de Ruiz-Mateos tuvo mucho que ver en la prematura muerte a los cincuenta y nueve años del letrado, un señor en todo el sentido de la palabra. Puedo decir que a él le debo mi primer *scoop*.

Por aquellas fechas, casi en paralelo con Rumasa, también estalló el caso Banca Catalana, que implicaba directamente al presidente de la Generalitat de Catalunya, Jordi Pujol, por su gestión en la entidad desde que fue fundada a principios de los años sesenta. La Audiencia de Barcelona decretó su sobreseimiento. Sin embargo, tuvo una deriva inesperada cuando Jordi Pujol reconoció en 2014 haber ocultado que tenía una cuenta en el extranjero. Se convirtió en el caso Pujol, para el que la Audiencia Nacional fijó el inicio del juicio en noviembre de 2025. El caso y sus consecuencias también tienen cabida en estas páginas por mérito propio, bien relatado en prensa y en algunos libros imprescindibles.

Otro que rompió el molde fue Mario Conde y su conquista de Banesto, cuyo recorrido me tocó cubrir en la parte correspondiente al declive e intervención del banco y el posterior aterrizaje del Banco Santander. Conde, como se demostró con el paso de los años, era un hombre cautivador con muchas pretensiones, que iban más allá del ámbito bancario, del que sabía poco. Descubrió, desde la poltrona de poder que se erigió en Banesto, que podía ser el líder de la derecha y quiso meterse a político. Descarriló. La derecha no le quiso y la izquierda le dejó estrellarse.

Lo mismo se puede decir de las aventuras y desventuras de Javier de la Rosa en KIO-Torras, un personaje singular con quien mantuve varios encuentros. Como a Conde, con el que compartió algunos proyectos (entre ellos, el fracasado asalto al Banco Central), le encantaban los líos y el poder, aunque seguramente por su cabeza no pasaba nada más que ser multimillonario y pasearse en barcos, jets privados y coches caros, además de lanzar proyectos mastodónticos con el apoyo del presidente de la Generalitat Jordi Pujol. El financiero barcelonés fue el que promovió el lanzamiento por parte del Grupo Zeta de *La Gaceta de los Negocios*, diario económico en cuya gestación participé y en el que trabajé once meses hasta que me incorporé a *El País* en octubre de 1989. Seguí teniendo, no obstante, contacto con De la Rosa y obteniendo algunas exclusivas, supongo que aquellas que le interesaban a él que salieran (por supuesto, una vez contrastadas).

Escándalo mayúsculo representó el protagonizado por Manuel de la Concha, quien, después de ser síndico de la Bolsa de Madrid, constituyó una sociedad de valores desde la que construyó un entramado en el que involucró a muchos de sus amigos de la llamada *beautiful people* madrileña y de otras latitudes. Entre ellos, figuraba el que era gobernador del Banco de España, Mariano Rubio, quien tenía unos ahorros ocultos en las cuentas de la sociedad y cuyo prestigio, ganado en la reestructuración financiera, se desmoronó cuando se descubrieron las prácticas de su amigo y el destino de su dinero, que condujo a su condena.

Otro ejemplar único que sobresalió en medio del follaje fue Juan Villalonga, el compañero de pupitre de José María Aznar en el Colegio del Pilar de Madrid, al que este colocó al frente de Telefónica sin ningún rubor cuando llegó a la Presidencia del Gobierno. Dotado de mucha personalidad y más arrogancia, no se paró en barras para hacer lo que le pedía su amigo (entre otras cosas, los ataques continuos con el dinero de la empresa al Grupo Prisa, editor de *El País*, que yo comprobé desde dentro) y dar rienda suelta a sus caprichos de comprar imperios a buen precio, incorporar las *stock options* al mercado español y, principalmente, jugar en bolsa con Terra, una firma de internet que se infló y se desinfló arruinando por el camino a muchos incautos inversores.

Ni que decir tiene del osado Antonio Camacho, un aventurero insaciable que a través de Gescartera desestabilizó todo un Gobierno por la implicación de la Comisión Nacional del Mercado de Valores (CNMV) y la Agencia Tributaria. El volumen dinerario no alcanza ni con mucho las cifras de otros casos recogidos aquí, pero la resonancia política lo hace digno de estar entre los elegidos. Entre sus clientes había logrado captar a obispados y arzobispados, órdenes religiosas y curas de pueblo, organizaciones sociales como la ONCE y los huérfanos de la Guardia Civil, además de unos cuantos particulares.

Algo parecido pasó con Jenaro García Martín en Gowex, donde arrastró a otros miles de ahorradores que confiaron en la empresa que ofrecía wifi gratis en plazas públicas de muchas ciudades del mundo mientras él practicaba una engañosa contabilidad financiera.

En esa serie de distinguidos también tiene su sitio Gerardo Díaz Ferrán, que protagonizó un capítulo de excesos desde el conglomerado de empresas que controlaba con su socio, Gonzalo Pascual, y que se dio en llamar Grupo Marsans. Acabó en la cárcel después de descubrirse una ristra de delitos societarios que decían muy poco de alguien que había llegado a ser líder de los empresarios en la Confederación Española de Organizaciones Empresariales (CEOE), la gran patronal, puesto para el que fue designado a dedo por su antecesor, José María Cuevas, y que él quiso aprovechar como escudo de las actuaciones delictivas perpetradas.

Si Villalonga había sido víctima, además de su megalomanía, de la burbuja tecnológica, muchos promotores inmobiliarios lo fueron de la del ladrillo, cuyo estallido se produjo con la crisis hipotecaria que dio lugar a la Gran Recesión de 2008. Atraídos por el dinero fácil, se lanzaron a la promoción de urbanizaciones sin reparos y llenos de osadía. Llegaron a crear un lobby, el G-14, para unir fuerzas sin importarles mucho las normas sobre competencia. Había para todos. Pero inflaron demasiado una burbuja que, con la llegada de la crisis precisamente por un asunto hipotecario en Estados Unidos, estalló, y se les cayó el andamio. De ese fenómeno fue víctima Fernando Martín, que tras crear un gigante con la fusión de Martinsa y Fadesa se vio abocado a la suspensión de pagos más alta de la historia de España. También fueron arrastrados por la marea otros promotores, como Rafael Santamaría, Luis Portillo, Luis Nozaleda, Enrique Bañuelos, Joaquín Rivero o Francisco Hernando (el Pocero). De esa crisis se salvó la inmobiliaria Espacio, de Juan Miguel Villar Mir, aunque no pudo sostener el imperio creado con la constructora OHL, que tuvo que vender.

Víctima de la crisis y de los sueños de grandeza fue también Pescanova, la firma que habían lanzado un par de visionarios gallegos que se adelantaron en la forma de congelar pescado y marisco en alta mar a bordo de los barcos. Tras un triunfo innegable de José Fernández y Valentín Paz-Andrade, el heredero que cogió el timón, Manuel Fernández Sousa-Faro, no pudo superar las aguas revueltas en las que se metió con una desaforada política empresarial. La empresa fue reconvertida en la Nueva Pescanova, que lleva ya años navegando con menos pretensiones.

Las cajas de ahorros, por su parte, entraron en un proceso de reconversión que dio lugar a nuevos bancos mediante la integración por grupos. Uno de ellos fue Bankia, resultado de la fusión de siete cajas de ahorros, con Caja Madrid y la valenciana Bancaja como estandartes. Al frente de la entidad, y como consecuencia del poder que ejercían sobre las cajas las comunidades autónomas y los ayuntamientos, el PP colocó de presidente a Rodrigo Rato, quien había sido vicepresidente del Gobierno con José María Aznar y director gerente del Fondo Monetario Internacional (FMI). Su gestión fue un fracaso y el propio Gobierno del PP provocó su reemplazo, quedando una serie de casos judiciales que supusieron que el expolítico acabara en la cárcel. Al cierre de este libro, la Audiencia Provincial de Madrid le condenó a cuatro años, nueve meses y un día por varios delitos y una multa de 568.413 euros por corrupción y blanqueo de capitales. Rato recurrió la sentencia alegando errores en la valoración de pruebas.

La crisis inmobiliaria fue la causa del derrumbamiento del Banco Popular, que había sido modelo de eficacia durante muchos años, en los que estuvo controlado por el carismático Luis Valls-Taberner. Sin embargo, la exposición al ladrillo y al negocio de las pymes abrió una brecha en sus cuentas que le llevaron a una insolvencia de la que no pudo recuperarse. El Popular tiene el dudoso honor de haber sido la primera entidad intervenida por el Mecanismo Único de Supervisión (MUS) de entidades financieras de la Unión Europea. Tras ese episodio fue adquirido por el Banco Santander. La operación generó un sinfín de demandas. El caso estaba en proceso judicial al cierre de la edición, pendiente de juicio oral a Ron, sustituto de Valls, y otros doce directivos.

El Banco de Santander fue, precisamente, la entidad que impulsó, como principal acreedor, la reestructuración del grupo Abengoa, empresa de ingeniería que llegó a ser modelo de crecimiento e innovación con incidencia internacional. El desmedido carácter ambicioso de Felipe Benjumea al frente de la sociedad creada por su padre, que había convertido en un gigante, lo llevó a la hecatombe. Tras varios ejercicios colgando con distintos pretendientes y planes financieros, en 2023 inició una nueva etapa llena de incertidumbre de la mano del empresario alicantino Enrique Riquelme, que la volvió a sacar a bolsa a finales de 2024 con el nombre de Cox.

1
Rumasa
José María Ruiz-Mateos y Jiménez de Tejada

El 23 de febrero de 1983, cuando apenas llevaba tres meses de existencia, el Gobierno socialista de Felipe González decidió expropiar Rumasa tras un Consejo de Ministros extraordinario. Rumasa era un holding empresarial compuesto teóricamente por más de 770 sociedades (entre ellas una veintena de bancos), casi un centenar en el extranjero, que arrastraba una situación de quiebra desde años atrás. El Banco de España y el Ministerio de Hacienda tenían al grupo en el punto de mira, pero la obstrucción a los inspectores del Banco de España y los auditores había impedido cuantificar su situación patrimonial real y que intervinieran las autoridades. A su frente estaba el empresario gaditano José María Ruiz-Mateos y Jiménez de Tejada, supernumerario del Opus Dei, que a partir de la expropiación se enfrentó al Gobierno, huyó de la justicia, fue encarcelado, se disfrazó de Superman, se presentó a las elecciones europeas y fue elegido eurodiputado y, no contento con tantos escarceos, volvió a las andadas. Creó Nueva Rumasa, en la que montó una estructura piramidal que le llevó de nuevo al banquillo junto a sus hijos varones.

El 18 de febrero de 1983, el flamante ministro de Economía, Hacienda y Comercio, Miguel Boyer Salvador, había citado en el pabellón privado del ministerio, en la antigua Casa de Aduanas del número 9 de la calle de Alcalá de Madrid, a los responsables de la información económica de los principales medios de comunicación del país. Era la primera toma de contacto del todopoderoso jefe de los destinos de la economía nacional del Gobierno socialista de Felipe González con la prensa que lo evaluaría durante la legislatura que acababa de comenzar. Llegó con casi una hora de retraso, después de haber intervenido ante la Comisión de Economía del Congreso de los Diputados para hablar del programa de su macroministerio. Aquella semana los ministros la habían dedicado a explicar a los diputados, a petición del propio Gobierno, las prioridades de sus departamentos. Y las del de Boyer, a juzgar por las cinco horas que duró la comparecencia, debían ser muchas y arduas.

Miguel Boyer Salvador, nieto de Amós Salvador (ministro de Hacienda y de otras competencias durante el reinado de Alfonso XIII), llevaba apenas tres meses en el cargo desde que el 1 de diciembre de 1982 Felipe González le invistiera con plenos poderes en el área económica (aunque no lo nombrara vicepresidente, como le habría gustado a él) tras el rotundo triunfo electoral del PSOE el 28 de octubre en el que sacó 202 de los 350 diputados. El superministro no disimulaba la inquietud y el desasosiego por la coyuntura económica heredada. Ya había impulsado una devaluación de la peseta del 8 % y la subida del precio de la gasolina como plan de choque, y se especulaba sobre otras medidas, incluida la nacionalización de algunos sectores, pese a que en el programa electoral del PSOE solo se recogía la de la red de alta tensión eléctrica. Varios diputados se interesaron por la situación y le preguntaron sobre esa posibilidad, dados los problemas que arrastraban los sectores financiero e industrial, en el que una señera empresa como Explosivos Río Tinto (ERT) acababa de suspender pagos.

En aquella sesión del Congreso no se desveló nada del otro mundo más allá de las prioridades y los buenos propósitos en política económica del nuevo Ejecutivo. La comida posterior con los periodistas discurría por el mismo derrotero. Hasta que, en los postres, uno de los asistentes, Mariano Guindal, entonces en la agencia Colpisa, que había asistido a la intervención en el cercano Congreso de los Diputados, preguntó con su voz gangosa como el que no quiere la cosa: «Señor ministro, ¿qué pasa con Rumasa?». Boyer reviró el gesto hacia la esquina que ocupaba Guindal, se mesó los ya canosos rizos y, tras un silencio reverencial de los presentes, soltó la bomba: «Pues pasa que, si no me entregan las auditorías en veinticuatro horas, les mandó a los inspectores del Banco de España». Boyer se refería evidentemente a los inspectores del Banco de España, pero habló de ellos como si fueran suyos, recuerda en *La larga marcha* (2007) Joaquín Estefanía, uno de los periodistas que estaba en aquella comida representando a *El País*.

«Las palabras del ministro dieron carta de naturaleza pública a los rumores que circulaban en los circuitos enterados de la capital de España, aunque no había habido menciones expresas en los medios de comunicación, sobre la difícil situación de Rumasa», escribe Estefanía. Era conocida la dificultad de la firma auditora Arthur Andersen para acceder a las cuentas del grupo, y la respuesta la confirmaba. «Lo comentamos algunos periodistas a la salida. Primero, aquello [lo de Rumasa] ya no había quien lo parase. Segundo, Boyer habló de los inspectores [del Banco de España] como si fueran suyos. Y tercero, el secretario de Estado de Hacienda, José Víctor Sevilla, sentado a mi izquierda, alarmado por las palabras de Boyer, intentó que algunos periodistas con los que tenía complicidad cambiasen el hilo de la conversación y volviesen a la macroeconomía. Sin éxito: el escándalo no había hecho más que comenzar», añade el periodista.

En efecto, la bomba explotó de inmediato y las redacciones, agitadas desde los teléfonos públicos o desde los de los despachos del mismo ministerio (los móviles aún tardarían mucho en llegar), comenzaron a hervir y preparar documentación sobre el denominado «holding de la abeja» (por su símbolo de ese animal enmarcado en un panal) que se había significado tanto en los últimos años con varias operaciones de adquisición de bancos y empresas.

Por supuesto, fueron las agencias y las emisoras de radio, por ese orden, las que primero adelantaron la noticia, mientras los periódicos recababan información para sus ediciones del día siguiente de una parte (Gobierno y Banco de España) y de la otra (la propia Rumasa, que había puesto a su equipo de comunicación a trabajar a destajo). Se sabía que el grupo había crecido de forma exponencial desde los últimos años del franquismo, pero de sus cuentas el superministro había sabido poco hasta entonces.

Al día siguiente, sábado, con la noticia en la primera página de los periódicos («El Banco de España enviará los inspectores si Rumasa no termina la auditoría, según Boyer», tituló *El País*) y en medio de la marabunta organizada por algunos directivos de la Confederación Española de Organizaciones Empresariales (CEOE) y del propio grupo, Boyer citó a su presidente, José María Ruiz-Mateos y Jiménez de Tejada, para el lunes, después de que el empresario tratase de hablar con Felipe González. Este había derivado la petición a su ministro de Economía y Hacienda.

Ruiz-Mateos, que calificó de «agresión» las palabras que había pronunciado Boyer ante la prensa, se presentó en el despacho del ministro acompañado de su asesor jurídico Alejandro Rebollo (presidente de Renfe en la etapa de UCD y vinculado al despacho de Adolfo Suárez) y de Diego Selva (encargado en Rumasa de tratar con los auditores y que años más tarde también estaría relacionado como asesor de Mario Conde). El ministro le volvió a exigir, esta vez en directo, las auditorías que el empresario se había negado a entregar al Banco de España y aquel se las volvió a negar (no existía entonces la obligación de entregarlas). Boyer insistió en que la situación era muy grave para el grupo, e incluso se ofreció a ayudarlo desde el Gobierno, pero Ruiz-Mateos se enrocó y convocó una rueda de prensa para el día siguiente (martes 22 de febrero) en la que, rodeado de un numeroso equipo de asesores, extendió a todo el Ejecutivo la acusación de haber sido agredido por las palabras de Boyer y a este, más o menos, lo condenaba a los infiernos tras asegurar ante las cámaras y las grabadoras que se iban a cargar un holding sano en lo financiero, muy bien gestionado y que además creaba riqueza y empleos.

Fue una declaración de guerra que elevó el tono cuando los asesores legales que había contratado Ruiz-Mateos (el citado Rebollo y Fernando Castedo, director general de RTVE también con UCD y también vinculado al despacho de Suárez) amenazaron con pasar a la ofensiva si el Gobierno seguía con el «acoso» a su cliente. «Debo decir que esa reacción tan cerrada nos produjo cierta sorpresa en el ministerio. Hasta entonces todas las empresas en dificultades habían colaborado y, generalmente, instado ellas mismas la ayuda del Gobierno. Posteriormente solo he encontrado una explicación: los problemas de Rumasa eran tan grandes y Ruiz-Mateos era tan consciente de ello que no podía permitir una auditoría a fondo de sus empresas que hubiera revelado la profundidad de su quiebra y sus heterodoxas actuaciones y, en particular, la evasión de divisas por 23.000 millones de pesetas [a través de su filial en Reino Unido, el Banco de Jerez] por lo que fue más tarde procesado», recordaría Boyer años después en el documento *El ajuste económico de la democracia española*, que cita Joaquín Estefanía en *La larga marcha*.

No cabía otra alternativa, por tanto, que una respuesta contundente, la cual, a buen seguro, se habría evitado si el empresario roteño hubiera accedido a las peticiones del Gobierno. Según cuenta Carlos Solchaga, entonces ministro de Industria y Energía, en *Las cosas como son* (2017), escrito en formato de diario en tiempo presente, el informe de la inspección del Banco de España dejaba reducido a cenizas el balance y los resultados del holding. «Ruiz-Mateos seguramente es consciente de que el Gobierno socialista, con menos ataduras que los gobiernos de derechas, no puede tolerar por mucho tiempo las numerosas anomalías que presenta el funcionamiento del holding», sostiene el exministro, para quien haberlo tolerado era ponerse en manos del empresario. «Consciente de ello, Ruiz-Mateos aparentemente ha tomado la decisión de jugárselo todo a una sola carta. Si gana la jugada, el Gobierno ya no podrá hacer nada contra él. Que la pierda, habida cuenta de la magnitud de la catástrofe que se anuncia, parece a primera vista muy poco probable, o al menos eso debe creer él», añade en su anotación diaria del 22 de febrero.

La respuesta no tardó en llegar. Al día siguiente, 23 de febrero (el segundo 23-F más famoso de la historia de España tras el intento de golpe de Estado que se había producido dos años antes), el Consejo de Ministros decidió expropiar mediante un decreto-ley «los bancos y otras sociedades del grupo Rumasa», según explicó el portavoz del Gobierno, Eduardo Sotillos. Había sido una reunión maratoniana que empezó de mañana y acabó por la noche (con un paréntesis para acudir a una sesión de control en el Congreso de los Diputados) en la que se barajó la posibilidad de una medida de menor impacto, como la de intervenir solamente los veinte bancos del grupo o expulsarlos del Fondo de Garantía de Depósitos (FGD), como había amenazado el Banco de España. Las dos fórmulas resultaban de gestión muy difícil y compleja. Fue Solchaga quien se mostró contrario a una tercera salida, según desvela en sus memorias: «No hay soluciones intermedias, la única solución es expropiar tanto bancos como empresas industriales y de servicios; si el Gobierno se achanta, perderemos toda credibilidad para el futuro, nadie nos tomará en serio».

Las palabras del político navarro, para quien, de no haber procedido a la expropiación, el país se habría metido en una crisis bancaria de gran envergadura con salida masiva de depósitos de la banca, convencieron al resto de los ministros e inclinaron la balanza hacia la expropiación. Felipe González consultó, no obstante, a Rafael Termes, presidente de la poderosa patronal bancaria (Asociación Española de Banca, AEB), y a José Ángel Sánchez Asiaín, presidente del Banco de Bilbao, en quien depositaba gran confianza y a quien frecuentaba como asesor en temas financieros. La intervención no respondía a un *timing* deliberado, pero retrasarla unos meses habría puesto las cosas más difíciles. Había elementos suficientes para no esperar.

Mientras los ministros deliberaban, Ruiz-Mateos y su servicio de prensa se reunían con los directores de los principales periódicos para convencerles de que no pasaría nada. Las entrevistas que había mantenido con Boyer podían sugerir que el empresario había recibido alguna garantía de ello y así se lo había trasladado a los directores. En *La prensa libre no fue un regalo* (2022), José Antonio Martínez Soler, entonces redactor jefe de Economía de *El País*, cuenta que el director, Juan Luis Cebrián, le pidió que levantara las páginas que tenía preparadas tras decirle que había comido con el empresario.

Al filo de la medianoche, Sotillos anunció la expropiación y explicó que se hacía «con objeto de garantizar los depósitos de los bancos, los puestos de trabajo y los derechos patrimoniales de terceros, que considera gravemente amenazados». Asimismo, añadió que las oficinas de los bancos del grupo permanecerían cerradas y la cotización en bolsa suspendida.

La aparición de Sotillos en la pantalla de Televisión Española (el único canal que existía y que existiría hasta la liberalización sectorial, que permitió la aparición de las televisiones privadas, en 1990) obligó a Martínez Soler a recuperar las páginas levantadas y a todas las redacciones a trabajar a contrarreloj al filo del cierre de la edición nacional antes de que salieran los primeros ejemplares. Quien más quien menos, todos tenían preparada la información de Rumasa ante esa posibilidad. Ruiz-Mateos había engañado a los directores con los que se había reunido, y eso es lo peor que se le puede hacer a un periodista.

Mientras Sotillos hablaba, Boyer, Solchaga y el ministro de Presidencia, Javier Moscoso, elaboraban el decreto-ley que debía salir en el *Boletín Oficial del Estado* (BOE) al día siguiente. Fue una reunión a la que también convocaron a los responsables del Tribunal Económico Administrativo y de los grupos empresariales públicos (Instituto Nacional de Industria, Instituto Nacional de Hidrocarburos y Patrimonio del Estado) que duró hasta las cinco de la mañana.

Boyer y Solchaga se retiraron juntos en el coche del primero hacia sus casas (relativamente próximas) y comprobaron en directo la expectación que se había generado en la plaza de Colón, esquina con la calle Génova, donde Rumasa repartía su cuartel general a ambos lados de la calle, entre las Torres de Jerez y la antigua sede del Banco de Valladolid. «La que hemos armado», comentó Boyer. No se dijeron nada más mientras miraban el ajetreo, cuenta Solchaga. La policía había acordonado la zona y, en las oficinas, el trajín era incesante. La prensa, agolpada en la acera, trataba de descifrar la situación y desentrañar si se había destruido documentación, lo que querían evitar las fuerzas del orden.

Solo unas horas después, Boyer encabezaría una representación gubernamental con los ministros más involucrados por la actividad de las empresas de Rumasa: Carlos Solchaga, de Industria y Energía; Carlos Romero, de Agricultura, y Enrique Barón, de Transportes, Turismo y Comunicaciones. Acompañados por el portavoz Sotillos, comparecieron rodeados de micrófonos en una multitudinaria rueda de prensa que ahora se recuerda en el blanco y negro de las fotos de los rotativos, que todavía no habían comenzado a publicar en color.

Sotillos tomó la palabra y justificó «la expropiación forzosa», que se había realizado al amparo de los artículos 33.3 y 128.2 de la Constitución, que habilitan la intervención de empresas cuando así lo exigiere el interés general y existiere una causa justificada. Las razones, que se fueron detallando a continuación, se basaron en la reiterada falta de auditorías externas de los bancos del grupo y de sus sociedades más importantes desde 1978; la permanente obstrucción a la actividad inspectora del Banco de España; los desproporcionados riesgos asumidos por los bancos que financiaban internamente al grupo; la desatención a las múltiples advertencias de las autoridades monetarias a Rumasa, recomendando una política prudente de créditos a su propio grupo y una fuerte desconcentración de riesgos, y la arriesgada espiral de adquisiciones e inversiones del grupo.

A esas razones de peso, que por sí solas eran suficientes para justificar la expropiación, se sumaban otras de igual calibre, como la utilidad pública e interés social, la defensa de la estabilidad del sistema financiero y de los intereses legítimos de los depositantes y trabajadores, y finalmente el respeto de los derechos de los accionistas minoritarios mediante el pago de sus acciones. Los ministros dejaron claro que la medida no significaba un cambio en la promesa electoral del Gobierno de no nacionalizar nada excepto la red de alta tensión eléctrica y que se procedería a reprivatizar los bancos y empresas del grupo intervenido.

Era una forma de calmar las aguas revueltas. La medida era la más drástica y arriesgada por el efecto dominó que pudiera generar, además de suponer al Gobierno un esfuerzo inconmensurable cuando lo que primaban era la reconversión industrial, las reformas estructurales y, sobre todo, las negociaciones para que España se incorporara en la Comunidad Económica Europea. Pero no había otra salida. La cadena de despropósitos que acompañaba la actuación de Rumasa, que tenía alarmadas desde hacía tiempo a todas las autoridades (el que fuera vicepresidente del Gobierno con UCD, Fernando Abril Martorell, había declarado que «Rumasa era un caballo desbocado que había que frenar»), era suficiente argumento para acallar las críticas que venían principalmente de la Alianza Popular (AP) de Manuel Fraga Iribarne, que enseguida habló del «rodillo socialista» por su sobrada mayoría absoluta. También contraatacaron sectores recalcitrantes del empresariado, que aprovecharon para abalanzarse contra el nuevo Gobierno y hacer los peores presagios para la economía nacional. Rotativos como el *ABC*, que tituló «El Gobierno aplasta a Rumasa», ayudaron a la exaltación.

También se habló de teorías conspirativas, como la que remitía a un acuerdo entre el Opus Dei, la banca y el Gobierno, o la del entonces diputado y portavoz de la Minoría Catalana, Miquel Roca i Junyent, de que, con ella, el Ejecutivo quería hacer una demostración de fuerza a todos los que quisieran desafiarle. Con doscientos dos diputados y una oposición muy débil, parece que pocas conspiraciones necesitaba el Gobierno de Felipe González. Además, las cifras del propio grupo confirmaban el drama.

El crecimiento desmesurado de Rumasa había hecho sonar las alarmas en la sede del Banco de España, y en los despachos oficiales. El Banco de España estrechó el control sobre el grupo bancario de Rumasa, aunque no resultó muy eficaz pues cristalizó solo en requerimientos que resultaron insuficientes o desatendidos impunemente. Hasta que la actitud pesquisidora del nuevo subgobernador desde finales de 1977, Mariano Rubio, supuso un marcaje en toda regla a la banca que hizo aflorar una gran crisis sectorial que había sido encubierta por la falta total de transparencia. La abundancia de liquidez ocultaba la insolvencia de numerosas entidades. En un primer embate aparecieron 17 entidades insolventes, pero después llegaron a ser 54.

A falta de una normativa y de mecanismos que permitieran abordar la situación, el Banco de España y el sector crearon la Corporación Bancaria, S. A., cuyo fin era asumir la propiedad y gestión temporal de los bancos insolventes hasta encontrar un mecanismo que permitiera recapitalizarlos y el cambio definitivo de propiedad. Esa sociedad se dotó de profesionales experimentados de la banca privada. Su primer presidente fue Aristóbulo de Juan, que procedía del Banco Popular, al igual que la segunda línea de mandos. Para rematar esta arquitectura se creó, en marzo de 1980 por decreto-ley, el FGD, respaldado por el Banco de España y las entidades financieras, cuyo objeto social permitía asegurar los depósitos hasta un cierto límite si se cerraba un banco. El FGD también podía prestar dinero, suscribir capital y adquirir activos dañados si suponía un coste inferior al seguro de depósitos.

Bajo el impulso de Rubio y José Ramón Álvarez Rendueles, que había sustituido a José María López de Letona como gobernador, estas medidas permitieron adoptar una política resolutiva. Además, Aristóbulo de Juan, que ya ejercía de presidente de la Corporación y del FGD, se incorporó al Banco de España como director general responsable de Supervisión. Esto permitió aplicar en el banco central tareas de inspección con mayor eficacia y ejercer una vigilancia especial sobre Rumasa.

A falta de información fiable, había quedado limitada al seguimiento de la concentración de riesgos de los bancos en las empresas del grupo por parte de cuatro inspectores permanentes. Sin embargo, ese largo seguimiento no alcanzaba conclusiones. Ante eso, el Banco de España obligó a que los créditos del grupo se dirigieran desde un comité presidido por Casimiro Molins, que presidía el Banco Atlántico, en el que Rumasa tenía el 30%. La medida supuso que se redujera la liquidez del grupo al tiempo que el grueso del equipo inspector se concentraba en los bancos.

Los inspectores se emplearon a fondo en identificar uno por uno los créditos y si los acreditados pagaban. De esa forma, la investigación identificó dos rasgos clave. Por un lado, la existencia de una Rumasa sumergida, compuesta por más de dos centenares de sociedades fantasma a través de las que se canalizaba el crédito a las empresas del grupo, lo que impedía cuantificar la concentración de riesgos y diagnosticar el grado de solvencia. Las sociedades fantasma, que tenían el mismo domicilio que la cabecera del grupo, contaban con un capital de cien mil pesetas cada una y eran *administradas* por un empleado de tercera o cuarta fila.

El otro hallazgo fue que, de todas las empresas investigadas, solo doce pagaban los intereses con flujos de caja propios. El resto contabilizaba el pago, pero era refinanciado con otros préstamos de los bancos a través de la tupida red de sociedades fantasma. Es decir, la situación era de insolvencia. «Si un acreditado impagaba sistemáticamente los intereses durante un largo periodo de tiempo o lo hacía con liquidez proporcionada por su propia red, revelaba que tenía problemas de solvencia, tanto más profundos cuanto más largo fuera el periodo de impago de intereses», cuenta Aristóbulo de Juan en *De bancos, banqueros y supervisores* (2021).

Desde el FGD, De Juan había exigido formalmente una auditoría externa. En ese sentido, mantuvo un encuentro con Ruiz-Mateos, al que conminó, a modo de ultimátum, a entregar las auditorías en cuatro meses. Este no respondió otra cosa que: «Yo rezo todos los días por Mariano Rubio, ¡que lo asciendan!, ¡que lo asciendan!, pero que lo quiten de ahí». El subgobernador había sido uno de los más beligerantes para esclarecer la actividad del grupo. El banco emisor (lo sería hasta que se creó el euro y la emisión pasó al Banco Central Europeo) advirtió de la habitual «utilización del crédito por una sociedad distinta de la que figura como titular del mismo» o de que era «práctica generalizada que el pago de intereses de los créditos se realice mediante la concesión de nuevos créditos», entre otras conductas nada edificantes.

Rumasa se cerró en banda y, en una típica huida hacia delante, optó, a finales de enero de 1983, por rescindir el contrato con Arthur Andersen, la entonces principal firma auditora multinacional que analizaba el holding desde 1981 a solicitud del propio grupo y que ya había resaltado que el imperio de la abeja se precipitaba al abismo. En una inspección posterior de las oficinas, los funcionarios encontraron un listado de ordenador de 119 páginas que resumía el balance y la cuenta de resultados del holding durante el ejercicio contable de 1982. La información contrastada reflejaba que existían múltiples contabilidades paralelas (varias cajas b) y confirmaron que la realidad contable era muy distinta de la ofrecida por los informes oficiales del grupo.

Además, la auditoría del grupo, que había sido acordada con el FGD ante el peligro detectado de que los bancos de Rumasa produjeran un efecto dominó en el sector bancario, se encontraba en aquellos momentos al 75 %. Según cuenta Aristóbulo de Juan, cuando se incorporó al Banco de España en 1982 como director general encontró que la concentración de riesgos en sociedades del grupo era del 40 %. Tras la expropiación, se comprobó que era superior al 60 %: «Observamos pronto que los bancos del grupo no generaban flujos de caja y para cubrir la falta de liquidez acudían al Atlántico, que era el menos deteriorado. Tomaba dinero del mercado interbancario y prestaba parte de este, también en el mercado». Es decir, encontraba una buena manera de aparentar buena salud. El Atlántico prestaba a los bancos y a las empresas del grupo, que tenían serios problemas de capital y que quedaban ocultos por la liquidez que ofrecía el banco.

Al emerger a la superficie la Rumasa sumergida, el Banco de España pudo deducir de las cuentas de resultados los intereses no pagados y, de los recursos propios, las provisiones que venían dejando de efectuar año tras año. Se llegó así a cifrar las pérdidas acumuladas en 250.000 millones de pesetas y las pérdidas corrientes del último ejercicio en 52.000 millones frente a los 5.000 millones de beneficios contabilizados. La investigación descubrió, además, la doble contabilidad, con una caja b que ocultaba un agujero de más de 111.000 millones de pesetas, una deuda fiscal de unos 20.000 millones y una enorme concentración de riesgos en los bancos.

Tras una auditoría en profundidad, el Gobierno dilucidó que las pérdidas acumuladas eran superiores a las calculadas por el Banco de España y las deudas de un billón de pesetas. En definitiva, apareció un patrimonio negativo superior a los 259.000 millones de pesetas y unas pérdidas acumuladas de 346.000 millones. Además, el grupo mantenía una deuda con la Seguridad Social de 10.774 millones de pesetas y otra con Hacienda de 19.300 millones de pesetas. De estos, 5.200 millones correspondían a retenciones a los 65.000 trabajadores por IRPF e IRTP (impuesto sobre la renta del trabajo personal), otros 5.600 a retenciones a accionistas por rendimientos de capital en IRPF, y los 8.500 millones restantes a clientes por impuesto de lujo e impuesto general sobre el tráfico de las empresas en facturas. La operación terminó costando casi 600.000 millones de pesetas (3.600 millones de euros) al erario.

Las cifras eran el mejor argumento contra los que negaban la calificación de operaciones dudosas y la discrecionalidad de la medida. Esas cifras aconsejaban que lo primero que había que hacer era controlar el centro de cálculo y los bancos, como recomendó De

Juan. No es de extrañar que el ex director general del Banco de España y luego analista financiero de prestigio internacional se convirtiera en la diana de los excesos verbales de Ruiz-Mateos junto a Boyer y Mariano Rubio. Sirva de ejemplo este tarjetón que le envió en junio de 1986 estando en la cárcel. «Hoy te he leído en *Cambio 16.* No creas que vas a salir ileso de tu participación canallesca, infame e inmoral en el atroz hundimiento de Rumasa. Me has hecho sufrir mucho. Ya te meteré mano en cuanto pueda, de alguna forma. A todos los cerdos les llega su San Martín. Eres un maricón». De Juan cuenta que su casa de Buitrago (Madrid) fue registrada por un sicario enviado por Ruiz-Mateos.

Pero De Juan tenía razón. E, incluso, se quedó corto. El Gobierno no conocía con exactitud el número de empresas que formaban el holding y, tras las investigaciones, descubrió que, por el número de sociedades, era el mayor conglomerado de la economía española, por delante de los grupos industriales de los bancos y de los públicos. Según los datos de la entidad, estaba formado por doscientas treinta empresas con sesenta y cinco mil empleados, entre las que se encontraban, además del Atlántico, algunas firmas emblemáticas como Hispano-Alemana de Construcciones, Hoteles Agrupados (Hotasa), Loewe o Galerías Preciados, adquirida solo unos años antes. La génesis y el crecimiento vertiginoso de los últimos años hasta la intervención los analizó minuciosamente en el libro *Rumasa* (1983) Enrique Díaz González, nombre ficticio que responde a los periodistas Enrique Badía, Carlos Díaz-Güell y Fernando González Urbaneja.

Rumasa, que respondía a un acrónimo del apellido Ruiz-Mateos y las siglas de sociedad anónima, había nacido en 1961 con el nombre de Ruiz-Mateos Hermanos, S. A., y comenzó a expandirse gracias a un contrato de exportación de vinos de Jerez al Reino Unido. El crecimiento posterior, ya bajo el mando de José María Ruiz-Mateos, se basó en la absorción de empresas y bancos en crisis que contó con el beneplácito de las autoridades locales, comarcales, regionales y centrales del franquismo. «El rápido crecimiento de Rumasa en el sector bancario fue posible por el comienzo de la liberalización del sector, pero también por la concepción administrativa que caracterizaba entonces la supervisión del Banco de España», explica Aristóbulo de Juan, que también atribuye el auge del bodeguero en el sector bancario a la permisibilidad por parte de algunos gobernadores, como Luis Coronel de Palma (entre 1970 y 1976), así como la influencia social que tenían entonces no pocos miembros del Opus Dei.

De hecho, la autoridad monetaria permitió a Rumasa adquirir varios bancos y sociedades como Fidecaya, una financiera en estado de insolvencia que protagonizó su escándalo particular con una estafa a más de medio millón de inversores que superó los 1.800 millones de pesetas, después de haberla intervenido en agosto de 1981 tras treinta años de dudoso recorrido. Rumasa, que se hizo cargo de los bienes de Fidecaya con el compromiso de reintegrar al Estado los 15.000 millones de pesetas que había anticipado en cincuenta y cinco años, consideró la operación como un salvoconducto gubernativo que le permitía moverse a su antojo por todos los lares.

Algunas fuentes sostienen que la expropiación empezó a gestarse a partir de una memoria que había editado la propia Rumasa para conmemorar su vigésimo aniversario (1961-1981). El caso es que, el *holding de la abeja* había experimentado un crecimiento desmesurado en los últimos años del franquismo y en la Transición, causa de la expropiación. Entre los banqueros, que habían visto con gran inquietud cómo el heterodoxo Ruiz-Mateos se había metido en su terreno, se había hecho con varias pequeñas entidades durante la crisis bancaria y con el dominio en el Banco Atlántico, una entidad de tamaño considerable que ejercía como abanderada de la escuadra, recibieron incluso con alivio la medida del Gobierno. De hecho, Rafael Termes llegaría a decir, bastantes años después de la expropiación, que «debió dejarse que Rumasa quebrara», quizá sin pensar en el efecto contagio que habría supuesto.

Años más tarde, en 1987, Miguel Boyer, que había dejado de ser ministro en 1985 tras fracasar su intento de ser nombrado vicepresidente del Gobierno, afirmaría que «no fue una medida sancionadora o punitiva contra Ruiz-Mateos por unos presuntos delitos que hubieran correspondido a los tribunales depurar; fue una medida de política económica, con la que se quiso evitar la crisis total de un grupo en quiebra, que, en las difíciles circunstancias de 1983, nos pareció que podría tener unas consecuencias muy graves». Su sustituto, Carlos Solchaga, añadiría que «la mayor parte de las empresas [del grupo] tenían un valor patrimonial negativo» y se sostenían exclusivamente de la concesión de créditos por parte de los bancos del grupo, para los que las empresas deficitarias eran un peligroso lastre. De no haber procedido a expropiar Rumasa, defendía, «el país se hubiera metido en una crisis bancaria».

El Gobierno tenía suficientes argumentos. Mientras revisaba los papeles del grupo y afinaba su artillería para responder a los procesos de todo tipo que se vislumbraban, Ruiz-Mateos fue diligente y, previendo males mayores, se fugó a Londres, donde recibió algunas visitas, como las del dirigente de UGT-Banca, Justo Fernández, a quien transfirió algunos papeles comprometedores y comenzó una serie de declaraciones que no dejaban títere con cabeza. Entre ellas, afirmó que había pagado grandes cantidades de dinero a partidos políticos, como el CDS de Adolfo Suárez, lo cual podría explicar la presencia de letrados vinculados al despacho del expresidente en su equipo asesor. También aseguró haber financiado la AP de Fraga, así como al Opus Dei, del que él era miembro supernumerario. Y no faltaron insinuaciones de ayudas al rey Juan Carlos a través de Manuel Prado y Colón de Carvajal.

El empresario llegaría a confesar posteriormente haber entregado «donativos» al Opus Dei en dinero negro por un valor superior a los 4.000 millones de pesetas a lo largo de más de dos décadas con el objetivo de financiar proyectos en el extranjero. Según Ruiz-Mateos, él sacaba fajos de billetes de 1.000 pesetas en cajas de zapatos vía Andorra, con la presunta colaboración de Antonio Navalón y Diego Selva, a quienes le había recomendado Luis Valls, presidente del Popular. También le recomendó, según aseguró, al abogado Matías Cortés, al que acusaría de formar parte de la «conspiración» tramada contra él por Valls y Termes, ambos numerarios del Opus. Según Ruiz-Mateos, se trataba de una orden directa de la entidad fundada por Josemaría Escrivá de Balaguer que contaba con infiltrados en las cúpulas del poder monetario y gubernamental.

Al mismo tiempo, casi tachaba de traidores al resto de los banqueros, que siempre le habían considerado un advenedizo. De sus diatribas destacaban en especial las lanzadas contra Luis Valls Taberner y Rafael Termes, particularmente virulentas por pertenecer ambos al Opus Dei, y contra Emilio Botín Sanz de Sautuola López (presidente del Banco Santander y abuelo de la actual presidenta de la entidad cántabra, Ana Patricia Botín), quien remitió una carta de felicitación a Felipe González por las medidas adoptadas. El propio Botín matizaría que le había felicitado por las explicaciones que había dado; aunque en realidad expresaba la inquietud por la tesitura tras el ascenso del nuevo Gobierno.

Termes, por su parte, explicaría que la diferencia de Rumasa con otras crisis bancarias es que por lo general los bancos tenían empresas y, cuando estas quebraban, arrastraban al banco porque erosionaba su solvencia. Sin embargo, en el caso de Ruiz-Mateos, eran las empresas las propietarias de los bancos y, cuando no recibían crédito porque no tenían suficientes garantías, se lo pedían a su propia entidad bancaria y esta directamente a los depositantes. Así, se adulteró el sistema, pues los bancos se negaban a que la quiebra de esas empresas se pagara con el FGD.

Crispín de Vicente, un abogado de prestigio especializado en asuntos conflictivos como el del Banco de Navarra, y también supernumerario del Opus, al que Ruiz-Mateos acudió nada más enterarse de la expropiación y a quien además pagó con indiferencia, opinaba que «era tan soberbio que nunca aceptó que el proyecto había sido el mayor fracaso de la historia de España y se inventó una teoría de conspiraciones y terminó creyéndosela», según relata Mariano Guindal en *El declive de los dioses* (2011). La misma soberbia que años después le movería a implementar la misma metodología y a cometer los mismos errores en Nueva Rumasa, arruinando a todo aquel que le había dado dinero y llevando a sus propios hijos a la cárcel.

Crispín de Vicente y Rafael Termes coincidieron en que la jugada de los asesores de Ruiz-Mateos consistía en que los quebrantos de las empresas se traspasaran a los bancos de Rumasa, que eran los que tenían el agujero por los impagos. Pensaban que el Gobierno iba a expropiar los bancos y así dejar a las empresas sin deudas, ya que se les perdonarían los impagos que se habían producido. En esta tesis, Rumasa se quedaría con las mejores empresas totalmente saneadas. Sin embargo, se encontró con que el Gobierno socialista expropió empresas y bancos, porque, según Boyer, resultaba imposible separar unas de otras.

Después de su estancia en Londres, Ruiz-Mateos saltó a Jamaica, acompañado de Misericordia «Coco» Miarnau, esposa de José María Sabater, hombre de su confianza. Aunque tenía la apariencia de un escándalo de faldas inadmisible para un hombre del Opus Dei como era él, algunos conocedores de los hechos lo atribuyeron a una estratagema para evadir divisas dentro de una estatua de la Virgen del Perpetuo Socorro enviada en valija diplomática a Honduras.

Todo se podía esperar de este personaje estrambótico que había crecido gracias a las ayudas que había recibido durante el franquismo, principalmente por sus correligionarios del Opus. De regreso de las Antillas, pasó por Ginebra para volver a Londres, donde las autoridades le ofrecieron ahuecar el ala cuanto antes. Escogió Frankfurt y, nada más aterrizar en la ciudad alemana, fue detenido por orden de la Interpol. Su encarcelamiento en la prisión de Preungesheim duró noventa días, hasta que un tribunal del estado de Hesse le dejó libre tras depositar diez millones de marcos alemanes (unos quinientos millones de pesetas). A la salida de la cárcel, donde lo esperaban su mujer, Teresa Rivero, y el matrimonio Sabater-Miarnau, declaró que recurriría la extradición pedida por España y solicitaría el estatus de refugiado.

Tras recobrar la libertad se refugió en Frankfurt, en un chalet de un barrio de clase alta, Sachsenhausen, algo parecido a la Somosaguas de Madrid donde tenía su residencia familiar. Allí, en octubre de 1984, me concedió una entrevista exclusiva para la revista *Mercado*, que conseguí mediante la intervención de Crispín de Vicente. En esa entrevista en la ciudad alemana, que todavía no era la capital financiera de Europa, se mostró altivo y, con su atildada elocuencia, exigió: «Ahora que me lo devuelvan todo». El fugado, que acudía todos los días a misa y se rodeaba de varias imágenes de la Virgen del Perpetuo Socorro, basaba su esperanza en que el titular del Juzgado de Primera Instancia número 18 de Madrid, José María Gil Sáez, acababa de presentar un auto de inconstitucionalidad de la Ley

Rumasa ante el Tribunal Constitucional en el que instaba a este a volver a tratar el asunto que ya había sentenciado a favor de la expropiación tras un empate a seis que deshizo el voto de calidad del presidente, Manuel García-Pelayo.

En la citada entrevista, se quejaba del precio pagado en las reprivatizaciones, sobre todo de los bancos: «Esa organización bancaria de 20 entidades, 1.300 oficinas, 10.000 millones de beneficios y cerca de un billón de depósitos no tiene precio. Cómo se puede dar el Atlántico por lo que se vendió y además a unos extranjeros. Y los demás estaban tan sanos como ese. Fue una pantomima. Verás cómo dentro de varios meses dirán que han conseguido hacerlos rentables. Claro, porque ya lo son». Y continuaba: «Lo ha permitido el Banco de España, que frenó la expansión de Rumasa sin dejar adquirir ningún nuevo banco manteniendo una correspondencia de amenaza de sanción constante. Si no se frena entonces a Rumasa, hoy es el número uno en el ranking bancario. Pero estaban interesados en que no lo fuera. Ahora solo digo que Dios les dé éxitos a todos los banqueros».

Posteriormente, fue detenido en el aeropuerto de la ciudad alemana el 25 de abril de 1985, extraditado a España el 1 de diciembre de ese año, y entró en prisión acusado de falsedad en documento mercantil, proceso que asumió la Audiencia Nacional. Tras salir de la cárcel en 1989, se convirtió en una caricatura de sí mismo con actuaciones estrafalarias a las puertas de los Juzgados de Primera Instancia de la madrileña plaza de Castilla y de la Audiencia Nacional, adonde acudía disfrazado de Superman.

En su declarada animadversión contra Boyer, tras lanzar improperios de todo tipo («cínico, canalla, despreciable, sinvergüenza perfecto») contra el ya exministro a la salida de una declaración en el juzgado, se abalanzó sobre él al grito de «eres un mariconazo» y «vente a la calle y peleemos como machos», para acabar con un «que te pego, leche» que fue recogido por las cámaras de los medios y que se convirtió en viral para los anales históricos. Esas cuatro palabras se convertirían luego en su consigna electoral cuando se presentó a las elecciones europeas de 1989 en las que, sorprendentemente, logró dos escaños, encabezando la Agrupación Ruiz-Mateos. Le votaron 608.560 españoles, el 3,84 % del total de votos.

En 1994 lo volvió a intentar, pero se quedó en 82.410 (0,44%). En sus intentos para el Congreso de los Diputados se quedó lejos, tanto en 1989 (219.883 votos, 1,07%) como en 1993 (54.518 votos, 0,23%).

Pese a las evidencias de los datos del Banco de España, de la investigación realizada por el Gobierno, las manifestaciones de la patronal bancaria y la huida a Londres de Ruiz-Mateos, el incombustible Fraga Iribarne presentó, en nombre de Alianza Popular, recurso de inconstitucionalidad contra la expropiación respaldado con la firma de cincuenta diputados, como exige la Carta Magna. Según el recurso presentado por uno de los padres de la Constitución, la expropiación por decreto-ley afectaba al derecho de propiedad garantizado en su título primero, lo que hubiera exigido una ley. El Gobierno argumentó que la razón de utilizar un decreto-ley no pretendía evitar el debate parlamentario, sino que se mantuviera activo el grupo gestionado por los mismos gestores durante todo el tiempo que tardara en realizarse la ley.

El Tribunal Constitucional desestimó el recurso el 2 de diciembre de 1983. El alto tribunal, al margen del empate entre sus componentes que responde habitualmente a cuestiones ideológicas y que desempató a favor de la expropiación el voto de calidad del presidente, sentenció que la Constitución no prohíbe que un derecho incluido en su título primero quede afectado por un decreto-ley. El recurso quizá fue uno de los primeros de enjundia que dirimió el Tribunal Constitucional y sirvió al menos para que los ciudadanos conocieran su existencia.

La decisión fue reafirmada en dos sentencias posteriores, de 1986 y 1991, respectivamente, y en un auto de 1990. Se decantaron a favor con base en tres argumentos: primero, la Constitución no establece reserva de la materia de expropiación a favor de la Administración y, por tanto, no puede albergarse duda de que las expropiaciones por vía legislativa son, en cuanto leyes singulares, constitucionalmente legítimas; segundo, no impide las leyes singulares, salvo que tengan objeto de condicionar o impedir el ejercicio de los derechos fundamentales, entre los que no figura el de propiedad, y en el caso de Rumasa consideró que tenía «una relevancia que traspasaba las fronteras de los acotados límites de una crisis empresarial para convertirse en factor determinante de inestabilidad de la situación económica nacional»; tercero, no hubo indefensión ni vulneración del principio de igualdad. El respaldo de constitucionalidad fue reiterado en los miles de procesos judiciales abiertos por la expropiación. Solo el Tribunal Europeo de Derechos Humanos condenó en 1993 al Estado español por la excesiva duración del proceso.

La argumentación, que esta vez se produjo con abrumadora mayoría de diez a dos, desarmó a los defensores de la inconstitucionalidad de la expropiación y se las dio al Gobierno. Boyer diría, con el paso del tiempo, y en las pocas ocasiones que había oportunidad de preguntarle, que era del todo injustificada la actitud de muchos «comentaristas sesgados» de atacar la decisión sin pararse a estudiar las sentencias remitiéndose al empate a seis de los miembros del Tribunal. El exministro resaltaba que este fallo inicial solo entraba a valorar si la expropiación requería de una ley o se podía llevar a cabo por decreto-ley, «cuestión importante, pero cuya trascendencia política era escasa, toda vez que el decreto se convirtió pronto en ley». En efecto, cuando el Tribunal entró de lleno en el fondo, la balanza se inclinó a favor de la legalidad sin que primaran las ideologías.

Por su parte, Ruiz-Mateos inició un sinfín de procedimientos (165 en total) para recuperar las empresas y revertir su venta. En 1987 presentó demandas ante la Comisión Europea de Derechos Humanos y el Tribunal Europeo de Derechos Humanos de Estrasburgo. El equipo jurídico del empresario planteó cinco pleitos: duración excesiva de los procedimientos ante el Constitucional; falta de equidad en el procedimiento, ya que se da parte al abogado del Estado, a las Cortes Generales y al ministerio fiscal, pero no al expropiado; parcialidad del Constitucional en sus decisiones; falta de tutela judicial efectiva, al no poder acudir a los tribunales ordinarios por haberse expropiado Rumasa mediante ley, y la discriminación contra Ruiz-Mateos por haber sido expropiado por ley de caso único.

En 1990, la Comisión rechazó las quejas tercera, cuarta y quinta por unanimidad y aceptó por mayoría las dos primeras. Su criterio fue respaldado en 1993 por el Tribunal de Estrasburgo, además de negar el derecho de indemnización solicitado. Evidentemente, Ruiz-Mateos se aferró a las quejas aceptadas para lanzar una campaña de desinformación que arrastró a parte de la opinión pública sin que valorara que las quejas rechazadas eran las realmente sustantivas para reafirmar la constitucionalidad de la expropiación. Resultaba paradójico que Ruiz-Mateos se quejara de la duración excesiva cuando él hacía todo lo posible por retrasar su comparecencia en los tribunales. Posteriormente, presentó dos recursos de amparo para lograr la nulidad del procedimiento, que el Constitucional declaró inadmisibles. Ante ello, volvió a recurrir ante Estrasburgo sin ningún éxito.

Asimismo, recurrió ante el Tribunal Superior de Justicia de Madrid la valoración de las sociedades, es decir, su justiprecio. En 96 sociedades fue positiva y se pagaron 70,6 millones de euros a accionistas minoritarios, mientras que en 126 fue negativa. El Tribunal Supremo, por su parte, rechazó la demanda, y reconoció en nueve sentencias que se había respetado la legalidad en la reprivatización de Galerías Preciados, Banco Atlántico, la cadena hotelera Hotasa y las firmas inmobiliarias.

En relación con el justiprecio, el Tribunal Supremo falló en dos ocasiones que la fijación solo era aplicable a los accionistas terceros minoritarios y no a los propietarios del grupo (la familia Ruiz-Mateos), que deberían atenerse a lo que resultara del proceso de consolidación total de las cuentas en la cabecera. El valor total del holding, según los criterios fijados por el Jurado de Expropiación, suponía una cifra negativa de 438.351 millones de pesetas (equivalente a 2.634 millones de euros). Que el Supremo asumiera el criterio de la consolidación de las cuentas del grupo para determinar las indemnizaciones de la familia Ruiz-Mateos, supuso que no debían cobrar ninguna cantidad como indemnización. A su vez, la Fiscalía del Estado le demandó una responsabilidad civil de 677.500 millones de pesetas por el estado financiero del grupo en el momento de la expropiación y por la posterior inyección de dinero que hubo de realizar.

El 12 de junio de 1997, la Audiencia Nacional absolvió a Ruiz-Mateos y a otros cuatro acusados de los delitos de falsedad y estafa. En la sentencia se consideraron probadas diversas falsedades e impagos a la Hacienda Pública y a la Seguridad Social, aunque por los cambios normativos producidos en el Código Penal no se encontró culpables a los acusados. El 25 de marzo de 1999, el Supremo confirmó dicha absolución, librándole de la fianza de responsabilidad civil.

El patrimonio intervenido pasó a ser propiedad del Tesoro, aunque la labor de gestionar el grupo bancario fue delegada en el FGD. Tras descartar que el grupo fuera nacionalizado, la Dirección General del Tesoro inició el proceso de reprivatización individual de las empresas ante la imposibilidad de vender todo el grupo en conjunto. La tarea no era para nada fácil, ya que la mayor parte de las empresas estaban en una situación de quiebra y necesitaban reestructuraciones profundas. Por otra parte, la economía del país no atravesaba precisamente un periodo floreciente. Mientras peleaba para entrar en el mercado común europeo, ni la inversión nacional ni el capital extranjero eran suficientes para hacer virguerías en el proceso. Es decir, el Estado, como accionista, era un propietario en precario y con vocación transitoria, como subrayó en su momento Javier del Moral, encargado por Boyer para dirigir la reprivatización.

El proceso de privatización comenzó en enero de 1984, una vez que se conoció la sentencia del Tribunal Constitucional y se contó con los informes de auditoría. Duró hasta 2002, cuando se vendieron las fincas. El Estado recurrió a una emisión de deuda pública especial de 560.000 millones de pesetas para mantener las empresas del grupo en funcionamiento mientras encontraba compradores. Finalmente, los gastos rebasaron el billón de pesetas. Los fondos fueron aportados en primera instancia por el Banco de España a través de créditos concedidos a uno de los bancos del grupo, el Banco de Huelva, el llamado «banco excusa», que los conducía a su destino real. Pero la pérdida resultante fue cargada, en definitiva, al fisco.

Los bancos de Rumasa se repartieron entre los siete grandes de entonces (Central, Banesto, Hispano Americano, Bilbao, Vizcaya, Santander y Popular). Para reprivatizar los bancos se ideó una fórmula consistente en realizar un saneamiento financiero sufragado en su mayor parte por el propio sector, equilibrando en gran medida la asunción de pérdidas con el Estado.

Algunas empresas, además de las que se habían creado como pantallas, fueron liquidadas ante la imposibilidad de encontrar un comprador. El resto siguió un proceso lento. Entre las joyas de la corona figuraba Galerías Preciados, que había experimentado una deriva errante desde que se desvinculó de la familia fundadora. La cadena de grandes almacenes fundada por José «Pepín» Fernández había sido la precursora en España del concepto de grandes almacenes importado desde Cuba. En los años setenta, por causa de los problemas financieros que arrastraba, acabó en manos de su principal acreedor, el Banco Urquijo, entonces el noveno del país con una fuerte presencia en participaciones industriales. El banco fue víctima de la descapitalización por la crisis del petróleo, lo que provocó que vendiera Galerías a Rumasa con el beneplácito gubernativo. Para entonces, Galerías ya había perdido la batalla comercial con El Corte Inglés, entidad con la que durante años compitió a ultranza hasta que esta acabó comprándola. Pero para llegar a ese capítulo pasarían unos cuantos años y varios dueños intermedios.

Al año siguiente de la expropiación, el Gobierno alcanzó un acuerdo con el empresario venezolano Gustavo Cisneros, a quien le adjudicó la entidad por mil millones de pesetas. La venta derivó en una enorme polémica cuando este grupo se desprendió de la empresa en 1987 por una cantidad mucho mayor, lo que llevó a la oposición a tachar de «amiguismo» la operación y, por extensión, todo el proceso privatizador. La realidad es que la venta de Galerías fue encargada a la firma internacional First Boston-Crédit Suisse y se estableció contacto con cuarenta y ocho interesados de dieciséis nacionalidades. Del total, nueve analizaron en profundidad el cuaderno de ventas y solo dos presentaron oferta: el citado Cisneros y el consorcio colombiano Roca. El Gobierno intentó que se presentara El Corte Inglés como la mejor alternativa para garantizar el empleo y recuperar la solvencia, además de mantener la propiedad española. Sin embargo, el grupo presidido por Ramón Areces declinó la invitación. En definitiva, pocas opciones había para ejercer el amiguismo del que fue acusado el Gobierno. Según determinó la Dirección del Patrimonio del Estado en su informe al Consejo de Ministros, se decantó por Cisneros porque Roca no presentó el aval bancario total, sino solo parcial, además de considerar que el consorcio venezolano era más sólido que el colombiano para garantizar la viabilidad de Galerías.

La empresa siguió a la deriva con cifras negativas y, en 1987, Cisneros la vendió por 3.000 millones de pesetas al grupo británico Mountleigh, que lo revendió en 1992 a unos inversores españoles encabezados por Justo López Tello y Fernando Sada, que pagaron 21.200 millones de pesetas, según las cifras facilitadas entonces, y muchas dosis de optimismo. La compañía no remontó y se vio abocada a la suspensión de pagos dos años después con una deuda de 28.000 millones de pesetas. Fue el momento que aprovechó El Corte Inglés (ya presidido por Isidoro Álvarez) para hacerse con su viejo rival, proveniente de un mismo tronco familiar con orígenes asturianos y cubanos, y enderezar el rumbo de los veintidós establecimientos que integró bajo su rótulo, además de asumir toda la plantilla.

Además de Galerías, Rumasa tenía presencia en prácticamente todos los sectores económicos, desde el bodeguero de sus comienzos en Jerez de la Frontera hasta el financiero, en el que llegó a tener veinte bancos, con el Atlántico como abanderado. Entre las empresas significativas del holding estaban la constructora Hispano Alemana; Catalana de Cementos; la hotelera Hotasa (con más de una veintena de establecimientos); la firma de productos de lujo Loewe; las aseguradoras Minerva, Unión Condal, Atlas y Fénix Peninsular; varias bodegas de jerez, rioja y cava (Garvey, Terry, Palomino & Vergara, Williams & Humbert, Bodegas Franco-Españolas, Paternina, Berberana, Lan, René Barbier, Segura Viudas, Conde de Caralt, Cavas Catalanas); la yeguada del Hierro del Bocado; Mantequerías Leonesas; los laboratorios Pérez Giménez (fabricante de Calmante Vitaminado); la naviera Navinor, y las Torres de Jerez, en Madrid.

En el exterior, donde logró mantenerse lejos del alcance del Gobierno, controlaba varias empresas de las que sacó plusvalías que se calculan en doscientos veinte millones de euros. Contaba con la bodega Graffigna en Argentina, que fue vendida una semana antes del famoso corralito a Freixenet por más de treinta millones de euros; el hotel Everglades, en Miami; Rodes, la mayor bodega de vinos a granel de toda Europa situada en Ámsterdam; una cadena de bebidas en Países Bajos con más de ciento cincuenta marcas; la bodega Da

Silva, situada en Oporto y comprada luego por Pernod Ricard, y una gran bodega en Chile. Asimismo, controlaba el 50 % de Union Bank, en Alemania, que vendió en 1983. Su presidente era el sobrino de la mujer de Ruiz-Mateos, Alfonso Barón Rivero, la persona que manejaba las cuentas de la familia en el extranjero.

Pasados los años, no contenta con el escándalo de los años ochenta y mientras los procesos judiciales se sucedían, la familia Ruiz-Mateos (padre, madre y prácticamente la totalidad de sus trece hijos) volvió a las andadas con Nueva Rumasa, otro entramado de más de cien empresas que entró en concurso de acreedores en febrero de 2011. Entre otras firmas, contaba con Clesa, Dhul, Elgorriaga, Trapa e, incluso, el Rayo Vallecano, club de fútbol al frente del que se puso la matriarca del grupo, María Teresa Rivero. La familia culpó de esta crisis a una «campaña bestial» de los medios y los bancos, que no les daban crédito. Sin embargo, habían preparado una gran estafa piramidal basada en pagarés por los que prometía una rentabilidad del 6 %, 8 % y 10 % para, supuestamente, financiar nuevas adquisiciones. Arrastró a más de mil cuatrocientos pequeños inversores, que, con un interés muy por encima del que ofrecía la banca, se creyeron las promesas del empresario.

La emisión de pagarés fue el recurso que encontró Ruiz-Mateos para paliar la situación de insolvencia a la que se abocaba por la deuda y que le había llevado a negociar con el Banco Santander la deuda que tenía con esta entidad y su filial Banesto por un valor aproximado de 375 millones de euros a finales de 2009. La negociación, iniciada para Nueva Rumasa por el abogado mercantilista Ángel Zamora y el despacho Uría y Menéndez por el banco, no acabó en acuerdo. Tampoco su sustituto, Juan Picón, fue capaz de sacar adelante la refinanciación, lo que dio lugar a que Ruiz-Mateos persiguiera constantemente a Emilio Botín, al que inundó de cartas entre 2008 y 2010.

En una de esas cartas, que no tienen desperdicio, el empresario llegó a ofrecer todo su brandy como garantía de los créditos. «Afortunadamente, contamos en abundancia con un producto único y singular, como son los brandis viejísimos de Jerez que, además, mientras más añejos más valen y que, sin duda, servirían como garantía o cancelación parcial o total de las operaciones crediticias actualmente en vigor con tu entidad», le escribió, al tiempo que valoraba en más de 1.200 millones de euros las existencias. En otras cartas le informaba de que había celebrado una misa en la capilla de su casa («pidiendo por tus intereses para que consigas tus deseos en momentos tan difíciles como los que atravesamos») y le conminaba a que recibiera a sus hijos varones para alcanzar un acuerdo, de lo contrario, el banquero dejaría de ser «el ombligo de oro del mundo». Fue tal el grado de su obsesión que llegó a esperarle en las cercanías de su casa en Somosaguas, donde también vivía el empresario gaditano.

La justicia condenó al empresario, que murió en 2015, por estafa, insolvencia y fraude. También sentenció a sus seis hijos varones (además, tuvo siete hijas con Teresa Rivero) por estafa e insolvencia en la venta de un hotel en Mallorca y otro en Gran Canaria. También sería condenado en 2005 a tres años de prisión y una multa de 21.600 euros por los delitos de insolvencia punible y alzamiento de bienes en la agencia de viajes Mundo Joven. Ruiz-Mateos la había comprado por seiscientas pesetas y vendió la planta comercial de la calle de Alcalá número 22 por 185 millones de pesetas. Consiguió el tercer grado por problemas de salud al poco de ingresar en la cárcel. Ya en 2018, tres años después de su fallecimiento, la Audiencia Nacional le encontró culpable de fraude fiscal en el Rayo Vallecano.

La Nueva Rumasa estaba constituida por «un complejo conglomerado de sociedades que, si bien participaban en una gestión común, no conformaban un grupo consolidado», según la acusación de la Fiscalía Anticorrupción. Es decir, carecía de matriz común. «La mayoría de esas sociedades pertenecían formalmente a otras sociedades extranjeras, generalmente radicadas en paraísos fiscales», o en territorios de baja tributación, como Belice, Panamá y Holanda.

Este hecho, «unido al empleo de testaferros y de despachos fiduciarios permitió durante años dotar a todo el entramado de un considerable grado de opacidad». No hay más que ver que no se ha logrado cuantificar el número de empresas. La publicidad hablaba de entre 107 y 117 compañías y los listados lo elevaban a 164 españolas y 48 extranjeras, mientras la Administración concursal ha podido probar la relación de 171 que operaban con 4.067 cuentas bancarias.

El problema de Nueva Rumasa comenzó a desvelarse en 2009, cuando sumaba deudas por 577 millones de euros y carecía de liquidez para «sostener la actividad regular de las empresas» y atender a los pagos más inmediatos, según precisó el fiscal. Solo aquel año debían afrontar compromisos por 197,5 millones de euros. Al año siguiente les vencían otros 194,6 millones.

«Para paliar en parte esa situación, recurrieron al descuento bancario de efectos, mediante el cual conseguían financiación a corto plazo en función de las necesidades de tesorería». Para ello, los acusados se habrían servido de veinticinco sociedades instrumentales sin actividad real alguna o personal adscrito, a las que llamaban internamente «sociedades fuelle». El único objeto era emitir facturas por operaciones inexistentes para presentarlas a descuento en los bancos. De esta forma, el grupo obtuvo 541 millones. Así pagaba deudas con los fondos aportados por nuevos inversores. «Este mecanismo financiero circular de naturaleza piramidal agudizaba la situación crítica del grupo Nueva Rumasa, pues, además de tener que devolver los fondos dispuestos, generó al grupo un coste financiero adicional de 11 millones», detalló el fiscal.

Ante la inminente insolvencia y la imposibilidad de seguir recurriendo a la financiación bancaria, decidieron poner en marcha la emisión de los célebres pagarés con datos que no respondían a la realidad, como refería el fiscal. El mecanismo consistía en obtener préstamos de los inversores con la promesa de devolverlos con intereses mediante la entrega de pagarés de empresa o pagarés corporativos, «aprovechando la confianza general que los consumidores venían depositando en los productos comercializados» y ocultando su insolvencia.

En las campañas publicitarias, el grupo hablaba de entre 107 y 117 empresas, a las que atribuía un valor de entre 3.000 y 6.000 millones, generadoras de diez mil empleos directos y seis mil indirectos en setenta y ocho países y una facturación anual de 1.500 millones. Además, los acusados establecieron una inversión mínima de 50.000 euros, montante que permite obviar el control de la CNMV.

No se conoce con exactitud el número total de inversores que adquirieron los pagarés, pero los datos de la empresa recogían al menos 4.110 de ellos con una aportación de 377 millones de euros, de los que la investigación judicial ha demostrado la entrada de 243 millones en cuentas del grupo entre 2009 y 2011. Los intereses con los que debía remunerarse eran 48 millones, pero, «sabedores de que sería de todo punto imposible su abono», los acusados emitieron pagarés a nombre de trece sociedades del grupo por 385,3 millones. Aplicando la estafa piramidal de libro, los primeros inversores cobraron 96 millones, pero dejaron de abonar 289,1 millones a los siguientes. Ocho de las sociedades no pagaron cantidad alguna.

Los fondos recaudados se ingresaron en una caja común del Banco Etcheverría, en Madrid, para ser redistribuidos entre distintas sociedades del grupo o destinados al pago de inmuebles y vehículos de la familia. El registro de las ciento treinta cuentas de la entidad desveló que no se correspondía con la operativa real, pues entre 2009 y 2010 registraron cinco mil quinientas operaciones consecutivas prácticamente diarias de retiradas y depósitos en efectivo por ciento cincuenta millones. El fiscal arguyó que estas operaciones «encubrían traspasos entre cuentas de diferentes sociedades del grupo», por lo que «el dinero efectivamente retirado por ventanilla cada día suponía tan solo el importe de la diferencia entre los teóricos ingresos y las teóricas retiradas. Esta práctica irregular y artificial se llevó a cabo con el exclusivo fin de dificultar el seguimiento del flujo de los fondos captados de los inversores».

La huida hacia delante terminó en febrero de 2011. La incapacidad de hacer frente a las obligaciones de pago que vencían diariamente llevó a Nueva Rumasa a solicitar el concurso voluntario de acreedores de las principales empresas. «Previendo el cúmulo de responsabilidades penales y patrimoniales que podrían derivarse de las prácticas ilegales descritas», los Ruiz-Mateos pusieron en marcha su último engaño para esconder su patrimonio, expuso el fiscal. La trama consistió en nombrar nuevos administradores de las empresas, entre ellos, Ángel de Cabo Sanz, el liquidador de empresas que había ayudado a Gerardo Díaz Ferrán al vaciamiento patrimonial de Viajes Marsans. De Cabo adquirió varias de las sociedades a través de las matrices extranjeras con el objetivo de salvar el máximo patrimonio posible para los Ruiz-Mateos, a los que entregaría el 80% del valor, reservándose un 20% como comisión.

Ruiz-Mateos, que había aprendido del estallido de Rumasa, realizó fuertes campañas de publicidad y logró que apenas se hablara de su nueva aventura. El presidente de la CNMV de la época, Julio Segura, denunció en la Comisión de Economía del Congreso de los Diputados que no se estaban publicando las advertencias del organismo y tuvo que sacar anuncios para advertir a los ciudadanos de que los bonos de Nueva Rumasa no tenían solvencia. Al final resultó que Nueva Rumasa nunca pagó dicha publicidad. Volvió a engañar a todos.

Los seis hijos varones del empresario (Álvaro, Zoilo, José María, Pablo, Francisco Javier y Alfonso), que han cumplido penas de prisión por sus actuaciones en el grupo, se sentaron en el banquillo a finales de enero de 2024 acusados de cometer un fraude de más de trescientos millones de euros por la emisión de los pagarés de Nueva Rumasa. Los vástagos del polémico empresario gaditano se enfrentan a dieciséis años de cárcel que pide la Fiscalía Anticorrupción para cada uno de ellos por los delitos de estafa agravada, alzamiento de bienes y blanqueo de capitales. Presuntamente, pergeñaron un fraude piramidal con el que captaron 337 millones de euros de, al menos, cuatro mil cien inversores. Del total de perjudicados, 1.409 reclaman 171 millones de euros.

A la vista de las eventuales multas y responsabilidades civiles que pudieran imponerse a cada uno, el juez fijó en 496 millones la cantidad que los acusados deben depositar y señaló a cincuenta y siete empresas del grupo como responsables civiles subsidiarias y nueve partícipes lucrativos, entre ellos, Joaquín Yvancos, el que fuera el abogado de Ruiz-Mateos, al que los hermanos acusan de haberse pasado al enemigo, y Ángel de Cabo Sanz, Fernando Juan Lavernia e Iván Manuel Losada, por presuntamente haber pactado con los hijos de Ruiz-Mateos la compra de sociedades de Nueva Rumasa tras la emisión de pagarés, «con el fin de controlar los concursos de acreedores [...] y salvaguardar en lo posible el patrimonio personal de la familia».

Los seis hijos culparon al padre muerto. Teresa Rivero quedó fuera del procedimiento, mientras a las hijas (Patricia, Nuria, Almudena, Begoña, Paloma y Rocío; Socorro, la primogénita, falleció en 2017) se las acusa como partícipes a título lucrativo por beneficiarse de los supuestos delitos, aunque no hubieran tenido conocimiento de ellos. Como varón hecho y derecho de la cultura carpetovetónica más rancia, el patriarca dejó fuera del grupo a las hijas, a las que, además, pidió que renunciaran a cualquier derecho sobre la empresa familiar para que estuviera en manos de los hombres de la familia a cambio de una compensación económica. No obstante, Begoña, considerada *la abeja negra* de la familia, demandó a los seis hermanos por sentirse engañada.

También quedó fuera la «hija número 14», Adela Montes de Oca, fruto de una relación con la mexicana Patricia Montes de Oca, que se instaló en Madrid con los gastos costeados por el empresario. En 2017, se exhumó su cadáver para atender una demanda de paternidad solicitada por la hija, a la que había reconocido manteniéndolo en secreto del resto de la familia.

En sus declaraciones en la sala de vistas de San Fernando de Henares (Madrid), uno tras otro los hijos negaron cualquier responsabilidad sobre la emisión de pagarés que achacaron a su padre, al que admiraban, pero a quien no se podía llevar la contraria. Según sus declaraciones, ellos no tenían «ninguna autoridad, ni poder, ni capacidad de decisión». Ninguno reconoció las responsabilidades como administradores o apoderados que aparecen en el sumario. El padre les atribuía el cargo sin comentárselo. «Mi padre ponía y quitaba», vinieron a decir todos.

Mientras Álvaro aseguró que se limitaba a realizar labores de exportación de productos de Trapa y Elgorriaga, por las que cobraba una nómina «normal» de tres mil euros mensuales, Zoilo resaltó que recibía instrucciones que acataba apelando a la «confianza plena» que tenía en su padre. José María se presentó como «hijo del dueño» y Javier relató que «el único consejo de administración era mi padre y el espejo» y que nunca se le ocurrió preguntarle por la marcha de los negocios. Algo parecido afirmó Pablo, que figuraba como consejero delegado de Nueva Rumasa, aunque subrayó ante el tribunal que nunca ejerció como tal. «Yo era un empleado más, por muy Ruiz-Mateos que me apellide», resumió Alfonso.

En su contra, el fiscal defiende que cada uno de los acusados ejercía en sus respectivos ámbitos de actuación «un poder de decisión propio», por mucho que todos desempeñaran su trabajo bajo la «dirección última» del padre. A su juicio, entre todos urdieron el plan de los pagarés mediante «unas agresivas campañas en los medios de comunicación de ámbito nacional», invitando a invertir en sus sociedades más conocidas y mostrando una «imagen de solvencia y bonanza» que «carecía de todo sustento».

Todo venía salpicado por la decisión de Ruiz-Mateos de ceder los derechos de la indemnización de Rumasa a su asesor Jesús Urdiciáin, según aseguró este en unas declaraciones televisivas en las que sostuvo que el empresario lo había firmado ante notario para que gestionase los fondos y pagase a los inversores de Nueva Rumasa. «Me los cede a mí porque no se fía de sus hijos», dijo. Eso suponía que los descendientes se quedaban en blanco. La decisión se produjo después de que el Tribunal Superior de Justicia de Madrid resolviera volver a calcular el valor del grupo en 2013, dos años antes de su muerte y cuarenta después de la expropiación. El Estado la había tasado en cero pesetas, mientras la familia reclamaba 13.700 millones de euros.

Para remate, el 25 de abril de 2024, tres de los seis hijos varones (Javier, Alfonso y Álvaro) fueron imputados en el caso ERE por el cobro de ayudas irregulares de la Junta de Andalucía por valor de 35 millones de euros, según el auto dictado por el Juzgado número 6 de Sevilla. Los otros tres (José María, Pablo y Zoilo) quedaron excluidos de la causa, al considerar el instructor que no hay indicios suficientes de su participación en los hechos. El juzgado acordó seguir con el procedimiento abreviado, último paso para la apertura del juicio oral.

Encarna Jiménez de Tejada, la madre de José María, se lo había advertido antes de salir de la casa familiar: «No presumas de dinero». Hizo caso omiso. Al contrario, le gustó mucho el dinero y presumir de él. En la revista *La Colmena*, que editaba el grupo, el empresario declaraba en 1981: «Soy un empresario de 50 años sin ninguna clase de entretenimiento o deporte. Dedico todo mi tiempo al trabajo y me he fijado una meta de crecimiento de 100.000 puestos de trabajo». Naturalmente, le faltaba por hablar de sus masivas prácticas heterodoxas y de sus castillos de naipes mientras aventuraba un crecimiento vertiginoso del panal. Nunca se recuperaron los 23.000 millones de pesetas que sacó al exterior.

2

Banca Catalana
Jordi Pujol i Soley

El 25 de julio de 2014, Jordi Pujol, *expresident* de la Generalitat de Catalunya, llevó a cabo una especie de inmolación. Sorpresiva y sorprendente. Reconoció, a través de un comunicado, que desde septiembre de 1980 había disfrutado de una fortuna oculta en el extranjero por un legado que le había dejado su padre y cuyos beneficiarios eran su esposa, Marta Ferrusola, y sus siete hijos. En la declaración negaba ser titular, aunque hay documentos que muestran lo contrario. El *Molt Honorable President* entre 1980 y 2003 no dio explicaciones del origen de un dinero tan bien custodiado. Nadie pensó que lo hubiera hecho sin buscar alguna finalidad, pero desempolvó algo que parecía muerto, o al menos olvidado, desde hacía casi treinta años: el caso Banca Catalana, entidad de la que fue fundador, directivo y principal accionista. El caso, investigado primero por el Banco de España y después por vía judicial por la Fiscalía General del Estado por desvío de fondos y otros supuestos delitos (apropiación indebida, falsedad documental y maquinación para alterar el precio de las cosas mediante el uso de una caja b), transcurrió casi en paralelo al de Rumasa y, como en este, toda la trama de ingeniería financiera llevó emparejadas derivadas judiciales de los responsables por su gestión. La Audiencia de Barcelona decretó el sobreseimiento del caso, que se cerró en 1990. No obstante, tras la declaración de Pujol de 2014 y las investigaciones derivadas de una denuncia de la exnovia de su primogénito en 2012, el futuro de la familia Pujol quedó pendiente del juicio oral que debía iniciarse en noviembre de 2025.

La familia Pujol creó Banca Catalana en 1959 tras comprar por cuatro millones de pesetas la Banca Dorca, domiciliada en Olot (Girona). A partir de esa pequeña entidad, que contaba con una oficina y apenas 20.000 millones de pesetas en depósitos, formó un conglomerado con la adquisición, por 11.000 millones de pesetas, de cuatro bancos comerciales (Banco de Barcelona, Banco de Gerona, Banco de Alicante y Banco de Crédito e Inversiones) y uno industrial (Banco Industrial de Cataluña), además de la matriz, a la que cambió el nombre por el de Banca Catalana.

El desembolso que recibieron los hermanos Dorca lo costearon el padre de Pujol, Florenci Pujol i Brugat, y Moisés David Tennenbaum, ambos agentes de cambio y bolsa. No figuraron entre los accionistas porque habían aparecido en una lista de 872 financieros que habían evadido dinero a Suiza, según descubrió una investigación realizada por el Juzgado Especial de Delitos Monetarios y en la que aparecieron apellidos notables de la burguesía catalana (Mas Sardá, Garriga Nogués, Alavedra, Samaranch, Pintó, De la Rosa, Molinas, entre otros), además de vascos, madrileños y de otros lugares del país. También se embarcó en la operación Francesc Cabana, cuñado de Pujol, que desempeñaría un papel importante como directivo junto a él. Al frente de la entidad, no obstante, fue colocado Jaume Carner i Suñol, que estuvo veinte años en el puesto y protagonizó su propio escándalo al captar fondos de amigos a los que prometió altas rentabilidades que nunca se produjeron.

La entidad, que intentó tapar este episodio como pudo y con poco éxito, estaba ya en la lupa del Banco de España. El supervisor tenía muy claro que debía aplicar a Banca Catalana la misma cirugía que al resto de las entidades insolventes, casi una cincuentena, que se habían ido acumulando en aquellos años de finales de los setenta y cuya triste realidad apareció con la limpieza del trastero que supuso la Transición. El estallido se produjo cuando, en una inspección simultánea de los bancos del grupo, se descubrió un patrimonio negativo superior a los 100.000 millones de pesetas. Se decidió intervenirlos y se procedió a los pasos protocolarios: cambiar de propietario, renovar el consejo, llevar a cabo la operación acordeón (reducir y ampliar el capital) y la venta por concurso tras su saneamiento, que costó a las arcas del Estado más de 344.000 millones de pesetas, según datos del Tribunal de Cuentas de 1985. Esa cantidad fue la mayor que se llevó un banco del total de 1,189 billones de pesetas que se destinaron a sanear el sector. Banca Catalana era, en esos momentos, el décimo banco por activos del país.

Tras una auditoría externa encargada a Price Waterhouse se confirmó que el agujero superaba los 129.000 millones de pesetas, lo que rebasaba holgadamente los supuestos fijados por el Banco de España. El entramado disponía de una caja b en la que se practicaba una contabilidad paralela para escapar del control de las autoridades monetarias y que se habían empleado sociedades instrumentales para aparentar legalidad en sus operaciones. Los fondos desviados a esa caja b fueron de 83.715 millones de pesetas entre 1974 y 1981. Las investigaciones descubrieron veintisiete sociedades instrumentales, creadas para canalizar el dinero hacia la caja oculta y con las que Banca Catalana no tenía ninguna vinculación.

Según el escrito de la fiscalía, era «un conjunto de sociedades, aparentes, carentes de capital social real, en las que los únicos recursos propios de que disponían, como cifra de garantía frente a los acreedores, que en este caso se reducían a Banca Catalana y otras entidades del grupo bancario, estaban constituidos por el capítulo de las reservas, integradas en gran parte por el producto de los beneficios obtenidos en las operaciones en las que hacía figurar a estas sociedades», tal como recoge el periodista Pere Ríos en *Banca Catalana: caso abierto* (2015), un libro publicado tras la confesión de Pujol en el que se recoge de forma exhaustiva toda la peripecia de la entidad desde que fue creada hasta su hundimiento y las personas implicadas.

El procedimiento más habitual era utilizar créditos ficticios (créditos simulados, tal como fueron designados por el Fondo de Garantía de Depósitos, FGD), que sumaron 5.100 millones de pesetas, repartidos en las sociedades instrumentales, empresas vinculadas y diversos clientes. Según la investigación, relatada con detalle por Ríos, conceder los créditos implicaba la apertura de una cuenta corriente a nombre del beneficiario. Sin embargo, este no podía disponer del dinero, sino que entregaba los talones firmados en blanco para que los directivos dispusieran de la cantidad otorgada en el crédito, que iba directamente a la caja b, creándose un volumen de activos inexistentes. El banco no podía reclamar el dinero al que no lo había dispuesto y, por tanto, no era deudor.

La caja b también se nutrió de dividendos derivados de inversiones en valores inmobiliarios y de depósitos de clientes a los que se garantizaba una rentabilidad superior a la del mercado. Otra forma de llenarla fue mediante facturas que se contabilizaban dos veces (una se destinaba al proveedor y la otra iba al cajón, lo que permitía emplear los fondos eludiendo el control fiscal) y timbres que se utilizaban varias veces, con lo que los cobros de más también se destinaban a la caja. A ello se sumaban los recibos de letras ficticios que se emplearon para disponer de los fondos con los cuales renovar y cancelar los depósitos a terceros. Los recibos se trataron como si fuesen efectos comerciales facturados y pagados, llegándose a generar 5.000 millones de pesetas.

También se cruzaron créditos falsos entre los bancos del grupo, de manera que hacían todo tipo de operaciones. Los créditos, que alcanzaron 1.568 millones de pesetas, se cancelaron con procedimientos irregulares entre marzo y noviembre de 1982, cuando el Banco de España ya había colocado la bota sobre el cuello de la entidad.

¿Cómo se utilizaba el dinero de la caja b? «Los querellados responsables del manejo de la caja b, en la medida que detrajeron, apartaron y dispusieron de los recursos económicos de Banca Catalana, recursos que fueron torpemente administrados, provocaron directa y expresamente un continuado déficit patrimonial de la entidad que la conduciría a la ruina económica», según el escrito de acusación de los fiscales. Es decir, prácticas sin ningún criterio de solvencia que condujeron a un endeudamiento del cual, en la estructura de entonces, no podría recuperarse, a no ser que fuese saneada por manos públicas o privadas, como ocurrió cuando se lo quedó el Banco de Vizcaya.

El dinero se evaporaba en compras de sociedades, valores mobiliarios e inmobiliarios, compra de acciones de otras entidades bancarias que se solían hacer mediante las sociedades instrumentales, el pago de extratipos «a precio de mercado no oficial» que se ocultaban a la junta de accionistas y pago de intereses por los depósitos que fueron captados con la promesa de una remuneración irregular complementaria. Incluso se descubrieron actuaciones hilarantes, como la existencia de un contrato de Marta Ferrusola, la mujer de Pujol, con el grupo bancario para la decoración floral de la sede, según desvela el exministro Carlos Solchaga en *Las cosas como son* (2017) con base en una confidencia que le hizo Pedro Toledo cuando el Banco de Vizcaya ya controlaba la entidad.

Esas operaciones se desarrollaron hasta mayo de 1982, cuando ya Pujol era *president*, aunque, según la acusación, siguió beneficiándose después. «Por tanto, no responde a la verdad el discurso oficial tantas veces repetido de que no le interesaba el beneficio económico y que se desvinculó de cualquier actividad muchos años antes para dedicarse en cuerpo y alma a la política», escribe Pere Ríos, tomando los argumentos que esgrimieron los fiscales durante el proceso judicial.

Entre otras operaciones descubiertas y recogidas luego en la querella por los fiscales, aparece que Jordi Pujol se embolsó dividendos ilícitos por valor de 84 millones de pesetas, una cifra que actualizada a 2023, de acuerdo con la inflación, equivaldría a unos cuatro millones de euros. Además de Pujol, de estos cobros también se benefició Francesc Cabana, con veintiún millones de pesetas. Asimismo, destaca que Pujol, junto a su hermana María y su madre, abonó veintidós millones de pesetas en 1982 por impuesto de sucesiones tras la muerte de su padre. El desembolso se hizo con acciones de Banca Catalana a una instrumental a la que la entidad le otorgó un préstamo para financiar la operación.

El Banco de España había comenzado la investigación en 1980, pero el 11 de junio de 1982 se produjo un hecho que parecía hacer inminente la intervención. Un artículo aparecido en *Resum Econòmic*, un boletín confidencial de la agencia de noticias Europa Press en Cataluña, hablaba de «rumores insistentes sobre una inminente presentación de una suspensión de pagos de una importante entidad crediticia catalana». Blanco y en botella: Banca Catalana. La Generalitat desmintió la noticia, pero lo que provocó con ese desmentido que nadie le había pedido (*excusatio non petita, accusatio manifesta*) fue el pánico de los clientes, que sacaron el 38 % de los depósitos (más de 100.000 millones de pesetas) en un lapso mínimo de tiempo, agravando así la situación. Cabana, entonces vicepresidente, sostuvo que ese fue el principio del fin.

«Como en todas las ocasiones en las que se suceden los desmentidos, el público olfateó que el asunto iba en serio y, aunque el sábado siguiente a la nota el ambiente era tranquilo, las salidas de depósitos se dispararon desde primeras horas del lunes. El Banco de España, previsor, había mandado el sábado una furgoneta blindada con 2.000 millones [de pesetas] en efectivo a la sede central de Banca Catalana, pero los recursos fueron devueltos íntegramente. Y el lunes, sin la violenta necesidad de hacer colas ante las ventanillas, los millones empezaron a desaparecer de los depósitos a través de la Cámara de Compensación Interbancaria: los clientes preferían no dar la cara y retirar el dinero ante testigos, por lo que simplemente ingresaban talones contra Banca Catalana en otras entidades bancarias», describen con precisión Francesc Baiges, Enric González y Jaume Reixach en *Banca Catalana. Más que un banco, más que una crisis* (1985).

Mientras, el Banco de España trataba de frenar la sangría. El problema era que Banca Catalana, como le ocurría a Rumasa, era un *outsider* que actuaba fuera del sistema y cuando el Banco de España, al que se acababa de incorporar Aristóbulo de Juan como director general de Supervisión, decidió tirar de la manta, aparecieron todas las atrocidades cometidas. El Banco de España obligó a cambiar la cúpula, a la que accedió Eusebi Díaz Morera en sustitución de Raimon Carrasco y, como segundo, Jordi Mercader, el 7 de julio de 1982. Díaz Morera, que había impulsado Caixa de Barcelona (con el tiempo sería engullida por La Caixa de Pensions), y Mercader encargaron la auditoría que arrojó un desfase provisional de más de 120.000 millones de pesetas (la cifra definitiva resultaría ser de 129.112 millones) y unas pérdidas anuales de casi 20.000 millones, lo que superaba las sospechas del Banco de España.

Sin embargo, el nuevo equipo no duró al mando por diferencias de enfoque con el banco central, que había rechazado el plan de saneamiento diseñado por los nuevos gestores. Este basaba la recuperación del grupo en inyecciones de liquidez y en la expansión, no en ajustes y recapitalización. No prosperó, y el 2 de noviembre del mismo año (es decir, apenas cuatro meses después) se vieron abocados al abandono. El Banco de España tuvo que poner al frente de la entidad al subgobernador, Juan Antonio Ruiz de Alda, además de secretario general del FGD. Según recuerdan exdirectivos del supervisor, se retardó la toma de medidas, por lo que la retirada de depósitos continuó mermando la capacidad de respuesta de la entidad y, a finales de 1982, ya alcanzaban los 110.000 millones.

Como consecuencia de la pecaminosa situación, el 17 de noviembre de ese año se celebró una junta extraordinaria de accionistas, en la que se planteó una operación acordeón y la posibilidad de exigir responsabilidades penales a los anteriores administradores, entre ellos a Jordi Pujol. Sin embargo, el control mayoritario de las acciones por parte de este (en torno al 20%) y de los accionistas vinculados de una forma u otra al presidente de la Generalitat impidió que prosperara cualquier actuación de ese tipo. Esa votación serviría de argumento de la defensa de Pujol en el posterior juicio que se abriría contra él en 1984: si la mayoría de los accionistas no pedía responsabilidades, difícilmente podría afirmarse que les había perjudicado y, por tanto, no tendría que rendir cuentas.

Las cifras, sin embargo, iban en contra de cualquier perdón. Suficiente para que la entidad fuera intervenida. El Gobierno socialista, que en octubre de 1982 había alcanzado su histórica mayoría absoluta con 202 diputados, renunció a ejercer la posibilidad de nacionalizar el grupo —algo que sí haría con Rumasa el 23 de febrero de 1983— e inició el proceso de venta. Los candidatos más apropiados para comprar Banca Catalana eran las entidades catalanas La Caixa de Pensions (todavía no se había fusionado con la de Barcelona) y el Banco de Sabadell. Sin embargo, la poderosa AEB, la patronal sectorial dominada por los siete grandes bancos (Central, Banesto, Hispano Americano, Bilbao, Vizcaya, Santander y Popular), se opuso rotundamente a que se lo quedase una caja de ahorros, recapitalizando la operación con recursos del fondo de bancos.

Josep Vilarasau i Salat, director general de La Caixa y supremo hacedor de la entidad en aquella época, contempló la posibilidad de echar una mano a Pujol, pese a que su relación no era precisamente afectuosa. Antes de la crisis terminal de Banca Catalana que dio lugar a la inspección del Banco de España en sus entrañas de la Diagonal, la entidad de ahorro llegó a adquirir el 7 % con un pacto de recompra garantizado por dos sociedades del grupo a un interés del 14 %. También concedió créditos con garantía hipotecaria, entre ellos la citada sede, que con el tiempo acabaría siendo el cuartel general de la editorial Planeta. El riesgo acumulado por La Caixa llegó a ser de 6.000 millones de pesetas.

«¿Pretendía Pujol contrarrestar la dureza de Vilarasau en unas posibles negociaciones para buscar una salida financiera a la delicada situación de Banca Catalana colocando en la presidencia un hombre afín a sus intenciones o que no respondiera exclusivamente a los deseos del director general [de La Caixa]?», se pregunta Manel Pérez en *La burguesía catalana* (2022), donde radiografía la crisis. Y se responde: «La historia quiso que todo confluyera casi día a día: el relevo en la presidencia de La Caixa, la llegada de Pujol a la Generalitat, la aceleración de la crisis del banco fundado por el político y la salida de Ortínez del Govern al caducar el Ejecutivo catalán provisional de Tarradellas [primer presidente de la Generalitat en democracia]».

Según Pérez, Manuel Ortínez, hombre de confianza de Tarradellas, y Jordi Pujol formaron una extraña pareja. No eran precisamente uña y carne, pero coincidían en oponerse al nombramiento de Salvador Millet como presidente de La Caixa en sustitución de Narcís de Carreras, al que se le acababa el mandato. Ortínez aspiraba al puesto una vez que dejara el Govern y Pujol quería que Jordi Petit, un hombre de su cuerda, sustituyera a Vilarasau como director general en un intento de que la entidad salvara Banca Catalana.

Vilarasau explica en sus memorias la razón por la que no quiso hacerse con el control de la entidad: «El estudio profundo de interioridades de Banca Catalana arrojó enseguida las causas de la crisis. Aparte de la integración y absorción de numerosos bancos, muchos de ellos deficitarios y bastante mal llevados, regía una filosofía impulsada personalmente por Jordi Pujol de ayudar a la empresa catalana».

Por su parte, el Sabadell, que se había constituido en el siglo XIX con capital de los fabricantes laneros de la comarca del Vallès y una vocación muy local, no llegó ni a planteárselo. Josep Oliú, padre del actual presidente, que entonces ocupaba ese cargo, recibió muchas presiones de Madrid, pero no accedió. A toro pasado, algunos ex-directivos de la entidad afirmaron que, si el banco hubiera apostado fuerte, habría dado un salto cuantitativo y cualitativo y se habría equiparado a La Caixa en la actualidad. Hipótesis esta poco realista dada la gran disparidad de tamaño que hubiera hecho muy difícil la digestión del grande por el pequeño. Y van más allá: podría, incluso, haberse creado el banco del poder económico y financiero catalán que ha sido una constante en el ideario burgués catalán desde Francesc Cambó hasta el propio Pujol y sus descendientes políticos.

La filosofía bancaria que quería implantar Pujol con Banca Catalana era la de *fer país* («hacer país»). Algo así como un banco oficial al estilo del Instituto de Crédito Oficial (ICO) en Cataluña, pero con depósitos de los particulares. Es decir, pedía dinero a los ahorradores catalanes con el señuelo de que estaba construyendo Cataluña y lo utilizaba como si nunca tuviera que devolverlo. O sea, una eficaz forma de enriquecerse. Las inversiones y los créditos concedidos respondían más a una rentabilidad ideológica que financiera. Este fue el caso del dinero que se dio para hacer la *Enciclopèdia catalana* y el hecho de que apoyase a los medios más señeros y las industrias catalanas, fueran o no viables.

Era el anhelo de Pujol y de muchos catalanes desde Francesc Cambó a finales del siglo XIX. «Cataluña vivirá siempre en precario en el orden económico mientras no resuelva este problema de la banca y las altas finanzas; vivirá siempre en peligro de ver caer sus mejores creaciones industriales y comerciales en manos forasteras; vivirá siempre en peligro de colonización. Esto todavía se hace más necesario si se piensa que Cataluña es un país naturalmente pobre. Un pueblo podrá nacionalizar la banca o la podrá tener privada; lo que necesita de una manera u otra es tener banca», escribía Pujol en *Construir Catalunya* (1979), como recogió Ríos en su libro sobre la entidad. Este objetivo relegaba el necesario sentido del riesgo, elemento básico en el negocio bancario.

Pujol manejaba un discurso populista —soberanista de puertas adentro, regionalista de puertas afuera, según el escritor Jordi Amat, autor de *El hijo del chófer* (2020), retrato demoledor de aquella Cataluña— al que subordinó la estrategia de Banca Catalana. Su posición accionarial, que le convertía en uno de los principales miembros en la lista de las declaraciones de patrimonio y renta, le daba todo el poder. Quería generar una burguesía comprometida con su proyecto nacional de engrandecimiento. Ese era el objetivo con que ideó Banca Catalana, de manera que la entidad sirviera de impulso a empresas y empresarios genuinamente catalanes, que además extendieran su capacidad persuasiva al ámbito cultural y a la sociedad civil. Sin embargo, los intentos fracasaron de forma estrepitosa, quizá por la mala gestión o por una gestión enfocada hacia el enriquecimiento personal de los responsables. El proyecto se vino abajo.

Como cuenta Manel Pérez, «no ha habido generación burguesa que no haya aspirado a recrear el gran banco catalán». Lo hizo Cambó en los años veinte tras la estruendosa debacle del Banco de Barcelona. Lo intentó en los cuarenta Fèlix Millet i Maristany (padre del Fèlix Millet i Tusell, conocido como el Saqueador del Palau) desde la presidencia en el Banco Popular, antes de acabar bajo el control del Opus Dei y el liderazgo profesional de Luis Valls Taberner. Años más tarde, la iniciativa fue de los algodoneros encabezados por Manuel Ortínez para asegurar la financiación de sus empresas, lo que dio origen al Banco Industrial de Cataluña (BIC), que acabaría en el grupo de Banca Catalana, bajo el Gobierno de Pujol. El periodista barcelonés escribe:

> La gran banca era el eje del poder económico en el franquismo. Había desaparecido en Cataluña hacía décadas y solo algunas pequeñas entidades ocupaban una posición prácticamente marginal o muy secundaria. Sin embargo, el nuevo orden español de los años sesenta acabaría ofreciendo algunas rendijas que, unos años después, permitirían un resurgimiento imprevisto de las finanzas catalanas, eso sí, bajo un aspecto diferente. Por un lado, a través de la Banca Catalana de Pujol, que, si bien jugó un papel relevante, nunca llegó a disputar el liderazgo a la banca asentada en Madrid, ni tan siquiera a formar parte de su primera división. Pero sí, sobre todo, a través de las cajas de ahorros, una alternativa inopinada al modelo de la banca clásica.

Pujol quiso apoyarse en el influyente Cercle d'Economia, del que era socio, pero pocas de las personas más representativas del Cercle le acompañaron. Por ejemplo, Carlos Ferrer Salat, primer presidente de la CEOE, se dejó llevar con discreción y adquirió un paquete del que se desprendió enseguida para crear su propia entidad financiera, el Banco de Europa, que fue efímero y tuvo que ser rescatado por el Banco de España, igual que Banca Catalana, y absorbido por La Caixa, donde el que mandaba era su primo, Josep Vilarasau i Salat, director general.

El Banco de España, tras el fracaso de la solución catalana, ideó entonces una compra grupal por parte de un *pool* formado por trece bancos (los siete grandes y varios de los considerados medianos) que también resultó fallida, pese a que se resolvió la adjudicación en subasta el 17 de mayo de 1983. Nadie la quería. Gobernar una entidad por otras trece era un galimatías. El presidente de la patronal bancaria, Rafael Termes, de acuerdo con el gobernador del Banco de España, dispuso de las instalaciones de la sede bancaria de Cibeles y metió a cada uno de los presidentes de los siete grandes en despachos distintos. Fue Ángel Galíndez, presidente del Vizcaya, el que hizo el planteamiento de tomar la gestión con un capital aportado por todos los grandes y algunos medianos con una opción de recompra en dos años.

Pedro Toledo, consejero delegado de la entidad vasca, que con el tiempo se fusionaría con el Banco de Bilbao en el BBV y más tarde esta con Argentaria en el BBVA, vio así la operación: «Si me hago cargo del grupo no recibiré un agujero porque la cifra prevista para el saneamiento será suficiente. El grupo quedará bien capitalizado; y, si nos atrevemos a hacer la fuerte reducción de la plantilla que resulta necesaria, será una buena operación». Una visión que compartía con el director general de la Inspección, Aristóbulo de Juan.

El 3 de junio de 1983, Galíndez y su segundo, Pedro Toledo, designaron, como presidente de Banca Catalana, a Alfredo Sáenz, a la sazón director general del Vizcaya, al que llamaron para decirle que al día siguiente tendría que irse a Barcelona a una misión especial. La forma de encomendársela fue curiosa: «Vete preparándote; mañana sabrás por el Telediario si te tienes que ir a Barcelona para hacerte cargo de Banca Catalana». En efecto, el informativo de TVE dio la noticia de adjudicación de la entidad al Banco de Vizcaya, y Sáenz, que años más tarde volvería a aparecer como *bombero* salvador de Banesto, tuvo que hacer las maletas para trasladarse a la capital catalana.

Encarrilado el tren, se constituyó un nuevo consejo de administración en el que se sentarían representantes de los siete grandes y de algunos medianos. Entre ellos, en nombre de Banesto, estaba el abogado Javier de la Rosa, que presidía la Garriga Nogués, la marca catalana del banco. Se intentó establecer una reunión semanal y que se informara de las operaciones, a lo que Sáenz se negó razonando que era una frecuencia muy ajustada y que no se podía dar información de un competidor. Sáenz recuerda que la situación era «incómoda y kafkiana», con tantos bancos tan opuestos, tan juntos.

Para formar el consejo, en cualquier caso, era necesario celebrar una junta extraordinaria. El 13 de junio de 1983 se llevó a cabo una junta ordinaria, para aprobar las cuentas, y otra extraordinaria, para nombrar el consejo. El desarrollo de las juntas, presididas por Juan Antonio Ruiz de Alda como secretario general del FGD, se alargó durante tres largas y tempestuosas horas por culpa del debate que se generó en torno a los dos puntos del orden del día. «La junta general ordinaria se inició con cierto clima de tranquilidad, pero acabó en griterío. Al final, un directivo del Fondo valoró la sesión como el inicio de la campaña electoral, y afirmó que Jordi Pujol en persona telefoneó a Madrid el día en que se adjudicaba Banca Catalana dando su apoyo a la venta al *pool* bancario», escribía Xavier Vidal-Folch en la crónica de *El País* del día siguiente. Los accionistas minoritarios, que habían suscrito acciones en la campaña organizada a finales de 1982 por Josep Espar i Ticó, consideraron que «todo estaba ya pasteleado» y que Ruiz de Alda había acudido a cumplir órdenes.

Ruiz de Alda informó de las cifras. El FGD había prestado una ayuda de 141.606 millones de pesetas a Banca Catalana y sus filiales, que se desglosaban en 13.606 millones por acudir a la ampliación de capital y 128.000 millones en otros conceptos. Esta última cantidad se descompone en 7.927 millones por absorción directa de pérdidas; 84.422 millones por absorción de activos y 35.651 millones por un préstamo a diez años y sin interés. A ese total debe añadirse el préstamo concedido por el Banco de España, por 125.350 millones, al 8%

y a cinco años, para compensar la falta de liquidez, fruto del deterioro de los depósitos sufrido por el grupo bancario.

Las crónicas cuentan que el ambiente se caldeó cuando los administradores propusieron dejar en suspenso la aprobación de la gestión de los sucesivos equipos directivos del banco en 1982. Varios accionistas minoritarios reclamaron que se aprobara, a lo que el FGD se negó. Según la interpretación generalizada, el objetivo era que no se tomaran medidas legales contra el antiguo consejo de administración presidido por Carrasco y que la negativa del FGD respondía a que en semanas se tomarían iniciativas de carácter legal contra dicho equipo.

Ruiz de Alda, que necesitó un intérprete porque a medida que la bronca crecía se utilizaba más el catalán, lo sabía muy bien. El tumulto, que iba *in crescendo*, cada vez con más ramificaciones políticas, fue rematado por las intervenciones de los abogados Joan Vives Rodríguez de la Hinojosa y Joan Piqué Vidal, conocidos por su experiencia en casos de signo económico y por sus vínculos con el poder catalán. Pero la temperatura subió de grados en la junta extraordinaria que debía abordar el nombramiento del nuevo consejo con representantes de los siete grandes bancos más dos de los medianos (Pastor y March). La lista se completaba con el empresario Jesús Serra i Santamans. Algunos accionistas pidieron que se incorporara también Espar Ticó y un representante de los empleados. La Caixa solicitó un puesto por el 7 % del capital que tenía. Sin éxito. Aunque se aprobó la firma del acta, la situación derivó en insultos y pitidos y con Ruiz de Alda saliendo por una puerta trasera.

Sáenz, que asistió camuflado entre los miles de accionistas que acudieron, decidió en aquel momento que debía aprender catalán si quería tener una gestión pacífica y ser aceptado por la sociedad barcelonesa. Con esa lección aprendida, al día siguiente buscó una profesora con la que estudiaba todos los días a la hora de comer e, incluso, sábados y domingos. Lo aprendió y gestionó con éxito Banca Catalana, que mantendría el nombre varios años hasta que se integró en el BBV.

El banquero vizcaíno desenredó el lío y detectó que el problema fundamental estaba en los bancos filiales industriales, no en el área comercial, que funcionaba relativamente bien. Con la colaboración de los directivos que se encontró, afinó todos los frentes, utilizó el crédito blando del Banco de España en comprar deuda pública al 14% y, ante los buenos resultados, recomendó a sus superiores del Vizcaya que ejercitaran la opción de compra antes de la junta de accionistas prevista para el primer trimestre de 1984. Pagaron algo más de 13.000 millones de pesetas e hicieron suya Banca Catalana. Asimismo, la entidad se hizo cargo de la defensa de los directivos que seguían en el banco y habían sido encausados, circunstancia que agradeció Pujol, según reconoció a sus cercanos, aunque nunca se lo comentó directamente a los nuevos gestores.

Mientras el Vizcaya limpiaba las tuberías, por la parte judicial había que depurar las responsabilidades de los antiguos gestores. Para entonces ya estaba en marcha toda la maquinaria. El 16 de junio de 1983, Miguel Boyer, ministro de Economía que en aquellas fechas estaba peleando con los efectos de la expropiación de Rumasa decidida cuatro meses antes (el 23 de febrero), había manifestado en el Congreso de los Diputados que el Gobierno tenía «indicios de irregularidades graves en Banca Catalana». Por ese motivo, anunció, había solicitado al Banco de España que le remitiera toda la información para tomar las decisiones pertinentes sobre los antiguos administradores. La oposición aplaudió las intenciones del ministro e, incluso, la Minoría Catalana (en la que estaba el partido de Pujol, Convergència Democràtica) respaldó que el rescate se hiciera con dinero privado y no público. El superministro Boyer, que reunía las carteras de Hacienda y Comercio, además de la de Economía, añadió que la oferta del *pool* bancario era la apropiada para asegurar el futuro de Banca Catalana.

Los informes que recibió Boyer del FGD y del Banco de España desvelaban que Banca Catalana había recibido más de 125.000 millones de pesetas a través de créditos participativos y préstamos que se devolverían en un plazo de ocho y diez años. El Banco de España, que había adelantado las irregularidades, recibió instrucciones del Gobierno para investigar las actuaciones de los administradores de la entidad e informar al Gobierno de la situación.

El asunto había sido objeto de un intenso debate en el Consejo de Ministros celebrado el 18 de mayo de 1983, según precisa Carlos

Solchaga, entonces ministro de Industria. En esa discusión, el vicepresidente, Alfonso Guerra, advirtió de que mucha gente iba a interpretar la intervención por razones políticas para arrinconar a Pujol y no por las de mala o buena administración, aventurando lo que luego pasó. Sin embargo, en contra de ese argumento se imponía el de los ministros del ramo económico, encabezados por Solchaga y Boyer, que sostenían que los casi 130.000 millones de pesetas de déficit patrimonial que arrojaba la entidad eran suficiente razón para rebatir que era una persecución política sin fundamento. Además, el caso estaba ya al cabo de la calle. No obstante, el Gobierno decidió pedirle al supervisor que no asumiera el protagonismo judicial.

Cuenta Aristóbulo de Juan que, «como las acciones jurídicas contra los bancos intervenidos anteriormente o sus dirigentes solían desencadenar una querella del banco intervenido contra el Banco de España, este decidió cambiar la estrategia: elaborar un informe de los hechos detectados dirigido a la Fiscalía General del Estado para que esta decidiera la existencia o no de indicios racionales que justificaran el tratamiento por la jurisdicción ordinaria. Así se hizo en el *caso Banca Catalana*» —continúa—, según el mercado, el Gobierno del PSOE influyó para que este procedimiento no tuviera consecuencias penales» de sus posibles consecuencias políticas. Esta misma actitud han seguido los sucesivos gobiernos hasta hoy en día.

Los informes de la inspección del banco emisor sobre el estado de salud y la administración de la entidad catalana fueron contundentes. En la Fiscalía de Barcelona, los fiscales Carlos Jiménez Villarejo y José María Mena asumieron la investigación que concluiría con que había indicios de que Pujol y los exdirectivos de la entidad habían cometido varios delitos en la gestión. El fiscal general del Estado, Luis Burón Barba, dio luz verde, respaldado por el ministro de Justicia, Fernando Ledesma. Se presentó, pues, la querella el 22 de mayo de 1984, un año después del intenso debate en el Consejo de Ministros.

La noticia la adelantó el periodista Bonifacio de la Cuadra en *El País* el 19 de mayo. «Inminente querella del fiscal del Estado contra Jordi Pujol y otros responsables de Banca Catalana», titulaba el diario en primera página. «Solo el Gobierno podría dar marcha atrás a la decisión adoptada», añadía el titular. Un día antes, los fiscales Mena y Villarejo habían recibido el permiso de Burón tras haber acudido a la sede de la Fiscalía General del Estado, pero tenían serias dudas de que el Ejecutivo no reaccionara en contra. Así lo reflejó en su información De la Cuadra, que se encontraba en el lugar de los hechos en el momento apropiado. Los fiscales le comentarían tiempo después a Pere Ríos que estuvieron tomando una cerveza con el periodista, pero no le dejaron apuntar nada, por lo que este tuvo que anotar los detalles penales que le habían contado en un panfleto de Comisiones Obreras que tenía en el coche antes de olvidarlos.

Boni, como cariñosamente era conocido en la redacción de *El País*, le contó a Pere Ríos (los dos periodistas, ambos referentes en la información judicial, compañeros en el citado periódico y ejemplos de integridad profesional, fallecieron en 2023 con pocos meses de diferencia) que él no habría revelado nunca la fuente si no lo hubieran hecho los propios fiscales. «La publicación de la primicia quizá sirvió para darle más peso al asunto», le informó a Ríos después de relatarle que se debatió intensamente en el periódico porque hubo alguna propuesta de retrasarla al domingo, día de mayor tirada. No hubo retraso. Era viernes y salió el sábado, entre otras cosas porque el director, Juan Luis Cebrián, tenía muy claro el alcance de aquella noticia, al igual que De la Cuadra.

La querella se presentó el martes siguiente, pero su adelanto por *El País* desencadenó una gran tormenta. El caso duró dos años y medio y produjo miles de folios. Era el primer proceso judicial que afectaba a un dirigente político en la democracia. Y no uno cualquiera, sino el presidente catalán. Casi nada.

Razón no le faltaba a Guerra cuando hablaba de repercusión política. La reacción, no obstante, fue positiva para Pujol, que, en las dos siguientes elecciones catalanas, de 1988 y 1992, ganaría por mayoría absoluta. Lo primero que hizo Pujol cuando se conoció el resultado de las investigaciones del Banco de España fue atribuir la operación a una manipulación política, hasta el punto de que la Generalitat envió al respetado Ramón Trías Fargas a negociar a Madrid una causa privada pese a ser *conseller* de Economía. Y, cuando un año después de aquel Consejo de Ministros en el que se debatió el asunto, los fiscales se querellaron contra Pujol y veinticuatro directivos de Banca Catalana por apropiación indebida y falsedad documental (en junio de 1986, se redujo a diecisiete el número de implicados y sumó el delito de maquinación para alterar el precio de las cosas), el presidente de la Generalitat se creyó legitimado para acusar al Gobierno socialista de Felipe González, en el poder desde finales de 1982, y a los fiscales de atacar a Cataluña y de pretender acabar con su carrera política.

Desde el primer momento, Pujol canalizó un discurso victimista, en el que atribuía esa actitud a «intereses políticos» emanados de Madrid, convirtiendo así el proceso en una causa general cuyo objetivo era desprestigiar a su partido, a la Generalitat y, en definitiva, a Cataluña y a los catalanes: «El Gobierno ha cometido una jugada indigna y, a partir de ahora, cuando alguien hable de ética, de moral y de juego limpio, hablaremos nosotros, no ellos», pronunció desde el balcón de la Generalitat ante los miles de personas que sacó a la calle para protestar el 30 de mayo de 1984.

También hizo valer su pasado de luchador demócrata contra el franquismo, periodo en el que había sido torturado por la policía del régimen y encarcelado por los llamados Hechos del Palau, en los que un grupo de jóvenes lanzaron octavillas contra Franco durante un concierto del Orfeó Català en el Palau de la Música al que asistía el dictador y en el que se excluyó *El cant de la senyera*. Ese pasado antifranquista fue visto por la izquierda (catalana y no catalana) como un eximente en la causa, por lo que se convirtió en un tema tabú que era mejor *no meneallo*, como explica Pere Ríos. Al mismo tiempo, la sociedad catalana interpretó que, como el propio Pujol pregonaba, el caso se había utilizado para menoscabar la autonomía.

La reciente historia de Cataluña, en la que Pujol ha sido protagonista hasta que dejó la presidencia de la Generalitat a finales de 2003 y luego, moviendo hilos, semioculto, mientras sus cachorros se batían en las calles y en los despachos por la independencia, habría cambiado rotundamente si el 21 de noviembre de 1986 la Audiencia Territorial de Barcelona (equivalente a lo que hoy es el Tribunal Superior de Justicia de Cataluña) no le hubiera exculpado. Tras dos años de proceso y de desentrañar todas las supuestas irregularidades, treinta y tres de los cuarenta y un magistrados votaron a favor de exculpar a Pujol. Entre los ocho que votaron en contra estaban Margarita Robles, ministra de Defensa con los gobiernos socialistas de Pedro Sánchez, y Antonio Doñate, que era el presidente de la Audiencia y forzó el debate a sabiendas de que estaba en minoría. Lo más fácil habría sido dar carpetazo al asunto en tiempo récord, pero Doñate, con su actitud, obligó a muchos de los asistentes a, por lo menos, pensarse lo que hacían. En una entrevista con Ríos, Doñate comenta que en la deliberación hubo «una gran ausencia de motivación jurídica, la mayoría de los magistrados no sabía de qué estaban hablando».

A favor votó José Manuel Bandrés, posteriormente miembro del Tribunal Supremo y candidato vetado por el ala conservadora para entrar en el Tribunal Constitucional en la renovación que se hizo a finales de 2022. De talante progresista, se inclinó por la exculpación con un voto particular recurrente; es decir, los argumentos eran distintos de los de la mayoría. Opinaba que el caso debía archivarse porque el Código Penal no permitía acusar a Pujol, aunque coincidía en que había cometido los supuestos hechos delictivos.

La verdad es que solo el escrito de los fiscales superaba las cuatrocientas páginas y, aunque el ponente hizo un resumen, el texto que debían leer era de más de sesenta. Al final, negaron el delito de apropiación indebida porque «no se ha encontrado dato alguno que permita sostener que el aforado incorporara ilícitamente a su patrimonio dinero o bienes de los descritos o que los desviara con un fin penalmente ilícito en favor de otra persona o entidad». Tampoco la caja b constituyó una contabilidad paralela oculta a los accionistas y al Banco de España: «Se trata de una desagregación contable de la persona jurídica Banca Catalana, funcionando como mera entidad económica, admisible y eficaz desde un aspecto de mayor operatividad bancaria», sostuvo el ponente. Es decir, consideró legal el cobro de extratipos o la adquisición de acciones intergrupo. En cuanto a la falsedad, el argumento fue que las conductas realizadas antes de 1979 habían prescrito.

El voto particular de los ocho contrarios a la exculpación se basó en las cifras manejadas por el Banco de España y la propia Banca Catalana. Según ellas, la gestión perjudicó a los accionistas y al FGD con 19.679 millones de pesetas y 14.682 por la imposibilidad de recuperar créditos otorgados a sociedades instrumentales, por eso pidieron que se exigiera una fianza de 35.000 millones.

Los datos aportados por los inspectores del Banco de España fueron certificados por la propia entidad y admitidos como hechos probados en el auto de exculpación por los magistrados que la apoyaron. Los dos fiscales, que fueron demonizados por el entorno de Pujol y revitalizados indirectamente por él mismo tras confesar su pecado en 2014, siempre señalaron que los magistrados que votaron a favor de Pujol se pusieron de perfil mientras pasaban por sus mesas las operaciones que debían examinar, intimidados por la condición de Pujol como presidente de la Generalitat y desconfiados por la posibilidad de que se les estuviera utilizando en una disputa política entre Madrid y Cataluña. O, si se quiere, entre el Gobierno central y los independentistas.

A juicio de esos magistrados, los hechos que incluía la acusación «no encajaban en ninguno de los delitos del Código Penal, no podían ser delito, aunque pudieran ser ciertos», relata Mena en el prólogo del citado libro de Pere Ríos. «Ni aquellos jueces ni ningún parlamento o institución han cuestionado nunca la veracidad de los demoledores informes del Banco de España en los que se sustentó la acusación», añade Villarejo, que también manifiesta que «en aquella fecha, 1986, [Pujol] ya llevaba seis años no solo defraudando sino mintiendo a su electorado y a todos los ciudadanos catalanes».

La naturaleza penal de las conductas era, por tanto, indubitable. Como también lo era el beneficio económico que había supuesto, a juzgar por la información aportada. En todo caso, Pujol y los suyos siempre acusaron a los socialistas de estar detrás de la querella, como teledirigiendo a los fiscales. Sobre todo, a Narcís Serra, exalcalde de Barcelona y ministro de Defensa en aquel momento, y a Raimon Obiols, entonces primer secretario del Partit dels Socialistes de Catalunya (PSC), que fue atacado y amenazado de muerte por los secuaces de Convergència, el partido de Pujol. Sin embargo, Felipe González no disimuló su alivio cuando Pujol salió impune ante la

Justicia. Había buscado la forma de bloquear la querella, pero no pudo. Nunca pensó que los fiscales iban a acusar al político catalán ni, mucho menos, llegar tan lejos. Veía con gran preocupación que se rompieran las relaciones y las alianzas parlamentarias que existían, aunque el PSOE podía en aquella legislatura aplicar el rodillo con la mayoría absoluta en el Congreso de los Diputados. Fuentes judiciales aseguraron que, si el Tribunal Supremo hubiera recurrido, se habría reabierto el caso.

El Gobierno respiró, pero los datos son tozudos y no engañan. De hecho, ni los abogados defensores ni los magistrados que determinaron la exculpación rebatieron los datos en los que se detalla la gestión de Pujol como consejero ejecutivo entre 1974 y 1976. Asimismo, recoge que el entonces ejecutivo cobró dividendos ilícitos y se lucró de la compraventa de acciones, de depósitos a largo plazo a su nombre o de familiares y la concesión de créditos ficticios. Para ello, habían utilizado la caja b.

Jordi Pujol fue defendido por el abogado Joan Piqué Vidal, al que seguramente debe mucho de su larga estancia en el poder. El *president* sabía muy bien a quién escogía. El abogado conocía como nadie las interioridades de los juzgados y tenía magníficas relaciones con los poderes políticos, económicos y judiciales. Nadie podía dar más. No había caso penal de entonces que no pasara por su despacho, y Pujol, que necesitaba a alguien así, no iba a ser menos. Como reconoció en sus memorias, la defensa de Piqué Vidal le permitió mantenerse al margen del caso y dedicarse a la presidencia de la Generalitat. Ya en los años noventa, Pujol argüía en público que «todo pasó porque me falló una llamada telefónica a Madrid».

Por eso el 21 de noviembre de 1986, fecha en la que se celebró el pleno de la Audiencia Territorial en el que se debatía la exculpación, reinaba la tranquilidad en el entorno de Pujol. Parecía claro que la mayoría de los jueces iba a decantarse a su favor y Piqué Vidal lo masticaba. El abogado estaba fuera de la sala, «viendo y siendo visto», le cuenta Mena a Ríos. Los fiscales manifestaron que buena parte de los treinta y tres jueces que votaron a favor de exculpar a Pujol ni se habían leído el sumario en el que se relataban los hechos supuestamente delictivos en el escrito de la fiscalía y en la documentación del Banco de España sobre la contabilidad de Banca Catalana.

La carrera de Piqué Vidal no se entiende si no se relaciona con la del juez Luis Pascual Estevill, dos de los personajes más controvertidos del universo judicial de Barcelona. Ambos fueron condenados en enero de 2005 por los delitos de cohecho, prevaricación y detención ilegal por el Tribunal Superior de Justicia de Cataluña (TSJC), presidido por Guillem Vidal. Piqué Vidal, a siete años, y Pascual Estevill, a nueve. Fue un caso de corrupción judicial escandaloso. Pere Ríos sostiene:

> La peculiaridad que tenían los asuntos que sirvieron para el chantaje perpetrado por Piqué Vidal y Estevill es que se trataba siempre de casos de delincuencia de cuello blanco en los que se empleaban sociedades pantalla y un complejo entramado que servían para enmascarar los delitos de fraude fiscal, falsedades, estafa y apropiación indebida. Ingeniería financiera, se llamó entonces. Delictiva, debería haberse añadido, pues en ningún lugar está escrito que el mundo de las finanzas haya de operar necesariamente al margen de la ley.

Los dos mantenían muy estrechas relaciones con el poder catalán, personalizado en los consejeros Macià Alavedra y Lluís Prenafeta, ambas personas de confianza de Pujol, hasta el punto de que Estevill llegó a ser vocal del Consejo General del Poder Judicial (CGPJ) a propuesta de CiU. Su relación era la comidilla de los cenáculos barceloneses, donde se comentaba que Piqué Vidal tenía comprados a una parte importante de los jueces de instrucción. Pero nunca se le había abierto ningún procedimiento. El abogado era un verdadero estratega y no dejaba de hacer esfuerzos por quedarse con todos los casos. Cultivó las relaciones con periodistas, a los que alimentaba con fruición, y con Prenafeta, con quien se aventuró en el lanzamiento de *El Observador*, periódico que se financió con dinero de Grand Tibidabo, el parque de atracciones que gestionó y saqueó Javier de la Rosa.

La pareja tenía bien repartidas las funciones. Estevill, que había llegado a juez por la vía del cuarto turno (por el que los abogados con experiencia pueden acceder a la profesión), se encargaba de acercarse a los empresarios sobre los que había sospechas para imputarlos y les ofrecía una intermediación que no era ni más ni menos que un chantaje. Para canalizarlo aparecía como abogado defensor Piqué Vidal, que lo que hacía era elaborar «un insidioso plan», según la sentencia del TSJC.

El abogado, que siempre negó haber delinquido con Estevill, estuvo imputado en el caso Grand Tibidabo junto a Javier de la Rosa, a quien también defendió. La condena le llevó a Can Brians, alejado de Estevill, con el que rompió poco después de la sentencia.

La mayor parte de los empresarios pillados cedían al chantaje con tal de no pagar su culpa, pero algunos se resistieron. Le ocurrió a José Felipe Bertrán de Caralt, miembro de una de las familias de empresarios más destacadas de Cataluña, ligada al sector cementero, que se negó a ser coaccionado y acabó en prisión por fraude fiscal. Aunque pagó 1.182 millones de pesetas por ello, pasó veinticinco días en la cárcel. Como anécdota del caso, acudió al juzgado con una bolsa de deporte con ropa y un neceser, seguro de que acabaría condenado. Luego se presentaría como acusación particular en el juicio que se llevó a cabo contra la pareja. «El que mordía era el perro [el juez], pero el que le soltaba para morder era el abogado», declaró entonces el empresario, que consideraba al juez «un amoral» y, al abogado, «un inmoral». En 1997 fue indultado por el Gobierno del PP.

El final de la implacable pareja se produjo después de que Enrique Marugán acudiera al fiscal anticorrupción, Carlos Jiménez Villarejo, para denunciar el chantaje en que había incurrido el juez a tres amigos suyos. Villarejo, al que el Gobierno había nombrado para ese puesto en 1995 pese a Pujol, y en el que estuvo hasta 2003, conocía la obra del juez, pues había instruido dos casos que acabaron en condena, una por prevaricación y otra por delito fiscal. Marugán, por su parte, era muy conocido en los círculos judiciales y empresariales barceloneses. Él fue el que destapó el caso de las ITV, que acabó con la carrera política de Oriol Pujol, y quien impulsó la querella contra Alfredo Sáenz cuando este ya era vicepresidente del Banco Santander. Fue otro enredo montado que procedía de un crédito de seiscientos millones de pesetas que había concedido Banesto a dos empresarios. El banco, presidido ya por Sáenz, abrió procedimiento. La demanda cayó en manos del juez Pascual Estevill, que metió en la cárcel a los empresarios. Se supone que entonces, de acuerdo con su costumbre, les pidió dinero. Posteriormente, se puso la demanda contra Banesto por denuncia falsa, aduciendo que no eran deudores porque era de una sociedad que ellos no habían firmado. Sáenz fue condenado. El Tribunal consideró que no era creíble que se hubiera hecho sin el conocimiento del presidente. Craso error. El Gobierno le indultó.

La sentencia del TSJC probó que hubo seis casos de soborno y actuaciones arbitrarias contra al menos nueve empresarios entre 1990 y 1994. Según la sentencia, Estevill cobró el equivalente a más de 450.000 euros en pesetas, por lo que fue condenado a indemnizar a los afectados con más de un millón.

Los fiscales, por su parte, se convirtieron en apestados para los partidarios de Pujol y fueron condenados al ostracismo hasta que el propio Pujol los recuperó sin querer con su comunicado de 2014 y el Gobierno tripartito de la Generalitat que presidía el socialista José Montilla les concedió la Creu de Sant Jordi en 2016. Oriol Pujol, el único hijo de Pujol que entró en política, llegando a ser secretario general de CDC y portavoz parlamentario de su grupo en esas fechas, se pronunció en contra. El diputado, que tuvo que abandonar la política por tráfico de influencias y por un par de delitos de cohecho relacionados con la gestión de las ITV que lo llevaron a la cárcel, dijo que los dos fiscales habían perseguido a emprendedores del país y que concederles la Creu de Sant Jordi era una ofensa a la gente que «merecidamente tiene ganada esta máxima condecoración del país». El hijo de Pujol expresó lo que su padre había hecho desde el balcón de la Generalitat veintiséis años antes: «Mena y Villarejo utilizaron de forma impropia instrumentos a su alcance para hacer una persecución política que después la justicia situó donde debía».

Sin embargo, la confesión del padre en 2014 tiró por tierra todo ese argumentario. Entonces a Pujol pareció tocarle reconocer que estuvo defraudando a Hacienda desde 1980, lo que «destruye cualquier planteamiento de que fuera el Gobierno y los fiscales los que estaban atropellando su dignidad y honorabilidad», según Villarejo, que subraya que «lo cierto es que en el sumario queda acreditado que, entre 1980 y 1982, siendo ya presidente de la Generalitat, seguía realizando actividades con Banca Catalana». Seguramente tiene razón Margarita Robles cuando sugiere que en la decisión de exculpar a Pujol pesó en la conciencia de los magistrados la identidad y el cargo del querellado y la antigua militancia política de los fiscales, que estuvieron adscritos al PSUC, el partido de los comunistas catalanes, en la lucha contra el franquismo.

Tras la declaración de Pujol de 2014, correspondió a los jueces determinar el origen del dinero y si había cometido delito. El caso es que no fue hasta siete años después, el 16 de junio de 2021, cuando el juez de la Audiencia Nacional Santiago Pedraz acordara la apertura de juicio oral contra Pujol, sus siete hijos y otras once personas en relación con esa fortuna presuntamente ilícita que se mantuvo oculta. El juez les imputó los delitos de asociación ilícita, blanqueo de capitales y falsedad documental, así como un delito continuado de falsificación de documento mercantil, siete delitos contra la Hacienda Pública y otro de frustración de la ejecución. Quedó fuera su esposa, Marta Ferrusola, por problemas de salud.

La Fiscalía solicitó nueve años de prisión para el *expresident* y entre ocho y veintinueve años para sus siete hijos. La pena más elevada pedida fue para el primogénito, Jordi Pujol Ferrusola, para quien la Abogacía del Estado pidió veinticinco años. El juez instructor, José de la Mata, había propuesto juzgar al clan por formar una organización criminal y acumular durante años un considerable patrimonio mediante el cobro de comisiones a empresarios por favores y concesiones por lo que estos pagaron cantidades millonarias en paraísos fiscales y mediante figuras contractuales simuladas. Según la trama descubierta, los Pujol Ferrusola se organizaban en una estructura planificada en la que se repartían los papeles desde «el capellán de la parroquia» (como denominaba el auto al mayor de los hermanos, Jordi), que daba las instrucciones al resto (Oriol, Oleguer, Pere, Josep, Marta y Mireia).

La operativa data desde que en 1992 abrieran las primeras cuentas en el Principado de Andorra hasta julio de 2014, cuando Pujol desveló la existencia de cuentas en el extranjero. En unas investigaciones realizadas en varias entidades bancarias del Principado dentro de la denominada operación Catalunya, se descubrió la existencia en la Banca Privada de Andorra (BPA) de operaciones de la familia Pujol, según las cuales los miembros del clan habrían podido estar blanqueando «ingentes cantidades de dinero en efectivo, procedente de todo tipo de acciones presumiblemente delictivas». Parte de las informaciones las habrían facilitado los propios responsables del BPA, temerosos de que el Banco de España les quitase la licencia para operar como banca privada a través del Banco Madrid. En esa *confesión* se evidenciaron hasta once ingresos por valor de 3,4 millones de euros entre el 9 de diciembre de 2010 y el 4 de enero de 2011 por parte de Marta Ferrusola, sus hijas Marta y Mireia, y sus hijos Pere y Oleguer.

Según los investigadores, esos movimientos tendrían como destino Luxemburgo, donde se dirigían a un producto bancario denominado internamente SIL (Sociedad de Inversión Libre), propiedad de los inversores y gestionado a través del Banco Madrid. Cuando se filtró esta información, la familia regularizó cuatro millones de euros aprovechando una amnistía fiscal del Gobierno del PP y pidió archivar la causa en un recurso presentado en la Audiencia Nacional en el que negaban el delito de organización criminal. Sin embargo, el juez De la Mata cerró la instrucción y envió la causa a juicio, con varios imputados.

La defensa denunció que no podía expurgar los datos que, a su juicio, vulneran el derecho a la intimidad y que no guardaban relación con la causa. Según manifestó, no tenía acceso al soporte informático en el que se encontraban. Ante eso, el juez Pedraz pidió al Ministerio de Justicia que comprobara los problemas denunciados por la familia para subsanarlos. La Sala de lo Penal había dado la razón a la defensa en marzo de 2022 frente a la negativa del juez a demorar más el traslado del procedimiento al tribunal.

El caso se convirtió en un culebrón, que amenazó con eternizarse. Finalmente, la Audiencia Nacional fijó para el 10 de noviembre de 2025 el inicio del juicio a Jordi Pujol, sus siete hijos y otras dieciséis personas por delitos que el juez instructor calificó como organización criminal o asociación ilícita, blanqueo de capitales, delito contra la Hacienda Pública y falsedad documental. Para esa fecha, el patriarca Pujol contará noventa y cuatro años (su esposa, Marta Ferrusola, falleció el 8 de julio de 2024). La Audiencia aceptó la declaración de treinta y nueve testigos y rechazó la de otros cincuenta (entre ellos, Jiménez Villarejo y varios mandos policiales), para los que tendría que justificarse la necesidad de sus comparecencias. La Abogacía del Estado no acusó a Jordi Pujol y pidió veinticinco años para sus hijos Oriol, Jordi y la exesposa de este.

3

Banesto
Mario Conde Conde

El 28 de diciembre de 1993, el Banco de España anunciaba que intervenía Banesto. Era el día de los Inocentes, pero aquello no era una inocentada. Ni mucho menos. La medida ponía fin a la aventura de un abogado del Estado metido a banquero llamado Mario Conde Conde que quiso comerse el mundo y acabó en la cárcel por una serie de delitos cometidos durante su gestión al frente del Banco Español de Crédito, una de las más señeras entidades financieras del país y durante muchos años la primera del ranking. La intervención, que técnicamente fue un cambio del consejo de administración, tuvo lugar después de meses de seguimiento y advertencias por parte de la autoridad monetaria y un intensísimo mes de diciembre que empezó con la supresión del dividendo a cuenta y estalló con el derrumbe en bolsa de las acciones de Banesto. Después llegarían las investigaciones y el proceso judicial que acabó con su condena y la de algunos de sus colaboradores.

Mario Conde había aterrizado en Banesto seis años antes, en plena efervescencia económica tras la entrada de España en la Comunidad Económica Europea (después llamada Unión Europea) en 1986. En aquella España de crecimiento a ultranza y de reconversiones industriales se produjo la aparición de algunos reyes del mundo financiero, de nuevos ricos que campaban por un mercado que todavía no estaba regulado y que era muy propicio para pelotazos bursátiles (la Comisión Nacional del Mercado de Valores, CNMV, no se crearía hasta 1988). Las exigencias de integrarse en un mercado común europeo obligaban al país a reestructurar el tejido empresarial. Entre ellos, el bancario. Difícilmente, los bancos españoles podrían competir en un mercado integrado si no ganaban músculo. En otras palabras, si no se producían fusiones y adquisiciones.

En ese maremágnum apareció la figura de Mario Conde como prototipo español de esos amos del universo que dominaban Wall Street y la City londinense. Nacido en Tuy (Pontevedra) en septiembre de 1948, hijo de un inspector de aduanas destinado a la localidad fronteriza gallega, aquel joven abogado del Estado que había sido número uno de su promoción con veinticuatro años, alumno de la Universidad de Deusto, supo desde el principio que el futuro (su futuro) pasaba por el proceloso mundo de los negocios. Tras un breve periodo en la Dirección General de lo Contencioso del Estado, sus buenos oficios, o quizá su intuición para saber dónde se manejaba el dinero, lo llevaron a trabajar para el grupo farmacéutico Abelló. Pronto congenió con el hijo varón de una familia repleta de mujeres, Juan Abelló Gallo. Ambos lograron convencer a las cuatro hermanas para vender la compañía a la multinacional Merck Sharp and Dohme (MSD) por 2.700 millones de pesetas, de los que él se llevó una importante comisión con la que montó un despacho independiente.

Pero Abelló quería más y no estaba dispuesto a separarse de aquel diamante en bruto. Lo reclamó para dar la campanada: tomar el control de Antibióticos Españoles, S. A. para su posterior venta. La empresa, constituida en 1949 por iniciativa conjunta de los laboratorios Abelló, Ibys, Zeltia, Leti, Uquifa e Instituto Llorente, se había convertido en la mayor farmacéutica de España con un alto nivel en investigación, tenía el monopolio del tratamiento y cultivo del opio para fines terapéuticos y su presencia en el mercado internacional era creciente. El buen ojo de Abelló, cuyo grupo era el principal accionista, había visto una oportunidad para seguir prosperando en los negocios y, sobre todo, catapultar los planes hacia operaciones de mucho mayor calado.

Había que ir por partes. Con el dinero obtenido por la venta a MSD de la empresa familiar y el apoyo financiero de algunos banqueros, como fue el caso de los hermanos Emilio y Jaime Botín, Abelló aumentó su participación en la empresa. En la operación también entró el joven abogado del Estado del que aquel hablaba maravillas en los círculos burgueses capitalinos y había laureado ante el Ejecutivo por la venta de Laboratorios Abelló a MSD. Una vez tomada la mayoría de la compañía, la vendieron a la firma italiana Montedison por la *módica* cantidad de 58.200 millones de pesetas, la mayor venta realizada hasta entonces en España.

Abelló y Conde (el orden de enunciarlos, por importancia, era ese en aquellas fechas: primero, Abelló, el empresario capitalista; después, Conde, el empleado) ganaron más de 25.000 millones de pesetas. Un auténtico pelotazo sin el que no se puede entender el esplendor posterior de esa peculiar pareja formada por un farmacéutico, rico de familia, y un abogado del Estado de clase media con aspiraciones ilimitadas.

Sus dotes de convicción para arrastrar a Mario Schimberni, presidente del grupo comprador italiano, y a su abogado, el ex primer ministro italiano Bettino Craxi, tuvieron que ser mayúsculas, o bien estos se dejaron embaucar por otros intereses inconfesables en beneficio propio. También debieron emplearse a fondo con el Gobierno de Felipe González, que tenía que autorizar la venta porque Antibióticos había recibido fondos públicos para desarrollar inversiones en investigación y desarrollo en su planta de León. La operación exigió un intercambio de mediaciones entre España e Italia del que no quedó claro si hubo terceros beneficiarios. El caso es que Schimberni, que representaba a la familia Montedison, fue destituido tras verse implicado en los problemas de corrupción que obligaron a Craxi a exiliarse en Túnez. Fue acusado de desviar trescientos millones de dólares al paraíso fiscal de Curaçao. Le sustituyó Raul Gardini, aupado por la familia Ferruzzi (propietaria del 50% que no tenían los Montedison) y que también se vio involucrado en otra trama, la de la logia masónica P-2.

Precisamente, algunas fuentes aseguraron entonces que la operación de Antibióticos la dirigió la logia P-2 con intenciones de mayor alcance. Siempre resultó sospechoso que los italianos pagaran por la empresa diez veces más de lo que de verdad valía, como reconocería años más tarde el propio Conde. La conexión masónica, en todo caso, no estaba mal tirada. «Su filosofía del todo o nada, de avanzar o retroceder y, sobre todo, la fe ciega en sí mismo respondían al milímetro a los cánones de la masonería, a la que Conde pertenecía», cuentan Encarna Pérez y Miguel Ángel Nieto en *Los cómplices de Mario Conde* (1993), un libro que disecciona la figura del abogado del Estado cuando su obra empezaba a hacer aguas. Su actividad como masón comenzó en 1980 en Italia, donde se introdujo en las *tenidas blancas*, rituales abiertos para los no iniciados. Según los autores del libro, fue Abelló quien le impulsó para que ingresara en la logia de Barcelona para luego ascender en el escalafón. Otros observadores apuntaron entonces que se hizo masón para coincidir en la logia con don Juan de Borbón, padre del rey Juan Carlos, con el que llegó a mantener una estrecha amistad.

Probablemente la condición de masón determinó la conducta de Conde en los años posteriores a la venta de Antibióticos. Lo cierto es que las fuertes plusvalías obtenidas con la venta de la farmacéutica permitieron a la pareja dar el salto que venía pergeñando meses atrás. El objetivo oculto era Banesto, el vetusto Banco Español de Crédito, enseña y líder de la banca española durante décadas, al que el Banco de España venía vigilando desde hacía tiempo por los problemas de solvencia y de todo tipo que arrastraba. Abelló y Conde fueron comprando en bolsa a la chita callando, a través de distintas sociedades creadas *ex profeso*, y el 23 de octubre de 1987 los dos nuevos accionistas desembarcaron en el consejo de administración del banco. Allí había un cisma de aúpa desde que, el año anterior, el gobernador del Banco de España, a la sazón Mariano Rubio, había colocado como vicepresidente y consejero delegado a un hombre de su confianza, el exministro franquista y también exgobernador José María López de Letona. El objetivo en el horizonte inmediato era sustituir en la presidencia a Pablo Garnica Mansi, representante de las poderosas familias que dominaban históricamente la entidad.

En efecto, Mariano Rubio, de acuerdo con Carlos Solchaga, ministro de Economía y Hacienda del Gobierno socialista de Felipe González, había decidido coger el toro por los cuernos y aplicar una cirugía a Banesto para salvarlo de la quiebra. La entidad había entrado en una espiral de deterioro desde mediados de los años setenta sin que la envejecida dirección mostrara capacidad e intenciones de mejorar. El relevo del mítico José María Aguirre Gonzalo, exprocurador de las Cortes franquistas, por Garnica en 1983 no había ayudado precisamente a mejorar la situación por mucho que hubiera sido advertido por el Banco de España. Pero Rubio puso en conocimiento del consejo de administración los quebrantos que habían supuesto las adquisiciones y la mala gestión de Banco Coca, Banco de Madrid, la Banca Garrigues Nogués y la constructora Agromán, gerenciada por José María Aguirre González, hijo de Aguirre Gonzalo. Ante eso, el consejo acató el nombramiento de López de Letona.

El exministro de Industria franquista, que se encontró con un déficit patrimonial de 189.000 millones de pesetas, preparó un plan de saneamiento que contemplaba no repartir beneficios y liquidar activos industriales e inmobiliarios. Lo llevó a efecto sin problemas y a buen precio, gracias a las posibilidades que ofrecía la bonanza económica del momento tras la entrada de España en la Comunidad Económica Europea en 1986. Al tiempo, fueron aumentando las reservas por revalorización en el balance del banco. Sin embargo, la gestión seguía tocada del ala. Ello, unido a la arrogancia natural de López de Letona, del que Solchaga escribió que «resulta impertinente incluso cuando trata de ser amable», y su distanciamiento de la mayor parte de las familias del banco, no permitía aventurar que la entidad fuera a salir del hoyo. Garnica torpedeaba todas las iniciativas imponiendo su poder, tanto en el consejo como en la más reducida y controlable comisión ejecutiva, con maniobras paralizadoras, de las que López de Letona se quejaba continuamente a Rubio y Solchaga.

En estas, aparecieron Abelló y Conde. La pareja se había asentado en el consejo y se iba abriendo camino, entre otras cosas porque su paquete de acciones era superior al de cualquiera de las familias tradicionales, de las que se decía que sumaban muchos títulos nobiliarios, pero pocos de bolsa. No habían sido bien recibidos, pero estas, con Garnica a la cabeza, vieron en ellos la oportunidad de hacer frente al inquilino que les había colocado el Banco de España y creyeron que, dando preponderancia a los recién llegados, recortarían su poder.

Por esas casualidades de la vida se produjo otro hecho que acabó de asentar al dúo en el sanctasanctórum de la entidad, una opa del Banco de Bilbao sobre Banesto. Fue la primera vez que se oía y leía entre el público español no iniciado en el lenguaje financiero el término «opa», acrónimo de «oferta pública de adquisición», que años después sería admitida como palabra en el *Diccionario* de la Real Academia Española. «Aquella opa les iba a deparar a estos dos caballeros [Abelló y Conde] la oportunidad de su vida», cuenta con acierto Solchaga en *Las cosas como son* (2017), un libro de memorias de su etapa en el Gobierno, primero como ministro de Industria y después de Economía y Hacienda.

Aquella era una época de reconversiones y de adaptación a la Unión Europea. El sector bancario necesitaba un profundo reajuste si quería competir en condiciones en los mercados europeo e internacional. Eso requería entidades de mayor alcance, y los recién llegados lo intuían. En aquellos años, la banca española debía resolver los problemas que arrastraba por sus activos malos (el banco malo que cada entidad tenía dentro). La salida más elemental eran las fusiones y la afloración de plusvalías. El Banco de España las veía bien y el Gobierno, aunque prefería no intervenir, también.

Corría entonces por las sedes de los bancos el Informe Revell, encargado por el Banco de Vizcaya a Jack Revell, director del Instituto Europeo de Finanzas y considerado uno de los principales gurús del sector. El informe auguraba fusiones entre los entonces considerados siete grandes, además de asegurar que la economía española estaba excesivamente bancarizada y que, cuando se implantaran los cajeros y las nuevas tecnologías, se produciría un exceso de plantillas y de oficinas. Revell planteaba la integración del Banco Central con el de Vizcaya, el Hispano Americano con el Popular y Banesto con el Santander.

Sin embargo, fue el Banco de Bilbao, al que el informe había dejado fuera de las quinielas, el que movió ficha primero con la opa sobre Banesto. Pero la oferta, que contaba con el beneplácito del Banco de España y del Gobierno, fue considerada hostil por el consejo de administración de Banesto. Era el momento que Abelló y Conde estaban esperando para tomar las riendas. La oposición del que había sido primer banco español durante décadas la encabezó el ambicioso abogado del Estado, que de la mano financiera de Juan Abelló se había erigido en el adalid de la cruzada de las viejas familias del banco. Además de auparse a la cúpula de la entidad, le permitiría con el tiempo abrirse camino en la política hasta aparecer como gran esperanza blanca de la derecha. Pero eso llegaría más tarde.

Conde se aferró a la defensa numantina que había comenzado Garnica y las más recalcitrantes familias que formaban el consejo de administración (Argüelles, Herrera, Figaredo, Abaitua, Gómez-Acebo, Cossío y otras) y trazó su propia estrategia. Contrató bufetes, contactó con agentes de cambio y bolsa y logró el apoyo de la Junta Sindical de la Bolsa de Madrid (ya se ha dicho que todavía no se había creado la CNMV), que no autorizó la opa. Esto suponía excederse en sus funciones, como reconocería con retraso el Consejo de Estado, pero sirvió a los intereses de Conde y, de paso, para desatar la furia que el órgano bursátil se guardaba contra el Gobierno por el proyecto de Ley del Mercado de Valores que estaba en la fase final de su redacción y daría lugar a la constitución de la CNMV.

De un plumazo, Conde se había convertido en el héroe de las familias, que le coronaron como nuevo presidente solo cuarenta y nueve días después de aterrizar en el consejo. Abelló y Ricardo Gómez-Acebo, marqués de Deleitosa, fueron nombrados vicepresidentes. Y desde ese momento el orden de preponderancia en la dupla cambió: de Abelló y Conde se pasó para siempre a Conde y Abelló. El empleado se había puesto delante del empresario. Con los 25.000 millones que sacaron del pelotazo de Antibióticos se habían hecho con el control de un banco con un valor superior al medio billón de pesetas y ganado la confianza de las viejas familias tras haberlas librado de la previsible guadaña del Banco de Bilbao.

La opa del Bilbao sobre Banesto había sido muy meditada por el presidente de la entidad vasca, José Ángel Sánchez Asiaín, una persona muy bien conectada con el Gobierno, especialmente con Felipe González. El banquero, nacido en Baracaldo (Vizcaya), de familia obrera, ingeniero industrial de formación, se había ganado la confianza de las denominadas familias de Neguri que dominaban la oligarquía vizcaína. Sánchez Asiaín, que departía con frecuencia con el presidente del Gobierno, le había vaticinado las irremediables fusiones bancarias y desvelado sus intenciones concretas. González le pidió a Solchaga que le recibiera. Esto ocurría a finales de septiembre o principios de octubre de 1987, cuando Conde estaba aterrizando en Banesto.

En aquella conversación, cuenta Solchaga, Sánchez Asiaín manifestó que era prácticamente imposible alcanzar acuerdos con los responsables de los otros bancos, que preferían ser cabeza de ratón que cola de león. Es decir, cualquier operación tendría que pasar por una opa hostil y, para rebajar la animosidad, debería contar con el respaldo del Gobierno. Su objetivo inicial apuntaba al Banco Hispano Americano, que, como Banesto, atravesaba una situación muy vulnerable, y al Banco Popular, al que cortejó a través de terceros. Su presidente, Luis Valls, contaba a sus cercanos que, en un almuerzo a dos, Sánchez Asiaín le espetó: «¿Y qué hay de lo nuestro?». Valls, lacónico, le respondió: «¿Y qué es lo nuestro?». Jarro de agua fría. Proyecto nonato.

Solchaga le cambió el tiro hacia Banesto y le preparó un encuentro con Mariano Rubio, quien se mostró de acuerdo con el ministro. Asimismo, Solchaga se comprometió a analizar la posibilidad de que la operación tuviera un trato fiscal favorable. Solchaga aconsejó a Sánchez Asiaín que mejorase el canje que tenía previsto ofrecer para convencer a los accionistas de Banesto.

Lo mejoró y, el 19 de noviembre de 1987, el Bilbao solicitó la suspensión de su cotización y la de Banesto, anunciando el lanzamiento de la opa. En el comunicado añadía que estaba dispuesto a negociar con la dirección de Banesto, lo que, según interpretaron los analistas en ese momento, era una muestra de debilidad e inseguridad que, además, concedía margen de maniobra al equipo ya capitaneado por Conde. Además, llegaba tarde. Esos expertos subrayan que la opa habría triunfado si no se hubiera topado con el rechazo de la Junta Sindical de la Bolsa de Madrid, enfrentada de hoz y coz al Gobierno por los cambios regulatorios. El hecho de que todavía no existiera la CNMV como organismo supervisor de los mercados fue otra de las suertes que fue coleccionando Conde en su ascenso. De haber existido, posiblemente la opa habría seguido adelante y Banesto, que no tenía mucha capacidad para buscarse un *caballero blanco* y responder con una contraopa, habría tomado otro derrotero. Pero eso es ciencia ficción.

El caso es que la opa fracasó y, con ella, se frustraron las esperanzas del propio Gobierno, que había previsto el comienzo del baile de fusiones con aquella operación. «Durante unos días hubo una sensación de desconcierto tanto dentro del mundo financiero como en áreas próximas del Gobierno, que hasta la publicación del anuncio de la opa no conocían la participación del mismo en el proceso, del que solo teníamos información el presidente y yo», desvela Solchaga en su libro de memorias. El ministro no había encajado nada bien que Sánchez Asiaín no hubiera llegado hasta el final después de contar con el beneplácito del Gobierno.

El político navarro, no obstante, aprovechó la situación para defender el proceso de fusiones. Lo dijo a bombo y platillo en la clausura de una cena del Foro Económico Mundial que se celebraba en Madrid y lo repitió en una comparecencia ante la Comisión de Economía y Hacienda del Congreso de los Diputados en la que se daba cuenta del impacto de la crisis bursátil en las perspectivas económicas y de los acontecimientos que rodearon la opa. Solchaga tenía claro que esa actitud era la única para salvar la situación y que los poderes fácticos financieros no se les subieran a las barbas al Gobierno y al Banco de España. Al final, salvo algunas excepciones, el sector bancario se portó dignamente y los medios de comunicación se mantuvieron expectantes.

Lo más probable es que en aquellos momentos la banca se estuviera mirando para adentro, comprobando su capacidad de reacción en caso de que fuera necesario. Se había desatado el fenómeno de las opas, desconocido hasta entonces en aquella España en transición, y cada cual se preguntaba si sería objeto de deseo y cómo defenderse o cómo atacar. Es decir, se obligaba a trazar una doble estrategia, defensiva y ofensiva. Se trataba, además, de guardar a buen recaudo el oligopolio bancario que durante muchos años habían tenido los siete grandes y que, con las armas que ofrecía el mercado, podía saltar por los aires.

La realidad es que las entidades mejor colocadas ya habían comenzado a tomar posiciones de acuerdo con las recomendaciones del Informe Revell, aunque no exactamente como indicaba este: el Vizcaya había transmitido al Gobierno sus frustrados intentos con el Banco Central; el Santander le comunicaba a Solchaga su interés por el Popular, y este y el Hispano guardaban silencio. Bilbao y Banesto ya se habían retratado.

Poco tiempo después de la fallida opa del Bilbao, con un Conde subido al palmito, fue Pedro Toledo, presidente del Vizcaya, quien movió ficha. El 14 de diciembre de 1987 se presentó en el despacho de Solchaga, lógicamente previa solicitud de cita, para anunciarle al ministro su proyecto de fusión del Vizcaya con el Bilbao. La combinación no había aparecido en las quinielas, pero, a su juicio, era la más factible. A Toledo también le preocupaba cómo quitarse de encima a la Kuwait Investment Office (KIO), un grupo soberano del país asiático al que le dio por irrumpir en España de la mano del financiero Javier de la Rosa Martí y que había adquirido el 5 % de su entidad.

El Vizcaya acabó recomprando las acciones para su autocartera en una operación que le salió redonda a De la Rosa, quien había engatusado a los kuwaitíes para representarles en España y que más adelante protagonizó varios episodios relevantes por los que acabó en la cárcel. A este barcelonés había que echarle de comer aparte (véase el capítulo dedicado a él). Hijo de un conocido empresario que se había fugado de la justicia tras un escándalo por la gestión de la Zona Franca de Barcelona, había tenido relaciones con el antiguo Banesto como director general de su filial catalana, la Banca Garriga Nogués, donde protagonizó un escándalo financiero en el proyecto Tierras de Almería, provocando un agujero cercano a los 100.000 millones de pesetas. Por sus actuaciones y su protagonismo merece capítulo propio.

Al día siguiente de la visita de Toledo, el ministro recibió la de Sánchez Asiaín, quien había retomado su primigenio proyecto con el Hispano sin estar muy convencido. Ante eso, el ministro le planteó la alternativa del Vizcaya que Toledo le había puesto sobre la mesa. El ingeniero de Baracaldo le miró con sorpresa y apeló a la «feroz competencia» de tantos años de los dos bancos vascos, domiciliados prácticamente uno frente al otro en la Gran Vía de Bilbao, para mostrarse poco propenso a ella. Pero la semilla ya estaba plantada. Al final los dos bancos se fusionaron, no sin que saltaran chispas en los dos consejos, en los cuales se repartían apellidos de las familias de Neguri, algunos repetidos en bancadas distintas, que se habían estado clavando puñales durante décadas. Por este motivo, el primer consejo del Banco Bilbao Vizcaya (BBV), como se llamó la nueva entidad, tenía más de cuarenta miembros, algo impensable para la buena gobernanza de cualquier entidad.

Mientras tanto, Conde y Abelló se proponían comerse el mundo. Consciente de que el proceso de fusiones era imparable, el abogado del Estado comenzó a idear operaciones y buscar candidatos mientras trataba de convencer al Gobierno de sus buenas intenciones. En ese sentido, en una recepción en el Palacio Real de Madrid al presidente de Portugal, la pareja abordó a Solchaga para transmitirle que la defensa de Banesto no significaba un enfrentamiento con la política económica del Gobierno y que su propósito era contribuir a modernizar el sistema bancario. Con base en ello, le anunciaron al ministro que habían procedido a realizar un profundo cambio en el consejo de administración del que saldrían algunos representantes de las familias (los más próximos a López de Letona, incluido este, claro) y, además de hombres de su máxima confianza (Arturo Romaní, Enrique Lasarte, Luis Ducasse, Ramiro Núñez-Villaveirán y otros), entrarían personas próximas al PSOE que habían ocupado altos cargos en la Administración o en empresas públicas.

En ese perfil encajaban Paulina Beato, primera presidenta de Red Eléctrica de España, hoy Redeia, nombrada precisamente por Solchaga en ese puesto; Antonio Torrero, ex director general del Banco Hipotecario, y Juan Belloso, ex director financiero del antiguo monopolio de petróleo, Campsa. Solo Belloso sería consejero ejecutivo, como director general del banco. Los nombramientos respondían al deseo de Conde de agradar al Gobierno para que borrase el aura de «caballero inquietante» que arrastraba, pero el sagaz Solchaga se conocía el percal y se limitó a agradecer la información.

En el fondo, el ministro, como todo el Gobierno, recelaba de las intenciones de la pareja y de la cultura del pelotazo que había sustituido a los valores de la etapa de la Transición y que se había instaurado en la sociedad. Parecía que solo importaba ganar dinero. Tanto que Solchaga no dudó en comentar en una reunión de la APD (Asociación para el Progreso de la Dirección) aquella frase, no sin retranca, de que «España es el país donde es más fácil y rápido enriquecerse».

En el ideario de Conde, investido ya como redentor de Banesto, no florecían precisamente operaciones que agradaran al Gobierno, por mucho que él se empeñara en acercar posturas y asegurar sus buenas intenciones. Él sabía que no era bien recibido en los círculos del poder político (tampoco del económico) y menos después del episodio de la opa. La primera alternativa que buscó como respuesta, más defensiva que ofensiva, fue entrar en el Banco Popular, del cual había llegado a comprar el 4%, pero se llevó calabazas de Luis Valls, el carismático presidente de la entidad, que además le retiró la palabra.

La siguiente opción era fusionarse con el Banco Central. Pero, para ello, tenía que contar con la complicidad del veterano presidente de la entidad, Alfonso Escámez, y sobre todo de Cartera Central, a la que debía recurrir irremisiblemente si quería alcanzar la integración. Había trascendido la existencia de esta sociedad instrumental que, de golpe y porrazo, se había hecho con el control del 12,5% del capital del Central. Esa participación, que la situaba como principal accionista del banco, se repartía prácticamente a partes iguales entre el grupo KIO, que había comprado acciones del banco casi al tiempo que el 5% del Vizcaya sin que nadie se enterara, y los primos Alberto Cortina de Alcocer y Alberto Alcocer Torra, conocidos como los Albertos, entonces casados con las hermanas Alicia y Esther Koplowitz, propietarias de Construcciones y Contratas (luego FCC, tras haberse fusionado con Fomento de Construcciones). Ellas eran las verdaderas dueñas del dinero. Los matrimonios mantenían unas relaciones muy estrechas con Alfonso Escámez y el Central era su banco de cabecera desde los tiempos de Ernst Koplowitz, un judío alemán que había huido del holocausto y fundado la constructora al tiempo que se emparentaba con la aristocracia española por su casamiento con Esther Romero de Juseu, marquesa del Real Socorro. Los Albertos habían cogido las riendas de la constructora tras el fallecimiento de su suegro en un accidente hípico.

De finanzas tenían poca experiencia, aunque habían tomado una participación mayoritaria en el Banco Zaragozano, integrado en el pelotón de los bancos medianos.

El conocimiento de la participación de KIO, por otra parte, había generado muchos quebraderos de cabeza al Banco de España y al Gobierno, recelosos de la entrada de capital extranjero en entidades españolas y, además, sin avisar. Pero el hecho de que los Albertos también tuvieran un porcentaje significativo en el banco del «tío Bartolillo» (como se referían cariñosamente entre ellos cuando hablaban de Escámez) ofreció la oportunidad de *nacionalizar* el paquete de los kuwaitíes, siguiendo la recomendación del abogado Matías Cortés, según cuenta Jesús Cacho en *Asalto al poder* (1988).

Cortés, que estaba en todas las salsas mercantiles de aquellos tiempos (trabajó para Ruiz-Mateos, entre otros), había expuesto la idea ante Javier de la Rosa, que también había requerido sus servicios. Los primos, que *compraron* la propuesta, acudieron al empresario Enrique Sarasola para que intermediara ante Felipe González para explicar el proyecto, saltándose al gobernador del Banco de España y al ministro de Economía. El presidente lo vio factible, aunque, de acuerdo con Solchaga, exigió que la parte española del tándem tuviera la mayoría de la sociedad para controlar a los kuwaitíes. La participación en la tenedora, Cartera Central, quedó establecida en una proporción de 52/48.

De esta forma, Sarasola mediante, y con la bendición presidencial en ristre, Cartera Central quedó constituida el 23 de noviembre de 1987 en Londres, donde KIO tenía su representación social. El siguiente capítulo, un trago difícil de pasar para los Albertos, era transmitírselo al gobernador, que no estaba al cabo del asunto, motivo por el cual, al enterarse, se subió por las paredes. Pero poco podía hacer, más allá de callar y esperar a que le renovaran el mandato al año siguiente para cuatro más, es decir, hasta 1992, el año de los fastos (V Centenario del Descubrimiento de América, Exposición Universal de Sevilla y Juegos Olímpicos de Barcelona).

La operación Central-Banesto que se ponía en marcha era como una ofensa para el Banco de España y para el Ejecutivo. Al menos, a bote pronto, porque bien mirado podría convertirse en la oportunidad de matar dos pájaros de un tiro y arreglar de una tacada el problema de solvencia en ambos bancos. Eso suponía, además de tomar cartas en el asunto, forzar la salida de Mario Conde de Banesto y de Alfonso Escámez de la presidencia del Central, a la que había llegado tras haber comenzado de botones. Este, de setenta y dos años, era casi una reliquia del pasado y tarde o temprano tendría que retirarse, y el primero porque, con treinta y nueve años, había aparecido de repente en un escenario al que nadie le había llamado y amenazaba con desestabilizar el futuro del sistema financiero y político. En sentido contrario, para los dos protagonistas era la posibilidad de armarse con un escudo refractario de los posibles ataques que se produjeran para defenestrarlos, aunque con distintas perspectivas.

Escámez reaccionó de forma airada cuando se enteró de la presencia no deseada de Cartera Central en el capital de su banco y de su intención de tener mando en plaza. En principio, tampoco recibió con agrado la perspectiva de fusionarse con Banesto. Por eso sondeó una alianza con el Hispano, en el que el Banco de España había colocado a un veterano empresario, Claudio Boada, para encauzar el saneamiento de la entidad. Pero Escámez estaba más preocupado por salvar los muebles ante el asedio de Cartera Central que en fusionarse con el Hispano. Boada, un viejo zorro, que había sido presidente del Instituto Nacional de Industria (INI) en época de Franco, sabía que con los Albertos y los kuwaitíes dentro del banco la operación era inmanejable.

Boada tenía razón. Así que Escámez se abrió a los brazos de Conde, con quien llegó a llevarse bien. Con la excusa de que formarían un gran banco europeo y, por supuesto, el primero de España, presentaron el proyecto como un gran acuerdo. Pero ambos sabían que aquello era la huida hacia delante de dos bancos maltrechos por la edad y los vicios adquiridos. Ninguno de los dos quería ver los problemas que arrastraban. Preferían la integración como escudo ante otras posibles ofensivas, que estaban seguros que iban a recibir si no se refugiaban de alguna manera y se defendían entre ambos. Quizá no era ajeno al mutuo interés por la fusión el hecho de que estas operaciones emborronan las cuentas. Se llegó a hacer un

«Cuaderno de la fusión» que se presentó al ministro Solchaga y que pronto corrió por las redacciones.

El plan trazado en la primavera de 1988 para constituir el Banco Español Central de Crédito (BECC), nombre elegido, contemplaba crear un holding conformado por representantes de los dos bancos y de Cartera Central que estaría presidido por Alfonso Escámez con Mario Conde como vicepresidente y consejero delegado para, una vez cerrada la fusión, asumir este la presidencia en solitario.

Con los vuelos que daban convertirse en el presidente del primer banco de España se fue Conde de vacaciones a Mallorca, donde tenía una masía y un yate (Alejandra, el nombre de su hija) amarrado en Pollensa. Con las mismas, regresó a Madrid en septiembre. Sin embargo, pronto se nublaron las buenas perspectivas. Alguien había maniobrado en la sombra mientras él disfrutaba por aguas mediterráneas y de las noches isleñas. Se vio obligado a ceder: las bases de fusión, que deberían ser aceptadas por la junta de accionistas de los dos bancos, fueron modificadas con la decisión de que Escámez fuera durante tres años copresidente del nuevo banco junto a Conde. Resultó que el planteamiento inicial —redactado por Ramiro Núñez, por Banesto, y Luis Blázquez, el hombre para todo del Central— era imposible de llevar a cabo de acuerdo con la Ley de Disciplina Bancaria porque el holding no podía ser el que tutelara la gestión.

Escámez, cuyo objetivo inicial era quitarse a los «indeseables» de Cartera Central del medio, cambió de actitud hacia los Albertos tras la junta general de accionistas del Central celebrada el 25 de junio de 1988, ya en pleno proceso de fusión. Algo había pasado. Mientras, los primos y De la Rosa no dejaban de incordiar a Conde, que se encontró con que también controlaban el 2% de Banesto, lo que suponía una participación superior a la de cualquiera de las familias que estaban sentadas en el consejo.

Para reforzar su estrategia, los Albertos y KIO incorporaron como asesor y consejero de Banesto al carismático ex director general del Banco de España Aristóbulo de Juan, de vuelta de Estados Unidos tras ser alto cargo en el Banco Mundial, con el compromiso escrito de nombrarle consejero delegado. Poco después dieron un auténtico golpe de mano con el fichaje de Miguel Boyer, quien, tras haber sido superministro económico del primer Gobierno socialista, habría de pasar a ocupar la presidencia del Banco Exterior. El exsuperministro dejó la entidad estatal a principios de noviembre para saltar a Cartera Central.

En los cenáculos madrileños se recordó entonces la intermediación conspirativa de los Albertos con Sarasola y el presidente González cuando se creó Cartera Central y la operación se contempló como un mecanismo para desplazar al banquero recién llegado, en cuyas manos no convenía dejar un potente emporio industrial que representaba el 6 % del PIB nacional. Además del Gobierno y el Banco de España, también tenía claramente en contra al principal partido de la oposición, a casi la totalidad de los demás grupos políticos, al resto de los banqueros e, incluso, a una parte de las familias que, con Abelló al frente, se habían rebelado contra el *salvador*.

Boyer se vislumbraba como futuro presidente del BECC ante el pasmo y el temor de Conde. Este, asesorado por Antonio Navalón y Diego Selva (dos personajes que aparecían siempre en todos los saraos y tenían el estigma de haber trabajado para Ruiz-Mateos), pidió un encuentro con Solchaga. Ya en otras ocasiones había tratado de mostrar una buena cara ante el poder, pero esta vez le atormentaba la posibilidad de que le estuvieran segando la hierba bajo los pies. Solchaga le recibió en su despacho del número 9 de Alcalá. Conde le reiteró que no tenía intención de hacer nada que contraviniere el parecer del Gobierno. El político, que no disimuló nunca la desconfianza que le producía el ejecutivo gallego («no me gusta porque mueve mucho dinero y siempre se le queda algo entre los dedos», manifestó en un encuentro privado con periodistas), le subrayó que no era interés del Gobierno meterse en pendencias privadas y se remitió a que el asunto radicaba en que le apoyara el consejo de administración y la junta de accionistas.

Ahí quedó la cosa. Cartera Central exigió a Conde varios puestos en el consejo de administración por el 2 % que tenía en Banesto. Aristóbulo de Juan, que en el reparto de funciones para la hipotética fusión le tocó entrar en ese paquete de consejeros junto al exministro de UCD Carlos Bustelo y el abogado José Luis «Chitín» del Valle, cuenta en *De bancos, banqueros y supervisores* (2021) que se percató de que «la entidad [Banesto] estaba realmente en muy mala situación, de que seguía políticas que me parecían más que discutibles y de que existía una variedad de prácticas que dificultaban la transparencia de las cuentas o de sus operaciones hasta el punto de que ni el Banco de España podía entonces demostrar las cuentas reales con suficiente base jurídica para no arriesgar un paso en falso». En la copa de Navidad previa a la toma de posesión de Aristóbulo de Juan, el consejero delegado de Banesto, Juan Belloso, se le acercó y le manifestó: «Tú y yo podemos hacer grandes negocios». Una frase un tanto enigmática.

Pero el asesor-consejero siguió a lo suyo y planteó una batería de veinticuatro preguntas que suponían una fuerte crítica a la gestión de Conde. Recibió respuestas «poco convincentes». Una de las numerosas prácticas que aseguraban la opacidad de las cuentas era desplazar los activos malos y los pasivos caros a una filial no consolidada. La división quedó plasmada en el consejo de enero en el que cinco de las familias, encabezadas por Abelló, se abstuvieron de aprobar las cuentas en la junta, en la que los representantes de Cartera Central votaron en contra. Es decir, diez votos contestatarios de un total de veintiocho, cuando en el Central Escámez había tenido un paseo militar. En su caso, los cinco consejeros de Cartera Central (los dos Albertos, Romualdo García Ambrosio, Álvaro Alepuz y Alfonso Cortina) votaron a favor de la gestión.

La perspectiva de integrar ambas entidades se hizo imposible: «Me pareció muy peligrosa, ya que la fusión de dos bancos enfermos crea un enfermo más grave», escribió De Juan, quien, junto a Boyer, aconsejó a los propietarios de Cartera Central que vendieran las acciones, que estaban «artificialmente altas», que dimitieran sus consejeros y que deshicieran la fusión. La sugerencia fue cumplida con prontitud. La operación se precipitaba al fracaso y fracasó el 21 de febrero. Algo más de medio año después de plantearse, los presidentes de los bancos declinaron continuar por «las dificultades de todo orden sobrevenidas desde la firma de las bases de fusión». «Se evitó un proyecto de consecuencias imprevisibles», concluye De Juan, como luego se vería. «Mis tres meses en aquel consejo fueron los peores de mi vida profesional», confiesa en su entorno.

Ese mes, cuando la operación estaba prácticamente torcida (si alguna vez llegó a estar derecha), sospechosamente apareció en la portada de la revista *Diez Minutos* una foto de Alberto Cortina y Marta Chávarri Figueroa, esposa del marqués de Cubas, saliendo de un hotel de Viena. Los dos llevaban ya un tiempo siendo la comidilla en los círculos del poder madrileño y presa del asedio de los fotógrafos. De más alcance aún fue la imagen publicada en la revista *Interviú* de Chávarri sin ropa interior en una discoteca, foto que había sido tomada en el verano de 1988 y que después recorrió el mundo. Se había quedado en la nevera a la espera de la oportunidad, que llegó en un momento apropiado. ¿Quién había promovido la publicación de la fotografía? No parece difícil de adivinar.

Cartera Central intentó aún hacerse con el poder, recurriendo al apoyo de Solchaga, pero no lo consiguió. La fusión estaba rota. Pero el *tío Bartolillo* respiró con alivio cuando se vio liberado del martillo de Romualdo García Ambrosio, el ariete que le habían colocado los Albertos en el consejo del banco y que le traía por la calle de la amargura ante cualquier movimiento. García Ambrosio, un hombre de ascendencia humilde y que se había ganado la confianza de los primos, se había encargado de presionar al banquero desde su incorporación y de buscar irregularidades en el desempeño de su cargo. Así ocurrió cuando, el 17 de junio de 1989, el grupo de consejeros de Cartera Central dimitió en bloque, previa denuncia de irregularidades en la administración del Central ante el Banco de España. «El señor Escámez no quiere consejeros, quiere súbditos», manifestó García Ambrosio mientras refería a la magnitud de la autocartera, la recolocación de paquete de acciones entre empleados y sociedades participadas o instrumentales, el cumplimiento de los complementos de coeficientes y los mecanismos contables para ello, entre otras actuaciones.

Mientras, en el otro banco, el abogado del Estado tuvo que continuar su camino en solitario. Conde siguió con una gestión muy personalista en Banesto, con el consejo lleno de grietas. Por una de ellas hizo *mutis* Juan Abelló, harto de las bravuconadas de su antiguo compañero de viaje y, en el fondo, de haber tenido que servir al que fue su empleado. Seguramente en ello influyó la deriva funambulesca que adoptó su socio en el terreno profesional del banco y, sobre todo, en el de la prensa rosa. Conde se convirtió en habitual de las páginas de papel cuché y foco de atención de los paparazzi en sus salidas nocturnas a tablaos flamencos (durante una etapa no salía de El Portón, establecimiento que compró y donde los habituales le veían bailar sevillanas), discotecas de moda (o que ponía de moda con su presencia) y escapadas esporádicas a determinados lugares rodeado de una cohorte, entre ellos algunos representantes significados de medios de comunicación.

Conde, que había preparado un arsenal mediático para defenderse de los ataques y para atacar a quien hiciera falta (entró en Antena 3, Onda Cero, *El Independiente*, *El Mundo*, *Época*) y mantenía estrechas relaciones con los principales editores de otros medios, descubrió el espionaje como arma propicia y sometió a esas prácticas a todos los que pasaban por ser sus enemigos y, por qué no, también a los amigos (o advenedizos). Se le acusó de estar detrás de las fotos de Marta Chávarri en competencia con Javier de la Rosa, muy aficionado como él a manejar información delicada. También se especuló que la autora de la filtración había sido Alicia Koplowitz, que así se habría vengado de su todavía marido.

En esas coordenadas hay que situar también el hostigamiento a los representantes de la *beautiful people* (grupo de intelectuales, empresarios y profesionales de talante progresista), entre los que figuraban Mariano Rubio, Miguel Boyer, el exsíndico de la Bolsa de Madrid, Manuel de la Concha, y, entre otros, los Albertos y sus respectivas esposas, Carmen Posadas, Isabel Preysler, Isabel Falabella y las hermanas Esther y Alicia Koplowitz. El divorcio de Alicia y Alberto Cortina no tardó en producirse, casi en paralelo al de su primo Alberto Alcocer de Esther Koplowitz. Pero eso es otra historia.

En el terreno profesional, es decir, el del banco, Conde manejó la entidad como un coto de caza y realizó operaciones que se salían de la ortodoxia financiera. Pronto se vio que ni era empresario ni era banquero. Poco parecía importarle. Colocó a su guardia pretoriana, repartió las empresas del grupo industrial entre sus amigos y se rodeó de un fuerte equipo de comunicación que se encargó de difundir la imagen de renovador de las finanzas que había desafiado a las castas del sector y al poder político, una imagen que quedó plasmada en *Asalto al poder*, la elogiosa biografía realizada por el periodista Jesús Cacho en 1988.

Al final, quedó como un símbolo de la cultura del pelotazo que aprovechó su oportunidad. Desde que tomó el mando de Banesto había dado un sesgo agresivo que se acrecentó cuando trató de responder a la ofensiva comercial lanzada por el Banco Santander a finales de 1989. Emilio Botín Sáenz de Sautuola y García de los Ríos, que había sustituido a su padre (Emilio Botín Sáenz de Sautuola y López) en 1986 al frente de la entidad, revolucionó el sector con el lanzamiento de las «supercuentas», por las que remuneraba las cuentas corrientes de sus clientes con un 11 % cuando los competidores lo hacían al 1 %. Con la denominada guerra del pasivo, Botín hijo acababa de romper el *statu quo* del sector financiero, mientras entre ellos se jugaba una partida de póquer con las fusiones como telón de fondo. Cuando intentaron reaccionar era demasiado tarde y, encima, vino la crisis.

Fue entonces cuando se dio al traste con las habituales comidas confraternales que los siete grandes de la fauna bancaria acostumbraban a celebrar, como una muestra de poderío oligopolístico del que solo trascendía el menú y que difícilmente habría superado una inspección de las autoridades de la competencia.

La ofensiva de Botín acabó de hundir a los tres bancos que habían dominado el panorama nacional financiero casi durante las tres cuartas partes del siglo XX (Banesto, Central e Hispano). Central e Hispano tiraron pronto la toalla y volvieron a negociar muy rápidamente su fusión, que esta vez, con el impulso del Banco de España de por medio, saldría adelante en 1991 con Escámez y José María Amusátegui al mando. Conde, sin embargo, entró al trapo de Botín como un miura. Igualó la remuneración del pasivo iniciada por el Santander sin pararse a pensar en los resultados. Además, duplicó su cartera crediticia frente a un crecimiento medio del sector del 50 %. En esas circunstancias, tuvo que recurrir con frecuencia al dinero interbancario (servicio en el que los bancos se prestan dinero entre sí) y acudir a los mercados de capitales mediante emisiones de deuda subordinada, lo que encarecía su financiación. Es decir, se metió en una espiral de difícil salida, que era como una pendiente deslizante.

Era el principio del fin. Se había quedado sin pareja de baile. El BBV ya era una realidad, a pesar de las peleas de poder entre las dos corrientes internas de los antiguos Bilbao y Vizcaya; Central e Hispano comenzaban su idilio de buenas maneras; el Popular de Luis Valls, un hombre muy ligado al Opus Dei, del que era numerario, no quería oír hablar de Conde, recordando que había hecho un intento de entrar en el banco sin avisar; y el Santander no parecía tener prisa por lanzarse a la caza y captura. Solo quedaba descolgado Conde, que para arreglar los desaguisados de su errática gestión utilizó como brazo armado el potente grupo industrial del banco, que integró en la Corporación Industrial Banesto con el objetivo de sacarla a bolsa.

La banca había empezado a desprenderse de sus participaciones industriales, convencida de que una corporación industrial era un lastre para su actividad. Daba mucho brillo y permitía hacer muchos favores, pero no «hacía banco» y propiciaba la concentración de riesgos vinculados a sus propias empresas. Además, en el caso de Banesto, las participaciones no valían lo que decían, por lo que había que meter constantemente la manguera del crédito para que funcionara. Y, como Conde necesitaba capital, ideó sacar la corporación a bolsa. Pero la operación se atascó por la guerra del Golfo, tras la invasión de Kuwait por Irak.

No obstante, la Corporación Banesto contaba con un importante ramillete de empresas de primer nivel en sus respectivos sectores: la aseguradora La Unión y el Fénix, la petrolera Petromed, la constructora Agromán, la inmobiliaria Urbis, la siderúrgica Acerinox, la química Carburos Metálicos, la minera Asturiana de Zinc, la papelera Sniace, Valenciana de Cementos, Tudor, Azucarera, Compañía de Industria Agrícolas, además de las sociedades de cartera denominadas «isas», entre otras. Era la única tabla de salvación que le quedaba a Conde. Pero esa tabla la manejaba el Consejo de Ministros, que debía aprobar la operación para luego poder solicitar las exenciones fiscales por las fuertes plusvalías que irremediablemente aflorarían y que tendría que pagar a Hacienda. Ni Solchaga, titular de Hacienda, ni el gobernador lo apoyaban porque consideraban que era una huida hacia delante del banquero en lugar de enfrentarse a los problemas de Banesto, que, como dijo el ministro, no eran pocos.

El abogado de Tuy se había echado en los brazos de asesores y abogados, como Antonio Navalón, Diego Selva y Matías Cortés, que no pudieron hacer mucho más que cuando trabajaron para Ruiz-Mateos. De su mano agotó los últimos cartuchos. Primero le propiciaron un encuentro con Txiki Benegas, secretario de Organización del PSOE, y a través de este con Alfonso Guerra, vicepresidente del Gobierno. Eran conocidos, y no se ocultaban precisamente, los enfrentamientos entre *guerristas* y renovadores dentro del Gobierno y del PSOE, por lo que Conde quiso jugar esa baza atajando por Ferraz, sede del partido, donde dominaban el dirigente guipuzcoano y el vicepresidente. En ese objetivo de encontrar una vía alternativa para sus propósitos se encuadra que Conde sufragara un seminario en Moscú sobre la Transición española en el que intervino Guerra y a cuya inauguración asistió Felipe González. Algo pudo tener que ver en la actitud de parte del Gobierno el estallido del caso Filesa, de financiación irregular del PSOE, y sus salpicaduras.

Solchaga, mientras tanto, no lograba quitarse a Conde de encima, que lo apremiaba para que le diera las exenciones fiscales. Hasta el punto de que, en octubre de 1991, el banquero apareció en la entrega del premio al ministro de Finanzas del año de la revista *Euromoney* que, con motivo de la asamblea del FMI, le dieron a Solchaga en Bangkok. Conde estaba preocupado de que Economía hubiera abierto un expediente sancionador al banco por sus manejos con la Corporación Industrial. El ministro le dio calabazas y se limitó a un apretón de manos. Nada de negociar, aunque estuvieran en el sudeste asiático.

Sin el conocimiento de Solchaga y los buenos oficios de Benegas, Conde logró finalmente entrevistarse con Felipe González, quien para chasco del banquero le remitió al ministro, lo que significaba que el presidente no iba a puentear a su subordinado y le pasaba la pelota. Se produjo el encuentro y Solchaga concedió unas exenciones del 70 %, lo que suponía 105.000 millones de pesetas de ahorro. Solchaga había arrastrado los pies a sabiendas de que aquello no era una solución. Para Conde era un gran alivio, aunque las comisiones de seiscientos millones de pesetas que pagó para ello a Navalón y Selva por su intermediación en una cuenta suiza de una sociedad llamada Argentia Trust sería el primer caso que le estallaría judicialmente en la cara.

La salida a bolsa de la Corporación, sin embargo, se frustró por la guerra del Golfo y sus repercusiones en los mercados de valores. A partir de entonces, la entidad empezó a hacer aguas por todas partes y ya no encontró la forma de taponar las vías. El banco puso en marcha la venta de empresas de forma individual y a precios reducidos, en algunos casos de saldo. La crisis, derivada en parte por el conflicto de Irak, ya hacía mella y se veían pocas perspectivas de arreglo. Además, como notifica Pedro Solbes en sus *Recuerdos* (2013), «el deficiente funcionamiento de los mecanismos de control interno hizo que la entidad no tuviera suficientemente identificados y dotados los riesgos en los que había incurrido».

El Banco de España, por su parte, había empezado un pormenorizado seguimiento del banco, descubriendo que había acumulado un problema tras otro. A final de 1992, exigió un plan de saneamiento que pusiera fin a las deficiencias existentes. Como solución, el equipo de Conde propuso vender activos, realizar determinadas dotaciones y provisiones para cubrir una parte de los activos malos y ampliar el capital. Pero sirvió de poco. Solbes, que sustituyó a Solchaga al frente del Ministerio de Economía y Hacienda en julio de 1993, recuerda que «la inspección continuó durante 1993 y puso de manifiesto que la situación patrimonial había continuado deteriorándose más rápida y más profundamente de lo estimado inicialmente».

Como salvavidas, Conde había recurrido al banco estadounidense J. P. Morgan un año antes. El banquero gallego llegó a sus faldas a través de la colombiana Violy de Harper, directora general de la entidad. J. P. Morgan la envió a España para evaluar las posibilidades de éxito de la Corporación Industrial una vez que había fracasado su colocación en bolsa. La colombiana pareció quedar encantada con las dotes seductoras de Conde y pidió a su banco que participase en la macroampliación de capital proyectada y así suscribir hasta un 8 % de las acciones.

Tras el informe positivo de la colombiana, se trasladó a España Roberto Mendoza, vicepresidente de la entidad, que junto a De Harper y sus hombres en Madrid (Rafael Gil Alberdi y Javier Macaya) entró en contacto continuo con Conde. En una reunión del consejo de administración, celebrada el 27 de noviembre de 1992, Conde invitó a Mendoza y su equipo a que expusieran un informe en el que el ejecutivo estadounidense vaticinó su «plena convicción» de que Banesto se convertiría en líder de la banca española, de la que «está varios años por delante de su competencia». Y remató: «Banesto tiene masa crítica suficiente para marchar en solitario, lo que no implica que no pueda adquirir otro banco». Además, J. P. Morgan condicionó la suscripción del capital a que se asegurara la presidencia de Conde.

Difícilmente, Conde podría haberse echado esos piropos a sí mismo. Al mismo tiempo que se ponía en marcha el desembarco del banco estadounidense, procedió al relevo de Belloso como consejero delegado por Enrique Lasarte, compañero suyo en Deusto, hijo del que fuera alcalde de San Sebastián en aquellos tiempos y que ponía *el 600* para las correrías universitarias con otros compañeros como José María Rodríguez Colorado, Fernando Almansa o Ramiro Núñez-Villaveirán. Asimismo, elevó a Arturo Romaní, al que había conocido en la Dirección General de lo Contencioso del Estado en 1975, a vicepresidente segundo con funciones ejecutivas.

La ampliación, que constaba de tres tramos, comenzó bien. Los dos primeros se cubrieron con suficiencia, pero el tercero fracasó. Los hombres de J. P. Morgan, con Mendoza ya incorporado al consejo de Banesto, sabían que era el último cartucho que le quedaba a Conde para evitar la intervención y estuvieron muy activos buscando una salida. A través del fondo Corsair, el banco estadounidense se embarcó en la aventura y entró a saco a negociar con el Banco de España, acompañando a Conde a los encuentros con las máximas autoridades. Pasado el tiempo, Aristóbulo de Juan, con motivo de un seminario celebrado en Bogotá, fue preguntado por el papel de J. P. Morgan: «Dígame, en dos palabras, lo ocurrido en Banesto». Su respuesta fue: «Insolvencia y fraude». «¿Y cómo explica la operación de J. P. Morgan?», fue la siguiente pregunta. «Eso no se lo explica nadie», contestó. Tanto que las carreras de Mendoza y De Harper se vieron afectadas por aquella aventura.

Conde también buscó la complicidad de Felipe González y del monarca Juan Carlos I. Pero sin éxito. También recurrió a sus amigos de Ferraz, con los que se veía periódicamente. En noviembre de 1993 trascendió que se habían reunido para analizar la situación económica con Guerra y Benegas. «¿Alguien puede imaginarse a Guerra, Benegas y Conde hablando de economía?», se preguntaba Solchaga con ironía. Seguro que a Conde le preocupaban más otras cosas.

Así las cosas, el gobernador del Banco de España, Luis Ángel Rojo, que había sustituido a Mariano Rubio en julio de 1992, comunicó a Solbes su inquietud por la condición de Banesto. El nuevo ministro de Economía, que antes lo había sido de Agricultura, había dado todo el protagonismo en este asunto al Banco de España, apoyando sus propuestas y elevándolas al Gobierno en el caso de que este tuviera que adoptar alguna medida al respecto. Durante los meses de otoño, los problemas fueron creciendo y el Gobierno se mostraba cada vez más preocupado. Hasta que en diciembre de 1993 el vaso ya estaba colmado. El declive de Banesto era imparable. La inspección estimaba que la entidad necesitaba unas dotaciones de al menos 500.000 millones de pesetas. Rojo había nombrado al frente de la inspección del Banco de España a José «Pepe» Pérez Fernández, un hombre de su máxima confianza y eficaz sabueso para destripar los desvaríos contables que había realizado Conde. La labor del equipo dirigido por Pepe Pérez fue todo lo fructífera que quería Rojo y temía Conde.

Solbes estaba al tanto de lo que ocurría y solamente él y el presidente del Gobierno sabían que el Banco de España había dado un ultimátum a Conde para encontrar una solución antes del 31 de diciembre de ese año o, de lo contrario, intervendría la entidad. Felipe González, cuenta Solbes, mostró su inquietud por las consecuencias e implicaciones políticas de la intervención, sobre todo por los comportamientos peculiares de Conde. Pero, ante las evidencias presentadas por el Banco de España, no dudó en apoyarla.

A lo largo de aquel mes se sucedieron los rumores. El 9 de diciembre de 1993 publiqué en *El País* un artículo en el que adelantaba que Banesto no repartiría dividendo a cuenta con cargo al ejercicio de ese año por sugerencia (o sea, mandato) del Banco de España. Era una información escueta pero de alcance. Sin embargo, las maniobras de Conde, unidas a su poder de convicción, fueron determinantes para que no solo no abriera la sección de Economía del principal periódico de España, sino que tampoco tuviera una llamada en la primera página. El propio director en aquel momento, Jesús Ceberio, reconocería en un artículo publicado en diciembre de 2020 que, tras enterarse de que el periódico iba a publicar aquella noticia, «Conde tardó minutos en llamar a Jesús de Polanco [editor de *El País*] para tratar de convencerle de que se trataba de un hecho irrelevante, apenas un corolario de la política de austeridad anunciada en junta general». Lo que nunca dijo Conde, evidentemente, es que tenía la bota del Banco de España encima trazando la línea de actuación y que aquella decisión venía impuesta por la autoridad. «La gestión del tema fue compleja, pero después de múltiples intercambios telefónicos un punto surrealistas, en los que el banquero pretendía establecer lo que era o no una noticia, *El País* lo publicó, aunque no con el relieve debido. Tres semanas después, el Banco de España nacionalizaba Banesto y destituía a Conde y su consejo, sellando así una bancarrota fraudulenta que sancionaron los tribunales años después», añade Ceberio. La información, en efecto, atravesó muchas fases en cuanto a su relevancia y paginación hasta el cierre de la edición, y no habría recordado aquí el episodio si no lo hubiera revelado el propio director en ese artículo, pero, una vez desvelado, merece la pena traerlo como ejemplo de las ínfulas de poder de aquel personaje. Al menos fue publicada, y tuvo un relativo efecto.

Aquel «hecho irrelevante» era la antesala de la intervención. El 22 de diciembre, tras una reunión con Rojo y el entonces subgobernador, Miguel Martín, a la que acudieron Violy de Harper y Roberto Mendoza, Conde se sintió abandonado. El banco emisor pidió a J. P. Morgan que aportase los algo más de 55.000 millones de pesetas que quedaban para completar el tercer tramo de la macroampliación de capital de 150.000 millones. Pero se negaron a poner una peseta más, quizá advertidos desde Nueva York por el presidente, Denis Watherstone, preocupado por el asunto. Aquello ya supuso la ejecutoria. La certeza que había pregonado Mendoza un año antes de que Banesto se convertiría en líder de la banca española parecía haberse esfumado. Ante la amenaza de la intervención sobre su cabeza, Conde se vio atosigado y acabó pidiendo que aguantaran hasta final de año.

Pero todo se precipitó. El día 28 de diciembre estaba previsto votar en el Congreso los Presupuestos Generales del Estado para el siguiente año. Al entrar Solbes en el hemiciclo, Solchaga, que ejercía de portavoz parlamentario del PSOE desde que había dejado atrás un decenio en el Gobierno, le comentó que había rumores sobre Banesto. Su sucesor le contestó que estaban en ello y que la Comisión Ejecutiva del Banco de España estaba tratando el tema esa misma mañana.

Previamente, Conde había acudido al Banco de España. Sin compañía de nadie. En el encuentro, Rojo y Martín ya le dieron el ultimátum definitivo: o cerraba la ampliación de capital para cubrir el riesgo acumulado por la entidad o no tendrían más remedio que intervenir. Conde pidió árnica. Solicitó tres días más, hasta el 31 de diciembre, y el gobernador estaba dispuesto a dárselos, pero ya era demasiado tarde. El derrumbe de la cotización de *banestos* y la presión de la CNMV motivó que la Comisión Ejecutiva decidiera intervenir el banco.

Ante el comportamiento en la bolsa, el presidente de la CNMV, Luis Carlos Croissier, se puso en marcha. Llamó a Conde poco después de que este hubiera salido del Banco de España. Al no recibir una respuesta satisfactoria (le vino a decir que no tenía nada que comunicarle) se dirigió al subgobernador, consejero por cargo del supervisor bursátil. Miguel Martín, ante la pregunta del presidente de la CNMV («¿qué está pasando con Banesto?»), le sugirió que llamase al gobernador. Apenas un cuarto de hora después (lo que tardó en llegar desde la sede de la CNMV, entonces en el número 19 del paseo de la Castellana, hasta la del Banco de España, en Cibeles), Croissier estaba en el despacho de Rojo, donde este le informó de los tres días que había concedido. Croissier se lo quitó de la cabeza. Le comunicó que su obligación era suspender la cotización ante la enorme caída, lo que provocaría un pánico en los depositantes si la entidad no era intervenida.

Mario Conde, informado, ya no pudo responder y optó por esgrimir la idea de que aquello era una conspiración política contra él, mensaje que también le compró Violy de Harper, que poco después sería destituida en J. P. Morgan. Para Conde, el principal conspirador era José María Aznar, el líder de la derecha, que temía que ocupara su puesto ante el fracaso de su intento de llegar a la Moncloa en las dos últimas elecciones a las que se había presentado (1990 y 1993). No obstante, Conde le pidió ayuda como jefe de la oposición, al igual que había hecho con Felipe González y con el rey. Ninguno pudo hacer nada, si es que lo llegaron a intentar. Rojo había tomado la decisión y las cartas estaban sobre la mesa. González y Aznar, informados, concluyeron que el supervisor debería actuar en consecuencia. El banquero había alardeado de que no podrían intervenir Banesto porque en su «sala de misiles» tenía toda la historia de los Botín y los March.

Al día siguiente, cuando la gente de confianza de Conde había puesto a buen recaudo documentos comprometedores, según cuenta Mariano Guindal en *El declive de los dioses* (2011), se retiraron depósitos por valor de 100.000 millones de pesetas. El Banco de España, con el apoyo del resto de las entidades financieras, tuvo que aguantar el tirón. El día 30, Rojo acudió al Congreso para explicar la intervención y recibió el respaldo generalizado de todos los partidos.

Más que de una intervención desde el punto de vista jurídico, se trataba de un relevo inmediato del consejo de administración por otro tutelado por el Banco de España. No era una tarea sencilla, pero la autoridad encontró la vía abierta en el personal redundante del BBV, donde los *bilbaos* habían ganado la batalla a los *vizcayas* y habían copado los principales cargos directivos en detrimento de los jóvenes cachorros de Toledo tras la muerte de este. Entre ellos figuraba Alfredo Sáenz Abad, un banquero de arriba abajo que había reflotado Banca Catalana. Era el que quería el Banco de España. Sáenz había sido propuesto por las familias del antiguo Vizcaya para copresidir el BBV junto a Emilio Ybarra, pero esta alternativa fue derrotada y quedó como consejero delegado responsable del área comercial.

Unos días antes de la intervención, ante la deriva que iban tomando las negociaciones con Conde y J. P. Morgan, Rojo reunió en su casa, con presencia del subgobernador, a Emilio Ybarra, que fue acompañado por Sáenz, y a Emilio Botín, presidente del Santander, que acudió solo. Se trataba de pedirles ejecutivos para que reflotaran Banesto y al BBV le sobraban. A bote pronto pusieron inconvenientes, pero se mostraron comprensivos y dispuestos a colaborar. La sorpresa fue que, al día siguiente, Ybarra ofreció a Javier Gúrpide, el otro consejero delegado del BBV, responsable de la parte industrial y, como él, procedente del antiguo Bilbao. Pero eran conocidas sus malas relaciones, por lo que prefería quedarse con un buen banquero, aunque fuera *vizcaya*, que otro que no era tan bueno y con el que se llevaba mal, por muy *bilbao* que fuese.

Sin embargo, en el banco central no gustaba Gúrpide, el *banquero poeta*, porque no daba el perfil de ejecutivo resolutivo que buscaban. Así que Miguel Martín llamó a Sáenz para tentarle. «Te queremos a ti —le dijo sin rodeos—. Puedes armar tu equipo», añadió. No le costó mucho convencerle. Sáenz, aunque consejero delegado del BBV, estaba en el grupo perdedor de la fusión y a disgusto, por lo que apenas tardó en decirle al subgobernador que sí y que podría formar un equipo potente y de confianza con antiguos *vizcayas*. «Fuimos en comisión de servicio. Si hubiera fallado, seguramente me habría tenido que ir a casa», recuerda Sáenz. El siguiente paso fue convencer a Ybarra, que acabó cediendo a quince ejecutivos (todos, menos uno, resultaron ser del antiguo Vizcaya) además de Sáenz. A esos dieciséis se sumaría uno más procedente del Santander, pero para una de las tareas más importantes, la auditoría de Banesto desde dentro. Era David Arce, cuyo papel fue clave en la venta de Banesto en subasta.

Con Sáenz y su flamante equipo al frente, Banesto comenzó una nueva etapa bajo la tutela del Banco de España, cuyo objetivo era ponerlo de largo para darle salida cuanto antes. El campechano ejecutivo de Las Arenas, primero de su promoción de Económicas y Comerciales de la Universidad de Deusto (casualmente como Conde en la suya de Derecho de la misma universidad) y banquero de formación (lo contrario de Conde), de ideas muy claras y con garantía de seguridad, puso a su gente a trabajar sin solución de continuidad.

El 30 de diciembre, dos días después de que Banesto fuera intervenido y sin apenas tiempo para haber tomado el pulso a la situación, recibió la primera prueba de esfuerzo. Una llamada de Rojo le anunciaba que la Reserva Federal, el banco central de Estados Unidos, le había comunicado que iban a intervenir Banesto Banking Corporation, su filial en aquel país. La noticia era de máxima gravedad. En esa filial estaban todas las líneas de crédito de bancos internacionales. Si la intervenían, se hundía el barco antes de zarpar. Afortunadamente, Sáenz conocía a Bill Ryback, responsable de los bancos extranjeros de la Fed, y no dudó en llamarle. Habían tenido buena relación en su etapa en el BBV y el ejecutivo estadounidense admitió la propuesta de Sáenz de que le mandaría un memorándum que recogería los lineamientos para el saneamiento prometiendo que no actuaría mientras tanto. Así se salvó un *match ball* que podía haber sido definitivo.

A los pocos días, en una comparecencia en el Congreso de los Diputados, Rojo explicaría la decisión. A juicio de la inspección del Banco de España, las propuestas de Conde no suponían una solución real «ya que las necesidades de capitalización del banco excedían con mucho sus posibilidades de lograr el dinero por sí mismo». «En estas circunstancias —prosiguió—, permitir la persistencia de esta fragilidad financiera o aceptar programas voluntariosos, pero claramente insuficientes, únicamente conduciría a un progresivo empeoramiento de la entidad, que no solo pondría en peligro la supervivencia de la misma, sino que podría afectar también a la solidez del propio sistema financiero en su conjunto».

Sáenz no sabía cómo estaban las tripas de Banesto de verdad, más allá de las indagaciones del Banco de España. Pero, cuando entró a saco en ellas, encontró un banco en descomposición, «mal gestionado el crédito, mal gestionado el balance y con graves problemas de capital». Arce, el hombre del Santander en el consejo de administración de Banesto, había interrogado a los responsables de las cifras y un mes después de la intervención, el 28 de enero, Sáenz ya tenía el diagnóstico elaborado. Presentó el plan de saneamiento, en el que cuantificaba en 605.000 millones de pesetas el desfase patrimonial y una deuda en el interbancario de casi 900.000 millones de pesetas, que necesitaba disponer de liquidez de forma inmediata. Por otro lado, propuso dividir los costes de reflotamiento entre los accionistas, el sector financiero y el Estado. Así se destinarían al saneamiento las reservas y una parte del capital y se realizaría una aportación de 250.000 millones de pesetas por parte del Fondo de Garantía de Depósitos (FGD), dividida al 50 % entre el sector y el Banco de España, y un posterior aumento de capital suscrito por el FGD por valor de 180.000 millones.

Su modelo se basó en hacer especialmente banca comercial, asentada en esencia en el cliente, y fijar cinco prioridades: cobrar los créditos morosos (que ascendían a 750.000 millones de pesetas, 36,5 % de los concedidos); recuperar los saldos (había perdido 487.000 millones de pasivo tras la intervención); incentivar la inversión crediticia (el banco no tenía ninguna cultura de riesgo); llevar a cabo desinversiones («todo lo no estratégico, sobra», razonó Sáenz), y ahorrar en costes (recortar estructura de gastos).

Además, tuvo que arreglar el entuerto del Banco Totta & Açores, entidad portuguesa de la que Conde había adquirido un 40%. También había utilizado un testaferro para superar la mayoría y, así, participar en la privatización de Cimentos de Portugal (Cimpor) y en la petrolera Petrogal. Para hacer la operación, Conde, a través del abogado Mariano Gómez de Liaño, había contactado con el letrado lisboeta Menezes Falçao, que en enero de 1994 comunicó a la nueva directiva que representaba formalmente el 25 % del banco portugués, adquirido por sociedades intermedias con créditos de Banesto por valor de 40.000 millones de pesetas. Un lío en el que se metió el Banco de Portugal, que quiso quedarse con el Totta, y que obligó a Sáenz a viajar varias veces a la capital lusa con el subgobernador del Banco de España en misión de rescate. El objetivo era destapar al testaferro y después ya se vería. El Totta siguió en Banesto.

Arreglados este y otros asuntos, el 26 de marzo de 1994 se celebró la junta de accionistas de Banesto en una maratoniana sesión de casi nueve horas en la que Sáenz no se levantó de su asiento ni un solo segundo. Se aprobó el plan de saneamiento y se respaldó presentar una acción social de responsabilidad contra Mario Conde y su consejo de administración.

Sáenz recuerda que, si hubiera llegado a levantarse de su asiento, alguien podría haber impugnado la junta por abandono del presidente del puesto. Técnicamente, se podría exigir hacer una nueva convocatoria y comprobar si había quórum y otros trámites, aunque antes ya se hubiera hecho. Ante esa posibilidad, advertida por los asesores jurídicos y recomendado por los asistentes médicos, Sáenz estuvo más de dos días sin beber agua ni líquido alguno, por lo que no tuvo necesidad de acudir al baño, algo sobre lo que quizá estaba al acecho el equipo jurídico de Conde, dirigido entonces por Fernando Sánchez-Calero. El banquero vasco recuerda, treinta años después, aquella agitada asamblea de accionistas celebrada en el recinto de la Feria de Madrid: «Nos pusieron a parir, le daban patadas a Conde en nuestro culo».

Por aquellas fechas, a finales de 1993, el Gobierno contaba con el Informe Crillón, supuestamente ordenado por el vicepresidente, Narcís Serra, al director general de la Guardia Civil, Luis Roldán, y pagado, se decía, con fondos del Ministerio de Interior. El informe, encargado a la agencia de detectives estadounidense Kroll, detallaba y ponía de relieve las operaciones heterodoxas que rodearon la venta de Antibióticos y la posterior compra de acciones de Banesto, así como la venta de empresas del grupo con las comisiones cobradas por Conde y sus colaboradores por estas operaciones. Entre estas aparecían oscuras transacciones y testaferros en la venta de La Unión y el Fénix, acuerdos de intermediación con Jacques Hachuel en Carburos Metálicos y la inmobiliaria Urbis, el grupo turístico Oasis (del empresario balear Pedro Pueyo, que llegó a tener el 3 % de Banesto), Dorna (la firma de eventos deportivos por la que Banesto pagó dieciocho veces más de lo que valía por el 50 %) o Envases Carnaud.

Eran muchas evidencias, aunque el abogado del Estado metido a banquero atribuyó su caída a una conspiración política en la que intervinieron líderes de izquierdas y de derechas. Los de la izquierda porque le consideraban un potencial enemigo en futuros duelos electorales; los de la derecha porque temían que fuera a desplazarlos y ocupar el liderazgo. Conde se encargó de jalear esta idea a través de los diversos medios que controlaba. Además, con su facilidad para la oratoria, lograba llegar al gran público. Un alto porcentaje de ciudadanos, especialmente entre los jóvenes, le compraron el mensaje y lo consideraban víctima de un compadreo político de los grandes partidos. Algo que no respondía a la verdad. «Mario Conde no fue víctima de ninguna conspiración política, sino de su mala gestión», afirmó Rojo en una de las ocasiones en las que salió a la palestra para atajar esas falsas ofensivas mediáticas. Las cifras avalaban las palabras del gobernador.

Pero caer no significaba callarse. Dos semanas después de que Banesto fuera intervenido, Conde convocó una conferencia de prensa, que resultó ser multitudinaria. Dijo la famosa frase de que su futuro estaba escrito en las estrellas. Según contaron entonces algunas fuentes de su entorno, Juan Carlos I lo llamó para decirle que no se podía convertir en otro Ruiz-Mateos. Aunque sin llegar a las actuaciones histriónicas del empresario gaditano y salvando las distancias entre uno y otro, su actitud beligerante sí fue similar.

La figura de Conde se había convertido en muy poco tiempo en un icono. Joven, firme, brillante, ambicioso, con dominio de idiomas, pasó a ser un modelo de referencia para los estudiantes universitarios. Fue investido doctor *honoris causa* por la Universidad Complutense, en un acto presidido por el rey Juan Carlos I celebrado en Alcalá de Henares con una gran presencia de instituciones y personalidades y la ausencia significativa de algunos banqueros (Alfonso Escámez, Emilio Botín o Luis Valls). Su imagen en el paraninfo complutense, engalanado con la toga y la muceta, el pelo engominado y brillante, el rostro rocoso y las manos cruzadas con los dos dedos corazón tocándose los labios en una actitud aparentemente reflexiva, quedó grabada en la memoria colectiva y recordada después cuando se cayó del pedestal.

Era el 9 de junio de 1993, seis meses antes de la intervención, cuando Conde escuchó en su honor el *Gaudeamus* y la *Laudatio.* El rector, Gustavo Villapalos, y el exembajador de Israel en España, Shlomo Ben Ami, que hicieron de maestros de ceremonias, destacaron «su estrategia coherente e integradora» y su labor de mecenazgo y de colaboración con la universidad. En su discurso, titulado

«Sociedad civil y poder político», el galardonado proponía «introducir ingredientes correctores en el mercado, elementos éticos de solidaridad, que permitan una asignación razonable y equilibrada de la riqueza para integrar a los desintegrados y alcanzar, por consiguiente, unos niveles mínimos y aceptables de cohesión social». ¡Toma ya! ¡Aquel trueno, vestido de nazareno!, que diría Antonio Machado.

Para Conde, aquella distinción era un paso más hacia la gloria, pero en sus meditaciones quizá anidaba el resquemor originado por el dedo acusador del Banco de España, que, desde hacía meses, lo venía controlando muy de cerca y le podía hacer caer de un manotazo. Posiblemente lo rumiaba: «Si estos supieran». Pudo pensar que el galardón podría ocultar la realidad. Sin embargo, la inspección que dirigía Pepe Pérez era implacable y las cuentas del banco no permitían florituras ni condonaciones. En los cinco años largos que llevaba al frente de Banesto, este hombre, que entonces tenía cuarenta y cuatro años, ya había demostrado que le interesaba más fomentar su imagen que los depósitos del banco, tal vez para preparar su salto a la política, que, con la boca pequeña, siempre negaba. Pero, en su interior más profundo, latía el deseo irrefrenable de erigirse en salvador de la patria como líder de la derecha. Tenía verbo y carecía de escrúpulos, dos condiciones fundamentales para triunfar en política. Lo raro era que se hubiera metido a banquero.

Lo cierto es que Conde había sido idealizado por muchos votantes de la derecha como la gran esperanza blanca después de años de mandato socialista y la incapacidad de arrebatar la presidencia al PSOE, tanto desde el PP como en el intento de la operación Roca, que partía de una idea más centrista desde los restos de UCD y el dirigente catalán Miquel Roca. En las juntas de accionistas de Banesto, algunos inversores pedían la palabra para loar al presidente de la entidad y alentarlo para que entrara en política, no para hablar de la cuenta de resultados del banco, que parecía ser lo de menos. Esas alabanzas, a las que respondía con una falsa modestia mal disimulada, eran suficientemente recogidas en los medios de comunicación, sobre todo en los que le eran próximos, lo que no era un plato de buen gusto para Aznar, y se convirtió en el enemigo a batir. En la biografía de Aznar que hace Raimundo Castro se cuenta que Conde se entrevistó con Manuel Fraga y este le dijo que le parecía muy bien que se afiliara al PP, pero que para ser secretario general se tenía que poner a la cola. El político gallego, a buen seguro, le vio venir.

De momento, había logrado levitar. Se había convertido en un héroe de su tiempo, sacado de *La hoguera de las vanidades*, la sátira de Tom Wolfe sobre la ambición desmesurada de los financieros de Wall Street y su influencia en la sociedad de la época que le tocó vivir y en la que hacer dinero era tan fácil como respirar («ganar dinero no me parece inmoral», solía decir). La cuestión era cómo lo había ganado, aunque luego diera lecciones de ética. Se sintió imprescindible y así creció el mito («no tengo la culpa de ser un mito», dijo), sin importarle que detrás tuviera a miles de accionistas y depositantes que, en su mayoría, bebían los vientos por él, pese a haberles quebrado su economía.

Pero el mito se transformó en timo. Aquel individuo que quiso hacer de Banesto más que un banco y se había acostumbrado a que se le reverenciara, había conseguido engordar su fortuna personal, mientras dejaba la entidad con más agujeros que un colador. Tenía claro que para ser alguien en ese mundo de lujo al que había llegado por méritos propios (y la ayuda de algunos arrepentidos) hay que moverse en un jet privado y poseer propiedades. Se hizo con varias fincas en zonas de terratenientes (principalmente Los Carrizos, en la provincia de Sevilla, y La Salceda, en los Montes de Toledo), en las que, en las temporadas de caza, organizaba monterías con destacados y regios invitados.

Adquirió también una masía en Mallorca, donde no perdonaba ir cada verano con su mujer y sus dos vástagos, Mario y Alejandra. Botó el Banesto, un velero para competir en aquellas aguas con el rey, al que consiguió quitar protagonismo. Quizá como desagravio quiso regalarle el nuevo barco que Patrimonio del Estado había encargado a los astilleros asturianos Mefasa, propiedad de la familia Sitges. Ni corto ni perezoso, tiró de la chequera del banco y compró los astilleros donde se construía el yate Fortuna II. Pero tuvo la mala suerte de que Juan Carlos I había renunciado al barco por el alto coste que suponía. Gastarse 1.200 millones de pesetas con la que estaba cayendo en plena crisis no era de recibo.

Su figura se desvaneció tras la intervención. Intentó demostrar la teoría de la persecución, pero no lo consiguió, ni en la multitudinaria rueda de prensa del 11 de enero de 1994 ni en el libro que publicó a los pocos meses de la intervención, *El sistema. Mi experiencia del poder* (1994), en el que trató de desprestigiar la estructura del Estado y a sus inquilinos, a los que acusaba de corrupción sistemática.

Tampoco en sus comparecencias ante la Comisión de Investigación del Congreso de los Diputados, en la que los parlamentarios de todos los partidos le acorralaron y desenmascararon. Conde había aparecido en la Sala de Columnas del Congreso con aparente seguridad en sí mismo. Trató de evadirse con respuestas cortas, apelando al desconocimiento («no sé», «no me acuerdo») o haciendo gestos de perplejidad ante las preguntas sobre las operaciones con las que estaba relacionado y que le señalaban como un delincuente de cuello blanco.

El pulso con los diputados tuvo un claro derrotado, Conde, y demostró que aquellos se habían preparado a conciencia. Tras siete meses de comparecencias —fueron convocados representantes institucionales, banqueros, auditores, presidentes de empresas del grupo o relacionadas con Banesto, asociaciones de accionistas, sindicatos, exgestores del banco y colaboradores de Conde, además de él mismo—, la comisión presidida por el diputado socialista Juan Muñoz acumuló cincuenta y cinco kilos de documentación con la que elaboró un minucioso dictamen que luego pasaría a engrosar los legajos judiciales. Ni ante la Cámara Baja ni ante el juez, Conde logró que sus testimonios fueran sólidos. «Cuando no se tienen argumentos no se puede convencer a nadie», sostuvo la diputada socialista Mercedes Aroz tras mantener un apasionante forcejeo con el encausado.

Para entonces, Alfredo Sáenz ya manejaba los hilos de Banesto. La encomienda del Banco de España había sido que lo pusiera en condiciones para, cuanto antes, decidir si lo dejaba caminar solo o lo traspasaba. Sáenz llegó a sugerir que le dejaran seguir, encauzado ya como estaba en la tarea de recuperar clientes y devolver créditos. El Banco de España se lo pensó, pero optó por la solución más conservadora, la subasta pública. La fecha elegida fue apenas cuatro meses después de la intervención, el 25 de abril de 1994, vigésimo aniversario de la Revolución de los Claveles en Portugal, día en que Emilio Botín volvió a revolucionar el sector como ya había hecho con las supercuentas. Con un golpe de mano lleno de audacia ganó la subasta a su tocayo, Emilio Ybarra, presidente del BBV, que se había creído vencedor sin bajarse del autobús. El tercero en discordia, Francisco Luzón, exconsejero del Vizcaya y del BBV y presidente de Argentaria, el banco que había creado a partir del Banco Exterior y toda la banca oficial por mandato de Solchaga, se quedó más corto todavía. Hay quien aseguró entonces que el Gobierno le obligó a no apostar fuerte para impedir que Banesto cayera en manos públicas, aunque esta teoría se desmentía por el proceso de privatización de Argentaria que ya había iniciado el Ejecutivo.

La subasta generó mucha expectación. Las apuestas estaban a favor del BBV, entre otras cosas porque el equipo directivo colocado por el Banco de España procedía muy mayoritariamente de ese banco, pero Botín volvió a sorprender a propios y extraños. Puso una cifra de la que sus competidores se quedaron lejos, 313.476 millones de pesetas, una cantidad que, según el propio Botín, había sido muy meditada. Descontada la cantidad ofrecida por el Santander de los 505.000 millones puestos por el FGD para sanear Banesto, el coste final de la operación se elevó a 191.500 millones, repartidos a medias entre el Banco de España y el sector bancario.

La oferta tuvo la curiosidad de que el banquero cántabro se olvidó de firmar la última página, la número 52, lo que originó cierta controversia al conocerse el hecho. El BBV se planteó impugnar la subasta por ese motivo. Según algunos juristas, la impugnación era posible porque la oferta no estaba firmada al presentarse y porque el plazo legal acababa a las cinco de la tarde del día 25 y Botín firmó el folio que le quedaba pasada esa hora. La legitimidad de la firma contaba con el respaldo de Luis Díez-Picazo, jurista de gran prestigio y entonces consejero del Banco de España. Fue el propio Rojo, quien reconocería en la comparecencia en el Congreso para explicar la operación que se le había venido el mundo encima cuando vio que faltaba esa firma, el que anunció el incidente a los competidores y les advirtió de la posibilidad de recurrir. Llegó a intervenir hasta el presidente de la patronal, José María Cuevas, que calificó la venta de «ejemplar, eficaz y de enorme trascendencia» para, en una actitud mediadora, quitar hierro al asunto. Al final, se impuso el criterio de consenso del gobernador, el BBV desistió y la cosa no pasó a mayores.

Para Botín era la oportunidad de dar un paso de gigante en su objetivo de convertir el Santander en el principal banco de España y tomar impulso para su expansión internacional. El banquero, que había asumido la presidencia de la entidad en 1986, comenzaba así su gran salto adelante. Años más tarde, en 1999, vendría la fusión con el BCH (había nacido de la integración del Central y el Hispano, obligada por el Banco de España para evitar otro drama), lo que convertía al que fuera el más pequeño de los siete grandes junto al Popular en el primer banco español. Años más tarde, en 2017 y ya con Ana Patricia Botín al frente, el grupo volvería a engordar con esta entidad, otro de los siete grandes de entonces que, después del fallecimiento de Luis Valls y la crisis hipotecaria de 2008, quedó maltrecho y a la deriva (véase el capítulo 13 sobre el Banco Popular).

Las elucubraciones de Botín antes de comprar Banesto pasaban por pedir a Alfredo Sáenz que continuase en el cargo. No le costó. Era sabido que Botín, de la misma manera que exigía mucho a sus colaboradores, pagaba muy bien. En el caso de Sáenz, además de haber conocido las tripas de Banesto en los escasos cuatro meses que llevaba al frente, contaba con que era un banquero que sabía de qué iba el negocio, formado en la escuela de alto rendimiento del Vizcaya, muy parecida a lo que quería el cántabro. Además, se daba la circunstancia de que Sáenz no se sentía identificado con el BBV, lo que permitió que el camino para él y prácticamente el resto de los ejecutivos que el banco vasco había prestado para reflotar Banesto se quedaran con él o se jubilaran.

Botín dejó hacer a Sáenz, que lo convenció de que la prioridad era «recuperar, recuperar y recuperar» haciendo banca y sin recurrir a malabarismos. «El objetivo del banco no es crecer en depósitos ni en clientes de forma inmediata, para eso ya llegará el momento. Lo importante es el saneamiento», le vino a decir. Botín fue comprensivo. Así que el equipo de Sáenz, ya bajo el paraguas del Santander, se centró en recuperar los créditos morosos y dudosos, muchos de los cuales se habían concedido sin garantías. También tuvo que arreglar el desaguisado que encontró en el grupo industrial, en el que Conde había iniciado una desinversión a buen precio para obtener recursos después del fracasado intento de salir a bolsa que habría solucionado todos los problemas y dejado a Conde inmaculado, algo que, a toro pasado, habría supuesto una injusticia después de haber visto las actuaciones que realizó.

Sáenz colocó al frente de la Corporación Industrial a su paisano Santiago Zaldumbide, un hombre de su confianza que había quedado relegado en Repsol al que encomendó arreglar el destrozo. En 1993, el grupo industrial valía dos terceras partes menos que cuando se constituyó. Además, por el camino, Conde se había desprendido de algunas de las joyas de la corona, como Valenciana de Cementos (adquirida por la familia Serratosa), Petromed (vendida a BP por 40.000 millones de pesetas) y La Unión y el Fénix (a la francesa AGF). A partir de entonces fueron saliendo otras compañías.

Pasados los años y recuperado Banesto, en 2002, Sáenz pasó a ser segundo de Botín como vicepresidente primero y consejero delegado del BSCH en reemplazo de Ángel Corcóstegui, que había llegado a ese cargo tras la fusión del BCH con el Santander tres años antes, en enero de 1999. Corcóstegui salió tras la crisis generada entre las dos entidades, en la que Botín ejerció el voto de más que tenía el Santander tras la fusión (algo que se había guardado en secreto por las dos partes) para arrinconar a los directivos del BCH y quedarse como presidente único después de la bicefalia que había compartido con José María Amusátegui. El BSCH pasó a denominarse Santander, nombre mucho más comercial.

Al frente de Banesto quedó Ana Patricia Botín, hija mayor de Emilio, que lo presidió entre 2002 y 2010, cuando se reintegró a la disciplina del Santander con responsabilidad en la filial británica. Su sustituto fue Antonio Basagoiti, un veterano procedente del antiguo Hispano Americano, hasta que en mayo de 2013 Banesto fue absorbido por el Santander. El que fuera el mayor banco de España quedaba extinto e integrado, junto con el Central y el Hispano, en el banco cántabro. Luego llegaría, en 2017, el Popular. Es decir, cinco de los famosos siete grandes en uno. Los otros dos, Bilbao y Vizcaya, seguían su trayectoria en el BBVA tras fusionarse con Argentaria (la antigua banca pública) en octubre de 1999.

En esa travesía, los responsables del grupo tuvieron que soportar las diatribas de la pléyade de abogados que, encabezados por el letrado Rafael Pérez Escolar, condenado más tarde a diez años en el caso Banesto, les lanzaban en las juntas generales de accionistas, en las que encadenaban intervenciones contra la gestión del banco y sus administradores. Hasta el punto de que Botín tuvo que limitarlas a cinco minutos.

Mientras tanto, el proceso judicial seguía su camino. El caso cayó en manos del juez Manuel García-Castellón, un magistrado de orientación conservadora que había recalado en la Audiencia Nacional para sustituir a Baltasar Garzón cuando este se incorporó a la política. Al volver Garzón, cambió de juzgado como juez de apoyo del titular de delitos monetarios, Miguel Moreiras, que trató de apartarle. Se creó un sexto juzgado, que ocupó, y le cayó el caso Banesto. Una mala noticia para Conde, porque el juez no soltó el hueso en cuanto lo mordió. Admitió a trámite la querella de la Fiscalía de la Audiencia contra Conde y nueve exdirectivos, acusados de falsedad y apropiación indebida, y envió a prisión preventiva al banquero tras varios días de interrogatorio.

Luego, mientras se preparaba el juicio sobre dicho asunto, ya vendría el caso Argentia Trust, una empresa fantasma domiciliada en Suiza a través de la que Conde había pagado una comisión de seiscientos millones de pesetas a los intermediarios Navalón y Selva por su actuación ante el Gobierno de España para recibir las exenciones fiscales por la creación de la Corporación Industrial. Navalón le presentó una factura de 1.200 millones que consideraba que había ganado, pero Conde se la rebajó a seiscientos millones porque las exenciones eran menores de las previstas. Se habían quedado en el 70 %.

Ese pago llevaría a Conde a la cárcel por apropiación indebida, ya que no pudo demostrar dónde había ido a parar aquel dinero. En 1997 el tribunal consideró que en 1990 Conde «dispuso de bienes del banco que le correspondía administrar sin dar ninguna respuesta apropiada y coherente sobre su uso». Fue condenado a seis años, quedó inhabilitado para ejercer como banquero y tuvo que devolver los seiscientos millones, cosa que nunca ocurrió. Conde, que cumplió solo año y medio de condena, afirmaría que pagó los seiscientos millones a los citados Antonio Navalón y Diego Selva para que mediaran y lograran las exenciones fiscales.

Fue la primera condena. Mientras Banesto recuperaba el aliento en el seno del Santander, la maquinaria judicial investigaba a Conde y su equipo directivo en lo que comenzó a denominarse caso Banesto. En ese periodo, fundó la revista *MC* (las iniciales no escondían su autoría), en la que se rodeó de colaboradores cercanos a la ultraderecha con obvias intenciones de defenderse y atacar, pero con escasa repercusión.

Asimismo, según publicó *El País*, el exbanquero había intentado chantajear al Gobierno con material sustraído del CESID, el antecesor del CNI. El rotativo madrileño informaba que desde marzo de 1995 Conde venía amenazando a Felipe González con divulgar unos documentos relacionados con la guerra sucia contra ETA que habían sido sustraídos de los servicios secretos por el coronel Juan Alberto Perote. Para no publicarlos, el expresidente de Banesto exigía inmunidad judicial para evitar ir a la cárcel. El negociador fue Jesús Santaella, hombre de confianza de Adolfo Suárez. Al no prosperar esa vía y con el propósito de lograr un acta de diputado y evitar la prisión mediante la inmunidad parlamentaria que aquella le concedía, en 1999 se afilió al Centro Democrático y Social (CDS). Se presentó a las elecciones de 2000, pero con 23.576 votos no llegó ni al 0,1 % del escrutinio. El PP de Aznar sacó mayoría absoluta.

El proceso, en el que el banquero había contratado los servicios del abogado Fernando Sánchez Calero y su hijo Juan (pasado el tiempo, presidente de Endesa) tras la renuncia de Mariano Gómez de Liaño, siguió su curso y el 31 de marzo de 2001 la Audiencia Nacional le condenó a diez años por los delitos de estafa y apropiación indebida y de haber generado un agujero de 605.000 millones de pesetas (3.600 millones de euros, si se hace el cambio sin tener en cuenta la inflación) en lo que, según fuentes expertas, solo era la punta del iceberg del cúmulo de operaciones que había realizado en el banco y, sobre todo, en las empresas del grupo. Junto con Conde fueron condenados otros cinco colaboradores (Rafael Pérez Escolar, Jacques Hachuel, Enrique Lasarte, Arturo Romaní y Fernando Garro), a los que se obligó a devolver 7.200 millones de pesetas (a partir del 1 de enero de 2002, 43,27 millones de euros).

Conde evitó la cárcel con una fianza de quinientos millones de pesetas, pero el 29 de julio de 2002 el Tribunal Supremo aumentó la pena a veinte años, por lo que el juez Manuel García-Castellón dictó el auto de prisión para que ingresara en la cárcel madrileña de Alcalá-Meco, donde recibió un trato de favor que llevó a que, en 2004, el director del centro fuera destituido. No llegó a cumplir ni la tercera parte de la pena al acogerse a los beneficios penitenciarios.

El exbanquero había recurrido al Comité de Derechos Humanos de la ONU, que en 2005 dictaminó que España había vulnerado el derecho a revisión de pena por no poder apelar al aumento de diez a veinte años de su condena, aunque rechazó sus quejas de que no habían sido revisadas todas las pruebas. Pero en 2006 ya andaba libre y podía seguir con sus cuitas, disfrutando de su masía de Mallorca, participando en programas televisivos, promocionando revistas e intentando veleidades políticas.

En 2012 creó un partido (Sociedad Civil y Democracia) para presentarse a las elecciones gallegas. Fracasó estrepitosamente, pues logró solo 15.990 votos, el 1,11 % del total. Durante la campaña, el juez Fernando Grande Marlaska ordenó el embargo de cinco fincas de acuerdo con la sentencia del caso Banesto. Conde negó ser propietario de ellas y atribuyó la decisión del juez a maniobras del PP, entonces en el Gobierno con Mariano Rajoy como presidente. Un error de apreciación sobre las veleidades políticas del juez: años después, Marlaska sería ministro del Interior con el Gobierno socialista de Pedro Sánchez.

No acabarían ahí sus *aventuras*. En 2016 fue detenido por la Guardia Civil por su posible implicación en una red de blanqueo de capitales relacionados con Banesto a través de un entramado de sociedades extranjeras. La operación, que dirigió el juez Santiago Pedraz, imputaba también a los dos hijos del exbanquero y a su yerno. La Unidad Central de Operaciones (UCO) descubrió que desde 1999 repatriaba dinero por valor de 3.000 euros diarios, según publicó *El País*. Asimismo, la UCO encontró durante un registro que Conde guardaba en su casa 40.400 euros y su abogado Javier de la Vega otros 91.000 euros en el vestidor de su dormitorio.

Fue en 2016 cuando la Complutense, bajo el rectorado de Carlos Andradas, retiraría a Conde el *honoris causa* «a la vista de las graves acusaciones que pesan sobre él y que son contrarias a la dignidad que debe exigirse a quien ostenta esta distinción», lo que le hacía desmerecedor del doctorado. En esos años, además, Conde apareció en los primeros lugares de la lista de morosos con una deuda de más de catorce millones de euros. En 2019, no obstante, fue exculpado tras presentar unos justificantes que legalizaban los movimientos, al demostrarse que procedían de una etapa anterior a la de Banesto.

Tras morir su mujer, Lourdes Arroyo, en 2007, se casó en 2010 con María Pérez-Ugena Corominas, profesora de Derecho Constitucional en la Universidad Juan Carlos I, con la que solía retirarse al castillo de su propiedad en la localidad orensana de Chaguazoso y de la que se separó en 2016. Posteriormente, se ennovió con la pintora Adriana Torres Silva, marquesa de Casa Mendaro, con la que comparte estancia en la finca Los Carrizos, de la que no fue expropiado por no estar a su nombre y que gestiona su hija, y en la casa de la madrileña calle Triana que tanto explotó en los días de gloria y esplendor.

El abogado del Estado que se hizo banquero y se aventuró a ser presidente del Gobierno pasará, sin duda, a la historia. En un programa televisivo de La Sexta, Conde manifestó que lo hará «para unos como un tío que destrozó Banesto; para otros, como un señor que se llevó dinero, según los jueces; para otros, como un tipo que hizo una carrera espectacular que abrió las puertas de la banca y rompió el modelo oligárquico y, para otros, como un tío que habrá hecho lo que haya hecho, pero que ha sabido aguantar y no ha agachado la cabeza nunca». «Yo no me creía Dios, no era consciente del poder y del efecto que desempeñaba», remachó en la citada entrevista de *Salvados* en 2021.

El legado de Conde está descrito por el profesor Álvaro Cuervo en *La crisis bancaria en España, 1977-1985* (1988), recogida por Encarna Pérez y Miguel Ángel Nieto. Aunque escrito sobre las prácticas pasadas, le retrata: «Se realizan actividades de dudosa legalidad y ortodoxia económica; se afloran revalorizaciones inexistentes de activos o bien se obtienen beneficios contables por operaciones de compraventa con empresas controladas por el propio banco. Los créditos insolventes no se amortizan ni se provisionan, sino que se renuevan y los intereses se acumulan, haciendo operaciones de crédito ficticias; se altera la periodificación normal de intereses y gastos; se hacen operaciones de créditos con personas ficticias o testaferros para intentar salvar la cuenta de resultados». Solo falta poner el nombre y la fecha.

Lo cierto es que nunca aprendió el oficio de banquero porque tampoco le interesaba. Por eso no se preocupó por formar un gran equipo gestor. Le gustaba más el maquillaje de las cuentas, las operaciones intergrupo, los beneficios ficticios y, sobre todo, los propios. Sabía que el sector no lo soportaba, que no había admitido la forma en que había irrumpido y lo consideraba un advenedizo. Explotó esa imagen de banquero heterodoxo que dejaba viejas costumbres y salía en los programas televisivos y en las revistas del corazón más que en las económicas. Se hizo multimillonario mientras el banco entraba en una deriva ruinosa. En un momento dado, cuando el precipicio estaba cerca y la inspección apretaba, buscó la alianza con J. P. Morgan para que lo salvara de la quiebra. Con el banco estadounidense pergeñó una macroampliación de capital al todo o nada, que comenzó bien, pero que no llegó a completar. La entidad estadounidense se retiró al verlas venir y lo dejó solo. Como a Ícaro, a Conde se le quemaron las alas.

4

KIO-Torras
Javier de la Rosa Martí

El 18 de octubre de 1994, Javier de la Rosa era enviado a prisión incondicional sin fianza por la Audiencia Provincial de Barcelona, que le acusaba de los delitos continuados de falsedad documental y apropiación indebida de 13.000 millones de pesetas en el caso Grand Tibidabo, la empresa que gestionaba el parque de atracciones de la montaña barcelonesa. En el caso había actuado de fiscal José María Mena, uno de los mosqueteros que, junto con Carlos Jiménez Villarejo, se había enfrentado a Jordi Pujol en el caso Banca Catalana. La figura de JR, como se conocía en las esferas empresariales, políticas y mediáticas al financiero barcelonés, se hundía tras el fiasco protagonizado en la firma que aspiraba a ser un emblema turístico catalán con el parque de Port Aventura como principal gancho. Pero no era la primera vez que fracasaba. También fue acusado de apropiarse de quinientos millones de dólares cuando era el administrador en España del Grupo Torras, que fraguó con el apoyo del capital de Kuwait Investment Office (KIO) en los últimos años ochenta. Había traspasado todas las líneas rojas, lo que supuso varias condenas de más de quince años por los delitos de estafa, apropiación indebida y falsedad documental, entre otros.

En el momento en que el juez Joaquín Aguirre dictaba la sentencia del caso Grand Tibidabo, Javier de la Rosa se encontraba acomodado en el asiento de atrás del Mercedes blindado en el que se movía a sus anchas por Barcelona a la espera de que su abogado, Joan Piqué Vidal, le anunciase que había alcanzado algún acuerdo para evitar la cárcel. No fue así. El juez no se había plegado a los cantos de sirena del letrado y fue él quien tuvo que achantarse para acatar la entrega voluntaria de su defendido ese mismo día por la tarde. Como no se descartaba la posibilidad de fuga, la policía había montado una persecución del abogado, que condujo a los agentes hasta la guarida movilizada del encausado. Una vez detenido, JR fue llevado a la cárcel Modelo de la capital catalana mientras su casa, en el selecto barrio barcelonés de Sarrià, era registrada en busca de documentos. Entre otros hallazgos, se encontró un pasaporte panameño a su nombre.

A los pocos días, *El País* publicó una fotografía suya tomada por Carles Ribas desde uno de los edificios vecinos del penal barcelonés en la que se le veía a través de las rejas de su celda comiendo un bocadillo. La foto, que recibió varios reconocimientos, fue aprovechada por el equipo jurídico de De la Rosa para demostrar que se podía atentar contra su vida a distancia. Aunque el fotógrafo se trabajó el *scoop* concienzudamente, se llegó a especular que había sido una estratagema. No obstante, el detenido presentó una demanda de protección de derecho al honor contra *El País*, que ganó en primera instancia y confirmó la Audiencia de Madrid, pero que anuló el Tribunal Supremo al considerar que no vulneraba su intimidad. En todo caso, lo cierto fue que no tardó mucho en ser trasladado a la prisión de Can Brians, con mayores medidas de seguridad y alejado de todo vecindario.

De la Rosa, encarcelado, pidió ayuda a la Generalitat y a la Casa del Rey. No le faltaban argumentos para acudir a tan altas instancias. Durante su vertiginosa trayectoria de los años precedentes había mantenido muy estrechas relaciones con ambas instituciones. No le sirvió de demasiado. La justicia había dictado sentencia y aquellas prefirieron ponerse de perfil por mucho que se hubieren beneficiado de sus relaciones. El financiero, al que Pujol había calificado como «empresario modelo» en los tiempos de gloria y adulación, amenazó con tirar de la manta y, pasado el tiempo, llegó a involucrar al político y al monarca en el pago (en este caso, recepción) de importantes comisiones. Para entonces, el *president* se había olvidado del ostentoso calificativo y de que le había apoyado para desarrollar Port Aventura, el ambicioso proyecto de un gran parque de atracciones de la Costa Daurada que se había empeñado en construir a cualquier precio.

En efecto, Pujol había recurrido a Javier de la Rosa para que se hiciera cargo de Port Aventura después de que fracasaran los primeros escarceos de la multinacional Anheuser-Busch en 1989. El proyecto, para el que la Generalitat facilitó la compra de terrenos, pasó a llamarse Tibigardens en 1991, cuando De la Rosa adquirió el 80 % de Grand Península, la empresa promotora. Las inversiones previstas alcanzaban los 48.000 millones de pesetas y el Parlamento de Cataluña había aprobado en 1992 la concesión de avales de hasta 10.000 millones de pesetas a la empresa que iba a desarrollarlo. La ayuda tenía un tipo de interés insignificante y sin garantías, lo que ya merecía las primeras críticas fundadas del modo de operar del «empresario modelo» y de su valedor, Pujol.

El caso es que, cuando llegaron los primeros mil millones de pesetas a las arcas de la empresa, De la Rosa exigió al consejero delegado, Carles Vilarrubí, que lo transfiriera a cuentas de sus empresas, a lo que este se negó. Inmediatamente, dimitió y lo denunció ante Pujol. De esta manera, el dinero se quedó en la cuenta de Port Aventura, que siguió adelante gracias al apoyo de La Caixa, entonces dirigida por Josep Vilarasau, al tiempo que comenzaba la debacle del financiero hasta su procesamiento por la gestión de Grand Tibidabo.

Según cuenta Manel Pérez en *La burguesía catalana* (2022), la salida de Vilarrubí colocó a De la Rosa bajo el foco de la sospecha judicial y en cuarentena política. Muchos años después, De la Rosa, en un relato delirante, denunció a Pujol y a su hijo mayor, Jordi Pujol Ferrusola, animado y protegido por la policía patriótica contra el *procés* organizada por el Ministerio del Interior de Jorge Fernández Díaz. En ese momento, aprovechó para fabricar una historia de ficción de un Pujol abriendo cuentas en Suiza desde su despacho en el Palau y en su presencia. También para vengarse de Vilarrubí, incluyéndolo en la supuesta lista de socios de la familia.

El periodista disecciona la figura de De la Rosa:

> Era el epítome del 3 % a la máxima potencia, siempre con dinero ajeno y experto en toda clase de malas artes en la bolsa y en la vida, desde el espionaje hasta la mentira. Un hombre que, con el dinero de los kuwaitíes de KIO, mandó y extorsionó en el mundo de los negocios de Barcelona y Madrid. Durante los años noventa fue per-

> sonaje de referencia de buena parte de la burguesía barcelonesa, siempre dispuesta a hacer un buen negocio gracias a los soplos bursátiles del hombre de los kuwaitíes, en aquellos días locos que llegaron hasta el momento olímpico. De hecho, la debacle final de De la Rosa fue un alegórico telón final de los Juegos del 92.

Ese era el acertado perfil de Javier de la Rosa Martí, la persona que antes de entrar a gobernar los destinos del parque de atracciones se había destacado en el entramado empresarial español de los últimos años ochenta por ser el representante en España del grupo KIO, una entidad controlada por el fondo soberano del país árabe Kuwait Investment Authority (KIA). Para canalizar sus inversiones, se había hecho fuerte en Torras Hostench, una papelera catalana que adquirió a buen precio y engordó con sucesivas ampliaciones de capital para meterse en varias empresas industriales y alguno de los grandes bancos del país.

De la Rosa, nacido en Barcelona el día de San Miguel de 1947, tenía poco de lo que, para un hombre religioso como él, se supone de un arcángel. Se licenció en Derecho, pero se hizo intermediario. Sobre él planeaba la figura de su padre, Antonio de la Rosa Vázquez, que huyó de España en 1980 cuando se descubrió que había sustraído 1.250 millones de pesetas de la zona franca del Puerto de Barcelona vendiendo unos terrenos inexistentes en uno de los fraudes más sonados de la Transición. Abogado del Estado, en 1966 había tratado de apoyar a Ramón Rato, cuando el padre del que fuera ministro de Economía, director gerente del Fondo Monetario Internacional (FMI) y presidente de Bankia, Rodrigo Rato, fue condenado a tres años de prisión por evasión de capitales junto con su hijo Ramón, al que le cayeron dos años. Incluso se trasladó temporalmente a Madrid para ejercer su influencia entre personas del régimen. La buena relación continuó en el tiempo. Una de las hijas del encausado, María Ángeles Rato, se casó con José de la Rosa, primo de Javier y apoderado de varias empresas familiares. De la Rosa padre se instaló en Brasil, donde no le faltó nada gracias a los réditos de la estafa, aunque su hijo había hecho correr la noticia de que había fallecido en París de un infarto.

Con ese bagaje en la mochila, al hijo no le fue difícil experimentar en primera persona. Para empezar, y tras pasar por las oficinas del Banco Pastor y del Banco Urquijo, encontró cobijo bajo el manto de Banesto, apadrinado por José María Sainz de Vicuña, director general de la entidad y amigo de su padre. Algo debieron de ver en él los responsables de la entidad que entonces presidía José María Aguirre Gonzalo porque enseguida le dieron trabajo en la Banca Garriga Nogués, la segunda marca de Banesto en Cataluña. De la Rosa fue bien recibido en la cúpula del banco y Pablo Garnica Mansi, entonces vicepresidente de la entidad, le convirtió en su hombre de confianza, pero para hacer operaciones de dudosa pulcritud. Banesto traspasó a la Garriga créditos fallidos y dudosos (algo parecido a un banco malo) hasta que acabó intervenida por el Banco de España y amparada por el FGD en 1986. Sin embargo, para Garnica Mansi, que había relevado a Aguirre Gonzalo en la presidencia, el joven abogado había actuado a las mil maravillas.

La operación que le marcó en esa etapa fue la venta de Quail Tierras de Almería, filial de la entidad financiera que se dedicaba al cultivo de plantas y flores bajo inmensos mares de plástico en la provincia andaluza. De la Rosa acordó la venta de la compañía a inversores árabes por 22.800 millones de pesetas. Cuando el asunto estaba avanzado, los compradores detectaron anomalías, justo a tiempo de dar marcha atrás, lo que provocó enormes pérdidas a la Garriga Nogués, que acabó con un agujero de 100.000 millones de pesetas.

El quebranto quedaría reflejado en los anales de Banesto y se convertiría en arma arrojadiza contra el financiero barcelonés cuando entabló relaciones con Mario Conde y ambos tuvieron proyectos en común. En concreto, el intento de fusión de Banesto y Banco Central, en el que De la Rosa participaba a través de Cartera Central, la sociedad tenedora de acciones de ambos bancos que habían constituido KIO y Construcciones y Contratas, empresa gerenciada por los primos Alberto Cortina y Alberto Alcocer, conocidos como los Albertos.

Aquel teórico fracaso de Tierras de Almería se tornó, sin embargo, en un activo, porque a partir de entonces el financiero se convirtió en el hombre de confianza de KIO, que debió vaticinar en él a un mago de las finanzas. El aguerrido abogado barcelonés, máster del IESE, les sirvió a los ansiosos inversores kuwaitíes muy buena información con la que realizaron operaciones impetuosas por las que ganaron mucho dinero en la bolsa española. Y De la Rosa, que aplicaba la fórmula intermediaria del tres por uno (tres millones para ti, uno para mí), también. Así era y así actuaba desde pequeño, hasta que, en medio de las revueltas aguas de la España de los años previos a los grandes fastos de 1992, se convirtió en uno de los tiburones que se movían por ellas con maestría. Los kuwaitíes querían (o al menos eso pregonaban) crear un gran grupo industrial en España, aprovechando la ola liberalizadora impulsada por el Gobierno de Felipe González tras la entrada en la Comunidad Económica Europea.

La mejor manera de crear un grupo propio y engordarlo era tomar una empresa debilitada. Con el dinero kuwaití, De la Rosa dio el primer aldabonazo en 1987 con la compra de Torras Hostench, una papelera catalana que dos años antes había salido de una suspensión de pagos y se configuraba como una pera en dulce para sus propósitos de construir un imperio teóricamente industrial, pero que tenía pretensiones de mucho más alcance.

El ojo avizor de De la Rosa había apuntado a la papelera fundada en 1941 y desarrollada por Higinio Torras Majem. Había tenido una fructífera etapa de prosperidad durante el franquismo, durante la cual había absorbido varias empresas en distintos puntos de España y se había expandido a Brasil, pero en 1982 se vio implicada en el escándalo del Banco de los Pirineos, también presidido por Higinio Torras, y en 1983 suspendió pagos. El singular Torras Majem, exdiputado de Centristes de Catalunya (la marca catalana de UCD) en el Parlamento catalán, miembro del Opus Dei, amigo del exministro franquista Laureano López Rodó, se fugó a Brasil, donde montó una empresa de pasta de celulosa y murió en 1989, con cincuenta y cinco años, estando en busca y captura por la Interpol.

Levantada la suspensión en 1985, la empresa retomó aliento con apoyos institucionales de la Generalitat hasta que en 1987 De la Rosa la convirtió en el brazo armado de KIO en España. Tras elevar su cotización de manera bastante artificial, realizó una ampliación de capital por la que captó 50.000 millones de pesetas, cantidad que luego le serviría para adentrarse en el mundo financiero, que seguramente era su verdadero e inconfesado propósito.

A partir de Torras comenzó la expansión con la compra de empresas con problemas. Se hizo con un paquete de control de Explosivos Río Tinto (ERT), otrora gran grupo industrial que llegó a tener cuarenta y seis empresas y ser el conglomerado privado español más importante a principios de los ochenta. ERT se encontraba en la fase final de un plan de viabilidad iniciado en 1983, motivado por el alto endeudamiento al que había llegado en épocas de vacas gordas y escaso control de sus gestores (pertenecía a los bancos Urquijo e Hispano Americano, que acabaron formando grupo). En el rescate, consistente en vender activos y renegociar la deuda, y del que se encargó el ingeniero vasco José María Escondrillas Damborenea por sugerencia gubernamental, participaron más de doscientos bancos nacionales y extranjeros. Escondrillas se resistió lo que pudo ante la ofensiva de Torras, pero acabó cediendo.

Posteriormente, KIO compró la emblemática Sociedad Anónima Cros, tradicional competidora de ERT en el sector químico y símbolo de la Cataluña industrial. Controladas las dos empresas, procedió a su fusión en Ercros, al frente de la cual puso a Javier Vega de Seoane, un ejecutivo con la cabeza bien armada, de pasado en el Instituto Nacional de Industria (INI) y con buena vitola ante la Administración socialista. Tres años después, en 1991, sería sustituido por un ambicioso ejecutivo de nombre Josep Piqué, de joven, militante comunista y, de mayor, ministro de Industria y de Asuntos Exteriores (y, entre medias, portavoz) con el Gobierno conservador de José María Aznar. Piqué había sido recomendado por el *conseller* Macià Alavedra, hombre de máxima confianza de Pujol, cuando Aznar comenzó a hablar catalán, aunque fuera en la intimidad.

Además de Ercros, se hizo con la empresa pública de fertilizantes Fesa-Enfersa; convirtió la matriz papelera en filial con el nombre de Torraspapel e incorporó en su seno Papelera del Mediterráneo e Inpacsa; compró la azucarera Ebro, Prima Inmobiliaria y la aseguradora Amaya, y se hizo socio de Beta Capital, la sociedad de bolsa creada por César Alierta, que solía ser la habitual (no la única) para hacer las operaciones bursátiles. KIO controlaba el 77 % del capital del conglomerado que cotizaba en bolsa.

Tras realizar operaciones de dudosa reputación, que supusieron una expansión que parecía inagotable, las inversiones se diversificaron al sector financiero, que en aquellos años vivía en un enfebrecido caldo de fusiones. Fue cuando adquirió un paquete del Banco Central cercano al 5 % y otro similar del Banco de Vizcaya. La entrada en el Central se *vendió* como un paso estratégico para meterse en la petrolera Cepsa, controlada por el banco, para luego integrar en ella la refinería de Ertoil (filial de ERT), sita en Huelva, que no llegó a concretarse. Sin embargo, la del Vizcaya no tenía ningún posible trasfondo industrial como aquel. Simplemente sacar plusvalías, como así fue cuando Pedro Toledo, el presidente de la entidad vasca, decidió comprar las acciones para autocartera y quitarse de encima a los kuwaitíes.

Esas operaciones encendieron las alarmas institucionales. La coincidencia, ese otoño de 1987, del desembarco de KIO de la mano de Javier de la Rosa y del de Mario Conde y Juan Abelló en Banesto supusieron un punto de inflexión en la vida económica de España que tenía muy nervioso al Gobierno y al Banco de España, en particular a Felipe González y al titular de Economía, Carlos Solchaga. Este, en Washington, con motivo de la asamblea anual del FMI a finales de septiembre de 1987, reconoció ante los periodistas que cubrían el foro la preocupación por las inversiones que estaba llevando a cabo el grupo kuwaití de la mano de De la Rosa, un individuo «de quien desconfiaba profundamente y cuyo comportamiento favoreció movimientos especulativos cuyo trasfondo económico o cuya explicación estratégica no parecían en absoluto creíbles», cuenta el exministro en *Las cosas como son* (Galaxia Gutenberg, 2017), libro de memorias de su etapa como ministro de Industria, primero, y de Economía y Hacienda, después (1982-1993).

Lo que no contó Solchaga a la prensa es que iba a entrevistarse allí mismo con el ministro de Finanzas de Kuwait con el objetivo de que aclarara las verdaderas intenciones del grupo. Ante el recelo del Gobierno por el comportamiento de la agencia estatal kuwaití, el presidente del ABC Bank, Abdullah A. Saudi, les había aconsejado la conveniencia de formalizar el encuentro, que se produjo en el hotel Sheraton media hora antes de la intervención de Solchaga en la asamblea. El ministro, que acudió acompañado por Guillermo de la Dehesa (secretario de Estado de Economía) y Luis Sempere (jefe de gabinete), estaba convencido de que no habían calibrado los problemas que representaba para el Gobierno español la presencia del financiero catalán en sus negocios y así se lo hizo saber a su homólogo kuwaití, que venía acompañado por cargos de su departamento y de KIO.

Solchaga estaba inquieto porque no tenía nada claro qué era lo que estaban haciendo. «Dicen que su deseo es invertir en España apostando por su futuro, pero yo no veía más que inversiones de cartera y no directas como me gustaría», afirma en el libro de memorias escrito en presente a modo de diario. «Por otro lado —continúa—, el hecho de que su hombre en España sea Javier de la Rosa, persona que ya había tenido problemas con el proyecto Tierras de Almería, con Banesto y el Banco Garriga, y con una muy escasa reputación como financiero, no pone las cosas más fáciles».

El político recuerda que el ministro kuwaití se disculpó por no haber comunicado al Gobierno español sus intenciones y que prometió mantener contacto telefónico con él siempre que fuera necesario. Asimismo, aseguró que el propósito del grupo era el de realizar inversiones industriales a largo plazo y no especulativas a corto. El ministro español le contestó que, si en efecto estaba interesado en invertir a largo plazo, convenía que se pusiera en contacto con el Gobierno y expusiera sus planes para comprobar si encajaban en la estrategia industrial y de desarrollo. Para ello, le propuso que lo mejor era que el máximo responsable gerencial de KIO se trasladara a España para hablar con él y con el ministro de Industria.

No perdió Solchaga la oportunidad de introducir el nombre de Javier de la Rosa en la conversación y relatarle que «su más importante operador y su hombre de confianza en materia de inversiones» era una «persona con honestidad más que dudosa» que, además de la mala gestión en algunas operaciones, aparecía relacionado con ciertos asuntos de evasión de capitales sobre los que había abierto un expediente la Brigada de Delitos Monetarios. Le aconsejó, por tanto, que tuviera un papel menos relevante «si no querían tener un disgusto». La sorpresa fue conocer de boca de los kuwaitíes que De la Rosa no era su agente, sino su socio en España.

El asunto era de calado, por lo que Solchaga informó con detalle al presidente del Gobierno al tiempo que entablaba contactos con el gerente de KIO, Fouad Khaled Jaffar, para entrevistarse con él. Ocurrió el 20 de octubre con la presencia de Manuel Guasch, un hombre que se había ganado la confianza del ministro como presidente de Renault España y que había sido reclutado por De la Rosa como consejero de Torras y buenas comisiones de por medio. Es decir, el intermediario perfecto. En paralelo, González había encargado a Julio Feo, quien fuera su jefe de gabinete en los primeros años en la Moncloa, que indagara en Londres las intenciones de KIO en España.

Jaffar, cuya presencia ya era habitual en las páginas y espacios de economía de los medios de comunicación, manifestó que sus intenciones eran a largo plazo y centradas en los sectores que había dicho su ministro en Washington. Sin embargo, no habló nada ni de De la Rosa ni de las inversiones bancarias hasta que Solchaga no lo sacó a colación. Sobre el socio español, el ministro le criticó que «entrar con gestos amenazantes en el capital de algunas compañías para revender luego con beneficio los paquetes accionariales así adquiridos —operaciones que llevaba a cabo con gran fruición y exhibicionismo De la Rosa— no era compatible con la imagen de inversor a largo plazo, no especulativo, que trataban de transmitir».

A su juicio, tuvo efecto, porque de inmediato compró más acciones de Torras en bolsa en un momento en que caía estrepitosamente y De la Rosa se mostró más discreto. Sobre la entrada en entidades financieras, Jaffar defendió la conveniencia de complementar un grupo industrial con intereses financieros con su presencia en un gran banco nacional, al igual que KIO había hecho en Alemania y Japón. En ese sentido, informó de que unirían el 2,5% que Torras había comprado en distintas dosis en el Banco Central con el 4,9% que poseía directamente KIO para colocarlo en una sociedad interpuesta y luego solicitar representación en el consejo de administración de la entidad. Asimismo, le dijo que vendería de forma inmediata el 5% que tenía del Vizcaya y cuya compra había obligado a esta entidad a elevar un 50% el valor nominal de las acciones para protegerse de nuevas entradas no deseadas, como había sido la de KIO. Lo revendió, pero con importantes plusvalías.

Para Solchaga, aquella estrategia no era un plato de buen gusto, por lo que le subrayó que no le agradaba nada la idea de que tuvieran un estatus dominante en un banco español. Solchaga reconoce que, desde entonces, Jaffar le comunicaba todos los pasos, como la venta del paquete del Vizcaya y que ponía en marcha un movimiento distinto al planeado para canalizar su concurso en el Central. No era ni más ni menos que la creación de una sociedad de cartera con mayoría española, como quería Solchaga.

Para su constitución, que llevó largos y tormentosos encuentros previos, se alió con los Albertos, a los que Solchaga, en un encuentro solicitado por ellos para informarle de sus planes con KIO de entrar y tomar el control del Banco Central, les había sugerido que hiciesen una sociedad de cartera conjunta en la que la mayoría la tuviera la parte española. También les anunció que el Gobierno no intervendría en la operación, pero no se opondría si cumplían los consejos del Banco de España. Los Albertos también habían recurrido al empresario Enrique Sarasola para que mediara ante su amigo Felipe González (véase el capítulo anterior, dedicado a Banesto).

Así nació Cartera Central, nombre que se le ocurrió al periodista Fernando González Urbaneja, entonces director de Comunicación de Construcciones y Contratas (Conycon), la constructora propiedad de las hermanas Koplowitz y controlada por sus maridos, los Albertos. Cartera Central poseía el 10% del banco, con un 52% en manos de Conycon y un 48% en las de KIO. Además, Torras aportaría a la nueva sociedad los derechos políticos del 2,5% que poseía. Este reparto, junto al hecho de que tanto el presidente como el consejero delegado de Cartera Central serían nombrados por la parte española, dejaba más tranquilo a Solchaga, ya que el paquete más importante del capital de uno de los bancos más representativos del país no quedaba dominado por manos extranjeras y neutralizaba los movimientos de KIO.

Los Albertos estaban casados con las hermanas Esther y Alicia Koplowitz, que eran las verdaderas dueñas de Construcciones y Contratas, empresa que habían heredado de su padre (Ernst Koplowitz) y que luego se fusionaría con Fomento de Construcciones dando lugar a Fomento de Construcciones y Contratas (FCC). Los primos, que trabajaban habitualmente con el Banco Central y controlaban el 2 % del capital a través de la constructora, querían tener presencia activa en la entidad que controlaban de arriba abajo Alfonso Escámez, el presidente que había entrado de botones, y su lugarteniente Luis Blázquez.

La ofensiva no le hizo ninguna gracia al banquero de Águilas. A él, que había tenido muy buena relación con el padre de las niñas, al igual que con Ramón Areces, presidente de El Corte Inglés, que ejercía de padrino y tutor de las hermanas desde la muerte de aquel en un accidente de equitación en 1962. Primos y hermanas formaban parte de la burguesía madrileña de la época. Alberto Cortina Alcocer era hijo de Pedro Cortina Mauri, ministro de Asuntos Exteriores con Franco, y nieto del que fuera alcalde de Madrid Alberto Alcocer Ribacoba, nombre que llevaba su primo y también nieto del primer edil madrileño durante las dictaduras de Primo de Rivera (1923-1924) y de Franco (1939-1946). El padre de las hermanas Koplowitz, por su parte, fue un alemán de origen judío que salió de su país huyendo del holocausto y se instaló en España en los cuarenta. Hombre emprendedor, se casó con Esther Romero de Juseu, marquesa del Real Socorro, y se hizo con una empresa dedicada al alcantarillado que trabajaba para el Ayuntamiento de Madrid y que prosperó con dinamismo. Al morir, tomaron las riendas sus dos yernos.

Los Albertos adquirieron un importante paquete de acciones que sumaron al 2 % que tenían hasta llegar al 5,1 %. Para ello presentaron el aval de varios terrenos, entre ellos unos en la madrileña plaza de Castilla, donde pasado el tiempo se construirían, no sin polémica, las torres inclinadas, denominadas Puerta de Europa y, más popularmente, las Torres KIO, porque fueron promocionadas por el grupo kuwaití. Para la construcción se constituyó Urbanor, una sociedad en la que la empresa de los Albertos tenía el 40 % y en la que participaban Astor (32 %), Constructora San Martín y Horwitz Corporation, firma con domicilio en Panamá, ambas con el 14 %. La polémica se produjo por la acusación de los socios minoritarios (el arquitecto Pedro Sentieri y el constructor Julio San Martín) de haber modificado el precio acordado, lo que había supuesto un presunto fraude de 4.100 millones de pesetas.

Se encadenó un *culebrón*: la Audiencia de Madrid los absolvió por prescripción de los delitos; la Fiscalía recurrió; el Supremo los condenó a tres años y cuatro meses de cárcel y una indemnización de 24,4 millones de euros en 2003; el Consejo de Ministros negó el indulto; en 2008, el Tribunal Constitucional anuló la condena del Supremo por prescripción de los delitos y obligó a devolver lo compensado; en 2009, un juzgado impuso un pago 10,8 millones de euros a Constructora San Martín, y la Audiencia de Madrid dictó prisión de cuatro meses por utilizar un documento falso en el intento de que el Supremo revisara la condena. Uno de los acusados, el exdirectivo de Construcciones y Contratas Rafael Montes, manifestó que Horwitz era de Enrique Sarasola. El sobreprecio que se obtuvo por Urbanor se entiende por el destino forzoso de la venta a comprar las acciones del Central en manos de KIO.

Los primos eran los socios pintiparados para De la Rosa, que, pese a su fama de astuto visionario, difícilmente habría imaginado que se iba a convertir en gozne o clave de bóveda de la batalla que se libraría para crear un gran banco a partir de la integración de Central y Banesto. Una operación en la que él era uno de los protagonistas de una trama repleta de todos los ingredientes peliculeros: espionaje, intrigas, informaciones falsas, líos de faldas…

El idilio comenzó en la primavera de 1988, tras el ascenso triunfal de Mario Conde a la cúpula de Banesto después de haber logrado rechazar la opa lanzada por el Banco Bilbao a finales de 1987. Consciente de la necesidad de buscar parapetos ante posibles ofensivas como la del Bilbao, Conde pergeñó la fusión con el Central. Escámez la encajó mal. Buscó la alianza con el Banco Hispano Americano, con lo que pretendía frenar a los Albertos y a Conde, pero el presidente de dicha entidad, Claudio Boada, la rechazó, a sabiendas de los problemas que le podrían traer los socios de Cartera Central y, sobre todo, de que el Banco de España estaba con la mosca detrás de la oreja. Años más tarde, Central e Hispano acabarían fusionándose en una operación dirigida por el Banco de España.

A hechos consumados, Escámez pasó de rechazar la operación a verla con buenos ojos. Incluso llegó a llevarse bien con Conde, con quien después de ajustar las bases de la fusión compartiría la presidencia durante tres años, hasta 1991, del futuro Banco Español Central de Crédito (BECC). Se constituyó un holding para negociar los términos del nuevo banco. Los bancos se intercambiaron consejeros. Cartera Central, para cuya presidencia el dúo KIO-Albertos fichó al exministro Miguel Boyer, se mostró muy activa, colocó consejeros en los dos bancos y en el holding, ya que, además del 12,5 % que controlaban del Central, habían adquirido más del 2% de Banesto.

Los caminos se llenaron de dificultades y la integración decayó hasta su fracaso definitivo a finales de febrero de 1989. Que Boyer apareciera en escena no sorprendió a nadie. Su nombre se había barajado en todas las mesas tanto por los Albertos como por De la Rosa, que le había sondeado en varias ocasiones a través de Matías Cortés, quien también intervino en un encuentro con Conde. Cuando Conde le ofreció a Boyer que se incorporase a Banesto para intervenir en la fusión, este ya había recibido la misma oferta de De la Rosa con el objetivo de liderar la operación de derribo de Escámez en nombre del paquete de KIO. La idea que transmitió a sus socios también se la comentó a Enrique Sarasola, a sabiendas de que Pichirri, como era conocido, se lo comunicaría a su amigo Felipe González, con quien el financiero catalán se entrevistó sin pasar mucho tiempo a finales de 1988.

Entre irse a Banesto y quedarse en Cartera Central para presidir el futuro BECC, el exsuperministro de González prefirió esta alternativa. Era, además, la persona ideal a ojos del Gobierno y del Banco de España, donde tenía amigos y defensores. Así que, con el conocimiento de tirios y troyanos, Boyer aceptó la oferta el 4 de noviembre de 1988, aunque no lo haría oficial hasta el 11 de noviembre, dejando una tarea que tenía encomendada a medio hacer y que tendría que llevar a cabo Francisco Luzón, uno de los cachorros de Pedro Toledo en el antiguo Vizcaya. Luzón ejecutó la solicitud de Solchaga de juntar toda la banca pública y crear Argentaria.

Boyer, que dejó ese proyecto en pañales, no pudo saborear tampoco las mieles de la presidencia del que habría sido el primer banco de España. No salió bien. A finales de febrero, el proyecto feneció. Mientras Conde y Escámez se encerraban en sus casas con sus problemas a cuestas, los socios de Cartera Central negociaban la disolución de la sociedad. Tras varias pujas, en abril de 1989 el grupo de los Albertos acabó pagando 40.113 millones de pesetas a KIO por el 48% de Cartera Central mediante varios pagarés, el último por valor de 32.400 millones con vencimiento en cuatro años, es decir, en mayo de 1993. Con esos ingresos, el Grupo Torras pudo saldar parte de la deuda que tenía con la banca.

Precisamente, el nuevo equipo de Luzón en el Exterior se puso en contacto con Javier de la Rosa para reclamarle una deuda que arrastraba Cros con el banco desde los tiempos de Boyer en la entidad estatal. La empresa química había pedido un crédito de 15.000 millones de pesetas al Exterior con vencimiento en seis meses. Según cuenta Jesús Cacho en *Duelo de titanes* (1988), había sido presentado como un crédito de tesorería que fue utilizado como un crédito estructural para que el Grupo Torras pudiera cancelar la deuda de ERT, compañía también integrada en el grupo y entre los bancos que debían aceptar la quita estaba precisamente el Exterior.

Era el *modus operandi* del financiero catalán, que se había endeudado para realizar operaciones desde Torras Hostench, una de cuyas actividades era suministrar papel prensa a distintos grupos editoriales, lo que le suponía un arma negociadora importante para según qué informaciones. Cuando recibió los citados 32.000 millones de pesetas ya estaba intervenido judicialmente tras haber presentado expediente de suspensión de pagos. El problema derivaba de que la mayor parte del importe del último pagaré estaba hipotecado a cambio de créditos —principalmente con Sumitomo, Chase Manhattan, BBV y Banco de Roma— y porque el equipo de KIO lo había utilizado para cubrir pérdidas del Grupo Torras. Fuentes de la Administración expresaron entonces que su objetivo era que la reducción de la deuda repercutiera en algunas sociedades filiales del grupo, sobre todo en los fondos de pensiones de Ercros y su filial de fertilizantes Fesa-Enfersa, que había adquirido al INI.

El Banco Central, por su parte, finalizó en junio de 1990 la colocación del paquete de 11,8 millones de acciones de autocartera que procedían de Cartera Central. La entidad presidida por Escámez se había gastado 59.194 millones de pesetas en repescar el 12,5% del capital en poder de la tenedora con el fin de recolocarlas en el mercado. Esa cantidad arrojó unas plusvalías de 12.000 millones a la sociedad presidida por Boyer, que hacía así su último servicio a la causa. Según informó el banco, el grupo estadounidense Prudential Securities adquirió cuatro millones de acciones; Iberpatrimonios, perteneciente al bróker japonés Yamalchi, 3,5 millones; la firma francesa UAP, otros tres millones; Gil y Carvajal, 300.000, y la firma francesa Bouygues, un millón, lo que la convertía en el primer accionista del banco, en el que ya contaba con 3,5 millones de títulos.

Mientras tanto, De la Rosa hacía y deshacía. Se movía con ligereza por los entresijos del poder. Había contratado los servicios del abogado Juan Peláez para reforzar su presencia en Madrid y hacer un puente aéreo con Barcelona, donde contaba con Joan Piqué Vidal. Para los servicios de comunicación tenía en nómina la sabiduría infalible de Alfredo Fraile, el hombre que guio los pasos de Julio Iglesias durante años, y a sus espaldas siempre estaban como asesores Narciso de Mir y Juan José Folchi. Se trasladaba con frecuencia en un Falcon 900 que alquilaba para los viajes largos y en uno más utilitario de diez plazas propiedad de Torras cuando volaba entre Barcelona y Madrid, donde utilizaba como cuartel general una suite del hotel Villamagna, establecimiento donde también se alojaba Jaffar cuando visitaba la capital de España. El Almirante, sobrenombre con que era conocido en algunos círculos críticos por su tendencia a dejarse ver a bordo del superyate de cuarenta y tres metros de eslora Blue Legend por las aguas de Cadaqués, Mallorca y Barcelona, era muy aficionado al espionaje, labor en la que rivalizaba con Mario Conde.

De la Rosa y Conde nunca se fiaron el uno del otro, hasta el punto de llegar a bromear con desnudarse cuando se reunían durante los duros meses de negociaciones para la fusión Central-Banesto en encuentros que propiciaba en su casa el intermediario oficial Antonio Navalón, conocido por haber trabajado también para Adolfo Suárez y José María Ruiz-Mateos. Existía entre ellos una relación interesada de amor-odio. Conde manejaba, desde Banesto, el pasado de la Garriga Nogués, una amenaza constante sobre la cabeza de

De la Rosa, que a su vez esgrimía dosieres en los que Conde no salía precisamente bien parado. A partir de unos primeros encuentros electrizantes, se soportaron e incluso llegaron a aliarse en la citada fusión frustrada.

Ambos tenían en común que, sin ser expertos financieros, se habían convertido en las estrellas de aquel universo caracterizado por el dinero fácil, la especulación, los pelotazos y el lujo, de los que eran verdaderos obsesos. Y también por los informes secretos, los pinchazos telefónicos, la seguridad y el afán de controlar a la prensa. De la Rosa hizo escaramuzas para entrar en algunos medios y acabó fundando el periódico económico *La Gaceta de los Negocios* de la mano de su vecino de portal del barrio de Sarrià y amigo Antonio Asensio, a la sazón presidente del Grupo Z, editor de las revistas *Tiempo* e *Interviú* y de *El Periódico de Catalunya*, entre otras publicaciones. A ellos se les atribuyó las portadas de Marta Chávarri en *Interviú* sin ropa interior o la foto de *Diez Minutos* saliendo de un hotel de Viena con Alberto Cortina justo cuando se estaba montando (o desmontando) Cartera Central. Nunca llegó a saberse si fue uno de ellos o fueron los dos. O ninguno. Solo se suponía. Sí se sabía que Cortina había utilizado el jet prestado de De la Rosa con su tripulación.

Pero, en el caso de este, las suposiciones tenían mucho fundamento. Una importante lista de políticos, empresarios y periodistas, entre otros colectivos, formaba parte de su agenda de escuchas. Si no fuera así, habría resultado difícil de imaginar que algunas conversaciones salieran literalmente transcritas en informaciones que aparecían en uno u otro lado. Para ello, contaba (también como Conde) con una pléyade de colaboradores y medios afines. Le servían para manejar los enredos y los trapos sucios de la época que salían a la luz en las páginas cuché y en las económicas. También se le atribuyó al financiero catalán el asalto al despacho de Manuel de la Concha, en el que desaparecieron los archivos y el ordenador del exsíndico cuando estalló el caso Ibercorp, otro que forma parte de la historia de fiascos empresariales más sonados de la democracia y que merece capítulo aparte.

Ese esplendor duró lo que tardaron en caer las torres sobre las que se formó su imperio. En junio de 1992, De la Rosa había dimitido como vicepresidente del grupo empresarial cuando todo se precipitaba al abismo. En julio, Ercros y su filial Fesa-Enfersa presentaron concurso de acreedores, al que también se acogió Torras a final de ese año con la suspensión de pagos más alta de la historia de España hasta ese momento, por un monto superior a los 250.000 millones de pesetas. El capital kuwaití se replegó, vertieron acusaciones de que De la Rosa se habría apropiado de grandes sumas de dinero, de las que este dijo que también habrían participado los compañeros de viaje kuwaitíes. La causa se desarrolló en España y Reino Unido, donde estaban ubicadas las sedes operativas de KIO y Torras. Es decir, se enfrentaba a dos causas y no saldría bien parado de ninguna.

La familia real kuwaití ya llevaba tiempo detrás de él acusándole de desfalco en el Grupo Torras. Todos los tejemanejes quedarían al descubierto cuando en 1999 el Tribunal de Londres le condenó por formar parte de «una banda» que defraudó dinero de Torras. Según la sentencia civil, es decir, para determinar la responsabilidad económica, «todos los demandados actuaron de forma deshonesta», aunque no todos fueron condenados. El monto defraudado se cuantificó en 75.000 millones de pesetas (quinientos millones de dólares de la época), que tendrían que devolver a Torras los cinco condenados: De la Rosa; Fouad K. Jaffar; el abogado Juan José Folchi; el presidente de KIO en Europa, Fahad al Sabah, y el jeque Khaled al Sabaj. Del total reclamado, unos 14.000 millones (cien millones de dólares) fueron a parar a Manuel Prado y Colón de Carvajal, según publicó *El País* y reconoció él mismo cuando lo desveló De la Rosa en su comparecencia en Londres. Prado, junto a Folchi, se reunió con representantes de KIO en El Cairo para discutir la indemnización a Torras.

Manuel Prado y Colón de Carvajal, según cuenta Mariano Guindal en *El declive de los dioses* (2011), llegó a intimar con el financiero catalán y su esposa, Mercedes Musol, lo que les abrió las puertas del palacio de la Zarzuela y del palacio mallorquín de Marivent, donde los reyes pasan sus vacaciones estivales. Esa cercanía fue la que animó a llamar a Juan Carlos I cuando comenzaron sus problemas con la justicia. El rey no pudo hacer nada, como tampoco lo pudo hacer cuando su amigo Manuel Prado ingresó en prisión por estar implicado en el caso KIO.

En todo este asunto corrieron grabaciones que implicaban al amigo del monarca y que entregó el juez Miguel Moreiras en la Fiscalía Anticorrupción. El juez aseguró que se las habían dejado en el buzón. También se implicó el Frente Nacional de Liberación de Kuwait, surgido tras la invasión del país por parte de Irak en 1990, que llamó a abogados, periodistas y empresarios. De la Rosa aseguró que había adquirido las grabaciones en las que, según él, aparecían las calumnias que le permitían presentar una querella contra Prado.

Precisamente el juez de la Audiencia Nacional Miguel Moreiras, que llevaba el caso en España, archivó en varias ocasiones la querella presentada por José María Stampa Braun en nombre de los kuwaitíes. En ella solicitaba el procesamiento de De la Rosa y de Fahad al Sabah, el responsable de KIO en Europa, así como del ex consejero delegado de Torras, Jorge Núñez Lasso de la Vega; del exconsejero de Economía de la Generalitat, Juan José Folchi, y del ex director financiero de Torras, Miquel Soler.

Al ser apartado Moreiras por falta muy grave, al revelar un secreto de sumario en el caso Argentia Trust por pagos de Banesto (Mario Conde fue condenado a seis años de cárcel por pagar seiscientos millones de pesetas a los intermediarios Navalón y Diego Selva), su sustituta, Teresa Palacios, tomó cartas en el asunto y JR ya no vivió tan tranquilo. Sucesivamente, al hombre que había pagado una fianza de treinta millones de euros para evitar la cárcel por el caso Grand Tibidabo, le cayeron cuatro condenas por el denominado caso KIO: cinco y medio por la operación Wardbase; un año y ocho meses por estafa a KIO; tres por la venta fraudulenta de Icsa-Inpacsa y cinco años y dos meses por la de Pincinco-Prima Inmobiliaria y Quail. En total, quince años y cuatro meses. «No le sirvieron de nada las amenazas y los recursos al Tribunal Constitucional para que le dieran el mismo trato que a los Albertos», cuenta Guindal.

La operación Wardbase, primera pieza que se juzgó del caso KIO, consistía en el desvío de veinte millones de dólares a Suiza y el pago de 1.900 millones de pesetas que Torras realizó en 1992 a Manuel Prado y Colón de Carvajal y, además de la pena de cinco años y dos meses a De la Rosa, el diplomático fue condenado a dos años de cárcel por apropiación indebida. La condena, que se produjo más de diez años después de estallar la crisis de Torras, incluyó a otros colaboradores habituales de De la Rosa: Juan José Folchi, tres años y ocho meses; Jorge Núñez, cuatro años y medio. De la Rosa fue acusado de haberse llevado más de 375 millones de euros de KIO.

La segunda de las piezas separadas era la de Icsa-Inpacsa, referida al destino de las plusvalías obtenidas por la venta de esta papelera y por la que De la Rosa fue condenado a tres años y a devolver el equivalente a 280.000 euros junto a otros dos condenados. Las otras dos piezas se referían a la estafa por la gestión de Torras-KIO y al desvío de los citados quinientos millones de dólares en las operaciones financieras denominadas Pincinco-Oakthorn y Quail. El Tribunal Supremo elevó la pena de cinco años y tres meses que había recibido De la Rosa a siete años, así como de un año y medio a cinco años la de Jorge Núñez. El Supremo, que mantuvo el año de condena a Prado y los tres años y ocho meses a Folchi, entendió que De la Rosa había desviado el dinero a cuentas de sus sociedades Oakthorn y Quail.

Antes de esas condenas, De la Rosa ya había pasado por la cárcel como consecuencia de la pena recibida por la gestión en Grand Tibidabo, a la que llevó a la quiebra por apropiación indebida (es decir, por meter la mano en el cajón) de 13.000 millones de pesetas. El holding se había formado en 1992 cuando De la Rosa, tras dejar KIO, se hizo con el control del Consorcio Nacional del Leasing (CNL), firma que se fusionó con la que gestionaba el parque de atracciones de la montaña barcelonesa del Tibidabo. Las relaciones con la Generalitat seguían siendo buenas y el «empresario modelo» por el que en los ochenta bebía los vientos Pujol volvió a embarcarse en aventuras con el paraguas de la Generalitat. El problema era que arrastró con él a miles de accionistas, gran parte provenientes del CNL que habían acudido al reclamo de José Ruiz, el promotor del grupo que aspiraba a ser una gran entidad con carácter de capitalismo popular. La sociedad llegó a tener una cartera de leasing de cerca de 30.000 millones de pesetas.

Entre los clientes había colectivos sociales de diverso tipo y la mayoría no sabían lo que habían comprado; creían que se trataba de depósitos financieros remunerados a elevados tipos de interés fijos. Hasta que intervino el Banco de España y nombró un consejo para regularizar la situación. Fue cuando apareció la figura del barcelonés que todo lo arreglaba: Javier de la Rosa. Sin embargo, el banco emisor no estaba dispuesto a dejarle la gestión y solo admitieron que entrara en el capital con la condición de que vendiera la cartera de leasing. Lo hizo y, ¿cómo no?, se llevó quinientos millones de pesetas de los 30.000 millones que pagó Unileasing, empresa ligada al Banco Hispano, por la operación.

Después ya vino la debacle. Tomó las riendas con el aval de la Generalitat, que admitió la creación de Grand Tibidabo y le cedió además el parque temático Port Aventura en la costa tarraconense. De la Rosa dejó la empresa en 1993, un año antes de entrar en la cárcel, pero siguió controlándola durante algún tiempo. La salida del capital de Grand Península, la promotora de Port Aventura, fue la puntilla. Grand Tibidabo encadenó ejercicio tras ejercicio con pérdidas millonarias, su acción deprimida en bolsa y ningún futuro por delante. En diciembre de 1999 se declaró en quiebra.

De la Rosa había elegido de abogado a Joan Piqué Vidal para acompañarle en la aventura. El penalista desempeñó en ella el cargo de consejero y también acabó en los juzgados, pero esta vez defendiéndose frente al fiscal José María Mena y ante los seis mil pequeños accionistas que habían perdido su inversión. Piqué Vidal sería condenado más tarde a siete años junto al juez Lluís Pasqual Estivill, al que le cayeron nueve años, por extorsión. Pasqual Estivill había sido nombrado vocal del Consejo General del Poder Judicial (CGPJ) en 1994 a propuesta de CiU (es decir, Pujol) y Piqué Vidal había defendido a Jordi Pujol en el caso Banca Catalana. Todo quedaba en casa (véase el capítulo sobre Banca Catalana).

El cúmulo de sentencias en contra hizo del aventurero financiero un alma en pena por aquella Barcelona que había estado a sus pies. En menos de un decenio, había pasado de hacer temblar el sistema con compras masivas de bancos y empresas a ser condenado por prácticas fraudulentas con el dinero de las empresas que manejaba. De esa etapa, en la que con los fondos árabes encandilaba a muchos incautos inversores y profesionales de la información que le veían como un rey Midas, puede presumir del dudoso honor de haber instaurado la cultura de los grandes pelotazos bursátiles.

«Todos me han traicionado, bueno, me han traicionado todos los que se han hecho ricos conmigo», comentó después de la sentencia de una de las piezas separadas del caso KIO en unas declaraciones recogidas en *El País* por Pere Ríos y Ariadna Trillas. Las penas recibidas ponían fin a unos años «en los que se tejió una maraña de delitos, irregularidades y tráficos de influencia que convirtió a la élite de la ciudad [Barcelona] en una cloaca, cubierta, eso sí, por el manto de silencio de casi todos los medios», escriben los periodistas en una crónica de julio de 2006.

En efecto, la caída de JR se sumaba a los escándalos protagonizados por el juez Lluís Pascual Estevill y el abogado Joan Piqué Vidal, condenados por extorsión (vendían favores a cambio de sobornos: es decir, el juez condenaba si no les pagaban y sacaban de la cárcel cuando pagaban), y de los inspectores de Hacienda José María Huguet y Ernesto Aguiar, que tuvieron que devolver 140.000 euros cada uno y supuso el fin del intento de Josep Borrell de ser candidato socialista a la Moncloa, por haber sido quien los había nombrado, dando un ejemplo de responsabilidad. Todo bien aliñado por la salsa política que representaba el *pujolismo*.

En una grabación de 2014, De la Rosa señalaba que «los fondos [quinientos millones de dólares] realmente se pagaron a varios partidos políticos durante la guerra de Kuwait». Según declaró ante la juez de la Audiencia Nacional Teresa Palacios, entregó veinte millones de pesetas en 1991 a la cúpula del PP, pago que se conoció al trascender la existencia de unas cartas en las que Enrique Lacalle, dirigente popular barcelonés, agradecía al financiero sus aportaciones. Lacalle declararía en sede judicial que las relaciones eran directas con Génova 13, en Madrid, y no con él.

Pero mucho más escandaloso fue la aparición en escena, en septiembre de 2014, de un joven llamado Francisco Nicolás Gómez Iglesias, el Pequeño Nicolás, que mantiene cierto parecido físico con él. Como si fuera un episodio del cazador cazado, el muchacho grabó una conversación con De la Rosa en el hotel Meliá Castilla de Madrid, en la que se presentó como un enviado de la Vicepresidencia del Gobierno y miembro del Centro Nacional de Inteligencia (el CNI dependía de la Vicepresidencia del Gobierno). De la Rosa, que más tarde declararía que creía que Gómez Iglesias le podía ayudar a que el Estado le devolviera el dinero que le debía, se soltó y dejó unas cuentas perlas.

Arremetió contra las entidades bancarias y constructoras, de las que dijo que pagaban grandes sumas de dinero a Convergència, el partido de Jordi Pujol, con el fin de frenar el independentismo catalán, y que él mismo entregó entre 1980 y 1995 cheques por valor de 4.500 millones de pesetas procedentes de distintas sociedades. «Le llevaba por la noche el dinero en efectivo a su despacho. Que lo bajaba por la puerta de atrás, como pone en el informe, por una escalerilla al coche y le metía los cheques en los bolsillos, delante de Alavedra [Macià Alavedra fue consejero de varios gobiernos de Pujol y hombre de su entera confianza]. Cientos y cientos y cientos, hasta sumar 1.400 millones para él personalmente, al margen de otros 4.500 más para Convergència».

De perdidos al río. Así que tiró más de la manta y acusó a Pujol de entregar dinero al bróker Arturo Fassana, que también guardaba cantidades para Juan Carlos I, y al dirigente del PP catalán Jorge Fernández Díaz, quien justo cuando salieron las declaraciones ocupaba la cartera de ministro de Interior del Gobierno de Mariano Rajoy. De la Rosa también apuntaba en el audio que, en las privatizaciones de las grandes empresas estatales, el rey obtuvo paquetes de acciones de casi todas. Afirmaba, asimismo, que esa información se podía demostrar gracias a distintos documentos en poder del diario estadounidense *The New York Times*. Ello motivó que Juan Carlos I visitara la redacción de ese periódico en septiembre de 2012 y que no fuera como un intento de mejorar la imagen de España, según su entender.

De la Rosa también manifestó que la inhabilitación años antes del juez Baltasar Garzón se debía realmente a que durante una de sus investigaciones se había topado por casualidad con una de las cuentas que utilizaba la trama descrita:

> Todo esto es un círculo en el que, si se explica, explota todo, incluido el rey [...]. A Garzón se lo cargaron por esto, no por nada más, y lo sabrá tu vicepresidenta mejor que yo. Se fue a por él a través de Peláez porque Garzón había tocado sin querer una tecla, como un elefante en una cacharrería, y había entrado en la cuenta de Soleado, que es una cuenta genérica, no específica. Es una cuenta de paso, por la cual ha pasado toda España, todos los catalanes, todos los de Madrid. Pidió a la fiscalía que bloqueara todas sus cuentas y ahí está el dinero de este, del Rey, de los Pujol, de Agag...

De la Rosa añadía más pólvora contra el expresidente José María Aznar y el exministro de Economía Rodrigo Rato, de los que decía que habían desviado cantidades importantes a cuentas suizas procedentes del banco Seguribank. De la Rosa decía textualmente:

> Él [Cristóbal Martell, abogado que defendió a Pujol, Messi, Dani Alves y al propio De la Rosa] sabía perfectamente que todos habían colaborado ahí. Porque lo enviaban a una cuenta mía en Suiza. Del Partido Popular se llevaban el dinero Aznar y Rato de aquí, de la sucursal del Seguribank, y me hicieron hacer vídeos de esos... porque no se lo creían. Iban a las ocho y media de la mañana Rato, su hermano, Aznar a coger maletas con efectivo.

De la Rosa fue llamado a declarar como testigo en junio de 2015 ante la comisión de investigación que se había abierto en el Parlamento de Cataluña sobre Pujol, pero se negó a responder apelando a que ya había dado explicaciones en los tribunales. No obstante, acusó a los parlamentarios de partir de datos falsos y, saltándose excepcionalmente el mutismo, dijo que la sentencia de Grand Tibidabo demostró que no había habido apropiación indebida.

Resultó que su hijo era el que estaba detrás de la empresa neerlandesa Marway BV a la que Oleguer Pujol pagó seis millones de euros en comisiones, según se desveló en los papeles de Panamá, que el hijo negó.

La investigación pretendía desvelar si la fortuna de Pujol y su familia procedía de su padre, como él decía, o de Grand Tibidabo, escándalo por el que el financiero fue condenado. Entonces, en julio de 1991, De la Rosa había vendido el Consorcio Nacional de Leasing a la Generalitat por 4.185 millones de pesetas y una empresa fantasma, ACIE, cobró por intermediar 252 millones que, según la sentencia que condenó a De la Rosa, nunca existieron. La gestión de ACIE estaba en manos de Folchi, pero quien figuraba como administrador era Alberto Freixa Vidal, que resultó ser un hombre de paja que manifestó en su declaración de 1994 que Folchi le invitó a marcharse a estudiar al extranjero. El conflicto provenía de que una parte de la comisión había ido a parar a Jordi Pujol Ferrusola, hijo del *expresident*. La mayor parte correspondieron a Coterma, una empresa de Lluís Prenafeta, el todopoderoso consejero de Presidencia de la Generalitat con Pujol que sería condenado a dos años en 2018 por intermediar en tres pelotazos urbanísticos en el área metropolitana de Barcelona. Otros diez millones acabaron en poder de una empresa de Sánchez Carrete, quien fuera asesor financiero de Pujol, y se correspondía con los ingresos de una cuenta corriente en Andbank de Jordi Pujol hijo.

De la Rosa ha pasado un proceso de casos judiciales y ha ingresado en prisión en tres ocasiones, entre 1994 y 1995, entre 1998 y 2000, y entre 2002 y 2004, por el caso Grand Tibidabo, la venta de Inpacsa y la operación Wydbase, respectivamente.

5

Ibercorp
Manuel de la Concha y Mariano Rubio

A principios de 1992 estalló el caso Ibercorp, al descubrirse que la agencia de valores de este grupo, gestionado por el exsíndico de la Bolsa de Madrid Manuel de la Concha, había manipulado un listado de clientes poseedores de acciones de Sistemas Financieros (SF), empresa del mismo conglomerado, ocultando la identidad de importantes depositantes. Entre los clientes figuraban el exministro de Economía socialista Miguel Boyer y el gobernador del Banco de España Mariano Rubio. Los tres principales accionistas de la sociedad —De la Concha, Jaime Soto y Benito Tamayo— fueron condenados en 1999 a un año de prisión tras haber llegado a un acuerdo por el que el fiscal rebajó la petición inicial de quince años. Estaban acusados de realizar operaciones especulativas en bolsa y de autocartera con la única finalidad de sostener la cotización de las sociedades del grupo para su enriquecimiento personal. El quebranto se calculó en 7.100 millones de pesetas. El descubrimiento, dos años después, en 1994, de una cuenta de Rubio en el despacho de De la Concha dio lugar a otro proceso, que pasó a llamarse caso Rubio. Los dos amigos, reconocidos representantes de la llamada *beautiful people*, fueron detenidos y, posteriormente, puestos en libertad bajo fianza. En 2002, De la Concha fue condenado a seis años e inhabilitado por el mismo tiempo. Rubio había fallecido en octubre de 1999.

El caso Ibercorp es un ejemplo paradigmático de la cultura del pelotazo que triunfó en España tras la entrada en la Comunidad Económica Europea en 1986. En aquellos años, en los que la actividad financiera era imparable, los altos tipos de interés facilitaban el enriquecimiento rápido, el negocio inmobiliario era boyante, proliferaban las fusiones y las adquisiciones, y los organismos de control, como la Comisión Nacional del Mercado de Valores (CNMV), apenas comenzaban a andar con las reglas de adaptación comunitaria.

El caso estalló el 12 de febrero de 1992 desde las páginas de *El Mundo*. Ese día, el rotativo madrileño encabezaba su primera página con «De la Concha engañó a la Comisión de Valores para encubrir a Rubio y Boyer». Tres pesos pesados en un titular que hacía temblar las estructuras del Estado: Boyer, el que había sido superministro de Economía con el primer Gobierno socialista de Felipe González; Rubio, el gobernador del Banco de España en ejercicio desde 1984, y De la Concha, el último síndico de la Bolsa de Madrid antes de que se promulgara la Ley del Mercado de Valores en 1987 y que era el que había gestionado todo el entramado que recogía la noticia. Los tres eran miembros de la denominada *beautiful people*, un grupo de intelectuales, políticos, empresarios y profesionales de distinta índole, pertenecientes a la burguesía progresista que había asomado en la sociedad madrileña bajo el mandato socialista y que estaba en el ojo crítico tanto de la izquierda tradicional como de la derecha recalcitrante.

Todo empezó en 1986, cuando el agente de cambio y bolsa Manuel de la Concha, que además era el síndico presidente de la Bolsa de Madrid, quiso convertir su despacho en algo más que un *chiringuito*. No había que contar con información privilegiada, aunque él la pudiera tener por sus poderosos contactos, para saber que los tiempos estaban cambiando tras la entrada en la Comunidad Económica Europea y que uno de los sectores que iba a experimentar un movimiento radical era el bursátil, en el que se manejaba a las mil maravillas. Se acabarían los trapicheos y las operaciones que llevaron a muchos agentes de cambio y bolsa a hacerse ricos con sus intermediaciones. Los agentes, como De la Concha, sabían que tenían que crear sociedades o agencias de valores de acuerdo con la normativa que quedaría recogida en la Ley del Mercado de Valores que debía preparar la CNMV y aprobar el Ejecutivo. Había que hacer algo y transformarse a todo trapo para sobrevivir en el nuevo hábitat.

De la Concha, un hombre con muchos lazos y estrechas relaciones políticas y empresariales, maniobró con eficacia. Con otros dos agentes (Enrique de Benito y Juan Monjardín) creó la sociedad Benito, Concha y Monjardín, que dejaría en junio de 1987. Entonces compró por quinientos millones de pesetas a Banesto la ficha del Banco Trelles, que transformó en Investban para luego convertirla en Invescorp y, finalmente, en Banco Ibercorp. Al grupo se había incorporado Jaime Soto tras dejar la presidencia del Banco Urquijo Unión, entidad resultante de la fusión de dos bancos industriales en apuros que había acabado bajo el paraguas del Hispano Americano. Este había iniciado una frenética etapa de desinversión de su grupo y los propietarios de Investban-Ibercorp compraron Sistemas AF, firma de muebles de oficina, por 1.600 millones de pesetas, con un crédito del propio Urquijo.

Dos meses después, al sacar a bolsa esta empresa, las acciones se vendieron al 575 % del valor nominal cuando la compra se había realizado aproximadamente al 250 %. Las plusvalías permitieron devolver el crédito y repartirse el resto. A su vez, Sistemas AF, colocada ya en bolsa, fue vaciada de su actividad esencial y transformada en Sistemas Financieros (SF) como sociedad tenedora de acciones. El grupo, además del banco y SF, se componía de Ibercorp Bolsa, Ibercorp Financiación e Ibercorp Leasing tras un proceso de engorde vertiginoso.

Hasta aquí todo iba según el guion y no se salía de lo que era uno de tantos pelotazos diseñado bajo las trazas de la ingeniería financiera de los que se acostumbraban en la época, llamativos, quizá poco éticos, pero sin rebasar los límites de la legalidad. Sin embargo, la guerra del Golfo llegó en el peor momento y golpeó a Ibercorp y a SF, como lo había hecho con tantos proyectos coetáneos (Corporación Banesto, KIO, entre otros). Los responsables emprendieron una huida hacia delante mientras las cotizaciones sufrían una caída imparable. La idea para salvarse del desastre que se avecinaba fue intentar fusionar Banco Ibercorp, la sociedad de valores Ibercorp Bolsa y SF para proceder después a una nueva colocación. La operación, que contemplaba recomprar acciones de SF para autocartera, se frustró cuando ya estaba en marcha. Algunos clientes, que habían arriesgado grandes sumas, lograron recuperar el dinero, pero otros perdieron cantidades importantes. Entre ellos estaban Boyer y su mujer, Isabel Preysler; Rubio y los propios De la Concha y Soto.

El origen de las informaciones partía, según todos los indicios, del asalto en agosto de 1991, con España cerrada por vacaciones, del despacho de Manuel de la Concha, ubicado en el número 150 de la calle de Velázquez de Madrid. El ordenador y los archivos con la lista de clientes especiales desaparecieron. No se descubrió nada, pero quedaron las sospechas de que la larga mano de Javier de la Rosa, que siempre jugaba a sacar tajada de todo, o la de Mario Conde se habían tendido por esas latitudes.

Según contó el periodista José Díaz Herrera, De la Concha siempre sospechó que el financiero catalán, al que le encantaba coleccionar dosieres de sus hipotéticos amigos/enemigos, había encargado al expolicía Antonio González Pacheco (conocido como Billy el Niño durante el franquismo) el asalto. No se demostró nunca, pero sí es cierto que el expolicía fue contratado como jefe de Seguridad de Renault España, empresa que entonces presidía Manuel Guasch, uno de los hombres de confianza de De la Rosa al que este le había otorgado también la presidencia de Azucarera Ebro, empresa de la que había tomado el mando KIO, el grupo kuwaití socio del abogado catalán con el que protagonizó varias operaciones mercantiles en la España de aquellos años. Pero esta es otra historia de la que también se habla en este libro.

Los clientes especiales que aparecían en el fichero robado pasaron a formar parte de la lista de sospechosos de la Agencia Tributaria, lo que no quería decir que hubiesen cometido ningún delito. Cuando la entidad fue intervenida, pocos días después de estallar el escándalo, la deuda superaba los 10.400 millones de pesetas. El caso se convirtió en arma electoral de la derecha en las elecciones de 1993 junto con otros escándalos como Filesa, Banesto, Juan Guerra, fondos reservados o GAL, sin sacar el rédito perseguido (perdió las elecciones), pero trajo de cabeza al Ejecutivo de Felipe González.

En la cartera de clientes había, además de los citados, personajes de relumbrón que habían confiado sus ahorros al exsíndico, alguno bajo la fórmula de fondo ciego para no vulnerar su incompatibilidad por el cargo que ostentaban (caso de Luis Ángel Rojo, entonces subgobernador). De hecho, cuando saltó el escándalo, Rubio emitió un comunicado en el que decía: «He dado instrucciones concretas de que no se adquirieran con mi dinero títulos de entidades bancarias por ser incompatibles con mi condición de gobernador del Banco de España». Según Rubio, sus ahorros se elevaban a dieciocho millones de pesetas y su inversión en SF había sido de cinco, que se había saldado con minusvalías. Eso fue lo que declaró. Más tarde se descubriría que había algo más.

El escándalo se centró en Mariano Rubio más que en De la Concha. El gobernador presentó la dimisión al ministro de Economía y Hacienda, Carlos Solchaga, quien estaba dispuesto a aceptarla, pero no quiso admitírsela a la espera de que se pronunciara Felipe González. El presidente le convocó de forma inmediata con presencia del ministro. «Rubio nos confió que nada que pudiera ser indigno en su comportamiento podría jamás salir a la luz, puesto que no lo había», refiere Solchaga. Rubio también añadió que lo había arreglado todo con la CNMV. Tras esas explicaciones, González aceptó que siguiera en el puesto los cinco meses que le quedaban para cumplir el mandato, en julio de 1992. Solchaga, pese a que era proclive a aceptar la dimisión, le defendió a capa y espada, y el Grupo Parlamentario Socialista cerró filas con su portavoz económico, Juan Pedro Hernández Moltó, como abanderado.

La tormenta parecía despejada. El problema llegaría cuando el organismo supervisor de la bolsa, la CNMV, pidió la relación de los clientes y De la Concha presentó una lista con nombres camuflados. Rubio y Boyer aparecían con sus segundos apellidos (M. Jiménez y Miguel Salvador). En otra posterior, Rubio ya ni aparecía, aunque sí una sociedad instrumental llamada Shaff Investments, cuyos administradores eran su hermana María Teresa, su cuñado André Laurent-Atthalin y su primo Carlos Pittaluga Jiménez. Esa firma había invertido 69 millones de pesetas en SF y había vendido la participación por 184 millones, es decir, había obtenido un beneficio de 115 millones que acabaron en un banco de Suiza. Además, trascendió que el Banco de España había concedido a Ibercorp un crédito de 5.300 millones de pesetas para evitar la quiebra y que el propio Rubio había intentado que otra entidad la adquiriera.

Las sospechas sobre la hermana de Rubio y su marido ya habían surgido cuando estalló el escándalo. Solchaga cuenta en *Las cosas como son* (2017) que el 13 de febrero de 1992, es decir, un día después de la publicación de la noticia, el presidente de la CNMV, Luis Carlos Croissier, le reveló que entre los beneficiarios de una venta adelantada de las acciones de Ibercorp se encontraban, y con una cantidad relativamente elevada, la hermana del gobernador y su cuñado. Solchaga, alertado por Croissier de lo que se venía encima, se entrevistó con Rubio. «Me reconoció, visiblemente alterado, que, en efecto, tenía una pequeña cantidad de acciones de Ibercorp», recoge el exministro en sus memorias.

La mosca estaba detrás de la oreja de Solchaga, que esa noche cenaría con Rubio y su pareja, la escritora uruguaya Carmen Posadas, y Juan Abelló y su mujer, Ana Gamazo, en casa de Carlos Bustelo y Teresa Tortella. El encuentro, recuerda el político navarro, se convirtió en un rosario de acusaciones a Mario Conde, a quien se atribuyó el *scoop* de *El Mundo*, diario que tenía la guerra declarada al Gobierno, en general, y a Solchaga, en particular, y que era receptáculo habitual de las informaciones emitidas por el entonces presidente de Banesto. El titular de Economía era el enemigo a batir por el abogado del Estado aspirante a banquero y, en aquellos momentos, perseguía obtener beneficios fiscales para la Corporación Industrial Banesto, por lo que su relación (la de Solchaga) con Rubio y Boyer era una oportunidad pintiparada para presionarlo y, con él, también a Felipe González.

Como consecuencia, la CNMV abrió doce expedientes contra las sociedades y sus gestores y los tribunales tramitaron sumarios penales. En mayo de 1992, cuando Rubio todavía estaba de gobernador, el Banco de España abrió expediente por entender que Ibercorp había cometido irregularidades en la adquisición de SF y del grupo financiero Ibercorp. Más tarde, el 23 de noviembre de 1992, ya con Rubio relevado, la CNMV propondría multas por mil millones de pesetas a SF y a sus consejeros por estar implicados en el caso, así como inhabilitarlos por cinco años. La misma pedía el Banco de España. El 12 de febrero de 1993, justo un año después de haber saltado el escándalo, Economía sancionaría con 1.295 millones a varias sociedades de Ibercorp y a sus fundadores, a los que inhabilitó durante cinco años para ocupar cargos administrativos o de dirección en entidades financieras, por vulnerar la Ley del Mercado de Valores, sumándose a las que ya había impuesto la CNMV.

Rubio había acabado el mandato el 24 de julio de 1992. Fue sustituido por Luis Ángel Rojo, hasta entonces subgobernador, a propuesta de Solchaga. Era un cambio cantado, pero el asunto Ibercorp lo impregnó de un unto desagradable al que el prestigioso economista que ahora llevaría las riendas de la autoridad monetaria tenía que limpiar mientras el país se preparaba para cumplir los acuerdos de Maastricht firmados en febrero de ese año y, consecuentemente, entrar en el euro en la primera tacada. El propio Rojo tuvo que demostrar que los fondos que le había gestionado De la Concha no le habían salpicado y no le impedían asumir la responsabilidad.

El tiempo pasó y las cosas parecían haberse calmado. Hasta que, dos años después, en abril de 1994, se conoció la existencia de una cuenta secreta de Rubio con ciento treinta millones de pesetas que le gestionaba De la Concha y que había seguido viva después de estallar el escándalo. En enero de 1986, el saldo de esa cuenta era de 1,49 millones, pero, en marzo de 1987, había subido a 131 millones. Claramente, ante esa evidencia, Solchaga constató que Rubio le había mentido a él y al presidente cuando se reunieron en la Moncloa dos años antes.

Por su parte, los servicios de la Fiscalía de Madrid, dirigida por Mariano Fernández Bermejo (quien sería ministro de Justicia con Rodríguez Zapatero de febrero de 2007 a febrero de 2009), abrieron una investigación sobre el posible delito fiscal de Rubio y fueron haciendo su trabajo. El exgobernador, sin embargo, negó todas las informaciones reveladas, tanto en público como al propio Solchaga, que evidentemente a partir de entonces no se fiaba nada de él. Así lo contó el exministro (había dejado el Gobierno tras las elecciones de 1993) en la Comisión Ejecutiva del PSOE antes de que esta le nombrara portavoz parlamentario del Grupo Socialista en el Congreso de los Diputados.

Pero iba a durar poco. Las consecuencias políticas del escándalo fueron a mayores. La junta de portavoces decidió citar a Mariano Rubio ante la Comisión de Economía del Congreso. Mientras tanto, el Gobierno había abierto la espita y estaba dispuesto a que el Estado se personara en la causa abierta contra Mariano Rubio en calidad de perjudicado. Por su parte, el fiscal jefe de Madrid, Fernández Bermejo, había solicitado citar a Rubio como imputado el 18 de abril de ese año.

Dentro del Partido Socialista, las distintas corrientes afilaron sus armas o prepararon los escudos. La obsesión era defender a González de cualquier salpicadura. Hasta tal punto llegaba la marea que Juan Carlos Rodríguez Ibarra, presidente de la Junta de Extremadura y de tendencia *guerrista* (corriente liderada por Alfonso Guerra), fue contundente en ese sentido («no hay que tener la cobardía de que González cargue con el mochuelo») en clara alusión a Solchaga. El exministro, ante eso, escribe: «Si supiera que las cosas fueron al revés y que yo había aceptado la dimisión».

González, que había revalidado la presidencia del Gobierno en junio de 1993 en unas reñidas elecciones con el PP de José María Aznar, montó en cólera e hizo unas declaraciones en las que expresaba «decepción y malestar por su actitud», en referencia a Rubio. Solchaga continuó la presión sobre el exgobernador y le exigió que aclarara la situación mientras en medios como *El Mundo* querían convertir el caso Rubio en el caso Solchaga. El exgobernador, apremiado por el ya portavoz parlamentario (elegido por el grupo socialista con nueve abstenciones, procedentes del bando *guerrista*) y ante su próxima comparecencia en el Congreso, emitió un comunicado lamentando el daño que había hecho al Gobierno y atribuyéndose toda la responsabilidad política.

Sin embargo, siguió sin aclarar si eran ciertas o no las inversiones que se le atribuían, lo que no satisfizo a Solchaga, que aceptó la idea de votar a favor de constituir una comisión de investigación en el Congreso de los Diputados relativa al patrimonio de Rubio. Mientras, maduraba en su cabeza la decisión de dimitir. Así se lo comunicó a González, que también lo estaba pensando para sí mismo, acuciado por este caso y por el de la fuga de Luis Roldán, director general de la Guardia Civil, acusado de corrupción y otros delitos de extrema gravedad, como quedarse con los fondos de pensiones de los huérfanos del cuerpo.

La airada reacción del presidente y del grupo parlamentario dejó el camino expedito para que el portavoz económico, Hernández Moltó, que había tratado con condescendencia a Rubio en la primera comparecencia de este en 1992 precisamente por el apoyo del presidente (resaltó entonces «el coraje y la responsabilidad con la que estaba actuando el gobernador en un ambiente que no debe ser nada fácil»), preparó toda una artillería pesada cuando el ya exgobernador volvió al Congreso de los Diputados para tratar este tema el 14 de abril de 1994 ante la Comisión de Economía. «¡Míreme a la cara, señor Rubio! ¡De frente! Me recuerda, ¿verdad? Soy uno de los diputados que creyó en usted, que defendió su inocencia. ¿Usted es consciente de las consecuencias que está generando en la sociedad española su proceder, su pasividad, su falta de respuesta? Señor Rubio, tiene usted quizá su última oportunidad, aprovéchela para salvar la poca dignidad que le queda, porque, si no es así, sepa que nos va a encontrar enfrente, no van a quedar impunes, se lo prometo», le espetó, mientras Rubio, que no acertaba a responder, reflejaba la imagen de un hombre totalmente destrozado.

«Tiene usted la obligación moral ante la Cámara, como representante de la voluntad popular, y ante los ciudadanos de hacer algo, algo para demostrar su inocencia o confesar su responsabilidad; tenga la hombría de bien, la valentía de asumir la responsabilidad que usted durante tantos años ha desempeñado con orgullo», se ensañó el diputado por Toledo, que años después, como responsable de la Caja Castilla-La Mancha, tendría que enfrentarse a un caso de corrupción por el que le condenaron a dos años de cárcel y en el que, inevitablemente, algunos adversarios le recordaron aquel linchamiento.

El resultado de aquella comparecencia de Rubio fue lamentable, como afirma Solchaga. El Gobierno tenía que reaccionar. El ministro portavoz, Alfredo Pérez Rubalcaba, anunció en rueda de prensa que se había abierto una triple investigación (tributaría, fiscal y parlamentaria) para determinar el alcance de las actuaciones del exgobernador. Desde la derecha, que había estado transigente en la primera fase tras haber apelado Rubio a su credibilidad en un encuentro en el Banco de España al que acudieron Aznar, Rodrigo Rato, Pedro Schwartz y José Luis Feito, dejó de ponerse de perfil y comenzó una campaña de hostigamiento en la que el principal objetivo era el Ejecutivo y Rubio el objeto con el que atizarlo.

No tardaron, por otra parte, en arreciar las especulaciones sobre la dimisión de Solchaga y sobre una inminente crisis de Gobierno. El presidente González se había mostrado dispuesto a llevar al debate sobre el estado de la nación nuevas propuestas para luchar contra la corrupción. «Es una situación maldita. Si no haces tales propuestas, pareces insensible al escándalo y, si las haces, pareces un trilero tratando de involucrar a la oposición», cuenta Solchaga, que prosigue en su diario: «En todo caso, la acumulación de los casos Roldán y Rubio tiene al Gobierno contra las cuerdas y al PSOE y al Grupo Parlamentario [Socialista] acongojados y confusos. Aunque algunos francotiradores disparan por libre (sobre todo hacia mí), la mayor parte de militantes y parlamentarios se mantienen alineados con las direcciones del partido y del grupo».

Para liarla todavía más, el 4 de mayo de 1994, en medio de toda la marabunta, apareció un nuevo bombazo: el ministro de Agricultura, Vicente Albero, que llevaba en el cargo apenas diez meses, también tenía una cuenta opaca con De la Concha. El que fuera mano derecha de Carlos Romero durante la etapa de este al frente de dicho ministerio presentó la dimisión a las pocas horas de conocerse su involucración. Le fue aceptada sin rechistar un segundo. En el seno de Ferraz se criticó que podía haber informado de la existencia de esa cuenta cuando le ofrecieron el cargo meses antes. Además de Albero, que mantenía una cuenta con dinero negro por valor de veintiún millones de pesetas proveniente de la venta de una empresa familiar, en la lista estaba el exministro franquista, exgobernador del Banco de España y exvicepresidente de Banesto José María López de Letona, al que precisamente De la Concha le había comprado la ficha del Banco Trelles para crear Ibercorp en 1986 cuando aquel regía los destinos de Banesto.

Pero la madeja se enredaría aún más. El mismo día que dimitía Albero, la Fiscalía exigía la puesta a disposición judicial de Mariano Rubio y Manuel de la Concha, acusados de delito continuado de falsedad documental y delito fiscal, con la petición de prisión incondicional. En el Gobierno no se esperaba que Rubio fuera incluido, motivo por el que Solchaga trató de ver a González, pero al no conseguirlo se vio con el vicepresidente, Narcís Serra. Tras la entrevista con el dirigente catalán, que había sustituido a Alfonso Guerra en el cargo en 1991, se coligió que se decretara el arresto domiciliario del exgobernador y la entrada en la cárcel del exsíndico. Pero, al presentarse ante el juzgado de guardia, este decidió la prisión para los dos, que fueron trasladados a la mítica cárcel de Carabanchel (por donde habían pasado tantos presos políticos durante el franquismo) y, posteriormente, a la de Alcalá-Meco.

La situación estaba tensa. Al día siguiente el que dimitió fue Solchaga como portavoz parlamentario poniendo fin a su carrera política, aunque su convencimiento era que volvería. El político navarro, que había destacado por sus discursos parlamentarios durante la Transición y por las reformas ejecutadas en los diez años como ministro de Industria (1982-1985) y Economía y Hacienda (1985-1993), explicó que era una decisión personal porque ni Felipe González ni el PSOE habían respondido a su disposición de dejar el cargo. «Niego que la detención e ingreso en la cárcel de Mariano Rubio haya sido la última razón de mi dimisión, sino el deseo de dejar al margen de maniobra al PSOE y al Gobierno ante la delicada situación; confirmo que tanto la CNMV como el Banco de España, en su momento, aclararon todas las irregularidades del caso Ibercorp como yo había prometido ante el Parlamento. Lo que no pudieron aclarar, porque ni ellos ni yo podíamos saberlo entonces, es que Mariano Rubio tuviera un patrimonio oculto fiscalmente», manifestó Solchaga en su salida.

Para colmo, el mismo día que Solchaga también dimitieron Antoni Asunción, que dejó el cargo de ministro del Interior solo seis meses después de asumirlo por no haber controlado los excesos de Roldán, y el exministro del Interior José Luis Corcuera, que se despidió como diputado por la misma razón. El que no dimitió como diputado fue José Barrionuevo, también exministro del Interior, que alegó razones convincentes para no abandonar su escaño: si lo dejaba, pondría en bandeja a la oposición la petición de abandono del vicepresidente del Gobierno, Narcís Serra, ya que Roldán fue nombrado director general de la Guardia Civil a propuesta de Defensa, entonces a cargo de Serra, y del propio Barrionuevo. También se produjo por aquellas fechas la dimisión de Baltasar Garzón como secretario de Estado del Plan Nacional sobre Drogas, el juez que había sido el gran fichaje socialista para las elecciones de 1993, aunque por otras razones («por sentirme desoído por el presidente», alegó).

Felipe González, que relevó a Albero por Luis Atienza en Agricultura y juntó la cartera de Interior con Justicia bajo el mando de Juan Alberto Belloch, tuvo que enfrentarse a una situación de inestabilidad extrema. Además de la coincidencia nefasta de todas esas dimisiones y el arresto del exgobernador y del exsíndico, en aquellos primeros días de mayo de 1994, que había llegado con la intervención de Banesto el 28 de diciembre de 1993 como aperitivo, se acumularon casos que lo convirtieron en un *annus horribilis*: la dimisión de la militante socialista Carmen Mestres al frente de la Cruz Roja Española por las denuncias de mala gestión e irregularidades descubiertas en las auditorías; el caso BOE, relacionado con la compra de papel prensa que implicó a su presidenta, Carmen Salanueva, y diez directivos más; los fondos reservados, caso derivado de los pagos realizados a políticos que destapó Roldán al tirar de la manta, y, para acabar, el caso PSV, estafa de una cooperativa de viviendas promovida por el sindicato UGT que quebró en diciembre y obligó a dimitir a Nicolás Redondo de la secretaría general del sindicato, ligado por origen al PSOE, en la que le sustituyó Cándido Méndez. El caso, que afectó a casi veinte mil cooperativistas, llevó a la cárcel al director de PSV, Carlos Sotos, por estafa y apropiación indebida. UGT tuvo que hipotecar su patrimonio con un crédito ICO para asumir la deuda.

No era, desde luego, la mejor tarjeta para el presidente socialista, que tenía que sufrir un día sí y otro también los ataques del denominado *sindicato del crimen*, grupo de medios de comunicación que orquestaron una campaña de acoso y derribo contra González y su Gobierno, y de la pinza rocambolesca que formaban el Partido Popular de Aznar y la Izquierda Unida de Julio Anguita contra el Gobierno socialista.

Ante tanta adversidad, González se esforzó por aparentar una imagen de serenidad. El presidente seguiría en la Moncloa para disgusto de sus detractores porque lo contrario habría sido una «grave irresponsabilidad ante los ciudadanos», con los que precisamente se había comprometido «a abanderar la lucha contra la corrupción e intentar que España remonte la crisis económica». En una rueda de prensa televisada que duró cuarenta y siete minutos, trató de despejar las incógnitas abiertas por la grave situación política, pero dejó claro desde el principio que no iba a dimitir ni a convocar elecciones anticipadas. Y que tampoco cambiaría de inmediato su Gobierno, aunque dejara esa posibilidad abierta para después de las elecciones europeas y andaluzas que se celebrarían del 12 de junio de 1994. También dejó abierta la hipótesis de someterse a una cuestión de confianza si constataba que había perdido el apoyo de los nacionalistas catalanes; es decir, si perdía la estabilidad parlamentaria.

González hablaba sobre seguro. Ya tenía, cuando se pronunció, el plácet de Jordi Pujol, que le había dado el respaldo a condición de que no se desviara de las reformas económicas, abanderara la lucha contra la corrupción y atendiera sus demandas autonómicas, en una larga entrevista mantenida antes de la comparecencia. También había hablado con Xabier Arzalluz, presidente del PNV, que le había garantizado una actitud no beligerante y su compromiso de no sumarse a la política de desestabilización gubernamental emprendida por el PP.

En las conversaciones telefónicas también tuvo un turno con Alfonso Guerra, con quien comentó los cambios de Gobierno por las dimisiones de Albero y Asunción y pulsó su estado de ánimo. Ello le permitió presentarse con el pleno respaldo de su partido. Sobre las dimisiones de Solchaga y Corcuera, en la conferencia de prensa subrayó que se trataba de gestos en relación con «las responsabilidades políticas» de los casos Rubio y Roldán. A los dos, a los que siempre tuvo una predilección no disimulada, les agradeció su labor y les lanzó elogios.

«Las circunstancias demuestran que hemos cometido errores. He sentido bochorno por lo que pasa. Me ha costado mucho tiempo concebir que haya alguien que utilice su cargo para enriquecerse. He pecado de exceso de confianza. Reconozco que he sufrido una merma de credibilidad personal y de la imagen del Gobierno. El que superemos esta situación depende de que seamos capaces de clarificar las cosas», dijo González en referencia al jefe del cuerpo armado y al guardián del dinero. El presidente, sin embargo, estuvo amable con Albero: «Hay que diferenciar los casos; en el de Vicente Albero no ha habido un enriquecimiento por su cargo público».

Varios días después, durante los cuales se sucedieron los halagos, incluso del *sindicato del crimen*, se constituyó la Comisión de Investigación del caso Ibercorp, también conocida como Comisión Rubio por razones obvias. El 19 de mayo de 1994, el juez permitió la salida de prisión de Rubio bajo fianza de quince millones de pesetas y negó la de De la Concha por la contundencia de pruebas, la gran alarma social y la posible extensión de la conducta delictiva (el exsíndico saldría el 30 de junio con una fianza de cincuenta millones de pesetas tras un careo con Rubio pedido por el juez en el que se manifestaron discrepancias palpables entre ambos sobre la cuenta corriente de Rubio en Ibercorp).

El Congreso abrió la comisión de investigación ante la sospecha de que se había enriquecido ilegalmente y había utilizado la información privilegiada que tenía por su puesto como gobernador. El tráfico de influencias habría favorecido a su amigo De la Concha y a otros socios en torno a Ibercorp. Por ella desfilaron Solchaga y su sucesor como ministro, Pedro Solbes, quien reveló que Rubio había defraudado a Hacienda trece millones de pesetas, cifra que quedaba por debajo del umbral exigible para tener responsabilidad penal, lo que acrecentó la indignación de los pocos defensores que le quedaban al exgobernador por haber pasado por la cárcel. Según estos, esa circunstancia motivó el cáncer por el que fallecería el 4 de octubre de 1999. «La imputación política según la cual el Gobierno y el Banco de España habían actuado para favorecer a Ibercorp no tenía fundamento o jamás lo consideraron así los tribunales», señala Solchaga.

Por parte del PP, la diputada Luisa Fernanda Rudi no tardó en meter en el barro a Felipe González, al que consideró responsable político del escándalo «por elegir mal a las personas —como Mariano Rubio, Vicente Albero o Luis Roldán— y porque, a pesar de elegirlas mal, se empeñó en seguir manteniéndolas en su cargo». Según Rudi, los gobiernos socialistas habían creado un refugio para el dinero opaco fiscalmente (los pagarés del Tesoro), al tiempo que decía abanderar la lucha contra el fraude fiscal. El ataque de Rudi continuó con la acusación de que «el Gobierno socialista había suprimido los controles y permitido la existencia de tramas organizadas [en referencia a Ibercorp] para el enriquecimiento de unos pocos».

En opinión de la diputada popular aragonesa, la actuación de Mariano Rubio iba más allá del delito fiscal en el que algunos diputados trataban de centrar las investigaciones de la comisión: «Mariano Rubio no podía declarar el origen de sus ingresos; no podía decir si procedían de compraventas de acciones decididas por el uso de información privilegiada y tráfico de influencias», manifestó.

Rubio se negó, en su primera comparecencia ante la comisión específica, a contestar temas relacionados con el sumario que instruía el juez por delito fiscal. Sin embargo, en la segunda comparecencia, el 13 de septiembre, la última de todas las citadas por la comisión parlamentaria, el talante cambió rotundamente. Rubio reconoció ser propietario de 115 millones obtenidos como plusvalías por la salida a bolsa de Sistemas AF y se defendió de las acusaciones que le habían hecho otros comparecientes diciendo que lo que querían era cubrirse de sus responsabilidades con las suyas.

Uno de ellos fue, precisamente, De la Concha, que había acudido al Congreso el 7 de julio de 1994. Al contrario que Rubio, su amigo y compañero de fatigas, contestó a todas las preguntas y sorprendió a los diputados con una revelación: Rubio había comprado de forma irregular la sociedad Scipio al FGD. Rubio habría utilizado Scipio para ocultar su participación en Traya, con la que participó en la posterior compra de Sistemas AF. Esta operación generó plusvalías de 1.600 millones de los que Rubio se llevó 135 millones que ocultó a Hacienda.

De la Concha, que negó haber cometido delitos y reconoció errores de gestión, manifestó que Rubio le había confiado en la celda que compartieron en la cárcel que era propietario del 40,75 % de dicha sociedad, la cual había adquirido la mujer de Juan Antonio Ruiz de Alda, fallecido en accidente de tráfico en 1988 siendo subgobernador del Banco de España y presidente del FGD. La compra de Scipio no fue ratificada por la comisión gestora del Fondo a pesar de ser obligatorio, ya que el expediente no fue llevado a ninguna de las reuniones, según aclaró en su comparecencia Francisco Ruiz-Jarabo, secretario general del FGD en ese momento. A través de Scipio, gobernador y subgobernador tenían el 20 % de Traya, de la que Jaime Soto poseía el 50 % y De la Concha el 30 %.

Para la salida a bolsa de Sistemas AF, Traya colocó a Urbiplaner un tercio de las acciones, otro tercio fue vendido al bróker inglés Singer and Fried Lander, y se quedó con el tercio restante. Según la Agencia Tributaria, Urbiplaner habría sido la tapadera para obtener los fondos suficientes para devolver el crédito concedido por el Banco Urquijo para comprar Sistemas AF. Sus accionistas, según afirmó De la Concha, eran los mismos que los de Traya.

Este episodio ensombreció todavía más la supuesta conducta ejemplar de Rubio, que, cuando estalló el caso, gozaba de ser un gobernador serio, con mano dura, de malas pulgas y escaso sentido del humor, pero eficaz en la gestión del Banco de España y clave en la transición financiera en un sector con tanto poder como el bancario, que era lo que importaba.

Rubio, natural de Burgos, hijo de militar que en las fechas de su nacimiento (1931) tenía su destino en la ciudad castellana, creció en Madrid, donde se imbuyó de unas ideas progresistas, distintas a las conservadoras de su progenitor. Estudió Derecho y Económicas en la Universidad Complutense y, en esos tiempos de estudiante, fundó con otros compañeros la Asociación Socialista Universitaria (ASU) y participó en muchas actividades antifranquistas, por las que fue detenido y encarcelado en más de una ocasión. Tras una redada en 1958, en la que cayó con varios compañeros, puso pies en polvorosa y se instaló en París, donde trabajó en la OCDE.

De vuelta en España, volvió a ser detenido y tuvo que recurrir a José María López de Letona, casado con una prima suya, para pagar la fianza que le diera la libertad condicional. En 1963, el mismo año que se casó con Isabel Azcárate, miembro de una familia entroncada con la Institución Libre de Enseñanza y de raigambre izquierdista, ingresó en el Ministerio de Hacienda, que dirigía Mariano Navarro Rubio. Con su tocayo se incorporaría al Banco de España cuando este fue nombrado gobernador.

La sede del banco central parecía su destino y allí trabajó en el Servicio de Estudios, aunque durante tres meses aceptara ser director general de Política Financiera con Alberto Ullastres como ministro de Comercio y en una etapa posterior fuera director de la Empresa Nacional del Gas (Enagás), integrada entonces en el Instituto Nacional de Industria (INI). Hasta que, en 1977, con López de Letona como gobernador, volviera como subgobernador. En ese cargo fue donde impuso nuevas ideas para modernizar la banca, entre ellas la creación en 1978 de la Corporación Bancaria y, en 1980, del FGD, inspirado en un organismo creado en Estados Unidos durante el *New Deal* para luchar contra los efectos de la Gran Depresión de 1929 y en el que contó con Aristóbulo de Juan como responsable directo. El FGD sirvió como una especie de hospital de bancos con mucha actividad precisamente durante los años de la Transición, cuando hubo de intervenir más de medio centenar de entidades.

Suyo fue el informe «La función supervisora del Banco de España sobre la banca y las cajas de ahorros», que circuló en la entidad y que se convirtió en un documento de referencia para la instrumentación de la política anticrisis, tal como recuerda Gabriel Tortella en un trabajo publicado en junio de 2020 para *Finanzas para mortales*, un proyecto de la Fundación de la Universidad de Cantabria. «El coste de esa política fue muy grande, pero habría sido mayor si no hubiera sido contenida con esa mezcla de energía, sigilo y pericia que se convirtieron en las señas de identidad de la labor de este gran economista», escribió el historiador, que añade que uno de los elementos de esa política era que pasara inadvertida para evitar el pánico. «Por eso la opinión pública apenas tomó conciencia de quién y cómo pilotaba el país a través del temporal», completa.

Rubio, de acuerdo con la apreciación de Tortella, pensaba que la economía férreamente intervenida por los gobiernos franquistas había sido una pésima escuela para los banqueros. Las leyes de *nu-*

merus clausus, el control sobre los tipos de interés, el techo de dividendos y otras rigideces acabaron, a su juicio, con la posibilidad de competir. Y, cuando se liberalizó con la ley de 1962, la osadía y la falta de escrúpulos lo hicieron todavía peor. Por eso llegaron, cuando cambió el régimen, tantas y tan sonadas quiebras (Banco de Navarra, Banco de Valladolid, Banco Urquijo, Banca Catalana), que dieron lugar a su venta (se abrió la puerta a entidades extranjeras: el británico Barclays se quedó con el Valladolid y la francesa BNP con la López Quesada). Asimismo, los grandes bancos entraron en una deriva muy peligrosa que acabó con una reestructuración total del sector años después, con Rubio como testigo de excepción, ya como gobernador, cargo que ostentó entre 1984 y 1992 (entonces los mandatos eran de cuatro años renovables por otros cuatro, ahora son de seis años no renovables).

A Rubio le tocó vivir en los mandos del Banco de España la entrada en la Comunidad Económica Europea y, al final, cuando los escándalos le rodeaban, los acuerdos de Maastricht que llevaban a la moneda única y a la creación del Banco Central Europeo (BCE). La incorporación a la Europa unida conducía irremediablemente a los bancos, si querían competir, a integrarse, a poder ser, según sus deseos, entre entidades españolas (aunque hubiera las excepciones citadas del Valladolid y la López Quesada). Para el segundo hito había que controlar la inflación y el déficit público, sus otras obsesiones de política económica. Pero esto ya le iba a tocar más de lleno a su sucesor, Luis Ángel Rojo, subgobernador con él desde que en 1988 falleciera en accidente de tráfico Juan Antonio Ruiz de Alda.

Esa última etapa la hubiera querido borrar de su historia, pero es verdad que él se metió en el lío, quizá confiando en las promesas de su amigo (o del que creía que era su amigo) o en la displicencia de los servicios de control que, para su desgracia, se iban adaptando a Europa y modernizando con eficiencia. Ahí le pilló de lleno el caso Ibercorp y, como el que la hace la paga, resultó que se descubrió que Rubio había participado en operaciones irregulares de la sociedad y, si no hubiera fallecido, muy probablemente le habría llevado a la cárcel como a De la Concha.

En 2002, este sería condenado por la Audiencia de Madrid a seis años de prisión y a una multa de seis mil euros por un delito continuado de falsedad en documento público siendo funcionario e inhabilitado para ejercer como notario seis años. Tres años antes había sido condenado a un año por el caso Ibercorp junto a sus socios tras llegar a un acuerdo con el fiscal.

En las investigaciones realizadas se descubrió que Rubio había abierto una cuenta en noviembre de 1984 en el despacho de De la Concha con la clave 431/07MM/RU, aunque para evitar que fuese conocida la identidad de Rubio se utilizó la sociedad Nalvi, constituida por el padre de De la Concha y liquidada desde 1980. Según la sentencia que condenó al exsíndico, en la mayor parte de las órdenes de compraventa se hacía figurar el nombre de la empresa, pero se omitía el nombre del comprador, por lo que los servicios de liquidación de la bolsa expedían la póliza a nombre de Nalvi, lo dejaban en blanco o, en último caso, se completaba en el despacho de De la Concha a nombre de Rubio, siendo registradas todas las operaciones en la cuenta de este. En total, se registraron ochenta y ocho operaciones en 1986, trece en 1987 y siete en enero y febrero de 1988. En el despacho trabajaba desde 1986 el primo de Rubio, Carlos Pittaluga, desempeñando funciones de asesoramiento jurídico y control y supervisión. Sobre él, la sentencia concluyó que existía «una situación de incertidumbre sobre cuál era su real intervención en los hechos».

La sentencia determinó que las pruebas clave estaban en las periciales practicadas y especialmente en la testifical y documental, y añadía que se había producido una conducta falsaria, «solapándose el faltar a la verdad en la narración de los hechos y suponer la intervención de quien no la ha tenido». También niega crédito a las manifestaciones de De la Concha «en orden a ignorar lo que ocurría en su despacho» y desentendiéndose de lo que pasaba en él.

Mariano Rubio y Manuel de la Concha se conocieron en la Universidad Complutense, donde se licenciaron en Económicas. De la Concha, tres años más joven que Rubio, se hizo agente de cambio y bolsa, cuerpo en el que ingresó en 1968, y corredor de comercio. Se integró en la Junta Sindical de la Bolsa de Madrid como vocal para, en 1976, ser nombrado vicesíndico. En 1981 fue elegido síndico, cargo en el que estuvo hasta que la Ley de Valores remodeló la estructura bursátil con la que los agentes no se mostraron muy conformes, ya que, entre otras cosas, perdían muchos privilegios. Entonces, en 1987, la figura de síndico desapareció y De la Concha se centró en su sociedad de valores, primero, y en el grupo Ibercorp, después. Bien considerado por las administraciones de UCD y socialista con las que le tocó ejercer el cargo, formó parte, como experto, en la comisión reprivatizadora de Rumasa.

Las dos condenas que se sucedieron, una por el caso Ibercorp y otra por el caso Rubio, en realidad dos casos concatenados, le dejaron estigmatizado para siempre. Fue un tachón imborrable en las páginas que hasta entonces había escrito y supuso que «no fuera reconocida su labor de modernizador de la bolsa, como tampoco lo fue la de Mariano Rubio en el Banco de España», manifestaba un estrecho colaborador con motivo de su muerte en noviembre de 2011, a los setenta y siete años. Pero lo hizo. Probablemente se dejó llevar por la fiebre de pelotazos que caracterizó aquella etapa de cambios y no vio el peligro. Algunos observadores apuntan también a que los dos amigos habían asumido un tren de vida que les sobrepasó y que, para no perder el ritmo, usaron un vehículo que manejaban bien, el mercado de valores.

Tras las dos condenas, aunque De la Concha no cumplió ni con mucho los siete años que le cayeron (uno en el primer caso y seis en el segundo), le crearon un trauma del que no salió. Pudo volver a ejercer como corredor de comercio en la plaza que había dejado en Santander, pero de forma testimonial. Le sirvió, eso sí, para seleccionar a sus amigos, con los que le gustaba cumplir con el rito del buen yantar en lugares escogidos de Madrid que siempre cuidó y jugar al mus. También era un devoto seguidor del Real Madrid, del que fue directivo en la etapa de Ramón Mendoza como presidente.

6

Terra
Juan Villalonga Navarro

El 26 de julio de 2000, Juan Villalonga Navarro abandonaba la presidencia de Telefónica, a la que había llegado en julio de 1996 tras la victoria del Partido Popular en las elecciones generales de ese año. Entonces, la compañía estaba todavía bajo dominio estatal. Villalonga formaba parte del grupo de ejecutivos elegidos por el PP para dirigir los destinos de los grupos públicos empresariales en los últimos tramos de la privatización comenzada por el Gobierno socialista. En sus cuatro años al frente de la emblemática empresa, antiguo monopolio estatal, Villalonga tuvo una gestión en la que, con el propósito de convertirse en un operador mundial de las telecomunicaciones, desarrolló una ambiciosa aventura de compras a mansalva que fracasaron una tras otra y que estuvieron a punto de cargarse al grupo. Entre ellas, destacó el portal de internet Terra, con la que protagonizó un pelotazo en bolsa que acabó arruinando a muchos inversores incautos.

La victoria electoral del PP, apretada pese al desgaste socialista tras más de trece años en el poder, llegaba en una etapa convulsa. Los últimos años ochenta y los noventa se caracterizaron por la «exuberancia financiera», como los bautizó el entonces presidente de la Reserva Federal estadounidense, Alan Greenspan, y el dinero fácil. El Gobierno español, presidido por José María Aznar desde 1996, se había encumbrado con el ciclo económico a favor y el impulso de la expansión internacional. La inversión de España en el exterior había venido creciendo año tras año y en 1997 el saldo ya era mayor del que recibía, con Latinoamérica como principal destino, donde la presencia y el peso de las empresas españolas superó a las de Norteamérica.

Fueron años de bonanza en los que la misión principal del Gobierno consistía en completar el camino de integración en la moneda única mediante el cumplimiento de los acuerdos de Maastricht firmados por Felipe González. Pero, al margen de aquella tarea, Aznar se volcó nada más llegar a la Moncloa en tomar el control de las empresas públicas. La tarea, que tenía programada desde los comicios de 1993, cuando creía que iba a barrer y fracasó estrepitosamente, la consideraba vital porque estaban a mitad de su privatización y su control suponía un poder añadido.

El asalto a las empresas públicas en vías de privatización fue considerado incluso como un golpe de Estado democrático no solo porque se quedó con el poder económico, sino porque la economía estaba poco liberalizada y, a través de estas empresas, que tenían una posición monopolística en muchos casos, controlaba los principales sectores económicos españoles. En Reino Unido se llamó a los amigos de los conservadores que se enriquecieron con las privatizaciones los «gatos gordos» (*fat cats*). Los socialistas no habían terminado el proceso de privatización con el argumento de que el Estado debía mantener una posición en las empresas estratégicas, pero dejó el camino despejado para que los populares se hicieran con el control. Trataron de revertirlo cuando volvieron al poder en 2004 con José Luis Rodríguez Zapatero, pero ya era demasiado tarde.

El PP tiró de una cantera peculiar y colocó al frente de los grandes grupos empresariales todavía públicos a personas de su confianza, muchos de ellos provenientes en gran parte del universo bursátil y de la banca de inversión, familiarizados, por tanto, con las prácticas especulativas, y en todo caso amigos de reconocido bagaje. Aznar y su lugarteniente como vicepresidente y ministro de Economía y Hacienda, Rodrigo Rato, se aseguraban así su influencia en la gestión de unas empresas de mucho peso e influencia en la economía nacional.

Juan Villalonga Navarro formaba parte de la pléyade de escogidos para llevar a cabo la última fase de la privatización. Además de Villalonga, en aquel ramillete de amigos figuraban Francisco González, que recibió la presidencia de Argentaria; Alfonso Cortina, que se asentó en la de Repsol; César Alierta, al que se encomendó Tabacalera; el exministro de UCD Rodolfo Martín Villa, cuyo destino fue Endesa (posteriormente sería sustituido por Manuel Pizarro, cuya ascendencia en el PP era notoria); José Antonio Fernández Olano, el amigo de Rato experto en marketing al que se encargó regir Aldeasa; Xabier de Irala, una persona vinculada por su padre al PNV, que aterrizó en Iberia, y Miguel Blesa, compañero de Aznar como inspector de Hacienda, a quien se concedió los destinos de Caja Madrid. Como guinda del pastel, todo estaba bien aderezado por José Manuel Fernández Norniella (el *chico para todo* de Rato) como presidente del Consejo Superior de Cámaras de Comercio.

Villalonga, uno de los elegidos, aparecía con la vitola de licenciado en Derecho y Económicas por la Universidad de Deusto, con un máster en Administración de Empresas del IESE bajo el brazo, y vástago de una familia valenciana de gran arraigo empresarial a la que no le había ido nada mal con el franquismo (su tío abuelo, Ignacio Villalonga, fue presidente del Banco Central entre 1943 y 1970). El elegido para Telefónica jalonaba su currículum con su paso como socio de la consultora McKinsey (1980-1989) y las direcciones generales de Crédit Suisse First Boston (1993-1994) y de Bankers Trust España (1995-1996), entre otros puestos. Pero su principal *mérito* radicaba en haber sido compañero de pupitre de Aznar en el Colegio del Pilar de Madrid y haber mantenido la amistad con él cuando este llegó a la Moncloa. A Aznar apenas le costó un gesto para recabar el apoyo de los accionistas del núcleo duro de la empresa: La Caixa, BBV y Argentaria (estos dos bancos no se fusionarían hasta 1999).

Investido, por tanto, con plenos poderes y con el mandato de terminar la privatización del grupo, Villalonga (entonces de cuarenta y tres años) puso en marcha una gobernanza basada en los modelos de gestión estadounidenses, de los que era fervoroso seguidor. Colocó a su paisano José María Mas Millet, que había conocido en el Banco Zaragozano, al frente de la Secretaría General de Telefónica con el fin de urdir con revestimiento legal la mayor parte de sus actuaciones. Con una forma de mandar muy peculiar y un equipo escogido de jóvenes sin escrúpulos al más puro estilo Wall Street, con muchas ganas de comerse el mundo y de engordar su cartera personal, enseguida demostró que su mandato no iba a resultar nada convencional. Con esos recursos humanos tan ambiciosos y movido por el boom de las nuevas tecnologías que dominaba la economía en aquellos tiempos finiseculares, diseñó una estrategia de crecimiento a ultranza, refractaria a cualquier obstáculo administrativo y ajena a las advertencias de los peligros que se avecinaban y que darían lugar al pinchazo de la incipiente burbuja tecnológica de internet.

A Villalonga parecían darle igual los avisos que indicaban prudencia en las decisiones. Culminó la privatización de Telefónica en febrero de 1997 con la venta del 20,9 % del capital que todavía estaba en manos del Patrimonio del Estado y que obtuvo unos ingresos de más de 650.000 millones de pesetas para las arcas del Tesoro.

El grupo fue fundado en 1924 bajo la dictadura de Miguel Primo de Rivera. Tras su constitución, estuvo bajo control de la multinacional estadounidense ITT hasta 1945, año en que el Gobierno de Franco lo nacionalizó, dejando el 79,6 % en manos del Estado (el resto le correspondía a pequeños y medianos accionistas). La participación estatal se fue reduciendo en varias ampliaciones de capital durante los años sesenta que dieron lugar a las famosas «matildes», como se llamaron a las acciones que se emitieron, en una primera forma de lo que pasados los años se conoció como «capitalismo popular», bajo la presidencia de Antonio Barrera de Irimo. El éxito de las matildes fue rotundo. En 1978, ya en la Transición, la presencia estatal se había reducido al 35,34 % y, paulatinamente, cayó algo más hasta quedarse cerca del 32 %.

Ese fue el punto de partida de la privatización que se abordó ya en los noventa, impulsada por la liberalización del sector de telecomunicaciones que decidió la Comisión Europea para acabar con los monopolios y oligopolios existentes. El primer paquete, que se vendió en la etapa socialista, se limitó al 10,7 %, de manera que el restante ya lo remató la Administración popular con Villalonga al mando. En el capital del grupo se hicieron fuertes La Caixa, BBV y Argentaria, como principales accionistas y miembros significativos del consejo de administración, mientras el Gobierno mantenía *la acción de oro*, esto es, el derecho especial utilizado en las empresas privatizadas de todo el mundo en sectores considerados estratégicos por el que el Gobierno se reserva la capacidad de veto de cualquier operación que afecte al interés nacional. Se mantuvo hasta 2006.

Una vez terminada la privatización, Villalonga se sintió liberado para aplicar su librillo, y hacer y deshacer. Enterró los 1,4 millones de kilómetros de fibra óptica que se habían desplegado y se olvidó de las populares matildes para aplicar el capitalismo más capitalista. Entre sus primeras innovaciones, importó las opciones sobre acciones (*stock options*), una fórmula común en el mundo anglosajón para remunerar a los ejecutivos, vinculada al crecimiento de la acción a corto plazo, que les haría ricos a él y a sus directivos y que sería copiada por prácticamente todas las grandes empresas españolas con el señuelo de fidelizar a los ejecutivos. El problema fue que estas opciones se centraban más en mejorar la capitalización bursátil para llenar las cuentas de sus titulares en lugar de garantizar un crecimiento sostenible de la empresa con el desarrollo del negocio.

El programa, que denominó «Rise» («elevar» en inglés, pero «risa» en francés) no se sabe si con socarronería o perversión, se dotó con cerca de 82.000 millones de pesetas (casi quinientos millones de euros) para los cien directivos de más alto rango del grupo, y diecisiete millones de euros para Villalonga. La irrupción de ese tipo de remuneración a directivos cogió con el pie cambiado al Ejecutivo del PP, que tuvo que hacer juegos malabares para sortear las críticas que no tardaron en llegar desde la izquierda y parte de la derecha moderada. Primero, el Grupo Popular introdujo enmiendas a los Presupuestos de 2000 que obligaban a los poseedores de las opciones a declararlas a la Comisión Nacional del Mercado de Valores (CNMV). Las enmiendas del PP se limitaron a establecer requisitos de transparencia en este tipo de retribuciones desde el 1 de enero de 2000. En concreto, se obligó a comunicar a la CNMV las retribuciones pactadas, incluirlas en los estatutos de la empresa y recibir el visto bueno de la junta de accionistas para aplicarlas.

Después, el vicepresidente segundo y ministro de Economía Rodrigo Rato, preocupado por las acusaciones de fomentar la cultura del pelotazo que el PP tanto había vilipendiado cuando estaba en la oposición, dio instrucciones a la Dirección General de Tributos para endurecer la fiscalidad de las *stock options* con el objetivo de que los sobresueldos millonarios que se obtuvieran a través de estos pluses guardasen una determinada proporción con las retribuciones normales. Lo que excediera ese porcentaje no disfrutaría de la reducción del 30 % que se aplicaba para las ganancias así obtenidas cuando han transcurrido más de dos años entre la opción y la compra, al tratarse de una renta irregular.

Lo que Rato no tuvo muy en cuenta es que el hombre al que habían puesto al frente de Telefónica venía de trabajar en bancos de inversión que fomentaban esa cultura y él mismo simbolizaba la idea del enriquecimiento rápido. Tuvo que adaptar su discurso para justificarse. «La diferencia es que ahora todo es legal, no se trata de un pesebre —dijo el vicepresidente a la defensiva—, sino de la utilización de instrumentos legales que existen en los mercados a disposición de cualquiera». El empeño de Rato era dejar fuera del debate político el asunto («la oposición pierde el tiempo al intentar que el Gobierno cargue con la responsabilidad política», declaró), pero su intento fue poco convincente, sobre todo cuando se utilizaba sin medida para pagar sobresueldos millonarios con ventajas fiscales mediante la compra de opciones en la propia empresa.

Pese a su intención de sacarlo del debate, Rato tuvo que dar explicaciones en el Congreso, que rechazó la comparecencia de Villalonga. El vicepresidente siguió en sus trece: «Lo que me parece absolutamente fuera del debate es que a personas que no tienen nada que ver con la política, sino que son profesionales perfectamente cualificados, se les quiera mezclar en un debate político». A la pregunta de si entendía que el cambio fiscal era la respuesta del Gobierno a un abuso por parte de Telefónica, contestó: «No, para nada».

También investigó las opciones sobre acciones la CNMV, después de que se considerara en su seno que debían ser difundidas al mercado como un hecho relevante, aunque no apareciese en la normativa que debían anotarse en el registro de participaciones significativas. Así se lo comunicó el presidente del organismo, Juan Fernández-Armesto, a Villalonga tras una consulta de este. A Villalonga le molestó y escribió una carta a Fernández-Armesto en la que le anunciaba que había deshecho la operación y lamentaba que lo que habría sido alabado en el mercado estadounidense estaba sujeto a críticas y especulaciones en España. Especulaciones nada peregrinas, porque la investigación perseguía el posible uso de información privilegiada.

Pero, además de tener el dudoso mérito de haber sido el causante de introducir en España esos mecanismos de compensación para directivos tan polémicos, Villalonga se dedicó a comprar y fundar empresas. Constituyó Telefónica Data y Telefónica Empresa, pero lo más osado fue la puesta en marcha, en 1998, de Terra Networks (con el sobrenombre de Telefónica Interactiva) como portal de internet. En realidad, Telefónica Data y Telefónica Empresa ya proporcionaban los servicios de conexión digital de banda ancha (ADSL) y de servicios integrados (RDSI), por lo que se hacían competencia dentro del propio grupo con Terra.

Terra era desde el principio la niña bonita de Villalonga, que había pensado contar con un portal de internet dentro de la estructura de Teleline, la filial de acceso a internet de Telefónica, pero tras comprar Olé (por 2.000 millones de pesetas y el 8 % de las acciones de Terra), varió sus planes iniciales y lanzó la marca Mundo Olé. Sin embargo, se produjo un conflicto que acabó provocando la salida voluntaria de treinta y seis empleados de Teleline, que al poco fundaron el portal Ya.com bajo el paraguas de Jazztel.

No fue un obstáculo. Villalonga siguió adelante con Terra y, en medio de una creciente burbuja tecnológica que no vio o no quiso ver, realizó una frenética actividad de adquisiciones (además de Olé en España, se hizo con ZAZ en Brasil; Infosel en México; Gauchonet y Donde en Argentina, y Chévere en Venezuela) y el lanzamiento de portales en varios países, convirtiéndose así en el líder de internet en el mercado de habla castellana.

Asimismo, se lanzó a implantar varios sitios web que desarrollaban servicios directos de internet como Invertia (portal de temas financieros), Educaterra (de educación), Rumbo (venta de viajes con Amadeus) y Terra TV (televisión por internet); otros de la mano del BBVA, como Azeler (vertical de automoción), Atrea (portal inmobiliario) y Uno-e (banco online, al 50 % con el BBVA), además de WWE.es (web oficial en español de la World Wrestling Entertainment). No contento con eso, Terra se hizo con el 25 % de Teknoland, empresa de desarrollo y consultoría.

Luego, una vez obtenido el tamaño suficiente, dio un paso determinante para sacar el portal a bolsa y seguir financiando su crecimiento. El 17 de noviembre de 1999, tras una exitosa campaña publicitaria apoyada por las entidades financieras accionistas de Telefónica y varios bancos de inversión, pondría la guinda con la colocación en las bolsas española y estadounidense. Fue un mayúsculo pelotazo. Salió a 11,81 euros por acción (ya se cotizaba en euros, aunque fuera de manera virtual) y los bancos colocadores lograron que sus clientes entraran decididos a comprar como posesos. La demanda superó treinta veces la oferta. El primer día el título se revalorizó un 213,3 % y, en tres meses, el precio se disparó hasta un máximo de 157,65 euros. Enseguida, se colocó en el *top ten* por capitalización bursátil, por lo que fue incorporada al selectivo índice IBEX 35 de la bolsa española, llegando a valer más que algunas de las principales cotizadas.

El divino hacedor de aquella operación se envalentonó y entró en 2000, ya con la primera legislatura de su compañero de pupitre feneciendo, con el ímpetu subido de tono y se aventuró, sin que nadie le pudiera parar, en otras dos operaciones de vértigo que daban prueba de su megalomanía. Tras dirimir un laudo en la Corte Arbitral de Madrid que obligó a Terra a comprar a los anteriores propietarios de Teknoland el resto del capital de la compañía por 20,59 millones de euros, adquirió el portal Lycos por 9.700 millones de euros (12.500 millones de dólares), que en 2004 se vendería por menos de cien millones. Lycos era entonces el tercer portal más visitado en Estados Unidos y tenía una fuerte presencia en Europa y Asia. Por otro lado, adquirió Endemol Investment Holding, una productora de televisión neerlandesa creadora del programa *Gran Hermano*, por casi 5.500 millones de euros, lo que se consideró un excesivo sobreprecio y por lo que acabó en los tribunales. En 2007, Endemol se vendería a Mediaset por menos de la mitad (2.629 millones de euros).

Villalonga había intentado en 2017 una alianza con BT, que rompió para unirse con WorldCom y MCI, firmas que estaban en proceso de fusión. Fue todo muy rocambolesco. El ejecutivo español cambió de caballo tras romperse la triple alianza entre BT, MCI y Telefónica cuando WorldCom lanzó una opa hostil sobre MCI. Ante el consejo, Villalonga defendió la nueva alternativa frente a la británica, porque le permitía entrar en Estados Unidos y mejorar sus perspectivas de negocios como operador de internet. A su juicio, estaba obligado a buscar apoyos para hacer frente a la competencia en el mercado nacional y afrontar las inversiones en Latinoamérica.

Precisamente, las fuentes conocedoras de las negociaciones aseguraron entonces que el acuerdo con BT se había roto porque los británicos reclamaban mayor papel en proyectos conjuntos y participación en las filiales latinoamericanas. La realidad es que Villalonga prefería juntarse con Bernie Ebbers, el agresivo presidente de WorldCom con el que había hecho buenas migas. La alianza, que se presentó en Madrid ante una bola del mundo y muchos decibelios, consistía en desarrollar en conjunto el mercado latinoamericano y, para Telefónica, entrar en el de habla hispana de Estados Unidos, que resultaba vital. La coalición no funcionó. Villalonga tuvo que pedir perdón a BT, a la que volvió a tirar los tejos. Ebbers sería condenado en 2005 a veinticinco años de prisión, tras ser declarado culpable de fraude.

Cuando la legislatura se precipitaba a su final, Villalonga ideó la alianza con BBVA, uno de sus principales accionistas, que le permitía fortalecer su estructura y proyecciones. La alianza constaba de catorce puntos, entre ellos el intercambio de acciones (10% de la operadora y 3% del banco) y el nombramiento cruzado de consejeros, pero más de un observador lo contempló como el último intento de Villalonga de salvarse de la quema a la que él mismo se había precipitado. Acorralado como estaba por las polémicas *stock options*, las operaciones fallidas y la desconfianza del Gobierno, aquella unión se antojaba como la salvadora y, además, le permitía hacer algo serio en internet, telefonía móvil, comercio electrónico y banca online de la mano de uno de sus accionistas principales.

El BBVA acababa de constituirse como respuesta a la fusión, nueve meses antes, entre Santander y BCH. Los dos bancos que la formaban (BBV y Argentaria) eran accionistas por separado de Telefónica, por lo que, una vez fusionados, reforzaban su condición de accionista principal, con el 6,7 %. Es decir, tendría que desembolsar 620.000 millones de pesetas para alcanzar el 10 % pactado. Por su parte, Telefónica debería destinar 230.000 millones de pesetas para tomar el 3 % del nuevo banco, lo que se consideraba una inversión innecesaria cuando las operaciones en Latinoamérica y la compra de Endemol, que estaba en marcha, requería tener fortaleza financiera disponible.

Para más escarnio, la acción de Telefónica se había derrumbado. El valor rondaba los 13.000 millones de pesetas cuando los analistas habían vaticinado 20.000 millones y temían que cayera a menos de 10.000 millones, lo que ponía en un brete a Villalonga, cuyo nombramiento como vicepresidente del banco debía aprobar la junta de accionistas. A cambio, Francisco González ocuparía el mismo puesto en la empresa. Pero este punto hizo que encallasen los demás. Se constituyó un comité de seguimiento para velar por la alianza que también se abocaba al fracaso.

BBV y Argentaria habían pactado la bicefalia en la presidencia: por un lado, Emilio Ybarra, que representaba la línea tradicional de las familias vascas; por otro, la indefinible de Francisco González, un informático que se hizo corredor de bolsa conocido por sus iniciales, FG, con las cuales había denominado la firma de valores que vendió a Merrill Lynch, y que formaba parte de los elegidos por el PP en 1996 para controlar las antiguas empresas públicas. Entonces todavía estaban creando equipo (en apariencia, al menos) y todo el mundo daba por hecho que el pez grande se comería al chico y que incluso la A de Argentaria desaparecería. Resultó que fue al revés y, por culpa de unas cuentas secretas en el paraíso fiscal de Jersey a nombre de los consejeros procedentes del BBV y provenientes de la recompra del paquete del 5 % que el Vizcaya había hecho a KIO en 1987, la operación se financió con un crédito y, tras la reventa de las acciones, parte de las ganancias fueron a parar a la cuenta secreta. El escándalo permitió a FG hacerse con el timón sin mucho trabajo. Solo tuvo que exigir que afloraran. Ybarra dimitió y fue condenado a seis meses de prisión. Pero eso es otra historia.

Mientras tanto, la acción de Terra se había volatilizado cuando la burbuja tecnológica se pinchó con la misma velocidad que había engordado, provocando el enriquecimiento de unos pocos avispados (y avisados) y la ruina de muchos pequeños inversores que habían creído en el milagro de los panes y los peces y no acertaron a vender en el momento propicio. Fue un caso emblemático que se repetiría en diferentes escándalos económicos: el pelotazo en bolsa gracias a expectativas infundadas en la que entran a saco los pequeños inversores y pierden su dinero todos los que no reaccionan a tiempo. En octubre de 2004, la acción cotizaba a 2,75 euros, lo que obligaría a Telefónica a asumir el control y sacarla de bolsa para dedicarla a contenidos y servicios de internet exclusivamente.

Para entonces, ya hacía cuatro años que los destinos de Telefónica no los conducía Villalonga. Había desaparecido (o le habían hecho desaparecer) del grupo. En julio de 2000, tras haber revalidado la presidencia del Gobierno en las elecciones de mayo, esta vez con mayoría absoluta, Aznar aprovechó para quitárselo del medio. Su amigo había preparado una verdadera ruina atribuida a su faraónica mentalidad que amenazaba con cargarse el grupo. Sus destinos se acabaron de alejar cuando el presidente le exigió que no cobrara las *stock options*, por las que tuvo que soportar duras críticas, entre ellas las de su asesor áulico José Barea, un veterano hacendista rescatado de los tiempos de UCD para que le asesorara en asuntos económicos y que le contó las verdades del barquero: «El espectacular crecimiento de la acción de Telefónica se debe no tanto a la gestión, sino a que proviene de una empresa monopolística que domina el mercado; están bien los incentivos a los ejecutivos, pero no tomando como indicador de la gestión algo que no les pertenece», le espetó el profesor.

Para el presidente del Gobierno, que renunciara a esa remuneración era la única salida airosa que le quedaba para que su amigo siguiera o, al menos, no se fuera por la puerta de atrás. No tuvo éxito. Al contrario, el amiguito del Pilar tomó el dinero (veinticuatro millones de euros, de los que diecisiete correspondían a las opciones) y desapareció del mapa. Literalmente. Se fue a vivir a Miami, donde en realidad pasaba más tiempo que en Madrid desde más o menos la mitad de su mandato, fechas en las que ya tenía relaciones con quien sería su segunda mujer, Adriana Abascal, exesposa del magnate mexicano Emilio Azcárraga. Despachaba desde la ciudad estadounidense por videoconferencia y solo en ocasiones, cuando los asuntos lo exigían, se trasladaba en jet privado a la capital de España.

El mandato de Villalonga en Telefónica se considera como un frenazo en la senda de expansión del grupo que habían impulsado sus antecesores desde los tiempos de Antonio Barrera de Irimo (es decir, desde los últimos años del franquismo) y en el aprovechamiento de las oportunidades que se presentaban entonces en el sector, según han criticado tanto los que le precedieron como los que le sucedieron. A juicio de estos, retrasó diez años el avance en nuevas tecnologías de España y todos los países en los que Telefónica fue operador dominante, básicamente latinoamericanos.

Le relevó César Alierta, un analista financiero que en su día había fundado la sociedad bursátil Beta Capital (muy ligada a operaciones del grupo KIO de Javier de la Rosa a finales de los ochenta) y al que el Gobierno del PP había colocado, también en 1996, como presidente de Tabacalera y miembro del consejo de administración de Telefónica, en el que formaba parte de la Comisión de Retribuciones. Es decir, Alierta reunía dos condiciones fundamentales: conocía las actuaciones de Villalonga y era de la máxima confianza. Además, su perfil era de hombre más prudente que Villalonga. Mientras este se aventuraba en operaciones de dudosa rentabilidad, Alierta hacía sus deberes en Tabacalera, ganándose el prestigio como gestor eficaz. De esa etapa, no obstante, arrastraba un percance: la investigación abierta en la CNMV por la compra de acciones de Tabacalera por parte de su sobrino político Javier Placer con información privilegiada en 1997, poco antes de que la empresa española adquiriese la firma estadounidense Havatampa, lo que hizo subir el valor de los títulos de aquella. En julio de 2009, la Audiencia Provincial de Madrid consideró probado el delito, pero absolvió a Alierta y a su sobrino por prescripción de este. El Supremo lo ratificó un año después.

Cuando aterrizó Alierta, se encontró con una empresa a la deriva que tuvo que enderezar y devolver a la racionalidad que el grupo había tenido en etapas anteriores, durante los años en los que se produjo la expansión internacional bajo la presidencia de Luis Solana Madariaga y, sobre todo, de Cándido Velázquez-Gaztelu Uribe, que como Alierta había sido presidente de Tabacalera antes de llegar a Telefónica. Pese a que reconocía que no era un apasionado de las telecomunicaciones, el ejecutivo maño se entregó a enderezar el grupo y no tardó en aplicar un mandamiento que siempre predicó: «La clave está en rodearse de gente que sea más lista que tú». Y lo hizo en los diversos frentes de la compañía. De esa forma, cambió la estructura del grupo por líneas de producto y trazó un crecimiento exponencial de la compañía superando el lapsus que había supuesto el paso arrebatador de Villalonga durante sus cuatro años de mandato. Abandonar la estrategia de crear contenidos y volver a ser un transportista de voz y datos.

Al mismo tiempo, Alierta imprimió un impulso extraordinario a la expansión internacional de la empresa, que presidió durante dieciséis años (2000-2016) y a la que convirtió en una de las principales multinacionales del sector de telecomunicaciones en plena transformación de la era analógica a la digital con operaciones como las licencias UMTS, la compra de las filiales de BellSouth en Latinoamérica, de la brasileña Vivo o la británica O_2.

A Alierta, fallecido en enero de 2024 a los setenta y nueve años, le tocó arreglar el desaguisado de Terra y sus alrededores. Aquella apuesta a la llamada de las nuevas tecnologías se convirtió en la máxima referencia española de la denominada burbuja tecnológica que afectó a valores de internet. Lo tenía todo para ser una víctima tras el estallido de las puntocom. El ejecutivo aragonés estaba obligado a dar un golpe de mano drástico. A las primeras de cambio colocó al frente de la filial a Joaquim Agut en reemplazo de Bob Davis, que procedía de Lycos y que renunció en enero de 2001, unos meses después de la marcha de su valedor. Agut, un ingeniero industrial procedente de General Electric, tuvo que pechar con la crisis del portal ante el desplome del valor en bolsa y no pudo enderezar la nave por mucho que buscara alianzas y lanzara comunidades virtuales en torno a diversos servicios que anticipaban el boom de la web 2.0 (por ejemplo, Terra Games, el primer servicio de juegos en línea multijugador, o el primer servicio de descargas de pago de música, en ambos casos dos años antes de que Apple pusiera en órbita iTunes). A finales de 2003 dejaría Terra para pasar a Endemol como consejero delegado, puesto al que renunciaría en 2006, cuando la productora se puso en venta. En 2007 se vendería a Mediaset por 2.629 millones de euros, menos de la mitad de lo que había pagado.

La operación de Lycos, por su parte, había supuesto que, indirectamente, el gigante alemán Bertelsmann entrara en Terra por su presencia en Lycos Europe. Por ello, acordó pagar mil millones de dólares en publicidad en Terra Lycos durante un periodo de cinco años, lo que suponía un alivio para las cada vez más mermadas cuentas de Terra. Hasta que, en octubre de 2004, Terra vendió Lycos a Daum, una compañía surcoreana, por cerca de cien millones de euros, menos del 1 % de lo que le había costado comprarla. Fue uno de los casos más sonados, aunque no el único, del estallido de la burbuja de internet.

A mediados de ese año, la junta de accionistas de Terra aprobó la integración de todos sus activos y filiales en Telefónica como marca de la Unidad de Negocios Digitales junto a otras firmas como TPI Páginas Amarillas, Wayra, Tuenti o la cadena argentina Telefe. En julio de 2005, tras deambular como un fantasma por el mercado, el grupo decidió sacarla de bolsa con una opa de exclusión. Hasta 2017, Terra funcionó como una marca del grupo destinada a contenidos y servicios de internet. Pero el portal había entrado en una derrota imparable, fagocitada por las redes sociales. A las 23 horas, 59 minutos y 59 segundos del 30 de junio de 2017 dejaba de operar tras dieciocho años de actividad, salvo en alguno de los países latinoamericanos.

Otro de los entuertos que heredó Alierta fue el conflicto que su antecesor había montado contra el Grupo Prisa. En paralelo a las actuaciones empresariales, el ampuloso ejecutivo se adentró en aventuras mediáticas. Émulo del Mario Conde de sus buenos tiempos, Villalonga creó con el dinero de la empresa un grupo multimedia favorable a las tesis del partido en el Gobierno. Con el beneplácito de su mentor, complacido con los ataques a Jesús de Polanco, Villalonga había montado Vía Digital para contrarrestar Canal Satélite Digital, además de denunciar en los tribunales un supuesto mal uso de los fondos depositados por los clientes.

Fracasaron (Villalonga y Aznar) en la misión, pero después de provocar una cruenta guerra digital que llevó a los juzgados a sus máximos responsables. El Tribunal Supremo condenó al Gobierno del PP a indemnizar con 26,4 millones de euros a Sogecable (empresa de Prisa de la que colgaba Canal Satélite Digital) por los perjuicios causados por la aplicación de una normativa constituida *ad hoc* para obstaculizar el funcionamiento de esta sociedad.

Villalonga no hacía otra cosa que satisfacer el deseo de Aznar, que había sido muy beligerante con el Gobierno socialista cuando estaba en la oposición, acusándole de manipular a los medios públicos, y había propugnado que «el Estado debería ser extremadamente cuidadoso para no interferir en los procesos productivos, privilegiando a una empresas o sectores en perjuicio de otras y otros». Ni que decir tiene que sus palabras se las llevó el viento en cuanto se mudó a la Moncloa y alentó crear ese grupo mediático que, en teoría, estaba dirigido desde el número 28 de la Gran Vía madrileña (sede entonces de Telefónica). Compró Antena 3 y Onda Cero, entró en el grupo Recoletos (editor entonces del diario económico *Expansión* y del deportivo *Marca* y aliado del *Financial Times*) y, sobre todo, creó la citada plataforma de televisión Vía Digital. Telefónica agrupó esas empresas bajo el mismo paraguas para servirle de altavoz de sus actuaciones y escudo en caso de necesidad.

La experiencia mediática de Villalonga fue un fracaso manifiesto: Vía Digital supuso pérdidas millonarias a Telefónica, Antena 3 y Onda Cero acabaron en manos de Planeta-Agostini, y el PP, que había alimentado la aventura, quedó retratado como el gran manipulador que su líder había acusado ser a los socialistas cuando estaba en la oposición.

Alierta, por su parte, entabló buenas relaciones con Polanco y, entre ambos, propiciaron la fusión de las dos plataformas digitales cuyo destino individual habría sido la quiebra. Con el paso del tiempo se convirtió en un aliado del grupo editorial, propietario entre otros medios de *El País*, la Cadena SER, el diario económico *Cinco*

Días y el deportivo *AS*, en cuyo capital entraría Telefónica hasta llegar a ser uno de los accionistas de referencia durante un largo periodo.

Cuando pasado el tiempo se le preguntó a Villalonga por el cuatrienio telefónico contestó sin ambages: «No me arrepiento de nada». Suficiente para definir la labor de una persona que se creó su propio personaje y se lo creyó. Una controvertida figura que fue glosada por el novelista Javier Marías, no precisamente para alabarle: «El tal Villalonga ha logrado el peor funcionamiento de Telefónica del que hay memoria, y lo tenía difícil, hay que reconocerle el mérito» (1999). Tocó el olimpo que le puso a tiro su amigo Aznar dando una imagen de empresario agresivo y moderno que le llevó a coleccionar algunas condecoraciones como la de la Universidad de Nueva York o la de empresario del año que otorga la Cámara de Comercio Hispano-estadounidense.

El vértigo provocado por su prometedora entrada en el mundo de las telecomunicaciones le condujo también a las páginas del corazón, lo que supuso el alejamiento definitivo de su valedor, el presidente Aznar, y sobre todo de la esposa de este, Ana Botella, que no le perdonó la separación de Concha Tallada, de la que es íntima amiga y de quien Villalonga se divorció en medio de toda la vorágine de compras empresariales para casarse con Adriana Abascal, la exmujer del magnate mexicano Emilio Azcárraga, factótum del imperio Televisa. A pesar de ser padrino del hijo menor de Aznar, Alonso, Villalonga no fue invitado a la boda de Ana Aznar y Alejandro Agag, celebrada con todo lujo y pompa en San Lorenzo de El Escorial en septiembre de 2002.

Los matrimonios Villalonga-Tallada y Aznar-Botella cultivaron su amistad por largo tiempo. El verano del año en el que el PP ganó las elecciones de 1996 compartieron vacaciones en Oropesa del Mar (Castellón). Allí se fraguó, sin duda, la estrategia de manejo de Telefónica y la de atacar el imperio de Jesús de Polanco, pero al presidente seguro que no se le pasaba por la cabeza que en tan poco tiempo se la iba a armar hasta el punto de que se quedara sin argumentos para defenderle. Además de las dudosas operaciones que había acumulado como presidente de Telefónica se juntó alguna actuación sospechosa al margen de su cargo. Posiblemente, el presidente tenía suficientes datos para sospechar que algunas de las sonadas operaciones de Villalonga en Telefónica serían investigadas.

Primero fue el conocimiento de los quinientos millones de euros con los que se habían dotado las *stock options.* Después estalló el presunto uso de información privilegiada para obtener plusvalías durante las negociaciones de fusión con la multinacional estadounidense MCI-WorldCom, que se fueron al traste. Para remate, se conoció la investigación abierta en enero de 1998 por la CNMV sobre una serie de operaciones conocidas como OTC (*Over The Counter*), consistentes en la compraventa de futuros fuera de mercado. Tan solo catorce clientes, entre ellos Villalonga, obtuvieron 1.070 millones de pesetas entre el 2 de enero y el 21 de abril de 1998 con operaciones sobre títulos que eran adquiridos mediante créditos facilitados por Argentaria, entonces entidad pública presidida por Francisco González, otro agente de cambio y bolsa colocado al frente del banco por el Gobierno de Aznar.

También acabó en vía judicial la compra de Endemol Investment Holding, por la que Telefónica pagó (mediante intercambio de títulos) 5.500 millones de euros. El caso abierto por la Audiencia Nacional, que fue archivado en 2003, acabó con la venta del grupo neerlandés en mayo de 2007 por 2.629 millones de euros al consorcio Mediaset, propiedad del entonces primer ministro italiano Silvio Berlusconi. La operación de Lycos siguió el mismo camino antes de que se vendiera al grupo coreano Daum por la irrisoria cifra de cien millones cuando habían pagado más de 9.000.

Para remate, Villalonga tuvo que declarar como imputado en 2007 por el caso Sintel. Sintel, filial de Telefónica dedicada al montaje de sistemas de telefonía, había sido vendida en 1996 a la empresa Mas Tec International, de la familia cubana anticastrista Mas Canosa, afincada en Miami, en una de las primeras operaciones firmadas por el ejecutivo madrileño. El asunto cubrió muchos espacios informativos por el Campamento de la Esperanza que sus trabajadores instalaron durante ciento ochenta y siete días en el paseo de la Castellana de Madrid con tiendas de campaña en protesta por el impago de salarios y una reducción de novecientos empleados. El conflicto forzó la intervención del Parlamento, que, a propuesta de Izquierda Unida, aprobó una oferta de empleo para la mitad de la plantilla y prejubilaciones para la otra mitad, además de cobrar veinticuatro millones de euros del Fondo de Garantía Salarial.

No obstante, la Audiencia Nacional juzgó el caso por insolvencia punible, delito societario y contra la Hacienda Pública a ocho imputados. Según la Fiscalía Anticorrupción, Villalonga «tuvo participación notable en la causación y agravación de la insolvencia de Sintel», que luego se tradujo en su quiebra. Finalmente, la Fiscalía retiró la imputación contra el expresidente de Telefónica después de haber declarado que durante su presidencia solo se ejecutó el mandato de venta, pasando así la responsabilidad a sus antecesores. En septiembre de 2012 se alcanzó un acuerdo extrajudicial con Mas Tec según el cual la familia Mas Canosa pagaría 35 millones de euros a cambio de retirar los cargos.

No acabaron ahí sus procesos. En 2017 estaría implicado en el caso *Paradise Papers* (Papeles del Paraíso) de evasión fiscal relativo a inversiones en paraísos fiscales. En una montaña inacabable de millones de documentos filtrados a la prensa aparecieron más de ciento veinte mil personas físicas y jurídicas, entre los que estaban la reina británica Isabel II. Villalonga, según esos papeles, mantuvo una sociedad en las Islas Caimán y otra en las Islas Vírgenes Británicas junto con su segunda mujer, Adriana Abascal. Él se defendió: «Si alguien tiene todo en regla, ese soy yo».

El halo que acompañó al aguerrido ejecutivo no fue precisamente ejemplar. Se exilió de España y se instaló en Miami con su segunda esposa, Adriana Abascal, con quien se casó en junio de 2001. La relación con la mexicana le permitió entrar en la *beautiful people* de Estados Unidos y, de paso, también en la europea. Con buenas dotes para el encanto inmediato, de carácter extrovertido y dicharachero, no le costó hacer amigos, entre ellos Julio Iglesias, Antonio Banderas, Melanie Griffith o Salma Hayek, esta última compañera de Adriana Abascal en Televisa antes de que se casara con Emilio Azcárraga.

Su fiasco en Telefónica no le impidió emprender, con su estilo elocuente, nuevas operaciones empresariales a un lado y otro del Atlántico. Pronto fue nombrado consejero de la principal cadena de televisión de habla hispana de Estados Unidos, Univisión, que presidía uno de sus nuevos amigos, el millonario californiano Andrew Jerrold Perenchio. En la cadena estaban representados los mexicanos Azcárraga y los venezolanos Cisneros, propietarios a su vez de Venevisión. Al mismo tiempo, se hizo consejero de varias firmas de telecomunicaciones, como la estadounidense McLeod USA, la canadiense Blueslice Networks y Telekom Malaysia.

Asimismo, en 2002 creó Emergent Telecom Ventures junto al abogado Mohamed Ammersi, de origen libanés, al que había tenido de asesor externo en Telefónica. Este caballero le había ayudado a constituir un fondo de inversión denominado Comunnicapital Limited Partnership, y percibía entonces cien mil dólares mensuales más gastos por gestionarlo. A través de Emergent, los dos socios entraron en el negocio de telecomunicaciones de las exrepúblicas soviéticas. En 2005 compraron una participación en PeterStar, compañía de móviles de San Petersburgo, y en Magticom, primera operadora de Georgia. A ello añadió un puesto de consejero en Mega Fon, tercera operadora de móviles de Rusia, en representación de Telecominvest, grupo controlado por First National Holding of Luxembourg y Telia Sonera. En 2021 fichó por Global Technology Acquisition Corp, una spac (sociedades que buscan unirse a empresas con actividad) que abandonó en abril de 2024 sin haber logrado una fusión.

Cuando en la primavera de 2007 salió indemne de la causa de Sintel, intentó recuperar su imagen, muy deteriorada tras su marcha de Telefónica y quizá irrecuperable. Entró en el negocio del fútbol, donde había vislumbrado una máquina de generar fondos con contratos televisivos por todas las partes del mundo. Lo intentó con el Liverpool en Inglaterra. Siguió con el A.C. Milan, el club de Berlusconi, en Italia. En España, avanzó con el Valencia, el club de su tierra natal, donde tenía además el aval del Gobierno regional de Francisco Camps, posteriormente imputado en varias causas. Tan solo dieciocho días después de acordar con Juan Bautista Soler, el máximo accionista del Valencia, la gestión del club, fue despedido por este indemnizándolo con seis millones de euros.

Pero su osadía no tenía límites. Tras fracasar en el Valencia, el objetivo no fue otro que el Real Madrid. Anunció sus intenciones de optar a la presidencia apelando a los sentimientos de grandeza del madridismo. Lo debió ver muy crudo porque nunca se presentó. Pero intentó acercarse a Florentino Pérez pidiendo una lista única que el presidente de ACS y factótum del club blanco en lo que va de siglo XXI rechazó con su habilidad característica.

Le quedaba el mundo del corazón con reportajes en revistas de papel cuché, como *¡Hola!* o *Vogue*, junto a su esposa. Tras su divorcio en 2009 de Adriana Abascal, Juan Villalonga contrajo terceras nupcias en septiembre de 2010 con la fotógrafa y baronesa alemana Vanessa von Zitzewitz en una ceremonia celebrada en Mónaco. Dicen que precisamente habría sido su actual mujer quien le habría presentado a Corinna Larsen, a quien Vanessa habría hecho fotos en alguna ocasión. Villalonga fue señalado de estar involucrado como intermediario en la conversación de Corinna y el comisario Villarejo que llevó al juez Manuel García Castellón a reabrir la denominada pieza Carol del caso que lleva el nombre del policía retirado. Tanto Villalonga como la empresaria fueron citados como imputados. El hombre que un día de finales del siglo XX ideó crear aquel portal de internet al que llamó Terra tuvo su séptimo hijo con Von Zitzewitz, de la que se divorció en mayo de 2024.

7

Gescartera
Antonio Camacho Friaza

El 14 de junio de 2001, en el segundo año de la segunda legislatura de José María Aznar, el establishment se sobresaltó por la intervención de Gescartera por parte de la Comisión Nacional del Mercado de Valores (CNMV). Gescartera Dinero era una agencia de bolsa y gestión de fondos dirigida por un impetuoso seductor de inversores llamado Antonio Rafael Camacho Friaza, que había involucrado en un escándalo piramidal a más de cuatro mil inversores. La mayoría era de pequeñas cantidades, pero entre ellos se encontraban también personas jurídicas con sumas mucho más altas y de gran alcance mediático, como la Mutualidad de la Policía, los Huérfanos de la Guardia Civil, la Organización Nacional de Ciegos de España (ONCE), Manos Unidas, la Fundación San Pablo-CEU, varios obispados y arzobispados y algunas órdenes religiosas. En total, desaparecieron más 15.000 millones de pesetas (casi noventa millones de euros, que entonces ya era moneda virtual). Por las cifras no fue un fiasco comparable a los de Banesto, Rumasa o Banca Catalana, pero por su repercusión política mereció una atención especial. Hizo tambalearse al Gobierno y se constituyó una comisión parlamentaria en la que el PP aplicó su mayoría absoluta sin titubeos. La crisis se saldó con la dimisión de Pilar Valiente, presidenta de la CNMV, por haber tenido relaciones con la sociedad que iban más allá de las profesionales, y del secretario de Estado de Hacienda, Enrique Giménez-Reyna, que estaba entre los clientes y había intervenido políticamente a favor de la entidad, presidida por su hermana Pilar. Pero no rodaron más cabezas que las de ellos. El estafador y varios de sus colaboradores fueron detenidos en 2001 y siete años después condenados en juicio oral.

Gran parte del dinero nunca apareció. Lo curioso es que, pasado el tiempo, una parte de los fondos no fue reclamada, lo que parecía indicar claramente que muchos de los afectados habían invertido dinero negro y no querían descubrirse.

La intervención de Gescartera por parte de la CNMV aquel 14 de julio de 2001 le tocó dirigirla a Pilar Valiente Calvo como presidenta de la institución. Valiente había sido elegida en octubre de 2000 para sustituir a Juan Fernández-Armesto Fernández-España. Este letrado y economista, perteneciente a una familia ilustrada gallega muy entroncada con la derecha por las dos ramas, podía haber sido renovado un periodo de cuatro años más, según los estatutos, pero desde la Moncloa y el Ministerio de Economía, responsable directo del nombramiento, debieron considerar que el pulcro catedrático de Derecho Mercantil no se había adaptado de manera adecuada a las exigencias del puesto y no parecía apropiado para continuar en el cargo. Muy al contrario, sí creyeron que la pizpireta inspectora de Hacienda, a la que el PP ya había colocado en 1998 en el consejo de la CNMV y estaba familiarizada con él, se acoplaba perfectamente al perfil requerido por José María Aznar y Rodrigo Rato.

Valiente esgrimía un currículum lleno de favores políticos que garantizaba esa conjetura. En abril de 1997, siendo directora general de la Inspección, había sido protagonista de las visitas nocturnas a despachos oficiales en busca de expedientes sobre una supuesta amnistía fiscal por valor de 200.000 millones de pesetas correspondientes a más de seiscientos expedientes de la que los populares acusaban a los socialistas durante sus gobiernos. El ministro anterior, Pedro Solbes, lo negó con contundencia. Esas visitas secretas habían sido ordenadas por el secretario de Estado del ramo, Juan Costa, hombre de máxima confianza del ministro Rodrigo Rato. Como pareja de pesquisas de Valiente había participado Jesús Bermejo, presidente de la Agencia Tributaria, además de un equipo de casi una docena de personas. Pero no encontraron nada. Fueron a por lana y salieron trasquilados. El asunto acabó en un escándalo que supuso la dimisión de Bermejo, mientras a Valiente se le buscó una salida en la CNMV. Antes de eso, la funcionaria había ejercido de martillo contra los socialistas como presidenta del Sindicato de Inspectores, cuerpo al que pertenecía desde 1982, y como perito en el caso Filesa, de financiación irregular del PSOE.

Entre los muchos amigos que había hecho en su carrera profesional, Valiente contaba con Enrique Giménez-Reyna, secretario de Estado de Hacienda cuando ella accedió a la presidencia de la CNMV. Giménez-Reyna no tardó en llamarla con la teórica intención de quedar con su hermana, Pilar, que ejercía como presidenta de una sociedad de valores. Esa sociedad resultó ser Gescartera, a cuya presidencia había llegado tras la oferta de su dueño, Antonio Camacho, con el que había trabajado en el pasado. Valiente aceptó la invitación a comer con la hermana de su amigo, que se presentó con el propio Camacho y su apoderado, José María Ruiz de la Serna.

Es posible que el secretario de Estado ignorara las intenciones de su hermana (o no), pero la comida resultó ser una especie de encerrona de los gestores de Gescartera para quejarse a la nueva presidenta de la CNMV de las sanciones graves que, en julio de 2000, el regulador presidido por su antecesor había puesto a Gescartera y a ellos mismos, que fueron inhabilitados, tras haber encontrado irregularidades contables. En aquel consejo de 2000, además, se había aceptado la transformación de la entidad de sociedad a agencia de valores. Valiente, que formaba parte de dicho consejo, no parecía recordar nada de lo que los dos inhabilitados le hablaban. La transformación de sociedad de valores en agencia de valores era requisito indispensable para sustituir a los dos acusados. Así que en junta general extraordinaria celebrada en unos meses se procedió a nombrar presidenta a Pilar Giménez-Reyna y consejero delegado a José Miguel Pichel Jallas, directivo de la ONCE, institución que controlaba el 10 % del capital social.

Había pasado solo un mes desde el nombramiento de Valiente y los responsables de Gescartera habían actuado con celeridad para arreglar sus cuitas. Se habían adelantado, incluso, a las intenciones de la presidenta de reunirse con las firmas, una por una, que actuaban en el mercado. De hecho, la primera comida no fue más que el aperitivo de otra posterior que se celebraría en enero de 2001 en la sede de la CNMV (es decir, ya de manera oficial). En esta, Camacho le comunicó, como gran noticia, que la ONCE iba a tomar el 25 % de la agencia y, además, contratar a Gescartera para gestionar los fondos de los miles de socios de la organización.

La información fue un arma de doble filo, ya que, si por un lado suponía una garantía de estabilidad para la entidad, por otro requería que la CNMV intensificara la inspección de la firma que respaldaba la ONCE. Además, Gescartera no era un modelo de excelencia. Le habían abierto expedientes y multado en varias ocasiones. Y a los inspectores no les sorprendió descubrir entonces que las certificaciones de depósitos falsos que había denunciado no hacía mucho tiempo Caja Madrid eran de Gescartera. Los inspectores detectaron, además, algunas lagunas en los resultados trimestrales de la entidad. Así que lo que había empezado como una investigación rutinaria se convirtió en el comienzo de un escándalo.

Suficiente metralla para disparar. La inspección de la CNMV, que tenía a la sociedad en el punto de mira desde hacía tiempo, ya no soltó el hueso. Solicitó más datos sobre las cuentas y la sociedad contestó que disponían de unos 6.000 millones de pesetas gestionados por La Caixa y el Banco Santander. La información aportada por las dos entidades, al ser requeridas por los servicios de la CNMV, destaparon las irregularidades. Sin ser muy explícitos al principio, al final llegaron a confirmar que no sabían nada de los saldos de los que hablaba Gescartera ni de la existencia de certificaciones ni nada por el estilo.

Aquella entidad, que había *vendido* a sus distinguidos clientes una imagen de seriedad, se asemejaba a un chiringuito a punto de derrumbarse. No había fondos. Los inspectores de la CNMV tenían indicios claros de que estaban ante una estafa piramidal o algo parecido; desde luego, irregular. Ante las sospechas, por un lado, y las evidencias, por otro, Valiente no tuvo más remedio que incluir en el orden del día del consejo del 14 de junio de 2001 la intervención de la agencia a la que se opuso dos años antes y que, esta vez, el consejo sí aprobó. Ahora tocaba ser más contundentes.

Llovía sobre mojado. Aunque la memoria de Valiente fuera selectiva y no hubiera retenido algunos acontecimientos sucedidos cuando ella ya era consejera de la Comisión, la situación no era nueva. Las sospechas sobre la actuación de Gescartera existían, incluso, desde que Antonio Camacho y su padre, José Camacho Martínez, la constituyeron en 1992. Pero nació con pecado original: padre e hijo tenían una sociedad denominada Bolsa Consulting que estaba en el periscopio de la CNMV. En 1993, ya integrada en el nuevo grupo, fue sancionada con una multa de 128 millones de pesetas, los cuales nunca quedó claro si los responsables llegaron a pagar. Transcurrió el tiempo bajo sospecha hasta que, en diciembre de 1998, la situación tomó un cariz peligroso cuando Hacienda descubrió un descuadre en las cuentas de algo más de 4.500 millones de pesetas que no pudo ser soportado con ningún documento.

La CNMV, en paralelo, tenía abierta una inspección en profundidad que destapó los suficientes elementos como para decidir intervenir Gescartera. El director general de Supervisión, David Vives, transmitió la delicada situación de la sociedad al presidente, que alarmado decidió convocar una reunión urgente del consejo de la CNMV el 16 de abril de 1999. Vives, un meticuloso profesional con intachable carrera, presentó un informe en el que advertía de los problemas encontrados en la sociedad, en concreto en una cuenta en Bankinter, y de sospechas en otras cuentas corrientes en distintas entidades. Sin embargo, las opiniones estaban divididas y el consejo optó por seguir investigando muy a pesar de Vives y de Fernández-Armesto.

Valiente, aunque no lo recordara cuando la hicieron presidenta, votó en contra de la intervención junto al vicepresidente, Luis Ramallo, y el consejero José María Roldán. A favor lo hicieron el presidente, Fernández-Armesto, y los consejeros José Manuel Barberán y Miguel Martín, a la sazón subgobernador del Banco de España, que, como mal menor, mantuvieron que la investigación siguiera adelante. La propuesta se quedó en la apertura de un expediente sancionador y en una infracción grave, en lugar de muy grave que había planteado Vives, con una sanción de siete millones de pesetas que no se hizo pública. Gescartera logró presentar una auditoría sin salvedades.

Algo que no se podía explicar el director de Supervisión de la CNMV, quien pronto dimitiría, al ver que el trabajo realizado había caído en saco roto. Sin pasar mucho tiempo, Vives tendría la posibilidad de vengarse tanto en la comisión parlamentaria que se constituyó para investigar el caso como en la declaración ante la juez Teresa Palacios, que llevó las diligencias para su posterior juicio oral. En mayo de 2002, Vives manifestó a la juez que un análisis jurídico formulado verbalmente por el entonces secretario del consejo del organismo regulador, Antonio Alonso Ureba, fue clave para frenar una intervención que estaba más que justificada y que el presidente, Fernández-Armesto, estaba dispuesto a ejecutar. Alonso Ureba, para esas fechas, ya era secretario del consejo de Telefónica, fichado por César Alierta cuando este llegó a la presidencia, lo que provocó muchas especulaciones sobre su papel en la investigación en la compra de acciones de Tabacalera con uso de información privilegiada por parte de un sobrino del empresario aragonés cuando este presidía la empresa en 1997. El caso quedó archivado por prescripción del delito.

En todo caso, el tiempo le dio la razón cuando el 13 de julio de 2000, el mismo día que se autorizó la conversión de sociedad en agencia de valores, Gescartera fue sancionada por irregularidades. Hasta que el citado 14 de junio de 2001, y ante las evidencias que no se quisieron ver en 1999, la CNMV tuvo que intervenir la entidad por la imposibilidad de conocer su estado económico-financiero y el destino de los fondos de sus clientes.

A partir de la fecha de intervención se desencadenó el proceso judicial. Un mes después, el 16 de julio de 2001, los inspectores detectaron un agujero de 13.000 millones de pesetas, cifra que posteriormente se elevaría a más de 20.000 millones. La opacidad de las operaciones impedía fijar la cantidad exacta, e incluso aproximada, que se manejaba. Al final, se cuantificó en unos 15.000 millones de pesetas (88 millones de euros) el quebranto que no logró recuperarse. Lo que sí se concretó fue, al día siguiente, el ingreso en prisión sin fianza de Camacho, como principal accionista de la agencia, y de su segundo, Ruiz de la Serna.

El 20 de julio dimitió el secretario de Estado de Hacienda, Enrique Giménez-Reyna, después de que el ministro del ramo, Cristóbal Montoro, que en primera instancia le había confirmado, se lo exigiera *malgré lui*, por las repercusiones que estaba teniendo en el Gobierno. El ministro y el secretario de Estado mantenían una estrecha relación de tiempo atrás, pero ambos entendieron que el inspector de Hacienda tendría que ser el sacrificado, so pena de que rodaran cabezas más arriba. Además, había elementos suficientes para ello. Montoro, que en el Gobierno que formó Aznar tras ganar las elecciones de 2000 pasó de secretario de Estado de Economía a asumir la cartera de Hacienda, que quedó separada de la de Economía, ponía en bandeja la cabeza de su segundo. Rato, como titular de Economía y vicepresidente, haría lo propio con la de la presidenta de la CNMV, aunque tuviera que esperar a septiembre para ello porque Valiente se resistía a dejarlo.

El culebrón continuó. El 27 de julio, Luis Ramallo, exvicepresidente de la CNMV y exdiputado del PP, admitió que había intervenido desde su despacho de notario como fedatario en algunos documentos de Gescartera y que había recibido regalos de Camacho por valor de más 12.000 euros. Según relató el político extremeño, él le pidió a Camacho que le comprase unas joyas en un lugar que le hacían descuento para aprovecharse de ello y que, cuando se las quiso pagar, aquel se negó a cobrar. Por ello, le regaló un bodegón que encargó al pintor Vega Osorio. Eso dijo. Sorprendió que Ramallo hubiera alcanzado tal grado de cercanía con Camacho como para pedirle aquel favor.

Ya entrados en agosto de 2001, la CNMV reconoció la existencia de los encuentros que Pilar Valiente había mantenido con los dirigentes de Gescartera siendo presidenta del organismo. El 29 de ese mes serían el vicepresidente de la ONCE, Rafael de Lorenzo, y el director general de la Fundación ONCE, José Manuel Pichel, los que, presionados desde la presidencia de la organización, dimitieron tras conocerse que habían ocultado una inversión de más de tres millones de euros en Gescartera. Pichel se incorporó al grupo de Camacho como consejero delegado y estuvo en medio de los últimos escarceos de la entidad mientras la Fundación ONCE aplaudía que hubiera estallado el caso porque había evitado males mayores.

Las cosas iban cayendo por su propio peso hasta que el 7 de septiembre de 2001 el PP tuvo que aceptar que se constituyera la comisión de investigación parlamentaria. El 17 de septiembre se conocieron nuevos detalles del dietario de Pilar Giménez-Reyna. En él hacía referencia a supuestas intervenciones de Pilar Valiente a favor de la agencia, a inversiones de dinero b de la Iglesia y a la ayuda de su hermano Enrique en las relaciones con la CNMV.

Fue la puntilla que obligó a Valiente a dimitir dos días después, el mismo día que la juez Palacios ordenaba el ingreso en prisión sin fianza de Pilar Giménez-Reyna. La fiel Valiente que había ejecutado Gescartera tuvo que dimitir cuando llevaba menos de un año en el cargo por las sospechas de que había ayudado a Camacho y a Pilar Giménez-Reyna desde que era consejera.

Según el dietario, que cayó en las manos de la juez, el 16 de abril de 1999, el día que se reunió el consejo de la CNMV del que Valiente formaba parte para analizar la posible intervención de Gescartera, Giménez-Reyna anotó que aquella la había avisado «rápidamente» de la intención de Fernández-Armesto y Vives de intervenir la sociedad. En las notas se descubrió que Pilar Valiente se había opuesto a las intenciones de intervenir que proponía el técnico Vives y que ella negaba: «Enrique [Giménez-Reyna] me llama. Pilar Valiente da revés a David Vives. Nos pide que aguantemos. No dar nombres en cheques al portador. No somos la Agencia Tributaria», escribió la presidenta de Gescartera en su agenda en abril de 1999.

La madeja se enredó más cuando el 27 de septiembre José María Ruiz de la Serna, el apoderado de Gescartera, afirmó en la Audiencia que el dinero de los clientes podría estar en el extranjero y que Camacho era el responsable de las inversiones.

La *historia oficial* contada desde el Gobierno del PP y la CNMV para hacer frente a las preguntas de los diputados de la comisión de investigación que se constituyó ante la gravedad que alcanzó el asunto relataba que difícilmente se habría podido rechazar una intervención en el consejo porque nadie había hecho ninguna propuesta. En la comparecencia que tuvo a finales de septiembre de 2001, Vives la tiró por tierra de manera categórica: «Yo estuve en ese consejo y recomendé la intervención». Y añadió que tres consejeros se opusieron a ella. «Básicamente, se formaron dos bandos y medio en cuanto a consejeros [electos]. Por un lado, estaban los señores Armesto y Barberán y, por otro, Luis Ramallo, Pilar Valiente y José María Roldán, que eran opuestos frontalmente a la intervención», declaró.

Al día siguiente le tocó el turno a Valiente, que pocos días antes, el 19 de septiembre, había dimitido. Le dio más cuerda a la cometa: «Lo primero que quiero dejar claro es que yo jamás me opuse a ninguna propuesta de intervención porque no la hubo y, por tanto, es mentira que yo me opusiera, ni beligerantemente ni no beligerantemente; o sea, niego la mayor: no hubo propuesta y yo no tuve ocasión de oponerme. Es más, jamás me habría opuesto a una propuesta de intervención hecha por un técnico».

Alguien mentía y, además, en sede parlamentaria ante una comisión específica, lo que podía arrastrar responsabilidades penales. La polémica radicaba en que una versión era contra el Gobierno y, la otra, en su defensa. Ante eso, la comparecencia de Armesto se antojaba fundamental. Al expresidente, que había salido de la casa por la puerta de atrás, pero con la cabeza bien alta, no le costó nada entrar al trapo, incluso sin que nadie se lo hubiera puesto delante. La información de *El País* recoge sus palabras:

> El día 16 [de abril de 1999] se reunió el consejo, se entregó a los consejeros lo que sus señorías me parecen que llaman el *Informe Vives*. David Vives hizo una presentación y ahora entramos en el momento que suscita más dudas. Primera duda. ¿Se habla de intervención? Sin duda, sí. No tengo duda de que hablamos de intervención. Segunda pregunta, ¿cuál era la posición de David Vives en relación con la intervención, favorable o desfavorable? Tampoco tengo ninguna duda: era favorable. Y tiene que haber defendido la postura favorable porque si no fíjese usted el papelón en el que me quedaba yo, que había convocado un consejo a uña de caballo, de un día para otro cuando había un consejo el próximo [siguiente] miércoles porque me lo había pedido Vives, que estaba convencido de que había que intervenir.

Faltaba pasar por el Congreso el exvicepresidente de la CNMV, Luis Ramallo, cuya intervención, según recogen las crónicas de entonces, fue un «galimatías». Como Valiente, se agarró a la historia oficial y la historia oficial se atiene a las actas, que no reflejan que hubiera una propuesta. Armesto lo explicó: «Las actas recogen las discusiones porque se quiere recoger lo que crea consenso. Pero el acta no contradice, sino que, en lo esencial, confirma lo que estoy diciendo: tras la oportuna deliberación, el consejo adopta por unanimidad los siguientes acuerdos. No hay referencia a una propuesta de nadie, no hay referencia a una propuesta de David Vives porque esta propuesta [la de no intervenir] no era la suya».

Los razonamientos parecen contundentes. Se convocó un consejo excepcional, es decir, que muestra urgencia y preocupación por algo. Si no se hubiera querido discutir la intervención, ¿se habría convocado? ¿Habría reflejado el tono de alarma que el informe trasladaba? Si Vives hubiera considerado que no había que intervenir, difícilmente habría pedido al presidente que convocara una reunión de urgencia cuando la semana siguiente había un consejo ordinario. Como dijo Armesto, el informe era para intervenir: «Es una incongruencia absoluta pensar que se presenta este informe con la finalidad de no intervenir; todo ocurrió de la forma que lo he descrito», remató.

El expresidente explicó que, al no haber consenso, se decidió no intervenir y continuó razonando la postura, dejando claro a los diputados lo ocurrido, y que, si aquel primaveral día de 1999 hubieran votado la intervención, se habrían evitado males mayores, pero la disciplina de partido marca caminos que no entran en la lógica de la razón y sí en la de los intereses particulares. En este caso, el rodillo popular evitó que la actuación en la CNMV salpicara al Gobierno y, en concreto, al todopoderoso Rato. Vives y Armesto marcaron su independencia de cualquier causa. El primero estaba prejubilado y el segundo había vuelto a su despacho para trabajar en el arbitraje, materia en la que es uno de los principales especialistas.

Por el otro lado, existía mucha dependencia política: Valiente, como se ha visto, tenía una trayectoria militante muy activa a favor del PP y Ramallo fue diputado del PP, y sería este partido el que le nombró vicepresidente de la CNMV sin tener experiencia alguna en el sector bursátil y sin consultar (ni siquiera pedirle opinión) con el que iba a ser presidente, Armesto. Pero seguramente había que pagar el papel que había desempeñado como habitual martillo pilón contra los socialistas en casos como el de Rumasa cuando había lanzado acusaciones y descalificaciones gravísimas. El tándem nunca se entendió y así era difícil coordinar las pedaladas.

Tras más de una treintena de comparecencias, el Congreso aprobó, el 15 de noviembre de 2001, en medio de una gran bronca por parte de la oposición parlamentaria, el dictamen de la comisión de investigación, que eximía al Gobierno de responsabilidades políticas con los votos del PP, el grupo catalán de Convergència i Unió y Coalición Canaria. El PP, con la mayoría absoluta conseguida en las urnas en 2000, tenía pocos temores de que la comisión se le fuera de las manos. Lo único que le interesaba era que todo discurriera con celeridad. Lo consiguió: solo duró dos meses. Se aclararon algunas cosas, podrían haber sido muchas más, pero las interpretaciones estuvieron muy determinadas por la política.

El Informe Vives, como se denominó el documento que elevó el alto funcionario al consejo de la CNMV, desvelaba la actuación fraudulenta de Camacho, que nunca aclaraba a los clientes ni las operaciones ni el destino de su dinero. Solo recibían datos de los saldos sin mucho detalle. El informe denunciaba que no existía relación entre el patrimonio depositado por cada cliente y la rentabilidad obtenida, dado que «la gran mayoría del beneficio eran comisiones de los comerciales y bonificaciones en las operaciones, derivadas de un cúmulo enorme de operaciones realizadas en el mismo día y sobre los mismos valores». El documento alertaba, además, de que «no había un sistema preestablecido de desglose de las operaciones, se gestionaban patrimonios inexistentes, el 93% de los ingresos se obtenían de la actividad de intermediación y no por la gestión, y las rentabilidades quedaban ocultas por las comisiones, dado el elevado número de operaciones realizadas cada día».

Lo llamativo fue que diversas congregaciones religiosas, que tenían depositadas cantidades significativas en la agencia, callaron o simplemente mintieron en 1999 para que Gescartera pudiese ocultar el agujero contable del que sospechaban los inspectores y, de esa forma, evitar la intervención. Según publicó *El País*, cuando la CNMV les pidió información sobre sus inversiones, «todas utilizaron los mismos tecnicismos para diferenciar entre lo invertido y los gestionado; en suma, minimizaron deliberadamente el dinero que efectivamente habían confiado a Gescartera». Luego, ante la Audiencia Nacional, reconocerían que habían rebajado el monto real invertido por sugerencia de la propia entidad. La operativa, que reducía en proporciones gigantescas los saldos reales, estaba detallada en el Informe Vives, en el cual destacaba que se habían detectado desfases evidentes entre las congregaciones y que Camacho no había sido capaz de «individualizarlos».

De acuerdo con ello, el Arzobispado de Valladolid no habría podido retirar los 1.105 millones de pesetas que reclamó porque en los saldos aparecían como oficiales treinta millones de pesetas. Camacho no logró convencer a los inspectores sobre los más de mil millones restantes: primero dijo que los había puesto previamente el arzobispado y, después, que venían de Luxemburgo. En todo caso, la decisión del arzobispado pucelano no dejó de ser un movimiento extraño que levantaba sospechas toda vez que hasta entonces la clientela había mostrado una confianza ciega en los gestores de sus fondos. Tampoco nadie se explicaba que las Hermanas de las Escuelas Cristianas presentaran un saldo oficial de 8.000 euros cuando habían invertido más de 135.000 euros. O que el sacerdote Teodoro Bonilla, párroco de la localidad conquense de Castillo de Garcimuñoz, fuera el cliente al que más pérdidas asignara Gescartera, por un total de doce millones de euros (2.000 millones de pesetas) cuando había invertido 240.000 euros.

Lo que parece quedar claro es que, difícilmente, el entramado de Gescartera se habría sostenido firme sin la colaboración de instituciones religiosas y el apoyo institucional canalizado a través de funcionarios de Hacienda y la CNMV.

El caso Gescartera, como sospechaban los más avezados de la CNMV, era una muestra clara de escándalo piramidal. El equipo de Gescartera aseguraba contar con sistemas de inversión en Estados Unidos en los que podía administrar los ahorros de los que se los confiaron prometiendo una gran rentabilidad. Los que se creyeron sus promesas, que Camacho vendía con el sello de «garantizadas», compraron los depósitos estructurados en renta fija que el convincente promotor ofrecía.

Antonio Camacho no había hecho otra cosa que aplicar la estafa piramidal conocida como Esquema Ponzi. Carlo Ponzi era un timador italiano que en 1920 ideó la forma de ganar dinero utilizando un esquema piramidal de negocio: el sistema consiste en pagar a los inversores viejos con el dinero de inversores nuevos; cuando el ritmo de fondos que ingresa de los inversores nuevos por la parte baja de la pirámide se reduce en relación con los que salen por la parte de arriba (inversores viejos), la estructura se derrumba. Ponzi compraba unos cupones en Europa que se podían cambiar por sellos en Estados Unidos. Al haber una importante diferencia en el tipo de cambio de las monedas de un lado y otro permitía ganar muchos dólares. Pero la verdad era que Ponzi nunca compró ni cupones ni sellos, lo que hacía era pagar al primer paquete de inversores con el dinero que obtenía del segundo, y así sucesivamente. Hasta que un fiscal de distrito de Boston (Massachusetts) descubrió que, pese a que el negocio no dejaba de crecer, la compraventa de sellos no progresaba en la misma proporción o, simplemente, estaba parada.

El esquema, muy conocido desde entonces, sigue arrastrando a muchos incautos inversores ávidos de ganar dinero de forma fácil sin reparar en el engaño. En España existen casos recientes, además del de Gescartera, como Fórum Filatélico, Afinsa o las obligaciones emitidas por Ruiz-Mateos en su segunda etapa, que acabó con todos los hijos varones en la cárcel.

En el caso de Gescartera, Antonio Camacho consiguió involucrar, además de a inversores individuales (algunos con apenas asesoramiento), a instituciones que se supone bien dotadas de equipos de expertos de todo tipo. Utilizó, en ese sentido, las excelentes relaciones que él y su padre mantenían con la Iglesia y contó también con el buen hacer de Pilar Giménez-Reyna, una comercial fichada en la competencia con muy buenas relaciones gubernamentales y sociales, para hilar una ristra de clientes sobresalientes, como la Mutualidad de la Policía, la Asociación de Huérfanos de la Guardia Civil, la Organización Nacional de Ciegos de España (ONCE, además de obispados, arzobispados y órdenes religiosas, como las Agustinas Misioneras de la provincia de San Agustín, lo que provocó que, cuando estalló, el escándalo conmocionara la vida política del país.

Camacho había operado como Ponzi: parte del dinero que ingresaba iba a parar a los clientes que pedían recuperar el dinero (así no levantaba sospechas), pero el resto se lo embolsaba y registraba en sus cuentas, por lo general en el extranjero. Si a Ponzi le desbarató el negocio un fiscal de Boston, la pirámide de Camacho se resquebrajó cuando la CNMV exigió a sus responsables que documentaran el paradero del dinero que ingresaba. Ahí se descubrió el pastel. Al no existir inversiones, Camacho falsificó dos depósitos de La Caixa y Banco Santander que fueron rechazados por las propias entidades financieras cuando la CNMV consultó con ellas.

Difícilmente el osado Camacho podría haber imaginado que aquella aventura financiera que creó con su padre en 1992 iba a conmocionar a tantos políticos y hacer tambalear a un Gobierno. Estaba claro que, con tanta carga, no iba a irse de rositas. Tras pasar casi dos años en la cárcel, el 9 de abril de 2003 la juez Palacios decretaba la libertad bajo fianza de tres millones de euros para él y de 1,5 millones de euros para Aníbal Sardón (propietario de Asesoría y Gestión de Patrimonios, vinculada a Gescartera), los dos únicos implicados que permanecían en prisión. Más de un año antes, el 26 de febrero de 2002, había salido bajo fianza de 180.000 euros Pilar Giménez-Reyna, al considerar la juez que no había participado en la salida de fondos de Gescartera.

El 11 de febrero de 2004, los peritos del Banco de España consideraron ante la juez que no existía relación entre las cuentas de Gescartera y las cuentas secretas del HSBC, y constataron que utilizaba irregularmente las cuentas de sus clientes.

El 1 de julio de 2004, la juez Palacios finalizó la instrucción del caso y desestimó la imputación de los expresidentes de la CNMV Juan Fernández-Armesto y Pilar Valiente, así como del exvicepresidente Luis Ramallo, después de cuatro años de investigación judicial. Teresa Palacios puso sobre la mesa cincuenta mil folios de sumario para un juicio oral que se abrió el 6 de mayo de 2005, pero que no comenzó hasta el 17 de septiembre de 2007. Para su desarrollo se habilitó un pabellón de la antigua Feria del Campo en Madrid, lo que le daba una impronta de caso de alta consideración. Había catorce imputados, cuarenta y seis acusaciones y ciento veinte testigos.

Valiente siguió en su trabajo de la Oficina Antifraude, a la que había regresado, sin cargo alguno. Pocos años después, una vez de vuelta el PP al Gobierno, en 2012, Cristóbal Montoro, al que Mariano Rajoy le confió la cartera de Hacienda que había tenido con Aznar, la rehabilitó como jefa adjunta (es decir, número dos) de la citada oficina, un departamento de élite de la Administración en la que el nuevo Gobierno se acababa de cargar a todo el equipo (cúpula y cargos técnicos) que había tratado los escándalos del caso Gürtel y del caso Urdangarin que salpicaban al PP en un momento clave de la investigación.

Tras el juicio oral, la Audiencia Nacional, en sentencia del 27 de marzo de 2008, condenó a once años de cárcel (ocho por apropiación indebida y tres por falsedad documental) a Antonio Camacho Friaza y a tres años a su presidenta, Pilar Giménez-Reyna. Asimismo, impuso una multa de 263.000 euros a Camacho. Además, fueron condenados el número dos de la sociedad, José María Ruiz de la Serna, a diez años y medio; Aníbal Sardón, a nueve años y medio; Francisco Javier Sierra de la Flor, subdirector general de la agencia, a seis años y medio, y los empleados de La Caixa José Alfonso Castro Mayoral y Miguel Carlos Prats, a tres años.

La pena a Camacho era la máxima solicitada por el Ministerio Fiscal. Se le consideró culpable de los delitos continuados de apropiación indebida y falsedad documental por la gestión en la agencia de valores durante los nueve años que van desde que había sido creada en 1992 hasta que fue intervenida por parte de la CNMV en junio de 2001. Según el fiscal, Vicente González Mota, entre los catorce acusados de Gescartera habían montado un «carrusel defraudatorio» con el que se apoderaron de un total de 8.356 millones de pesetas pertenecientes a cuatro mil cinco clientes. El fiscal reclamó, asimismo, la responsabilidad civil, entre otros, de La Caixa y Caja

Madrid Bolsa. Según la acusación, desde el 1 de enero de 1998 y hasta la fecha de la intervención, de esa cantidad, 5.163 millones de pesetas corresponden a transferencias de fondos desde las cuentas de Gescartera en Bankinter y La Caixa a las de BC Fisconsulting.

Según detalló el fiscal, Camacho, Ruiz de la Serna y los demás responsables del entramado habían constituido diversas sociedades y puesto en práctica «un sistema operativo fraudulento» que les permitió hacer suyo el dinero y los valores entregados por los clientes manteniendo, con parte de ese mismo dinero, el montaje que daba garantía ficticia de solvencia al grupo. Así, los acusados se apoderaban de sucesivas remesas a modo de una «cadena sin fin» defraudatoria, detallaba el fiscal. Lo que viene siendo una estafa piramidal.

La sociedad a través de la cual se apoderaron y dispusieron del dinero fue Gescartera Dinero, que contaba con un 76,77 % de las acciones y en torno a la cual se creó una red comercial a través de la que captaba dinero de los clientes prometiéndoles altas rentabilidades.

Según el fiscal, los fondos no se usaban para efectuar inversiones a nombre de los clientes, sino para lucrarse de ellos, para mantener la infraestructura necesaria para seguir operando y, en algún caso, para efectuar reembolsos a clientes que demandaran retiradas totales o parciales de sus fondos. En definitiva, con los fondos de un cliente se atendían las desinversiones de otro, de tal manera que, pese a lo acordado con el cliente en el contrato de gestión, el dinero no se invertía, sino que se usaba para mantener en funcionamiento a Gescartera y ocultar la apropiación de fondos que hacían los acusados. El fiscal lo resumió de forma meridiana:

> Los fondos aportados por los clientes se utilizaban en unos casos para lucrarse personalmente o beneficiar a terceros de parte de esos fondos, o en otros para mantener la infraestructura necesaria para poder seguir operando. Los fondos no se usaban para efectuar inversiones a nombre de los clientes, pero se generaba una documentación bancaria, a través de anotaciones en subcuentas, y documentación producida por los intermediarios mediante operaciones amañadas en mercados, que se usaban mendazmente para engañar a los clientes sobre el verdadero destino de sus fondos.

La práctica habitual venía a ser que la sociedad apuntaba como beneficios unas cantidades inexistentes y contabilizaba las pérdidas como minusvalías a sociedades basura y testaferros. Era lo que entre ellos conocían como el «porrazo». La investigación condujo a sociedades que operaban en paraísos fiscales como tapaderas de clientes especiales que no declaraban y cuentas secretas de Camacho en Suiza.

Los acusados contaban con una red de testaferros (se detectó un total de cuarenta y dos) que se denominó internamente «agrupación Julio Rodríguez»: «Era una lista suministrada por Julio Rodríguez Gil de personas que, a cambio de una retribución económica, figuraban como clientes, asignándoles pérdidas, que eran la contrapartida de las ganancias que ficticiamente se asignaban en la información que se daba a los verdaderos clientes de Gescartera», según el fiscal. En ocasiones, esos clientes usaban esas pérdidas en sus declaraciones de la renta para eludir el pago de impuestos. Entre estos clientes figuraba la denominada «agrupación Carlos Ortín Barrón», a la que el acusado Agustín Fernández Ameneiro asignaba los beneficios y pérdidas siguiendo las instrucciones recibidas del acusado Carlos Pascual Ortín Barrón.

Tampoco invertían en valores el dinero de los clientes, sino que se limitaban a pagar las comisiones por intermediación de las órdenes de compra y venta de títulos, entregando soportes de las aparentes ganancias a clientes reales y cargando las pérdidas a testaferros. Eso fue lo que pudo ocurrir con el cura Teodoro Bonilla, quien en el juicio afirmó que se fio «totalmente» de Camacho y que desconocía que se le habían imputado pérdidas por doce millones de euros. Bonilla explicó que dejó a Camacho todo el control de su inversión de 240.000 euros.

Según el Banco de España, el párroco conquense poseía una cuenta conjunta con Camacho en Bankinter a través de la que se detectaron, entre el 12 y el 22 de marzo de 1999, compras y ventas de títulos por valor de 144 millones de euros con un saldo final de 550.000 euros. El sacerdote también tenía una cuenta a su nombre en el HSBC abierta con una firma que no se correspondía con la suya y a través de la que se asignaron minusvalías.

El cura desveló en el juicio que había firmado tres contratos en blanco con Gescartera y sociedades relacionadas desde 1993 con la finalidad de conseguir dinero para crear una fundación con fines sociales. Asimismo, declaró que en 1998 pasó su contrato a la filial Gescartera Gestión, en la que dijo que, tras la intervención, se enteró de que tenía el 2%. El tercero era un contrato firmado con Gaesco, la sociedad en la que trabajaba Camacho antes de crear Gescartera, y al que correspondía la cuenta del HSBC. Según Bonilla, de esto último se enteró en mayo de 2001, un mes antes de que Gescartera fuera intervenida, al recibir una carta de Caja Madrid Bolsa comunicándole pérdidas por valor de 300.500 euros. Pidió explicaciones a Camacho, quien le contestó que no se preocupase porque «en junio se solucionaría».

Por su parte, la Orden Provincial de los Agustinos de Madrid casi duplicó su inversión en Gescartera (de ochenta a ciento cincuenta millones de pesetas) en 2001, aunque, según su portavoz, lo perdió todo por la intervención.

Los peritos del Banco de España, además, informaron de que Camacho y su entorno familiar habían sacado en los últimos cinco años de vida de la agencia más de 1.990 millones de pesetas a sus cuentas corrientes, lo que suponía el 17,15% de las aportaciones de los clientes. Entre Camacho, su entorno familiar, Ruiz de la Serna y Sardón pudieron apropiarse, entre 1993 y 2001, de más de una cuarta parte de las aportaciones netas totales de los clientes de Gescartera, cifradas en 11.559 millones de pesetas o 69,71 millones de euros. La mecánica era que Camacho recibía el dinero mediante cheques, transferencias o maletines de dinero que recogían sus conductores de las entidades bancarias, «no constando que estos conocieran que el dinero que recogían se estaba sustrayendo a los clientes», según los peritos.

El entorno familiar englobaba a su padre, José Camacho Martínez, su hermano José Rafael Camacho Friaza, su exmujer Nuria Rodríguez Martín de los Santos, Juan Antonio Rodríguez Espejo y su segunda mujer, Laura García-Morey Mollejo. Además, había otras dos personas a las que se pagaron determinados gastos académicos: Esther Rodríguez Martín de los Santos, hermana de su exmujer, y Víctor Gil de Bernabé. De ellos, los que más dinero recibieron fueron su padre José Camacho (779 millones de pesetas) y su madre Pilar Friaza Albarranch (35 millones de pesetas), mientras que su hermano recibió 2,06 millones y Rodríguez Espejo 11,8 millones de pesetas.

También se supo que Camacho pagaba desde cuatro años antes 975.000 pesetas al mes a un asesor fiscal para que representara a los amigos a los que Hacienda había abierto expedientes de investigación. Lo confirmó ante la juez Palacios el asesor Julio Rodríguez, quien durante su declaración como testigo aseguró desconocer de dónde procedían las cantidades que cobraba y, por tanto, si era de las cuantías de los clientes de Gescartera. También negó conocer la procedencia de su salario y destacó que nunca conoció a los clientes a los que representó. Uno de estos era la sociedad denominada Promociones Andolini, cuyo administrador era el propio Camacho. Según el testimonio, este solo le requería para representar a clientes a los que la Agencia Tributaria había abierto actas de inspección.

Pese a todas las evidencias, el máximo responsable del entramado clamó ante el tribunal que él y su familia habían perdido 3.165 millones de pesetas (diecinueve millones de euros) en aportaciones para paliar las pérdidas de la agencia. En ese colmo de quitarse cargas de encima, no dudó en asegurar que la CNMV conocía desde 1992 los estados de las cuentas y que sabía que había pérdidas importantes en las carteras de inversores. En ese sentido, añadió que no se desviaban los fondos porque esas compañías captaban dinero de grandes prestamistas. Por otra parte, aseveró que el dinero no estaba depositado en Estados Unidos y, sobre la relación con la Fundación ONCE, manifestó que había sido Pilar Giménez-Reyna quien les había puesto en contacto.

Por su lado, Ruiz de la Serna, el teórico número dos de Camacho, desveló que los fondos estaban en el extranjero, al igual que reconoció que los certificados de los bancos eran «inveraces». Lo mismo dijo del documento que justificaba que la empresa tenía 15.000 millones en cuentas gestionadas por la sociedad limitada Martin Investment de Estados Unidos, mientras aseguraba que sospechaba que el dinero estaba en una cuenta del HSBC en Londres a nombre de otras sociedades fuera del alcance de Gescartera.

Por su parte, Pilar Giménez-Reyna se esforzó en representarse como «un florero, un elemento decorativo, la tonta más tonta de la oficina» que nunca se había enterado de los movimientos de Camacho. «Nunca tuve la más mínima duda de que estaba en una casa de gente honrada y no en una cueva de ladrones», declaró el 25 de septiembre de 2007 delante de esos que denominaba ladrones. Reconoció haber visto, cuando era comercial de la sociedad, que en la información fiscal que enviaba a los clientes se reflejaban «minusvalías ficticias» para que los inversores pagasen menos al fisco y que conocía la existencia de «clientes especiales» a los que se les daba «tipos de interés especiales» para sus inversiones en renta fija.

También manifestó que si accedió a ser presidenta fue para hacer un favor a Camacho porque ella ya estaba pensando en retirarse por motivos de salud. Luego añadió que le habían «encasquetado» el cargo por la posición en el Gobierno de su hermano Enrique cuando era director general de relaciones con los entes territoriales. Cuando su hermano ascendió a secretario de Estado, Camacho le pidió que le convenciera para intervenir ante la CNMV, según relató. La Fiscalía no tuvo, sin embargo, constancia de que su hermano hubiera realizado actuaciones ante la CNMV.

La declaración de la imputada fue delirante: «De pronto uno saca unos documentos y unos certificados que eran falsos... y me miraban a mí. Yo no sabía de qué me hablaban. Eran documentos del Santander Central Hispano y de La Caixa y todo era falso. Pero Camacho decía que todo era un error. Yo lo cogí de la solapa y le pregunté: "¿Dónde está el dinero?"; él me dijo: "Pilar, no te pongas histérica, estás loca, es un error"». El caso es que aquel error suponía que más de 8.300 millones de pesetas, algunos de los cuales pertenecían a la familia de la acusada, no se supo nunca dónde fueron a parar.

La directiva señaló reiteradamente que no había asistido a reuniones del consejo de la sociedad, a pesar de que su firma aparecía en las actas, algunas de las que le fueron mostradas durante la declaración. Según explicó, estuvo en «reuniones informales», ya que tanto Camacho como Ruiz de la Serna estaban inhabilitados por la CNMV y no podían formar parte del consejo de administración. También declaró que no tenía constancia del 10 % que tenía la ONCE porque no existía «ningún papel» y que el contacto de la fundación era a través del delegado de Gescartera en Valladolid, Javier Valenzuela. Fue, a partir de ahí, cuando contactó con Pichel y le propuso entrar en Gescartera Pensiones.

Pilar era la única hermana de los cuatro hijos de un general de la Guardia Civil. Además de Enrique, inspector de Hacienda que había hecho carrera en la Administración, estaba José, que había seguido la carrera de su padre y le había mandado clientes; y el cuarto, Pedro, era funcionario del Ministerio de Industria. La ignorancia de los asuntos de los que hablaba se contradice con los apuntes de su agenda y que, a la postre, fue un documento revelador del que seguramente se arrepintió de haberlo tenido o de no haberlo destruido. Porque en ese dietario se revelaron muchas cosas, por ejemplo, que estaba en contacto permanente con la CNMV («Vives investiga cuentas corrientes de Camacho y operaciones con Radiotrónica. ¡Preocupación! No paran el seguimiento»), la existencia de dinero oculto de la Iglesia («mañana terrible, pendientes de visita a Valladolid. Llama Antonio Camacho. Nos dictan expediente por obstruir labor de información de la CNMV y gestionar dinero b de la Iglesia. Si es así ¡Gracias, Jesús!»), las relaciones pecaminosas con Hacienda («gran deuda con Hacienda no será problema. Con H se puede negociar y es el activo más importante») y otras perlas que la juez pudo comprobar. Por eso, cuando la imputada vio el dietario en manos de Teresa Palacios, debió palidecer.

Pilar Giménez-Reyna había conocido a Camacho en Gaesco y entró en Gescartera Dinero como directora comercial. Luego fue nombrada consejera y, en 1999, vicepresidenta. Su tarea consistía en captar clientes. La Fiscalía desarmó sus afirmaciones: «La acusada, según las anotaciones que hacía en una agenda, estaba informada puntualmente de lo que ocurría con relación a la sociedad, y también de la actividad engañosa tanto para los clientes como para la CNMV del uso de sus fondos». De acuerdo con ello, desde la etapa de Bolsa Consulting, recibía informes relativos a los datos de los clientes de renta fija, y decidía en qué tramo y tipos había que mantener o cambiar la información de los rendimientos. El tipo de interés era fijado por ella cada mes con la finalidad de hacer más atractivo el producto para el cliente, según la Fiscalía, que se refiere también a la intermediación de su hermano Enrique, «sin que conste que hubiera realizado actuaciones ante la CNMV en interés o por cuenta de Gescartera».

La Fiscalía puso el estrambote: «Se ha comprobado en la instrucción de la causa que, con un ingreso de Pilar Giménez Reyna de 500.000 pesetas (código cliente 150.024), efectuado el día 11 de junio de 1998, mediante una operación intradía, se le asignó una ganancia en detrimento de un cliente de Gescartera por importe de 2.999.780 pesetas, importe que los acusados sí cobraban de los fondos de los clientes».

De los cuatro mil cinco afectados, la mitad recuperó su dinero. El Gobierno puso a disposición de ellos una caja que salía del Fondo de Garantía de Depósitos (FGD), pero solo para cuantías inferiores a veinte mil euros. El total devuelto llegó a veintiséis millones de euros, quedando el resto en paradero desconocido. Fuentes jurídicas sostuvieron que iba a ser complicado recuperarlo todo porque las propiedades embargadas eran escasas. No obstante, algunos inversores denunciaron que los administradores mantenían propiedades ocultas, por lo que sospechaban que nunca iban a recibir el dinero.

Las treinta órdenes religiosas e instituciones ligadas a la Iglesia sumaban unos depósitos de 1.885 millones de pesetas. Figuraban las Agustinas Misioneras de la provincia de San Agustín (465 millones) y los obispados y arzobispados de Burgos, Palencia, Astorga, Tuy Vigo y Valladolid. Aparecían, además, la Mutualidad de la Policía (1.500 millones), la Asociación de Huérfanos de la Guardia Civil (cuatrocientos millones), la Fundación ONCE (que poseía el 10% de Gescartera, tenía invertidos 540 millones), la Fundación Caldeiro (248 millones), Manos Unidas (cincuenta millones), San Pablo-CEU (veinte millones).

Posteriormente, en 2012, la Audiencia obligó a pagar 12,2 millones a Caja Madrid más los intereses devengados desde el día que se intervino a Gescartera. Ese mismo año, el Tribunal Supremo absolvió al asesor fiscal Julio Rodríguez Gil, a Aníbal Sardón y a los dos empleados de La Caixa. Caja Madrid y La Caixa fueron condenados a pagar 89,9 millones de euros como responsables civiles subsidiarios.

Cada día, Camacho acudía al juicio con un traje distinto sacado de su fondo de armario, se decía que tenía un centenar confeccionados a medida, casi tantos como gafas de marca, la mayoría de ellos (tanto trajes como gafas) de Armani, siempre combinado con prendas de Hermès. Aprendió desde chico la afición por el lujo de su padre, un empleado de banca que saltó de una oficina de Banesto a una firma de bolsa, Gaesco, y luego al Banco Popular. En Gaesco comenzó el hijo y juntos crearon Bolsa Consulting y juntos recibieron la primera sanción por malas prácticas en esta sociedad que se integró en Gescartera. Sus contactos dieron frutos.

El dinero entraba y parecía multiplicarse como en un milagro. En teoría, los fondos captados eran invertidos, pero la verdad era que con ellos se pagaba la rentabilidad prometida, algo tan denunciado y sospechoso que pareció raro que picaran entidades tan significativas como las que cayeron en sus redes.

Las cosas iban tan bien que aquel muchacho del sur de Madrid adquirió una mansión en el selecto barrio de muy ricos de La Moraleja, al norte de la capital, al que había prometido llevar a vivir a su novia, Laura Morey, en cuanto se casaran en los Jerónimos. Porque Camacho disparaba alto. El problema es que la dispensa de su separación con Nuria Rodríguez no llegó a tiempo y tuvo que postergar el nuevo matrimonio. Ya en su enlace con esta, en 1994 y con veintiocho años, había deslumbrado a sus allegados casándose en la catedral de Cuenca en una ceremonia oficiada por monseñor José Guerra Campos, obispo de la diócesis, declaradamente franquista. Tenía buena relación con la Iglesia y con la derecha ultramontana, lo que le sirvió para hacerse *el bróker de los conventos*.

Con aquellos aires de grandeza, a aquel encantador de obispos, religiosos y religiosas, militares y otros uniformados, le pirraba aparentar y tener vicios de lujo, montar en coches caros, a poder ser con damas de buen ver. Siempre le gustó aparentar, que se notase que era un ganador, que había prosperado desde un origen humilde de Usera, un popular barrio del sudoeste de Madrid más allá del río

Manzanares, y se hizo asiduo de la *milla de oro*, en el barrio de Salamanca madrileño, donde se agolpan las multinacionales de lujo más caras del universo.

Según la documentación que Hermès remitió a la comisión parlamentaria, Camacho se gastó en sus tiendas la friolera de cuarenta millones de pesetas en trescientos noventa y seis artículos para uso propio y para regalar. Todos los artículos eran caros, desde los calzoncillos hasta los zapatos (tenía veinticuatro pares de la citada firma), pasando por los billeteros y los gemelos. La lista es inacabable. No faltaba ninguna prenda. Entre los más beneficiados, según publicó *ABC*, estaba el expolítico Ramallo, que recibió regalos valorados en cerca del millón de pesetas, incluidos los de su secretaria.

El manejo de fondos le permitía rodearse de gente de relumbrón y fletar un chárter a París, con alojamiento incluido, para ir a ver la final de la Champions de 2000 entre el Real Madrid y el Valencia. También le dio por coleccionar obras de arte. Todo era oropel. Según declaró Laura Morey ante la juez, tenía un BMW, dos Jaguar, un todoterreno y un Mini Morris, dos pisos en Madrid y el citado chalet de La Moraleja. Morey también le informó a la juez que, tras un viaje a Suiza, le había regalado un reloj Cartier, lo que no dejaba de confirmar esos vicios reservados para ricos.

Camacho comenzó a salir con Laura Morey en enero de 2000, unos meses después de la separación de su primera mujer y de que muriera su padre. Morey, hija del cantante melódico Jaime Morey, que representó a España en el festival de Eurovisión de 1972, había entrado de becaria en la empresa mientras estudiaba Económicas, carrera que al acabar le supuso ascender en el escalafón. Todo iba sobre ruedas para Laura y también para su padre, a quien Camacho contrató por dos millones de pesetas al mes y a quien solía llevar a encuentros con potenciales clientes. Años antes había hecho lo propio con el padre de su exmujer, Juan Rodríguez Espejo, antiguo empleado de Telefónica. Nadie sobraba mientras consiguiera atraer dinero para la empresa.

El cantante, fallecido en 2015, acabó dimitiendo porque «no pegaba ni chapa». «Acudía algunas mañanas de forma intermitente y leía el periódico. El negocio de valores no iba conmigo ni entendía nada. Si hubiese sospechado algo, me habría ido a las 24 horas y habría obligado a mi hija a dejar a Camacho», declaró durante el juicio. No lo hizo. Su hija Laura se casó en 2005 con Camacho durante un permiso penitenciario y lo celebraron por todo lo alto en el lujoso hotel Orfila, en el centro de Madrid. El matrimonio duró cuatro años.

En círculos próximos se extrañaron de que Camacho no optase por huir de España cuando vio lo que se le venía encima. Quizá, apuntan, confiaba en los contactos de postín que poseía, del cuerpo de la Guardia Civil a los obispados y a representantes tan cercanos al Gobierno, pese a que se había quedado con su dinero, del que por cierto nunca desveló el paradero. Le faltó por incorporar entre los clientes a los funcionarios de prisiones, con algunos de los cuales tuvo que tratar en las instalaciones de Soto del Real (Madrid) y de quienes consiguió que le dejasen ser encargado de servir la comida, considerada una tarea de confianza. En la cárcel se hizo amigo de Carlos Arturo Marulanda, el Negro, antiguo embajador de Colombia ante la Unión Europea, terrateniente y acusado de dirigir un grupo paramilitar.

En 2016 salió de la cárcel y se fue a vivir con su madre al piso de protección oficial del barrio de Usera que tanto despreciaba. Un segundo sin ascensor. Al poco tiempo lo localizó el periodista de *El Español* David López Frías, con quien amablemente rechazó hablar. En el reportaje, el periodista cuenta que Camacho salió de la casa con paso acelerado, un traje azul y un maletín de piel, los únicos vestigios del glorioso pasado en La Moraleja, cuando le custodiaban varios guardaespaldas y tenía un tren de vida que suponía unos gastos mensuales de sesenta mil euros. Cuentan que incluso alojaba en lujosas suites a su perro Colombo, un sambernardo que le acompañaba en muchas ocasiones.

Aquel personaje comenzaba a buscarse la vida por despachos amigos en los que pudiera ejercer la carrera de Derecho que, con la de Psicología, había logrado terminar en la cárcel. «Ahora me voy al Colegio de Abogados —es de lo poco que le dijo al reportero cuando este le abordó en el portal de su casa—. Entiéndeme, acabo de salir de la cárcel y estoy intentando rehacer mi vida. No pienso dar declaraciones, además, no me encuentro físicamente bien. Necesito recuperarme», completó.

Siguió repitiendo esta rutina aquellos primeros días en libertad, pero ya no era el joven impulsivo que estafó casi noventa millones de euros (entonces 15.000 millones de pesetas) a decenas de inversores entre los que estaban órdenes religiosas, obispados y arzobispados, fundaciones de la Policía, la Guardia Civil y los ciegos, entre otros muchos particulares.

8

Martinsa-Fadesa
Fernando Martín Álvarez

El 15 de julio de 2008, atosigada por las dificultades para obtener préstamos y hacer frente a los pagos que acumulaba, la empresa Martinsa-Fadesa presentó concurso de acreedores en los juzgados de A Coruña, donde tenía su sede social desde la fusión de ambas sociedades. Además, propuso un expediente de regulación de empleo (ERE) que afectaba a doscientos treinta y cuatro empleados (un 26,5 % de la plantilla). La deuda superaba los 7.200 millones de euros y, según las estimaciones, un total de doce mil quinientas familias podrían haber iniciado la compra de viviendas sin la adquisición definitiva. La suspensión de pagos se convirtió en la más importante de la historia económica de España. En 2015, tras no llegar a un acuerdo con los bancos acreedores, entró en proceso de liquidación. Martinsa-Fadesa fue un caso paradigmático de la burbuja inmobiliaria que caracterizó los primeros años de la década de 2000, pero no el único. Hubo muchos *señores del ladrillo* que cayeron en la fiebre sectorial y que protagonizaron sonados fiascos durante la crisis económica. En algunos casos, lograron superar la marea; en otros, los imperios creados se desmoronaron y fueron liquidados, arrastrando a pequeños inversores que acudieron al reclamo del dinero fácil.

La economía española, que a principios de siglo había sufrido el flagelo de la burbuja tecnológica, se encontró casi sin solución de continuidad con otra de igual o mayor magnitud, la inmobiliaria, que produjo varias quiebras históricas. La principal fue la de Martinsa-Fadesa, un gigante del sector, propiedad del empresario Fernando

Martín Álvarez, nacido en la localidad vallisoletana de Trigueros del Valle en 1947. El promotor había logrado triunfar en Madrid con Martinsa, la sociedad que creó tras dejar su tierra natal, obtener soñados contratos para construir nuevos barrios en el norte de Madrid, sobre todo las enormes urbanizaciones de Las Tablas y Montecarmelo, y amasar una gran fortuna.

El empresario se vio en el olimpo de los dioses que tanto había anhelado. Destinó parte de sus ganancias a comprar participaciones de alguna competidora (se hizo con el 6 % de Sacyr-Vallehermoso) y entrar en sociedades de primera división, como los bancos Santander y BBVA, los supermercados Dia, y la eléctrica Unión Fenosa, en la que adquirió el 2,5 % del capital cuando todavía no había sido integrada en Gas Natural y el principal accionista era ACS, la constructora presidida por Florentino Pérez.

Precisamente, Florentino Pérez le incorporó a la lista de las elecciones del Real Madrid que en 1995 salió derrotada por Ramón Mendoza. Cuando Pérez alcanzó la presidencia en 2000 formó parte de la junta directiva y en ella estaba cuando el 26 de febrero de 2006 aquel presentó la dimisión. El día después, Martín fue elegido para sustituirlo. Presidió el club más laureado del mundo entre el 27 de febrero y el 26 de abril de 2006, fecha en la que la mayoría de una junta desnortada decidió convocar elecciones cuando Martín se encontraba de viaje en Florida. Pensó presentarse, pero desistió y se alejó del club.

Los dos meses que estuvo al frente de la entidad blanca le catapultaron mucho más que los pelotazos inmobiliarios y las inversiones empresariales. Se sentía llamado a codearse con los empresarios más poderosos del país. Así que no dudó en embarcarse en operaciones de altos vuelos con una ambición desmedida. Encontró la oportunidad de adquirir Fadesa. Esta inmobiliaria gallega, fundada por el empresario Manuel Jove, había extendido su poderío por toda España y saltado a varios países europeos, desde Portugal hasta Polonia y Rumanía. Contaba con terrenos para construir catorce mil viviendas y disponía de más de 2.300 millones de euros. Pero el promotor coruñés, que también había instalado su cuartel general en Madrid con un equipo asesor que le acompañaba en todas las reuniones, había decidido aflojar su compromiso empresarial cuando estaba en la cúspide tras la muerte de su hija mayor, de treinta y siete años, y puso su empresa a tiro del mejor postor.

A Martín no le costó mucho convencerlo. En su cabeza anidaba desde hacía tiempo una maniobra que le permitiera crear un gigante sectorial. Le costó más persuadir a su familia. En contra de su criterio, apostó fuerte. A los postres de una comida en uno de los reservados del restaurante madrileño La Dorada, Martín y Jove cerraron la compraventa el 28 de septiembre de 2006 (aunque el trato no se culminó hasta meses después, ya en junio de 2007). Martinsa desembolsó nada menos que 4.045 millones de euros por la firma gallega, para lo que tuvo que endeudarse e involucrar a una decena de entidades financieras. Pese a que era Martinsa la que compraba Fadesa, acabaría integrándose en esta. El movimiento, que a bote pronto parecía contra natura, tenía una explicación sencilla: Fadesa ya cotizaba en bolsa y quería seguir en el mercado. Además, el mando lo ostentaba Martín en plenitud, que para eso se había endeudado hasta las cachas, casi tanto como los recursos propios de su empresa.

El empresario gallego, que falleció en 2020, destinó 3.200 millones a comprar acciones del BBVA, del que se hizo con un paquete cercano al 5 %. Además, constituyó Inveravante, un holding en el que agrupaba inversiones en el sector inmobiliario, hoteles, energías renovables y vinos. Entre otras firmas tenía también la cadena textil Caramelo, con la quería emular a su vecino Amancio Ortega.

Jove había comenzado de carpintero en A Coruña. Emigró a Alemania y, a su regreso, montó una empresa de reformas, que quebró. Posteriormente, creó Fincas Galicia, que siguió la misma suerte. A la tercera fue la vencida con Fadesa, que enseguida saltó de A Coruña al resto de Galicia y después se extendió por España, Europa y Marruecos. Fadesa, que fue el patrocinador oficial del Deportivo de La Coruña de sus mejores tiempos, se hizo muy popular por las promociones que tenía repartidas por España. Tras auparla a puestos de liderazgo, la sacó a bolsa, en la que debutó el 30 de abril de 2004 con una valoración de salida de 1.442 millones de euros. Por tamaño, era la segunda mayor inmobiliaria cotizada, por detrás de Metrovacesa. La fiebre inmobiliaria del momento hizo muy atractivo el valor. En 2006, su último ejercicio antes de entrar

Martinsa, facturó 1.281 millones y logró un beneficio de 159,9 millones.

Sin embargo, la aventura duró poco. El estallido de la burbuja inmobiliaria en Estados Unidos que desencadenó la crisis mundial, sumado al alto endeudamiento que generó la fusión, llevó a la nueva Martinsa-Fadesa a solicitar concurso voluntario de acreedores apenas un año después de haberse constituido, en julio de 2008. Martín estuvo meses peleando, confiado en sacar adelante el ambicioso proyecto que tenía en mente tras crear la primera inmobiliaria de España y una de las más grandes entre las europeas. Pero la deuda le superó. No pudo hacer frente a los 7.200 millones a que ascendía, lo que hizo que se abocara a la mayor suspensión de pagos de la historia del país. Estaban pilladas muchas entidades, encabezadas por Caja Madrid, con mil millones de euros. Le sucedía La Caixa, con setecientos millones; el Popular, con cuatrocientos millones; Caixa Galicia, con trescientos catorce millones; Caixa Catalunya, con trescientos millones; Bancaja, con doscientos treinta millones; BBVA, doscientos veinticinco millones; Santander, con ciento setenta y cinco millones; CAM, con ciento cincuenta millones, y Unicaja e Ibercaja, con cien millones cada una.

En 2011, tras superar el proceso concursal, el empresario vallisoletano demandó a Jove, al que reclamaba 1.576 millones de euros de indemnización por entender que había hinchado el valor de los activos de Fadesa. Le acusaba de tener contabilizadas bolsas de suelo protegido como urbanizables y solares que pertenecían a terceros. Jove admitió que después de la venta le devolvió a Martín doscientos millones tras recibir la «amenaza». Sin embargo, la demanda fue desestimada en 2015 tras varios recursos, acelerando aún más el proceso de liquidación del grupo.

No obstante, la duración de la crisis y la restricción crediticia impidió a la empresa generar liquidez para atender los pagos de deuda fijados. Ante la imposibilidad de seducir a los bancos, la sociedad pidió ser liquidada en 2015. Fernando Martín, que también presentó un concurso personal para proteger su patrimonio con deudas de sesenta millones, había trazado un ambicioso plan, con proyectos en diversos lugares de España y el exterior para saldar la deuda. Sin embargo, en el inicio de la liquidación quedaban pendientes de pago más de 5.800 millones de euros, entre activos con garantía inmobiliaria liquidados, créditos subordinados y un préstamo ordinario de 4.300 millones. Se procedió, pues, a liquidar la empresa por adjudicaciones de activos en pago, que ascendían a más de 3.000 millones.

Fernando Martín, licenciado en Ciencias Químicas, había comenzado a trabajar en la industria del azúcar al tiempo que entraba en política en las filas de UCD, grupo del que llegó a ser secretario provincial de Valladolid en los primeros ochenta. Tras desaparecer esta formación, cambió la política por el ladrillo, trabajando en la compraventa de suelo para la empresa Prehogar Servicios Inmobiliarios. Le fue bien, vio que era una forma de ganarse la vida, por lo que, en 1991, decidió independizarse y montar su propia compañía, que bautizó con un acrónimo formado por su apellido y las siglas de sociedad anónima, Martinsa.

Pero su obsesión era triunfar en Madrid, donde entabló relaciones con gente cercana al poder regional y municipal que le permitieron conocer los entresijos del negocio inmobiliario de la capital. Los prósperos negocios le dieron posibilidades de entrar en Sacyr Vallehermoso, de cuyo consejo formó parte de 2004 a 2005, cuando vendió el 6 % de acciones que tenía. Ese mismo año firmó una alianza con Nozar, empresa de la familia Nozaleda que también despuntaba en aquellas fechas, para desarrollar proyectos urbanísticos en Madrid. Se acostumbró a asumir riesgos y se hizo rico, lo que le permitió diversificar a otros sectores.

A Martín no le ayudaron, precisamente, algunas amistades peligrosas a las que se acercó en su aterrizaje y posterior asentamiento en Madrid. La cercanía a algunos políticos le llevó a estar involucrado en la trama Gürtel de financiación ilegal al PP. Estuvo acusado de regalarle un dúplex de casi quinientos metros cuadrados en Estepona (Málaga) a Ignacio González cuando este era vicepresidente de la Comunidad de Madrid. A cambio, el político le habría ayudado a que le adjudicaran una parcela de 158.000 metros cuadrados en el municipio madrileño de Arganda del Rey, considerado el mayor pelotazo urbanístico de la trama Gürtel y considerado también como una pieza del caso. El juicio de esta pieza arrancó a principios de marzo con el bombazo del reconocimiento por parte de Fernando Martín de que abonó una comisión de 25 millones de euros que supuestamente fueron a parar al cabecilla de la trama, Francisco Correa, y a los cargos del PP en la localidad madrileña. En un escrito presentado ante la Audiencia Nacional, el empresario sostiene que, aunque Correa no precisó el destino, era consciente de que los destinatarios de la *mordida* eran él y los responsables de urbanismo del Ayuntamiento.

El testimonio de Martín, que dio tiempo a incluir en este libro cuando ya estaba en galeradas, venía a confirmar las sospechas que se habían construido en torno a la operación de Arganda. Según el informe policial, Martinsa se hizo en 2004 con los terrenos por 77,2 millones de euros y se comprometió a pagar 66 millones en efectivo y los otros once en dotaciones para el municipio. Francisco Correa se habría embolsado doce millones, de los que dos habrían ido a parar a manos de González para comprar el ático de Estepona que lo llevó a los tribunales. Además de a González, el juez investigó a su esposa, Lourdes Cavero, y a Enrique Cerezo, presidente del Atlético de Madrid, a partir de unas grabaciones de conversaciones por teléfono.

Martinsa diseñó el proyecto que luego aprobaron la Comunidad de Madrid y el Ayuntamiento, regido entonces por Ginés López, también imputado en el caso Gürtel junto a Benjamín Martín Vasco, responsable de la empresa pública Sociedad de Fomento de Arganda del Rey y ex teniente de alcalde y exdiputado autonómico. Ambos confirmaron que recibieron dádivas. «Como consecuencia de mi relación con Francisco Correa, este fue beneficiario de los contratos que constan en las actuaciones y, fruto de ello, me ofreció y acepté las entregas en efectivo y regalos que aparecen por los importes que figuran en el escrito de acusación [523.427 euros], declarándose, por tanto, autor de los delitos que se me imputan», reconoció el exalcalde. En parecidos términos se manifestó Martín Vasco, quien aceptó el pago de 363.295 euros y, además de reconocer que favoreció la contratación pública de empresas relacionadas con Correa, desveló que «se pactó secretamente que, cuando Martinsa resultara adjudicataria, se tramitarían y aprobarían desde el Ayuntamiento las modificaciones urbanísticas que incrementarían de manera significativa el número máximo de viviendas que se permitiría construir».

El plan era construir 1.280 viviendas libres y 300 protegidas, pero un año después se amplió a 1.772 libres y 450 protegidas, para lo que se redujo el suelo de uso mixto y comercial. Las plusvalías previstas se situaban en 466 millones, pero en el verano de 2006 se elevaron a 535 millones como consecuencia de que se aumentaron las viviendas a 2.131 y 600, respectivamente. Estos cambios se lograron mediante el aumento de las alturas hasta doce y quince pisos, cuando la Ley del Suelo solo permitía cinco. Ningún técnico de la Comunidad quiso firmar el proyecto. Lo hizo el director general de Urbanismo, Enrique Porto Rey. La urbanización (conocida como la parcela Unidad de Ejecución 124) nunca se construyó por la quiebra de Martinsa-Fadesa. Tampoco los aparcamientos, la nueva sede del Ayuntamiento y el museo del vino, a lo que se había comprometido. Fernando Martín recuperó 81,4 millones por la venta de un tercio de los terrenos.

El juez del caso Gürtel, José de la Mata, impuso a Martín una fianza de casi 79 millones de euros por «manipular la contratación pública» y enriquecerse de forma ilícita en las adjudicaciones irregulares de los citados terrenos y por considerarlo pieza fundamental para su desarrollo. A su juicio, llegó a defraudar 2,5 millones a Hacienda. El juez, que abrió juicio a veintiuna personas, consideró que los promotores y el Ayuntamiento se habrían puesto de acuerdo para cobrar una comisión de veinticinco millones si el contrato era adjudicado a Martinsa. Entre los veintiún juzgados estaban el cabecilla de la trama, Francisco Correa, y el considerado cerebro, el inspector de Hacienda Ramón Blanco Balín, que había trabajado para grandes empresas, entre ellas la energética Repsol, en la que fue el segundo de Alfonso Cortina durante su mandato en la etapa de Aznar. Blanco Balín estuvo implicado, además, en varios casos empresariales relacionados con tráfico de intereses. En esta ocasión, el pago se habría efectuado en cuentas de Francisco Correa, el cabecilla de la trama, en Mónaco y Suiza.

Según el juez, el efímero presidente del Real Madrid también estuvo involucrado en la venta del estadio Vicente Calderón, propiedad del eterno rival, el Atlético de Madrid. El magistrado apuntó entonces que Martín no declaró a Hacienda cuatro millones de euros que provenían de la venta de acciones del consorcio RTM en el que participaba Martinsa y estaba ligada a la operación urbanística de Mahou-Calderón. La empresa participaba con el 10% de División Inmobiliaria del Club Atlético de Madrid, S. L., valorado en 226 millones de euros, controlada por la familia Gil y varios socios, entre los que aparecía Enrique Cerezo. La operación se había ocultado a los accionistas del Atlético de Madrid, según relataron las mismas fuentes al periódico *Elcierredigital.com*. El Ayuntamiento de Madrid valoró la enajenación del Calderón en una cifra muy inferior, casi ochenta millones.

Fernando Martín mantiene su actividad, aunque en la sombra y después de casi perder la vida en 2020 durante la pandemia tras contraer COVID-19. Había vuelto a desarrollar proyectos inmobiliarios de la mano de sus hijos en Madrid y Andalucía. En esta nueva etapa, apuesta por la máxima discreción. Se le ve, en ocasiones, en el palco de honor del Real Madrid, aunque su vida social se ha reducido drásticamente.

Pero siguen arrastrándose casos. En febrero de 2024, el fiscal anticorrupción solicitó una pena de prisión de veintitrés años y seis meses para el comisario jubilado José Manuel Villarejo y de dieciocho años y nueve meses para su socio Rafael Redondo por el proyecto Saving, consistente en investigar posibles irregularidades en el concurso de acreedores de Martinsa-Fadesa.

Martinsa-Fadesa formaba parte del denominado G-14, grupo de inmobiliarias que crearon en 2007 *los reyes del ladrillo* que dominaban el mercado con el fin de aunar esfuerzos en defensa de sus intereses empresariales. La principal misión del lobby, que se autodenominaba «inmobiliarias por la excelencia», era realizar «análisis sobre el futuro sectorial y evitar vulnerar las reglas de competencia». Al frente, como secretario general, los inmobiliarios nombraron a Pedro Pérez (secretario de Estado de Economía con Carlos Solchaga entre 1988 y 1993). Curiosamente, aunque se denominara G-14, eran trece integrantes por una baja de última hora. Además de Martinsa-

Fadesa, en este selecto grupo figuraban Colonial, Chamartín, Hercesa, Metrovacesa, Nozar, Parquesol, Rayet, Realia, Renta Corporación, Restaura, Vallehermoso y Reyal Urbis.

La crisis de 2008 hizo estragos y el grupo se fue desintegrando poco a poco. Muchas de las empresas corrieron la misma suerte que Martinsa-Fadesa o fueron absorbidas. Otras lograron superar la crisis, pero ya lejos de los grandes pelotazos que caracterizaron los primeros gloriosos años de principios del siglo XXI de dinero barato y una regulación laxa que permitía un fuerte margen de mejora con los ayuntamientos. Los expertos advirtieron del peligro y de que las burbujas explotan después de flotar durante un tiempo. Los empresarios se fueron de compras y, además, involucraron a muchos bancos y cajas de ahorros que se vieron ahogados. El negocio consistía en comprar terrenos rurales y, luego, lograr que se reclasificaran como urbanizables. Las inmobiliarias asumían una fuerte deuda con las entidades financieras y las consecuencias fueron nefastas. Mayores, incluso, que las de la burbuja tecnológica porque refleja el final de un modelo de crecimiento económico basado en el ladrillo. Se llevó por delante a las cajas de ahorros, además de ser una forma irregular de hacer negocios. Las entidades se involucraron en la concesión de préstamos sin un control adecuado, causando el aumento de la burbuja. Los desmanes de las entidades de ahorros quedaron plasmados en la creación del denominado «banco malo», la Sociedad de Gestión de Activos procedentes de la Reestructuración Bancaria (Sareb), que, sin embargo, no ha servido para resolver el problema de escasez de vivienda.

Quizá el ejemplo más claro lo protagonizó Colonial, la primera que abandonó el G-14, dos años después de haber sido creado. La empresa, constituida en los años cuarenta por el Banco Hispano Colonial para gestionar sus muchos terrenos y activos inmobiliarios, fue adquirida a principios de los noventa por La Caixa, que la sacó a bolsa en 1999. En 2006, a las puertas de la crisis, fue objeto de una opa multimillonaria (3.513 millones) por parte de Inmocaral tras la que se fusionaron dando lugar a un gigante sectorial.

En ese movimiento apareció un inversor llamado Luis Portillo Muñoz, que quería ser el rey de reyes en el pujante imperio del ladrillo. De origen humilde, su padre era albañil, y sin apenas formación académica, Portillo era el exponente de la explosión urbanística andaluza a quien se le reconocía una extraordinaria inteligencia natural para moverse por esos mundos de los negocios. Amamantado en el mercado inmobiliario sevillano, el emprendedor llegó Madrid con ambiciosos proyectos. Tras un primer asalto a Metrovacesa, después de adquirir participaciones en el Banco Santander y el BBVA, compró la inmobiliaria Inmocaral, desde la que dio el salto de su vida con una opa sobre la mítica Colonial que no recibió contestación. Llegó a controlar el 40% del capital de la firma, que a las puertas de la crisis alcanzó los 10.000 millones de capitalización bursátil. En 2007, justo en el pico, la entidad compró Riofisa (por 2.000 millones) y entró en el accionariado de FCC con un 15% (1.534 millones).

A fuerza de créditos y ampliaciones de capital, Portillo se codeaba con la aristocracia del empresariado. Exhibía fotos con Esther Koplowitz y acudía a eventos de postín. Había pasado en muy poco tiempo de moverse por las calles de Dos Hermanas (Sevilla), entre políticos y banqueros locales, a un mundo sobre el que no se retiraban los focos. La empresa cotizaba en bolsa y sus proyectos traspasaban fronteras. Lo suficiente para elevar su pedigrí y pensar en excesos. Acumuló adquisiciones de todo tipo (fincas en Córdoba y Huelva, un barco amarrado en Cádiz, un avión privado para desplazarse). En su patrimonio figuraba la propiedad del colegio al que iba su hija y que compró tras tener diferencias con el director. Lo adquirió y le despidió. Tras ese frenético crecimiento, el osado inversor de Dos Hermanas se topó con el muro de la crisis con una deuda de 9.000 millones de euros.

La deuda contraída originó graves tensiones financieras que obligaron a un largo proceso de reestructuración derivado en un acuerdo con la banca acreedora, el cual permitió la recapitalización de la deuda y también la salida de Portillo. Tras el acuerdo, el capital se lo repartieron el fondo Coral Partners y los principales acreedores (Eurohypo, Calyon y Royal Bank of Scotland, CaixaBank y Goldman Sachs), que recolocaron al frente de la compañía al anterior consejero delegado, Juan José Brugera, con un nuevo equipo ejecutivo. Desde entonces, y tras un periodo de refinanciación que fue modélico, la empresa ha basado su desarrollo en la prudencia de las decisiones.

Enderezada la nave, en 2009 la junta general de accionistas aprobó una acción social de responsabilidad civil contra el consejo de administración presidido por Portillo por acciones lesivas que provocaron «cuantiosos e importantes daños» a la entidad. La empresa también interpuso una demanda contra Portillo y Mariano Miguel Velasco (su mano derecha, que le sustituyó en la presidencia, cuando el primero dimitió a finales de 2007, hasta junio de 2008) a los que reclamaba trescientos treinta millones por el perjuicio causado a la sociedad con operaciones de autocartera realizadas entre marzo de 2007 y marzo de 2008.

«Los mismos que hoy me denuncian pusieron el dinero a mi puerta para comprar FCC y Riofisa», manifestó un apesadumbrado Portillo mientras justificaba todas sus operaciones y achacaba el fracaso a la crisis mundial. A su juicio, todos los acreedores estaban al corriente de la gestión, formaban parte del consejo de administración y lo habían financiado tanto a él como a Colonial. Es decir, «si la actuación fuera ilícita y ruinosa, también los bancos financiadores ahora disfrazados de accionistas habrían actuado equivocadamente y no deberían haber financiado a la sociedad», sentenció.

A finales de 2012, la Audiencia Provincial de Madrid desestimó un recurso de apelación de la empresa tras haber perdido en primera instancia esta demanda. En 2015, el Tribunal Supremo desestimaría el recurso interpuesto por la empresa con base en que no podía enjuiciarse después de los hechos, sino situándose en el momento en que se realizó, es decir, antes del estallido de la burbuja inmobiliaria que propició el desplome de las cotizaciones, y «no era predecible la drástica pérdida del valor de las acciones de la empresa». En contra, los demandantes entendían que las operaciones se habían hecho de forma imprudente a sabiendas de la tendencia bajista del mercado.

Portillo también ganó otra demanda en la que se le acusaba, junto con otros directivos, de negligencia y de causar daños en la venta de bienes por debajo del valor real en cinco operaciones, así como de ocultar datos a los socios para concurrir después a una ampliación de capital y realizar aportaciones dinerarias. Según el juzgado mercantil, no se produjo una conducta dolosa o negligente ni daño efectivo (o, al menos, el demandante no lo acreditó) ni relación de causalidad. Zent Inversiones, su grupo patrimonial, se resquebrajó y recibió varias demandas alcanzando una deuda de seiscientos millones. Entró en concurso y los activos se fueron colocando. No obstante, volvió al ruedo y cuenta con un entramado de empresas ligadas a la construcción, el sector inmobiliario y el turístico.

En 2022, tras años de ostracismo, el peculiar inmobiliario reapareció en la órbita de las energías renovables a través de la firma familiar Lasaga Inversiones, que dirige su hijo Luis Javier. Esta sociedad recibió unos cuantiosos ingresos tras vender suelo al multimillonario escocés Irvine Laidlaw, uno de los principales colaboradores del Partido Conservador británico, según publicó *elDiario.es*. Además de apuntarse al boom renovable, el grupo se distribuye en otros negocios relacionados con los servicios (gasolineras, discotecas, parques infantiles, reciclaje...) en los que aparecía el que fuera su segundo, Mariano Miguel Velasco.

Parecida suerte tuvo Rafael Santamaría con Reyal Urbis. Esta empresa, formada tras una opa de la primera sobre la antigua filial y estandarte inmobiliario de Banesto que desarrolló barrios como Moratalaz y Mirasierra en la capital, se desmoronó con una deuda cercana a los 4.300 millones de euros, entre pagos a proveedores e intereses, constituyendo el segundo concurso de acreedores más importante del país. La firma, con cuatrocientos veinte empleados, entró en liquidación en 2017 saliendo a subasta pública sus activos. La Sareb era su principal acreedor con setecientos millones en créditos de Bankia, Novagalicia Banco (luego Abanca), Banco de Valencia, Liberbank y Caja Duero-Caja España, antiguas cajas que, junto a otros bancos como el Popular, habían apostado fuerte por el ladrillo.

Santamaría había llegado a ser uno de los *señores del ladrillo* por méritos propios. Heredero de la empresa constituida por su padre a partir de una granja de huevos llamada Layer en la localidad madrileña de Pinto, cambió de actividad. De Layer roló a Reyal (Layer al revés) y de los huevos al ladrillo. Se subió a la ola de esplendor y su poderío se extendió con millones de metros cuadrados de suelo y una cartera de activos de quinientos millones de euros. Llegó a presidir la patronal de promotores de Madrid (Asprima). Dominaba el mercado de oficinas, centros comerciales (La Esquina del Bernabéu, el ABC de Serrano, entre otros), locales, naves industriales y hoteles que comercializaba con la marca Rafael.

La crisis echó por tierra el pretendido complejo en Castellana 200, compuesto de viviendas, hotel y centro comercial de alto standing. El proyecto se lo comieron los acreedores, que lo transformaron en oficinas. Pero más increíble todavía era la urbanización Valdeluz, que resultó ser una ciudad fantasma junto a las vías del AVE a su paso por Guadalajara. Allí pretendía construir diez mil viviendas, comparada por muchos con la faraónica ampliación de Seseña de Francisco Hernando, el Pocero, otro personaje al que había que echar de comer aparte. Hijo de un pocero del madrileño barrio de Tetuán, se enriqueció durante el desarrollismo franquista derribando chabolas y levantando pisos. Llevó a cabo grandes urbanizaciones en los alrededores de la capital, siendo la más representativa la citada de Seseña, en la que proyectó trece mil viviendas y se quedó en cinco mil de ellas. Pasó a la lista de morosos y, cuando ya se había recuperado, murió durante la pandemia.

Santamaría, por su parte, dio el gran salto en 2006 con la opa sobre la inmobiliaria Urbis por 3.300 millones de euros. Para su desgracia, esa operación se tornó en el principio de su caída. En 2013 tuvo que presentar concurso de acreedores al no poder hacer frente a la deuda acumulada. Además, se desprendió de algunas propiedades ajenas a la empresa para atender las muchas reclamaciones que le llovieron. Puso en venta su lujosa mansión en Chamartín (Madrid), las fincas de caza y cultivo, el barco... El último eslabón que le quedaba para salvar algo los muebles, con el grupo ya en liquidación, era Proinsa, que entró en concurso en 2018 y no pudo desarrollar el proyecto Los Berrocales, en el sudeste de Madrid.

Santamaría pasó de estar entre los cien primeros del ranking de más ricos de España a ser el principal deudor en la lista de morosos. Aunque ha ido bajando lentamente, en 2022 la cifra de morosidad se elevaba a 294 millones. El tercer puesto de esa lista lo ocupaba otra inmobiliaria, Nozar, que solicitó concurso de acreedores en 2009 con un pasivo superior a los 1.400 millones. La familia Nozaleda, sin embargo, evitó la liquidación por las quitas de hasta el 97 % que le permitieron los bancos acreedores. Tuvo que vender activos, entre ellos el complejo invernal de Panticosa (en el Pirineo aragonés) y las cercanas bodegas de Enate. La nueva Nozar, en la que Jaime Nozaleda sustituyó a Luis Nozaleda al frente, discurre con menos pretensiones y negocios colaterales.

Otro de los elegidos para la gloria, aspirantes a tener su reino, fue Enrique Bañuelos de Castro. Bañuelos no pertenecía al G-14. Ni siquiera se relacionaba mucho con sus colegas. Antes de licenciarse en Derecho y hacer un máster en Dirección de Empresas por la Escuela de Organización Industrial (EOI), ya mostró sus dotes emprendedoras con el establecimiento de una empresa de producción de miel y derivados. Pero lo suyo no era la apicultura. Se hizo agente urbanizador. Se estudió a fondo la normativa y descubrió la forma de dar pelotazos convirtiendo suelo rústico en urbanizable. Así constituyó varias sociedades que integró en Astroc como cabeza de grupo.

Bañuelos era uno de aquellos emprendedores sin escrúpulos y con ganas de comerse el mundo. «A mí me dejan desnudo en Central Park y en veinticuatro horas estoy paseándome por la Quinta Avenida en una limusina», manifestó en sus momentos de euforia. Con esas ínfulas inabordables para la mayor parte de los mortales, Bañuelos comenzó en los primeros años del siglo a soñar mientras engordaba su cartera. Compraba y vendía proyectos.

Aquel muchacho, nacido en Baracaldo (Vizcaya) y criado en Sagunto (Valencia) cuando su padre fue trasladado a los Altos Hornos del Mediterráneo, pasó a estar entre los más ricos de España y ocupar un sitio en la lista de la revista *Forbes*. Se le quedó pequeña la Comunidad Valenciana y se trasladó a Madrid. Se le quedó pequeña la capital y saltó a Nueva York, donde quería construir las Spanish Towers, unos rascacielos en los que podrían instalar sus sedes en Estados Unidos las principales empresas españolas. Ambición y sueños no le faltaban. Adquirió un Falcon 900 para surcar los cielos augurando traslados continuos entre un continente y otro.

Su aterrizaje en Nueva York fue un ejemplo de su osadía: organizó una paella para veinticinco mil personas en Central Park. Con esa tarjeta de presentación, después se las arregló para formar parte de la delegación que acompañó a la visita del príncipe de Asturias a la Casa Blanca y destinó un millón de dólares a la Fundación Procenic, dirigida por el cardiólogo catalán Valentín Fuster.

En realidad, era un depredador al que no se le ponía nada por delante y que utilizaba sus dotes para la oratoria y su capacidad de contagiar al más incrédulo. Se le daba de cine. A través de la Fundación Astroc compró un palacete en Madrid para instalar su sede en el número uno de la calle López de Hoyos, esquina con el paseo de la Castellana. Pero la entrada estaba por la calle y no por el paseo y, como no era lo mismo una cosa que la otra, logró que el Ayuntamiento le otorgara el número 56 bis de la Castellana para que pusiera la dirección postal.

En mayo de 2006, y tras adquirir Rayet a Félix Abánades, sacó a bolsa la empresa y se deshizo del 25 % del capital a un precio de 6,4 euros por acción. En febrero del año siguiente cotizaba a 72 euros, es decir, con una revalorización del 1.100 %. Pero, de la misma forma que se infló, se desplomó. A partir de abril de 2007, sin preavisos, Astroc desapareció del mapa arrastrando a pequeños inversores que habían confiado en él. Dijeron que alguien de los suyos le traicionó con ventas masivas, pero muchos de los accionistas vieron su mano en la caída y se querellaron contra él por un supuesto delito de maquinación para alterar el precio de las cosas y presunto uso de información privilegiada. Tres meses después, el juez Baltasar Garzón archivó la querella con el argumento de que «el querellante debería haber examinado mejor los riesgos de su inversión».

En apariencia, no levantó cabeza. El explosivo inversor, que tenía muy buenas relaciones con el polémico dirigente popular Carlos Fabra (el del aeropuerto de Castellón) y había recibido el apoyo de Amancio Ortega, dejó Nueva York, dejó Madrid, y se refugió en Londres, desde donde rehízo su vida empresarial con negocios en Brasil y Suecia, entre otras latitudes. Se metió en el automóvil con Alejandro Agag como socio, desarrolló algunas promociones de energías renovables y, en 2021, entró en Inzile, firma sueca de vehículos eléctricos que quebró en 2022 tras no poder hacer frente a una deuda de casi cinco millones de euros y sufrir una hecatombe en bolsa similar a la de Astroc: entre junio de 2021 y noviembre de 2022 retrocedió un 95,5 % pasando su valor de 227,3 a 10,12 millones.

Con las migajas de Astroc reapareció Abánades, que se había quedado con una pequeña participación cuando vendió Rayet, y fundó el grupo Afirma, desde el que lanzó Quabit. Pasados los años, en 2021, Neinor Homes adquirió Quabit por 62 millones, lo que suponía una prima de veinte millones. Abánades sigue en el grupo como asesor.

Joaquín Rivero era todo un clásico en el sector, en el que entró muy joven y creó Riobra. Puso su punto de partida en la Costa del Sol en los años de esplendor, lo que le sirvió de catapulta para saltar a Estados Unidos y Costa Rica y comprar Bami, una constructora del Banco Central Hispano, y la inmobiliaria Zabálburu. En 2002 compró al BBVA una participación dominante en Metrovacesa, de la que se hizo presidente. El crecimiento seguía y en 2007 entró en la francesa Gecina a cambio de 5.500 millones de euros. Ese fue su gran error. La crisis ya llamaba a las puertas del sector y en Metrovacesa, además, se encontró de frente a los Sanahuja. Al final, Sanahuja se quedó con Metrovacesa y Rivero con Gecina. En 2015, el mismo año que Bami entraba en liquidación, la justicia francesa le rendiría cuentas y le condenaría a cuatro años por malversación y blanqueo en Gecina. Murió en 2016 a los setenta y dos años siendo uno de los mayores coleccionistas de arte de Andalucía.

Por su parte, Román Sanahuja, tras quedarse con Metrovacesa, en 2010 se declaró en concurso con 1.800 millones a las espaldas. Fue juzgado por fraude fiscal y el Supremo le condenó por información privilegiada. Sanahuja era miembro de una de las familias que se enriqueció en el sector de la construcción en Barcelona, junto a José Luis Núñez y Josep Maria Figueras. Un hijo de este, Bruno, se aventuró en la compra de la división inmobiliaria de Ferrovial por 2.200 millones a través de Hábitat. La firma de los Del Pino se quedó con el 20% de la nueva empresa, que no pudo remontar la crisis. En 2018, la recuperó el fondo Bain Capital Credit.

Prácticamente todas las empresas del G-14 han pasado por procesos. Renta Corporación, especializada en grandes promociones en las ciudades, también se vio abocada al concurso, que levantó en 2014, mientras Chamartín, la inmobiliaria de la familia Cutillas, no pudo aguantar y en 2015 se precipitó con una deuda de 535 millones. Esta empresa había saltado a Alemania y Portugal, donde había comprado la inmobiliaria del poderoso grupo Amorim. También lo pasó mal Restaura, firma especializada en rehabilitar edificios, que cayó dos veces. En 2008, la familia Solano presentó concurso con doscientos treinta millones de deuda. El grupo francés Foncère Colbert Finance firmó un acuerdo para hacerse con el 70 % por un importe simbólico a cambio de asumir la deuda, pero el problema llegó cuando no logró el respaldo de los acreedores. Eso obligó a que Xavier Solano tomara las riendas de nuevo. En 2015, tras vender varios edificios, el grupo catalán cerró el concurso.

Mejor suerte tuvo la familia Fernández Fermoselle, que vendió Parquesol a Constructora San José en 2006, antes de estallar la crisis, por lo que fue el grupo gallego que preside Jacinto Rey el que tuvo que pechar con las deudas mientras los antiguos propietarios, exdueños también del Real Valladolid, se embolsaban más de mil millones. En 2021, el grupo logró cerrar los problemas con Hacienda que arrastraba desde 2008 por ajustes extracontables y que, finalmente, fueron reconocidos. Por su parte, Realia, otra inmobiliaria especializada en rehabilitación, fue adquirida por el empresario mexicano Carlos Slim, principal accionista también de FCC.

9

Grupo Marsans
Gerardo Díaz Ferrán

El 14 de marzo de 2013, un desmejorado Gerardo Díaz Ferrán se encontraba en la planta séptima de los Juzgados de Primera Instancia de la plaza de Castilla de Madrid, esperando el ascensor junto a dos guardias civiles que le custodiaban en una actitud de circunstancias. «Yo siempre he admirado a la Guardia Civil, hice mucho por el Cuerpo; me dieron la Cruz de Plata en Valdemoro el mismo día que a Garzón», les comentó el empresario, que llevaba las manos esposadas y acababa de comparecer en audiencia ante el juez Elpidio José Silva. Al llegar el ascensor, los dos agentes le invitaron a entrar en él sin mediar palabra para, después, volver en un furgón a la prisión de Soto del Real (Madrid), donde el empresario cumplía condena.

Gerardo Díaz Ferrán, el que fuera presidente de la Confederación Española de Organizaciones Empresariales (CEOE), la gran patronal, entre junio de 2007 y diciembre de 2010, y del Grupo Marsans había sido detenido el 3 de diciembre de 2012 en su domicilio de Madrid por la Brigada de Blanqueo del Cuerpo Nacional de Policía en el marco de una operación denominada Crucero por orden del juez de la Audiencia Nacional Eloy Velasco. Dos días después, el togado dictó prisión eludible con una fianza de treinta millones de euros tras encontrarle culpable del vaciamiento patrimonial del grupo para evitar el pago a los acreedores. Díaz Ferrán, que no pudo hacer frente a la fianza impuesta, estaba acusado de alzamiento de bienes, concurso fraudulento continuado, blanqueo de capitales y pertenencia a organización criminal durante la gestión del grupo de empresas, cuyo estandarte era la firma Marsans, levantada con su socio Gonzalo Pascual, fallecido en junio de ese año, unos meses antes de ser detenido, cuando las sospechas de sus actividades fraudulentas habían pasado a ser un clamor y ellos estaban ya a la deriva.

Díaz Ferrán y Pascual habían diseñado «una estrategia para alzarse con los bienes del grupo aparentando insolvencia patrimonial», según el juez. Los dos amigos, compañeros desde la universidad, ante esa evidencia, habían acordado la *venta* del grupo en junio de 2010 a Ángel de Cabo, un testaferro conocido como el Liquidador que también fue detenido en la operación Crucero junto a Díaz Ferrán y otras siete personas, y condenado con una fianza todavía mayor (de cincuenta millones de euros), para que les ayudara a ocultar bienes y evadir capitales a paraísos fiscales. El objetivo de esa trama era aparentar insolvencia, lo que les habría permitido evitar el pago de más de cuatrocientos millones de euros a sus más de once mil acreedores, entre ellos Hacienda y la Seguridad Social. El Liquidador se había comprometido a entregar cien mil euros mensuales a los dos empresarios hasta alcanzar ocho millones.

Tres meses después de la comparecencia en los juzgados de plaza de Castilla ante el juez Silva, en junio de 2013, Díaz Ferrán fue encontrado culpable de la quiebra del grupo junto a los socios mencionados, lo que ratificaba su pena. Según la sentencia, los condenados habían amañado las cuentas de las empresas del grupo para ocultar la situación real de insolvencia y el resto de los delitos de los que se les acusaba, así como de retrasar deliberadamente la solicitud de concurso de acreedores.

De todos los cargos se declaró culpable en julio de 2015 ante la Audiencia Nacional, aceptando una condena de cinco años y medio y una multa de 1,2 millones. Pero después se añadirían nuevas penas: una de dos años por el vaciamiento de Marsans y apropiación indebida de 4,4 millones de clientes; otra de dos años y dos meses más el pago de noventa y nueve millones por fraude a Hacienda en la compra de Aerolíneas Argentinas en 2001 a la Sociedad Española de Participaciones Industriales (SEPI). Sumado a eso, le cayeron otros dos años por el uso indebido de una tarjeta *black* de Caja Madrid, entidad de la que era consejero.

La cosa no acabaría ahí. El 19 de septiembre del mismo año, la Unidad de Delincuencia Económica y Fiscal entregó un informe al juez Velasco en el que se desvelaba que el *insolvente* Díaz Ferrán había acumulado un patrimonio de 88 millones, depositados en varias sociedades interpuestas. Entre los bienes encontrados estaba la finca El Alamín, junto al río Alberche, en la provincia de Toledo, que había comprado al marqués de Comillas y que cuenta con un castillo que otrora había albergado el cuartel general de Almanzor en tiempos de la Reconquista. Allí organizaba cacerías a las que invitaba a lo más granado de la burguesía madrileña, entre ellos el rey Juan Carlos I.

El empresario también contaba con propiedades en Marbella, las islas de Mallorca y Menorca, entre las que se movía en un yate de treinta y un metros de eslora que llamó Leuqar (Raquel, el nombre de su mujer y su hija al revés) y Nueva York, ciudad en la que poseía dos apartamentos en el mítico hotel Plaza, así como en Madrid, donde repartía su poderío en pisos, locales comerciales, garajes, coches de lujo (entre ellos, un Bentley) y una mansión en el exclusivo barrio del Conde de Orgaz. No le faltaban otras distracciones caras, como los safaris africanos para cazar elefantes y las partidas en persecución del rebeco en Ucrania o el oso en Rumanía.

Al cumplir setenta y cinco años, en 2017, el juez de Vigilancia Penitenciaria José Luis Castro dictó su salida de prisión controlada mediante una pulsera telemática con el visto bueno de la Fiscalía ante el buen comportamiento, además de la avanzada edad y problemas de salud. El penado se comprometió a colaborar sin retribución con la Asociación Solidaria Universitaria. El juez sostuvo que había mantenido un comportamiento «excelente» y mostrado arrepentimiento, además de haber disfrutado cuatro permisos de salida sin incidentes.

El rosario de sentencias en contra echaba por tierra una larga trayectoria bañada de éxito que resultó ser falsaria. Díaz Ferrán había logrado un estatus que le permitía codearse con la élite política de la derecha y alcanzar sus ambiciones empresariales, que no eran pocas. Sin embargo, pese al discurso moderado que le perfilaba como un hombre llano y sensato, se instaló en la atrayente cultura del pelotazo y el dinero fácil. Junto a él, Gonzalo Pascual se mantenía más alejado de los focos, aunque no dejaba de ser un activo entusiasta de esa cultura, solo que más callado. La pareja de empresarios, que había construido un imperio en el sector del transporte y el turismo, fue otro caso paradigmático en la historia de fiascos empresariales de los últimos años. Lo tuvieron todo, tocaron el cielo, pero se precipitaron al abismo.

Los dos socios (conocidos como G y G, por las iniciales de sus nombres, los Geos o, de modo más peyorativo, como Pili y Mili) se conocieron cuando estudiaban para ingenieros industriales. Ambos jóvenes tenían ideas muy pretenciosas. Lo suyo iba mucho más por hacerse ricos que ingenieros. Con el respaldo de las familias (la de Pascual aportó 75 millones de pesetas, y la de Díaz Ferrán, veinticinco millones y una flota de autobuses), comenzaron la aventura sobre el colchón que les daba la empresa de transporte por carretera del padre del segundo, un gallego emigrado a Madrid en busca de prosperidad que había conseguido la concesión de varias líneas de autobuses interurbanos y en la que, con doce años, él había hecho de cobrador. A partir de ahí, crearon Trapsa en 1967 y, cuatro años después, Trapsatur, su primera agencia de viajes mayorista.

El gran salto se produjo en 1985 con la compra de la empresa pública Viajes Marsans al Instituto Nacional de Industria (INI), el conglomerado de empresas públicas que había creado el franquismo siguiendo el modelo italiano del IRI para impulsar la industria durante la autarquía. Marsans, la primera agencia de viajes española, nacida a principios del siglo pasado bajo el paraguas de la Banca Marsans en Barcelona y que acabó bajo control estatal en 1964, estaba presidida entonces por Javier Gómez-Navarro, antiguo compañero de Industriales, al que dejaron al frente de la empresa hasta que fue nombrado secretario de Estado de Deportes (más tarde sería ministro de Comercio) de la Administración socialista de Felipe González.

Marsans se convertiría en la enseña del grupo, aunque en realidad no existía una cabecera del holding propiamente dicha. Este llegó a superar las cien sociedades y era un entramado en el que se cruzaban participaciones entre estas con una difícil comprensión. Hasta el punto de que el propio Díaz Ferrán llevaba una especie de croquis en la cartera para entenderlo él mismo. Entre ellas figuraban, además de Trapsa y Trapsatur, los grupos hoteleros Teinver y Hotetur; los turoperadores Pullmantur, Club de Vacaciones y Tiempo Libre-Mundicolor; la aseguradora de transportes Seguros Mercurio; Air Comet y Spanair (creada con la compañía escandinava SAS para vuelos chárter que quedó marcada con el trágico accidente en Barajas en el que murieron ciento cincuenta y ocho personas en 2008, cuando los dueños de Marsans ya no estaban). Todas se comunicaban entre sí, como tuberías entrelazadas que desembocaban en una terminal que mantenían escondida.

Además del cruce de participaciones, que no dejaba de ser algo habitual en el mundo empresarial, se producía el de las contabilidades, lo que ya entraba en el terreno de lo ilegal. En resumen, se configuraba un panorama sospechoso, de chapuza, mala gestión y desequilibrio, con el añadido de que, según señalaba un antiguo colaborador, los jefes creían que aquello era como llenar un autobús y que nunca les iban a pillar.

Los dos socios, en franco crecimiento, aumentaron sus pertenencias con la entrada en el sector aéreo a través de Spanair, que luego venderían; la compañía de vuelos chárter Air Comet y Aerolíneas Argentinas, que compraron en 2001 a la SEPI, heredera del INI, y les fue expropiada por el Gobierno de Cristina Fernández de Kirchner en 2008 cuando Díaz Ferrán ya presidía la gran patronal.

En paralelo a ese crecimiento empresarial, o quizá gracias al impulso que les dio la ampliación del negocio, ambos entraron de lleno en el mundo del asociacionismo, y, mientras Pascual se hacía fuerte en la patronal turística como presidente, Díaz Ferrán avanzaba en otras organizaciones. Asumió la presidencia del Comité Nacional del Transporte por Carretera (CNTC) y de la Federación Empresarial de Transporte de Viajeros (Asintra), y, a finales de marzo de 2001, obtuvo su primer puesto directivo en una organización empresarial de carácter global al ser nombrado vicepresidente primero, y luego presidente, de la Cámara Oficial de Comercio e Industria de Madrid, lo que le sirvió para que le hicieran «notable» del Consejo Superior de Cámaras un año después.

Era la catapulta para saltar, en 2002, a la presidencia de la Confederación Empresarial de Madrid (CEIM), donde tomó el testigo del naviero Fernando Fernández-Tapias. Díaz Ferrán, de ideas firmes, quiso perpetuarse en dicho cargo y se presentó a la reelección en mayo de 2006. El cargo al frente de la potente patronal madrileña le hacía meritorio para ocupar una de las vicepresidencias de la CEOE, presidida desde 1984 por el pragmático José María Cuevas.

Durante ese periodo de acumulación de cargos, fue distinguido con un conjunto de reconocimientos (medalla de oro al Mérito Turístico, medalla de plata al Mérito del Trabajo, mejor Hombre de Negocios del Año por la Cámara de Comercio de Madrid, medalla de oro de la Asociación Española de Líneas Aéreas, el Premio Reina Cristina de Suecia otorgado por los empresarios escandinavos, caballero de la Imperial Orden de Carlos V, doctor *honoris causa* por la Universidad Miguel Hernández de Elche), muchos de los cuales le serían retirados cuando se descubrieron sus fechorías empresariales y fue condenado.

La trayectoria empresarial y ese acopio de galardones debió de tener mucho impacto en el legendario Cuevas, que le eligió candidato para sustituirlo en junio de 2007 después de veintitrés años al mando. Cuevas, que acababa de renovar su mandato sin elecciones en 2006, adelantó su salida, prevista para 2010, por problemas de salud que ya le habían provocado un infarto dos años antes, y entre los once vicepresidentes que tenía encontró en el empresario madrileño su mejor sucesor.

Cuevas consideró que con el nombramiento de Díaz Ferrán cumplía la dudosa máxima de que para ser líder empresarial hay que ser empresario propietario y de la que él, que era un funcionario que venía del antiguo sindicato vertical franquista, había sido criticado unas veces *sottovoce* y otras abiertamente. Por eso descartó a Santiago Herrero, presidente de la patronal andaluza CEA, a la que había entrado nada más acabar la carrera de Derecho. Eliminado Herrero, dudó entre Díaz Ferrán y su socio, Gonzalo Pascual, también vicepresidente de la CEOE y con las mismas características de emprendedor; al final se decantó por Díaz Ferrán al verle más ambicioso.

Pese a la recomendación en sentido contrario de su principal asesor, Fabián Márquez, y de algún empresario amigo, Cuevas siguió adelante, convencido de que su elección era la correcta. Le propusieron incluso la posibilidad de incorporar a alguien de fuera, no necesariamente del equipo de vicepresidentes. Se barajó el nombre de Manuel Pizarro, que acababa de librar una lucha cruenta contra la opa de Gas Natural (ahora Naturgy) sobre Endesa y se había encumbrado como esperanza blanca de la derecha, algo que quedaría reflejado cuando Rajoy le colocó como número dos en la lista de Madrid en las elecciones de 2008. El abogado del Estado turolense volvería a salir como recambio cuando Díaz Ferrán dimitió en 2010, pero Cuevas lo desechó por falta de unanimidad para que hubiera un candidato único y porque no quería entablar un enfrentamiento dentro de la patronal con gente con la que tenía buena relación y le había apoyado durante su etapa como presidente de Endesa.

Cuevas había llegado a la presidencia de la patronal en 1984 en reemplazo de Carlos Ferrer Salat tras haber sido secretario general durante siete años por el mismo método de elección a dedo y con el rechazo único de José Antonio Segurado, a la sazón presidente de la patronal madrileña CEIM. Segurado fue el único de la comisión ejecutiva de la gran patronal que levantó la voz aduciendo que aquellas no eran maneras de elegir a un candidato. Arrastraba fundadas esperanzas de ser el elegido, pero sus relaciones con Ferrer se habían deteriorado por cuestiones personales después de haber sido su delfín durante años y el empresario catalán encontró en el campechano secretario general la mejor solución.

Cuevas le mostró a Ferrer un rechazo inicial, pero con la boca chica. Al día siguiente de recibir la oferta se hizo con el bastón de mando, que no soltaría en veintitrés años y solo por razones de salud, por su maltrecho corazón, no superó los veinticinco. Pasado el tiempo, Cuevas le confiaría al periodista Mariano Guindal su estrategia maquiavélica, como recoge este último en *El declive de los dioses* (2011):

> Mira, cuando quieres conseguir un puesto como la presidencia de la CEOE, no se te puede notar. Es tan goloso que, cuando los demás aspirantes ven a un competidor, le destrozan. Por eso lo más inteligente es quedarse al margen, para que se eliminen entre ellos. Además, hice creer a las federaciones más potentes que sería un presidente débil, de paso, fácil de manejar, y que haría lo que ellos me dijesen. Una vez que te eligen, te metes en la cabina de mando, cierras la puerta con llave y desde allí estableces alianzas que te convienen y los vas neutralizando uno a uno hasta que te haces con el control total de la organización.

Quizá por eso repitió la actuación de Ferrer Salat con él y propuso a Díaz Ferrán como su sustituto sin elecciones. No quería abrir un proceso electoral al que aspiraran algunos dirigentes que no le placían, como el catalán Juan Rosell, quien había amagado con presentarse en 2006 después de haber entregado un informe para lanzar un debate interno sobre el funcionamiento de la organización que, según el propio Rosell, «lamentablemente no se inició». Rosell, que ocupaba la presidencia de la patronal catalana Foment del Treball, planteaba desvincular la CEOE de los partidos políticos, con más independencia y menos burocracia, y seguir normas de gobernanza modernas, como las de las compañías que cotizan en bolsa.

El enfrentamiento estaba larvado desde años antes, pero había alcanzado su máximo nivel tras unas declaraciones de Cuevas en las que criticaba la opa lanzada por Gas Natural sobre Endesa calificándola de «opa a la catalana», en alusión a su bajo precio, y subrayando que se hacía con el apoyo del Gobierno y el *BOE*. Cuevas se alineaba así con el PP, que había convertido la oferta en un *casus belli* político (la presidenta madrileña, Esperanza Aguirre, en un lapsus histórico, llegó a manifestar que era «una mala noticia que la sede de una empresa eléctrica multinacional, una de las grandes empresas españolas, se traslade fuera del territorio nacional», en referencia a Cataluña) y, aunque luego pidió disculpas, Cuevas no pudo evitar que se tensaran unas relaciones que ya venían tocadas de tiempo atrás. Solo la reconsideración de un pacificador Rosell, apelando al buen talante y a la unidad, evitó males mayores. El tiempo permitiría que, cuatro años después, el dirigente catalán accediera a la presidencia de una patronal que estaba en combustión por el paso del hombre elegido por Cuevas.

Un año después de renovar sin elecciones, Cuevas propuso a Díaz Ferrán al resto de los vicepresidentes, que actuaban como colegio electoral y entre los que no estaba Rosell (Cuevas lo había mantenido alejado de su mesa redonda), y se encontró con que no todos estaban de acuerdo. El nombre de Gerardo Díaz Ferrán tuvo que competir con el del dirigente sevillano Santiago Herrero, que no hizo caso al jefe y se presentó como alternativa. Contó con dos de los once votos (el suyo y el de José María Aguirre González, presidente del Banco Guipuzcoano y de la Asociación para el Progreso de la Dirección, e hijo del mítico banquero José María Aguirre Gonzalo, expresidente de Banesto y Agromán). Tanto Herrero como Aguirre González consideraban que el presidente de la patronal debía ser independiente y autónomo frente a otros intereses que no fueran la presidencia de la CEOE. Es decir, en contra de la teoría del presidente propietario que obnubilaba a Cuevas, que para el nombramiento había modificado los estatutos de manera que, en caso de dimisión, el nuevo presidente no tuviera que presentarse a unas elecciones.

Según cuenta Fabián Márquez, posiblemente la persona que mejor conoce los primeros treinta años de la CEOE, en *José María Cuevas o la aventura de la CEOE* (2012), «para Santiago Herrero, Gerardo Díaz Ferrán no era el sucesor adecuado: presidía empresas en riesgo, era concesionario de servicios públicos de transporte, por lo que su dependencia de las administraciones públicas era indudable, y ello le restaría la independencia necesaria para el desempeño de una tarea en la que las presiones de los Gobiernos pueden llegar a ser insufribles». La misma advertencia le hizo Márquez a Cuevas, en este caso sin estar condicionadas. «Si, como presidente de la CEOE, pretendía ser leal al imperativo categórico que impone la organización, ello depararía conflictos de muy difícil solución y, en muchas ocasiones, reñidos con sus intereses personales más directos», vaticinaba el veterano asesor en el citado libro biográfico de Cuevas.

Investido como presidente por el dedo decisivo de Cuevas, el 1 de julio de 2007 Díaz Ferrán comenzó su carrera como líder patronal. Y, quizá, la de su perdición. Su prédica pasaba por fijar como gran objetivo la paz social y el diálogo con los sindicatos, las claves que habían caracterizado el mandato de Cuevas, que le había recomendado que nunca rompiese los puentes de diálogo. A ello añadió otra máxima de cosecha propia: «Mi papel como empresario no me resta independencia, sé distinguir perfectamente entre mis empresas y mi labor en la patronal».

Es posible que Cuevas también le recomendara encerrarse en la cabina de mando aplicando su estrategia, pero lo cierto es que Díaz Ferrán se hizo fuerte en la patronal, elevó las ya numerosas once vicepresidencias que tenía Cuevas a veintiuna, seguramente con el fin de formar una guardia pretoriana, y utilizó su estatus de mandamás para hacer algo más que los deberes como líder empresarial. Al asumir el cargo, hizo una declaración de intenciones al afirmar que «la libertad de empresa es a la economía lo que la democracia y los derechos humanos a la política». Defendió la total independencia de la CEOE frente a cualquier poder político y abogó por la defensa de la unidad empresarial y por la privatización de los servicios públicos.

Cuevas, que no había querido dar el brazo a torcer, tardó poco en arrepentirse de su elección o, dicho de otra forma, Díaz Ferrán apenas tardó en defraudarle. El primer encontronazo se produjo con Juan Jiménez Aguilar, el fiel escudero de Cuevas que había estado con él los veintitrés años de mandato como secretario general de la organización. Cuevas le había pedido a Díaz Ferrán que le mantuviera en el cargo y este le incluyó, además, en la ampliación que hizo de las vicepresidencias. También incorporó a Rosell, la *bestia negra* que había sido relegada por Cuevas, en la lógica de que no podía estar ausente la patronal catalana. «El nuevo presidente quería designar muchos vicepresidentes para diluir la función, quedar bien con los amigos, recaudar recursos extraordinarios o, simplemente, disponer de una guardia pretoriana que le garantizara adhesiones en los difíciles tiempos que se avecinaban», dejó escrito Fabián Márquez.

En el caso del *ascenso* de Jiménez Aguilar, el objetivo de Díaz Ferrán no era otro que abordar, a renglón seguido, el relevo en la secretaría general, algo que el astuto dirigente andaluz vio venir y no encajó de buen talante. En la propuesta del nuevo presidente se incluía, además, el propósito de dar más poder a las federaciones sectoriales frente a las territoriales, justo lo contrario de lo que había hecho su antecesor. Y, para rizar el rizo, se metió de lleno en la gestión diaria, que Cuevas había encomendado a Jiménez Aguilar, quien ya no pudo más y saltó. Planteó someterlo a la junta directiva. El pulso se saldó con el compromiso de trabajar juntos y unas declaraciones de Díaz Ferrán en las que aseguraba su «total y absoluta» confianza en el secretario general.

Díaz Ferrán sabía que hasta que no destituyera a Jiménez Aguilar no mandaría en la CEOE. Por eso quería acabar con la bicefalia que le había dejado Cuevas, que daba mucho poder al secretario general, algo de lo que el ambicioso sustituto no tardó en darse cuenta. Además de haber acumulado mucho poder, Jiménez Aguilar se había mostrado muy crítico con su nuevo jefe por el acercamiento al poder socialista, reflejado, entre otras cosas, en la «Declaración para el impulso de la economía, el empleo, la competitividad y el progreso social» que había firmado con los sindicatos en la Moncloa contra su criterio y el de algunos dirigentes importantes, aunque el único que lo manifestó en la comisión ejecutiva fue otra vez Santiago Herrero, alegando que era absurdo dar la confianza a aquel texto «muy poco realista» en medio de la crisis económica galopante que el Gobierno de José Luis Rodríguez Zapatero se empeñaba en denominar «desaceleración progresiva».

El pacto duró seis meses. A la vuelta de las vacaciones del verano de 2008, Díaz Ferrán planteó la destitución de Jiménez Aguilar, la cual se sometería a la aprobación de la comisión ejecutiva, primero, y de la junta directiva, dos días después. Además, aprovecharía la coyuntura para adelantar las elecciones y anunciar un cambio en los estatutos con el propósito de ratificar su poder en la patronal. Lo necesitaba, toda vez que su nombramiento había sido por designación directa.

Al conocer los votos de la comisión ejecutiva (veintidós a favor y doce en contra), Jiménez Aguilar, que esperaba un resultado favorable, dimitió y, en medio de la emoción, perdió el conocimiento y despertó en el hospital con un amago de infarto. A Díaz Ferrán pareció afectarle bastante poco. Esgrimió un acta de una asamblea firmada por Jiménez Aguilar que no se había celebrado y tras la que, supuestamente, se escondía un fraude para justificar su decisión. Jiménez Aguilar se fue dando un portazo, pero con una indemnización de 1,9 millones de euros, a razón de cuarenta y cinco días por año trabajado, muy por encima del recorte que él mismo había reclamado para los despidos.

La reunión se había celebrado, con ese caldo de cultivo y las espadas muy en alto, a primera hora de la mañana. Para sorpresa de todos, cuando los convocados fueron llegando a la sala se encontraron a Cuevas discretamente sentado. Había acudido, en su condición de presidente de honor, con el fin de aclarar que no había participado en ninguna irregularidad. Pero, antes de tomar la palabra, tuvo que escuchar a su sucesor espetarle que no le había convocado a dicho encuentro y, aún más cruel, verse humillado tras ser invitado a irse. El pasmo fue absoluto para los asistentes, sobre todo para alguien que lo había sido todo en aquella casa, dueño y señor durante treinta años (los veintitrés de presidente y los siete de secretario general).

La afrenta fue definitiva. Cuevas se dio cuenta entonces del error que había cometido. El equilibrio que había previsto entre Díaz Ferrán y Jiménez Aguilar, que él había creído dejar atado y bien atado, había fracasado. Por eso se había presentado en aquel cónclave. Pero Díaz Ferrán se mostró inflexible y apeló a la falta de confianza para explicar la destitución. «En los momentos de crisis económica que vivimos, y lo malo no ha hecho más que empezar, necesitamos una CEOE absolutamente cohesionada, seria, transparente y eficaz para emprender el diálogo social y las reformas», manifestó en una entrevista en *El País* con el autor de este libro y Lucía Abellán el 21 de septiembre de 2008, la misma semana que sucedía aquel episodio.

Poco después, el 27 de octubre, Cuevas moría de un infarto fulminante en su casa de Madrid. Una semana antes había mantenido un almuerzo largo y tenso con Díaz Ferrán, que le había prometido que no litigaría contra él por el asunto del acta falsa de Jiménez Aguilar. Cuevas, que se mostró en su versión más dura, aceptó impulsar la Fundación CEOE, pero con muchas incertidumbres, ya que requería repartirse funciones con la presidencia de la confederación. Su muerte las despejó, y puso fin a una etapa de forma convulsa.

Díaz Ferrán se dispuso, después de más de un año en el cargo, a hacer una patronal «más fuerte y dinámica». Había llegado a la presidencia como un soplo de aire fresco y una imagen de hombre dialogante tras los veintitrés años de dominio absoluto del carismático Cuevas, cuyo aval le abría las puertas para el entendimiento con los sindicatos y el Gobierno. Cuevas se había fajado con los gobiernos del PSOE y del PP (con los primeros más rígido que con los segundos), así como con los líderes sindicales de Comisiones Obreras (CC. OO.) y la Unión General de Trabajadores (UGT) desde los tiempos de Marcelino Camacho y Nicolás Redondo, pasando después por José María Fidalgo e Ignacio Fernández Toxo, por parte de CC. OO., y Cándido Méndez, por UGT. Había fraguado lazos de entendimiento y propiciado acuerdos históricos que suponían avances significativos tanto para las empresas como para los trabajadores.

El nuevo patrón de patronos estaba obligado a mantener esa buena relación y se volcó en ello. Era consciente del cambio de perfil que representaba su ascenso: si Cuevas era el ejecutivo gestor, el nuevo presidente era visto como el empresario patrón. Pero había unanimidad en que no implicaría un cambio de gestión. Díaz Ferrán había dado muestras de ese carácter dialogante en sus cargos anteriores, como, por ejemplo, cuando posibilitó el acuerdo entre la CEOE y el Consejo Superior de Cámaras (CSC) en noviembre de 2006, después de años de desencuentro. El consenso fue posible gracias a su amistad con el presidente del CSC, Javier Gómez-Navarro, que había presidido Marsans antes de ser ministro de Comercio y presidente de las Cámaras.

Superado el episodio de Jiménez Aguilar y el encontronazo con Cuevas, se mostraba confiado en la poltrona de la patronal tras sacar adelante las elecciones que había convocado en abril de 2009 sin que se presentara ningún rival. Santiago Herrero, que había apoyado a

Aguilar y rechazado la declaración con los sindicatos, se retiró tras unos primeros amagos. Díaz Ferrán, como compensación, le atrajo a su redil con el nombramiento de presidente de la Comisión de Relaciones Laborales, un cargo de mucho peso en la CEOE que le daba capacidad para negociar con los sindicatos y el Gobierno.

También lograría más tarde que Jesús Bárcenas se fuera de la presidencia de Cepyme, al que consideraba otra rémora del *cuevismo*. El dirigente manchego salió derrotado por Jesús Terciado en unas elecciones muy ajustadas que reflejaron la división que había en las patronales. Terciado tendría que dimitir en noviembre de 2014, al descubrirse que cobraba de la organización a través de facturas de dos de sus empresas.

La citada firma de la declaración con los sindicatos en la Moncloa le había granjeado una buena imagen en el Gobierno de Rodríguez Zapatero, el único presidente con el que coincidió su mandato. Sus relaciones habían comenzado con buen pie. Había aterrizado como hombre abierto, dialogante y hábil negociador, y el sello de garantía que, además de Cuevas, le había puesto el entonces jefe de la Oficina Económica del presidente del Gobierno, Miguel Sebastián, quien le apoyaría en el conflicto con el Gobierno argentino por la expropiación de Aerolíneas Argentinas en 2008. También se entendió bien con los sindicatos, que creyeron que era comprensivo con las reivindicaciones laborales.

Por el contrario, como ya se ha dicho, en la patronal, por influencia del PP, los recelos de Jiménez Aguilar y la postura abiertamente liberal del nuevo responsable económico, José Luis Feito, se miraban con dudas las amistades de su patrón con La Moncloa.

Por entonces ya circulaban por los cenáculos madrileños informes que ponían en solfa la delicada coyuntura de sus empresas, las deudas con proveedores y la Seguridad Social y los problemas por la compra de Aerolíneas Argentinas a la SEPI, derivados de la acusación de que habían manipulado el crédito público recibido para destinarlo a funciones distintas a recapitalizar la compañía. Pero el empresariado prefirió mirar para otro lado. A nadie mejor que a ellos les convenía llevarse bien con el Gobierno y, de ahí, su predisposición a firmar el acuerdo para la reforma laboral que le ofrecía Zapatero, con el que mantenía el idilio.

Pero ese idilio terminó el 22 de julio de 2009 en una cena en la sede de la Presidencia del Gobierno, en plenas negociaciones sobre la reforma laboral, a la que asistieron, además de Zapatero y Díaz Ferrán, el presidente de Cepyme (la patronal de las pymes) Jesús Bárcenas; los secretarios generales de UGT y CC. OO., Cándido Méndez e Ignacio Fernández Toxo, respectivamente; la ministra de Economía Elena Salgado, el ministro de Trabajo Celestino Corbacho y el director de Gabinete del presidente José Enrique Serrano, por parte del Ejecutivo. Cuando el presidente confiaba en que la reforma estaba encauzada, Díaz Ferrán, que le había prometido la firma, se desmarcó, se negó a plasmar su rúbrica y exigió que se abaratara el despido. Todos se quedaron con la boca abierta sin probar el postre.

De repente, aquel hombre ufano y dialogante que le había prometido el respaldo se transmutó en un muro infranqueable que defendía los postulados de la derecha y a Zapatero le cambió el rictus. La esperada foto del pacto se frustró. En realidad, lo que Díaz Ferrán hacía era trasladar a la mesa lo que le había exigido la comisión ejecutiva de la patronal, y los interlocutores le afearon que no les hubiera dicho nada hasta entonces. Él se defendió con el argumento de que en el último documento remitido por el Gobierno no se recogían los acuerdos alcanzados.

Díaz Ferrán, al que le brillaban perlas de sudor en su esplendorosa frente mientras desgranaba sus argumentos, acababa de transgredir el principal mandamiento de Cuevas («no destruyas nunca los puentes de conexión con el Gobierno»). Méndez y Toxo, testigos de excepción del proceder del gran patrón, reviraron el gesto, convencidos de que, otra vez, habría que remar para lograr el entendimiento. La primera reacción de Díaz Ferrán, sin embargo, fue la de sacar pecho: «Ya se le pasará el berrinche, que haga más reformas y menos discursos». Seguramente, en ese momento, se había envalentonado como líder patronal y olvidado de su grupo empresarial. Gran error. Gonzalo Pascual, su socio, lo expresó sin tapujos a los cercanos: «La machada de Gerardo nos puede costar cara al grupo».

Pascual tenía razón. Aquella cena casi fue una sentencia que, en lugar de tratar de enmendarla, acrecentó al no invitar al presidente a la cumbre empresarial de aquel año, cosa que sí hizo con el líder de la oposición, Mariano Rajoy, que acudió encantado. Al Gobierno no le gustó nada, y menos a los grandes empresarios, que en su mayoría decidieron no asistir al desplante de Díaz Ferrán al presidente. Tampoco estuvo el presidente de Cepyme, Jesús Bárcenas, cuya enemistad con el gran patrón era manifiesta y no por su culpa. Le marginó desde el principio y difícilmente se dejaba acompañar por él en los actos oficiales.

No obstante, Zapatero fue consecuente con su obligación de reconstruir los puentes rotos y, en un encuentro empresarial en la Moncloa para celebrar la Navidad, delante de muchos de los empresarios que no habían acudido a la cumbre, le conminó mirándole a los ojos a volver a la mesa de negociación.

Es posible que su intención fuera esa, pero pocos días después apareció una información, con pinta de estar teledirigida, sobre el impago de un crédito de 26,5 millones de euros a Caja Madrid, entidad de la que Díaz Ferrán era consejero desde cuando presidía la CEIM. Díaz Ferrán atribuyó aquella filtración a manos enemigas y, seguramente, no le faltaba razón. Con mucha probabilidad se vio involucrado en la batalla que se libraba entre la Comunidad de Madrid, que presidía su íntima amiga Esperanza Aguirre; el Ayuntamiento, que regía el enemigo de su amigo Alberto Ruiz-Gallardón, y el propio PP, donde Rajoy también pretendía poner algo de su parte. Aguirre quería a todo trance quitar a Miguel Blesa de la presidencia de la entidad de ahorro y había nominado a varios candidatos (su segundo, Ignacio González, y Manuel Pizarro, que siempre aparecía como un comodín por su versatilidad, entre otros), pero el compañero de profesión de Aznar, que le había nombrado en 1996, se resistía como podía. Y esos esfuerzos por mantenerse en el cargo pudieron salpicar al dirigente patronal, que también se vería enredado en el caso de las tarjetas *black* de la entidad por uso indebido y fraudulento.

Para remate, a eso se sumó que a un juez de Londres le dio por paralizar Air Comet por el impago del alquiler de aviones, lo que supuso que más de siete mil clientes que pensaban volar durante las fiestas de Navidad a Latinoamérica se quedaran en tierra. Un batacazo en toda regla que provocó un reguero de exigencias por parte de los proveedores de Marsans, que le apremiaron el pago por anticipado de los billetes, lo que generó un agujero en la tesorería de la agencia de viajes.

La rueda ya no paró. En marzo de 2010 fue intervenida Seguros Mercurio, la aseguradora del grupo, y en abril la Asociación Internacional de Transporte Aéreo (IATA) dio la estocada definitiva cuando detuvo la venta de billetes y exigió el pago de un aval por valor de veinticuatro millones.

Los ínclitos empresarios, otrora poderosos, trataron de hacer frente a semejante tesitura con una estrategia consistente en vender activos. Y vendieron Marsans, Air Comet y Hotetur, entre otras sociedades, a una entidad llamada Posibilitum Business. La pega era que dicha sociedad era controlada por Ángel de Cabo e Iván Losada, que resultaron ser testaferros suyos y que, como Díaz Ferrán, acabaron en la cárcel por los mismos delitos de apropiación indebida y alzamiento de bienes.

Antes de comenzar los primeros coletazos de la crisis, el grupo había realizado dos operaciones controvertidas: por un lado, la compra del 5 % de la firma alimentaria SOS por casi cien millones de euros, probablemente ofuscado por el hecho de que Caja Madrid también había entrado en la sociedad y, por otro, la de un paquete de la inmobiliaria Martinsa-Fadesa, con la que también tenía relaciones la caja, por veinticinco millones. En ambos casos le falló el ojo clínico, o una equivocada información privilegiada recibida por el hecho de ser consejero, porque las dos sociedades suspendieron pagos.

La huida hacia adelante de la pareja estuvo llena de irregularidades, como mantener la venta de billetes pese a la prohibición expresa de la IATA o quedarse con el dinero de los clientes (se cuantificó la cifra en 4,4 millones de euros). Además, cuatro cadenas hoteleras (AC, Meliá, Pullmantur y Orizonia) presentaron una querella conjunta en la que reclamaron 45 millones por impago y unos antiguos socios les reclamaron otros diez millones. A ello se añadió la minuta que debían al despacho de abogados Uría y Menéndez por cuatro años de trabajo.

El colmo de los colmos se produjo cuando los dos socios se apuntaron en la nómina de la empresa antes de instar el concurso de acreedores para poder cobrar posteriormente el paro, hecho que ocurrió en el verano de 2010, cuando Díaz Ferrán todavía seguía en la presidencia de la CEOE. El hombre que había dicho que «hay que trabajar más y cobrar menos para salir de la crisis» dejaba en la calle a más de veinticuatro mil personas y una larga lista de acreedores.

A partir de ahí todo fue en aumento. Nadie había imaginado que su grupo tenía esa ristra de problemas que, a partir de entonces, fueron saliendo a la luz. Díaz Ferrán se aferró al puesto como a una tabla de salvación, aunque le salió el tiro por la culata y, muy al contrario, los problemas se amplificaron por el hecho de estar en la poltrona de la patronal. Para desgracia suya, cuando apenas llevaba unos meses en el cargo estalló la crisis de Lehman Brothers que arrastró a todas las economías del mundo y, sin que pudiera evitarlo, a su grupo empresarial.

El empresariado en general miró hacia otro lado. Las primeras voces internas que se levantaron fueron, precisamente, las del sector turístico que él y, sobre todo, su socio parecían tener controladas. A ellos se añadieron después algunos grandes grupos empresariales, que expresaban en privado sus temores de la mala imagen que iba a suponer para la empresa española, e incluso los principales partidos políticos, por el mismo motivo y por el deterioro que podían sufrir las relaciones laborales.

Pero Díaz Ferrán tardó en reaccionar. Hasta que los vicepresidentes de la patronal, reunidos en sanedrín, decidieron apremiarle. Eligieron portavoz al veterano Carlos Pérez de Bricio, exministro de Industria de la etapa de la Transición y presidente de Confemetal, para que, en su condición de fundador de la CEOE, le transmitiera el sentir general. El aparato no aguantaba ya que El Monasterio del Cobro, una sociedad dedicada a perseguir morosos, colocara a diario a dos empleados vestidos de frailes junto a la puerta de la sede social en el número 50 de la madrileña calle de Diego de León, en pleno barrio de Salamanca.

Así que, en septiembre de 2010, después de un verano lleno de rumores en el que no dejó de trasladarse a Mallorca, convocó elecciones. Posteriormente, lanzaría un mensaje chulesco: «No dimití, adelanté las elecciones y no me quise presentar». Para entonces ya había puesto a buen recaudo los fondos del grupo que le reclamaban no solo *los frailes* a diario, sino también los muchos acreedores y proveedores que tenía repartidos por el mundo.

Díaz Ferrán culpó de su crisis al matrimonio Kirchner, que controló el Gobierno de Argentina durante década y media. Primero, por nacionalizar por un peso Aerolíneas Argentinas, la compañía que ellos habían adquirido por una peseta en 1999 a la SEPI, heredera del INI que se había hecho con el control de la empresa tiempo atrás a través de Iberia; segundo, porque el Gobierno argentino no les había pagado ciento veinte millones de dólares que habían adelantado para comprar veinticinco Airbus cuando expropió la compañía. «Si se hubieran pagado, no se habrían caído ni Marsans ni Air Comet», se lamentaba Díaz Ferrán poco antes de declarar ante el juez Elías Velasco en marzo de 2012.

Quizá tenía razón. Para esas fechas ya había sido embargado y tenía puestas todas sus esperanzas en que el Centro Internacional de Arreglo de Diferencias Relativas a Inversiones (CIADI), dependiente del Banco Mundial, se pronunciara a su favor en el reclamo de 1.200 millones de dólares por la expropiación de Aerolíneas. En 2017, el CIADI sentenció que Argentina tenía que pagar a Díaz Ferrán trescientos veinte millones de dólares, más veinticuatro de intereses y 3,5 de costas, que el Estado argentino recurrió sin éxito porque en mayo de 2019 se confirmó el laudo. De esa cantidad, en torno a ciento cuarenta millones correspondieron al fondo buitre Burford Capital, con sede en la isla de Guernsey y especializado en financiar grandes pleitos, que había comprado los derechos.

Ese era, precisamente, el argumento que esgrimía Díaz Ferrán a sus amigos y allegados cuando les pedía ayuda declarándose arruinado. Desde que había dejado la CEOE, había instalado una especie de recibidor en un restaurante llamado El Tártaro, que regentaba su yerno en la calle de Velázquez de Madrid, muy cerca de la sede de la patronal. Allí se dedicó a dar sablazos para hacer frente a los procesos judiciales. Por su mesa pasaron viejos compañeros de fatigas y conocidos como Arturo Fernández, José Antonio Segurado, Celso García, Jesús Núñez o Enrique Cerezo, a los que les afirmaba que estaba convencido de que iba a ganar el pleito. Muchos le concedieron préstamos, cuya devolución quedó pendiente. Cambió de número de teléfono y nunca más supieron.

Para entonces, su socio había fallecido, en junio de 2012, solo un mes después de la primera declaración. Mientras Díaz Ferrán parecía cobrar fuerza ante la adversidad, Gonzalo Pascual se había ido apocando mientras avanzaba el proceso judicial. Habían estado juntos desde la universidad, conocieron a la vez a sus mujeres, veraneaban todos los años en Baleares, donde se paseaban en yate, sus hijos habían crecido al mismo tiempo… Todo juntos. Pero todo se lo llevó la ambición. Después de la quiebra, las familias dejaron de salir a cenar y apenas se veían. Díaz Ferrán, que acabaría endosándole la responsabilidad del día a día, acudió al tanatorio a despedirse de su amigo.

10

Bankia
Rodrigo Rato Figaredo

El 16 de abril de 2015, Rodrigo Rato fue detenido en su casa de Madrid, situada en el barrio de Salamanca. Salió del portal con un par de agentes custodiándole. Uno de ellos le agachaba la cabeza con la mano mientras le introducía en el asiento de atrás de un coche que le llevaría a las dependencias policiales. Como en las películas. La imagen, grabada por una multitud de cámaras de televisión, recorrió todos los telediarios vespertinos españoles y de gran parte del mundo. No suele ser habitual que un exvicepresidente del Gobierno y exministro de Economía, ex director gerente del Fondo Monetario Internacional (FMI) y expresidente de una importante entidad bancaria sea conducido por la policía judicial. Tras varias horas de registro de su domicilio por parte del Servicio de Vigilancia Aduanera, fue puesto en libertad. Estaba siendo investigado por los delitos de fraude, alzamiento de bienes y blanqueo de capitales supuestamente cometidos durante su gestión como presidente de Caja Madrid y, después, de Bankia. Los procesos judiciales se extendieron en los años sucesivos y fue condenado a cuatro años, nueve meses y un día por la Audiencia de Madrid en una sentencia que tenía previsto recurrir.

Aquel trago no lo olvida. «Me hicieron polvo, lo hicieron delante de mis hijos, de mi mujer y de mis vecinos. Todo sacado en televisión, una promoción salvaje. Es la destrucción de la imagen de una persona. Antes de que [los agentes] llegaran ya estaban las cámaras, avisadas por el entorno de la Moncloa [sede la Presidencia del Gobierno]. No se llevaron nada porque no encontraron nada», manifestaría tiempo después el encausado, un hombre que se había movido por los cielos prácticamente desde que nació y que, desde ese momento, se sumía en los infiernos.

Lo cierto es que el PP necesitaba un gesto que le permitiera acabar con la impunidad y la foto del exvicepresidente entrando en un furgón custodiado por la policía era una ocasión pintiparada. Para el partido en el Gobierno resultaba muy duro que fuera precisamente un exvicepresidente quien tirara por tierra la pregonada lucha contra el fraude que abanderaba Cristóbal Montoro, ministro de Hacienda y exsubordinado de aquel, que acabó enfrentado con él. Rato consideró su detención y el teatrillo que se formó alrededor de su domicilio como una afrenta pública de la que culpó directamente al Gobierno de su compañero de partido Mariano Rajoy, de quien afirmó que estaba convencido de que le quería en la cárcel.

Así lo contó al presentar el libro *Hasta aquí hemos llegado* (2023) y en las entrevistas que concedió con motivo de su publicación, en las que se defendía de los delitos de que le acusaban. «Yo andaba como sonado, todo pasaba como si nada tuviera importancia, pero lo cierto era que los espacios en los que me había movido en los últimos treinta años se iban cerrando día a día», manifestó. Rato reconoció entonces que algunas personas cercanas le habían advertido de que el Servicio de Prevención de Blanqueo de Capitales (Sepblac) le estaba investigando, pero que se negaba a creerlo. «Conocía mis pecados y no creía que ninguno me pudiera llevar a la cárcel. Sentía que, si alguien quería atacarme o vengarse ya era suficiente con las tarjetas *black*, pero me equivocaba», resaltó en una declaración apuntando a muchos compañeros de partido de los que renegó para siempre.

El libro lo escribió tras salir de la cárcel de Soto del Real (Madrid), en la que había ingresado el 25 de octubre de 2018 después de que el Tribunal Supremo ratificara la sentencia de la Audiencia Nacional de 23 de febrero de 2017 que le condenaba a cuatro años y medio por un delito continuado de apropiación indebida en el caso de las tarjetas *black* de Caja Madrid-Bankia. En febrero de 2021, Rato se acogió al tercer grado y cumplió la pena en casa bajo control telemático. Anteriormente, había sido juzgado por el denominado caso Bankia, en el que se le acusaba, junto a otros ejecutivos, de estafa y falsedad contable en la salida a bolsa de la entidad en 2011. Fue absuelto junto a otros treinta y dos encausados en 2020. El tribunal consideró que la salida a bolsa había contado con la aprobación de los supervisores. El fallo fue ratificado por el Tribunal Supremo. Rato confesaría en privado a allegados que el asunto de las tarjetas *black* era el más desagradable desde el punto de vista personal, pero el que menos enjundia jurídica y económica tenía frente a los de la salida a bolsa o la colocación de las preferentes, por las que no fue condenado.

En mayo de 2024, tras cincuenta y seis sesiones, quedó visto para sentencia el juicio que le llevó al banquillo acusado de delitos contra la Hacienda Pública, blanqueo de capitales y corrupción en los negocios en el marco de la causa sobre el presunto origen ilícito de su patrimonio, el caso que fue el motivo de que le detuvieran en su domicilio en 2015. La petición de la Fiscalía, después de siete años de instrucción, ascendía a la friolera de sesenta y tres años de cárcel por defraudar supuestamente más de 8,5 millones de euros y por presuntos sobornos durante su etapa como presidente de Bankia.

Durante tres días de declaraciones en la Audiencia Provincial de Madrid, el encausado se defendió de las acusaciones, de las que empezó diciendo que eran una «fabulación» de la Fiscalía Anticorrupción. El expolítico defendió su inocencia, negó las irregularidades que se le atribuían y acusó a los investigadores de ocultar y tergiversar información. En un momento de su comparecencia, en la que, en ocasiones, se negó a contestar a las preguntas de la Fiscalía Anticorrupción y de la Abogacía del Estado, llegó a enfrentarse con la fiscal Elena Lorente, que le pidió respeto. Rato la espetó, visiblemente alterado: «El respeto se gana». Después de acusar a estos organismos de usar «prácticas inquisitoriales» y «literatura cursi», arremetió contra la Agencia Tributaria por no tratarle «en igualdad de condiciones» con otros contribuyentes.

La fiscal anticorrupción, que fue respaldada por la Abogacía del Estado, mantenía que Rato urdió una trama para ocultar su patrimonio a Hacienda desde 1999, es decir, incluso cuando era ministro de esta competencia en el primer Gobierno de Aznar, y le acusó de querer controlar la investigación y de que se presentara como un «apátrida fiscal» para evitar la alta condena a la que se exponía. Según la acusación, incluyó movimientos de dinero y actividades de inversión con cuentas bancarias desperdigadas en distintos países y que cobró comisiones ilegales por adjudicar contratos publicitarios durante su etapa como presidente de Caja Madrid y Bankia. Según Rato, el origen de su fortuna procede de una herencia de su padre, cuyo monto guardaba fuera de España y no creía estar ocultando. De hecho, dijo, su intención era repatriarlo.

Asimismo, sostuvo que, tras regresar a España en 2008 al dejar la gerencia del FMI, tenía tres sociedades (Westcastle, Red Rose Finantial y Vivaway) con escasa rentabilidad y, como no lo había comunicado, decidió sumarse a la amnistía fiscal diseñada por el ministro Montoro que promulgó el Gobierno de Rajoy en 2012. Para entonces, ya estaba siendo investigado en la Audiencia Nacional por la gestión de Bankia.

En su tercer día de declaraciones, el exvicepresidente del Gobierno negó rotundamente haber maniobrado para que las agencias Publicis y Zenith se hicieran con millonarios contratos de Bankia. La Fiscalía le acusaba de haber «sacado provecho económico personal» a través de una sociedad patrimonial que se embolsó una comisión de 835.000 euros por mediar con dichas agencias para unos contratos de cincuenta millones. Según la acusación, se sirvió de testaferros, como su secretaria Teresa Arellano; José Manuel Fernández Norniella, persona de su absoluta confianza, y el administrador de varias de sus empresas familiares, Miguel Ángel Montero. Rato dijo, a preguntas de su abogada, que la selección corrió a cargo del equipo de Comunicación del banco, dirigido por Pilar Trucios, y que él no intervino pese a que formaba parte de la comisión. Trucios, a la que Rato conoció en Lazard Brothers cuando trabajó para este banco al volver del FMI y luego fichó por Bankia, y a la que calificó de «no resolutiva y de lágrima fácil», había declarado unos días antes, como testigo, que la decisión final le correspondió al presidente de la entidad.

Sobre el presunto testaferro, Alberto Portuondo, administrador de la sociedad Albisa, que cobró una comisión por la salida a bolsa de Bankia y que supuestamente habría derivado una parte para una empresa de Rato, este aseguró que le había conocido en 2010 y luego nunca se había relacionado con él. El juicio, que continuó con los testimonios de otros testigos e imputados, debía resolver si Rato cobró de modo indebido esa comisión a través de la sociedad de Portuondo, que también figura como acusado y había sido contratado como asesor por Bankia. Una parte de la comisión que cobró llegó a la firma Kranadora, epicentro de la supuesta trama societaria de Rato.

Rato utilizó su derecho a la última palabra y señaló a Cristóbal Montoro y Rafael Catalá, ministros de Hacienda y Justicia en el Gobierno de Mariano Rajoy, como responsables de fabricar la causa. Del primero, aseguró que su despacho privado (Equipo Económico) estaba al corriente de las actuaciones de la Agencia Tributaria sobre él y que un juzgado de Tarragona había abierto una investigación a esa sociedad por tráfico de influencias. Sobre Catalá, se refirió a unas declaraciones de este el 4 de abril de 2015 en las que dijo que se había acogido a la amnistía fiscal, «un hecho secreto que solo podía conocer el ministro de Hacienda». Asimismo, acusó a la fiscal de presentar hechos «artificialmente complejos» contra él como base de una acusación «improcedente». Según su entender, su defensa aportó datos «muy consistentes» que echaban por tierra el «castillo de naipes fabricado por la Fiscalía y la Abogacía del Estado».

El 20 de diciembre de 2024, la Audiencia Provincial de Madrid condenó a cuatro años, nueve meses y un día a Rato por el origen de su fortuna. La Sección Séptima, presidida por la magistrada Ángela Acevedo, consideró acreditado que el exministro cometió tres delitos contra la Hacienda Pública, uno de blanqueo de capitales y otro de corrupción entre particulares. También le condenó a multas por un total de dos millones de euros y a abonar a Hacienda 568.413 euros. El tribunal apreció dilaciones indebidas por el tiempo que ha durado la causa, más de nueve años, circunstancia considerada como muy calificada por lo que respecta al delito de corrupción y que comporta rebaja de pena.

La sentencia, de más de mil doscientas páginas, no era firme, por lo que el imputado no tardó en anunciar que recurriría ante el Supremo, aunque la condena quedó muy por debajo de los sesenta y tres años que la Fiscalía Anticorrupción había solicitado, los delitos por los que se le condenaba pasaban de once a tres y la multa de más de 42 millones de euros a algo más de 2,5. También la Fiscalía anunció que recurriría en casación la sentencia, circunscribiéndose al comiso del blanqueo.

El tribunal consideró que las conductas citadas por la fiscal se habían acreditado, pero aplicó una rebaja de pena correspondiente al delito de corrupción por dilaciones indebidas. De esa forma, estimó una de las peticiones de la defensa por los más de nueve años que ha durado el procedimiento. Fue la única cuestión previa que aceptó de la decena que planteó su equipo jurídico, que entre otras exigencias solicitó la nulidad del domicilio y las oficinas de su cliente, así como de toda la documentación incautada que ha sustentado la causa, al considerar que no contaba con autorización judicial. A juicio del tribunal, la solicitud que examinó el juzgado de instrucción para autorizar la medida se hizo de acuerdo con el protocolo.

La Audiencia sentenció que Rato no declaró correctamente todo lo que tenía o percibió en el extranjero y consideró que quedó probado el incremento de patrimonio con origen desconocido en tres años. El primer delito se refiere a 2006, cuando era directivo del FMI y residía en Washington. Según la resolución, su principal fuente de actividad económica estaba en España a través de sociedades, cuentas corrientes, productos bancarios, inmuebles o inversiones financieras, que controlaba personalmente. Es decir, estaba obligado a presentar sus declaraciones en España, cosa que hizo, aunque la especial que realizó para acogerse a la amnistía fiscal de 2012 no incluía la cantidad defraudada ese ejercicio. Los otros dos delitos fiscales corresponden a 2013 y 2014, y se refieren a trabajos de asesoramiento facturados por sus sociedades, cuando tendrían que haber constado en su declaración del IRPF.

De los dieciséis acusados, solo fueron condenados Rato, el abogado Domingo Plazas y Alberto Portuondo. El primero, a dieciocho meses y una multa de 155.000 euros, figuraba como administrador de Kranadora, la firma que utilizaba Rato para canalizar su dinero del exterior y servir contratos de asesoramiento. Portuondo, al que le cayeron tres meses y un día por el delito de corrupción entre particulares, era el testaferro de Rato. Según el tribunal, los dos impusieron la elección de Publicis y Zenith para que fueran contratadas por Bankia y cobrar una comisión de más de dos millones.

Rato, que estaba avisado de la salida del auto ese viernes prenavideño, no tardó en reaccionar. En un comunicado enviado a la prensa, lo primero que destacó fue que la reducción de penas que suponía la sentencia le absolvía de ocho de los once delitos de los que le acusaba la Fiscalía, así como de los años de cárcel. «La acusación se fundamentaba en que yo ostentaba una fortuna oculta en el extranjero. Esa acusación se ha refutado como falsa», expresó al tiempo que añadía que defendería sus derechos «en los correspondientes recursos ante un fallo que me parece injusto y falto de base jurídica». Luego remató: «Pese a todo, sigo confiando en la justicia».

En su lectura de la sentencia relató que, sobre el delito contra la Hacienda Pública y un autoblanqueo del 2006, tenía la firme «voluntad de recurrir tal decisión, no solo porque el ejercicio fiscal está ampliamente prescrito, y porque yo no era residente fiscal en España, como es público y notorio, sino porque, además, no existe cuota tributaria defraudada».

Sobre el segundo delito fiscal, que se refiere a 2013, por facturar trabajos a través de una sociedad profesional, subrayó que «han quedado plenamente atestiguados». «Con cierta regularidad conocemos casos de personas profesionales, de todo tipo, que facturan sus servicios a través de sociedades y que nunca son acusados por la vía penal, lo que convierte esta condena en un caso singular. Tanto los tribunales como la Agencia Tributaria vienen aplicando esa doctrina de forma reiterada desde hace años, por lo que recurriré en casación esta decisión», afirmó.

El tercer delito fiscal de la sentencia, que se refiere al ejercicio de 2014, también por trabajos profesionales facturados a través de una sociedad, Rato sostuvo en el comunicado que se produjo «la singularidad de que en ese ejercicio ni siquiera hay cuota defraudada por haber declarado el cobro de las cantidades en mi IRPF a precio de mercado». «Todo lo argumentado para 2013 es de aplicación para 2014 y por ello recurriré la decisión del Tribunal», precisó.

Para terminar, sobre el delito de corrupción entre particulares, por el que se establece una condena de tres meses y un día (frente a los cuatro años solicitados por la Fiscalía), consideró que la condena no es conforme con el tipo penal, «que exigía la vulneración de los sistemas de contratación de la entidad, y que los contratos eran los mejores, como así se acredita con la absolución de las adjudicatarias».

La gestión de Rato, que había pasado por ser un eficaz vicepresidente y ministro de Economía en los gobiernos de José María Aznar, quedó algo más que en entredicho. Había manejado con mano caprichosa la entidad, dando lugar a todos esos escándalos que le llevaron al banquillo.

Había llegado a presidir Bankia en momentos convulsos por la reestructuración del sector financiero que puso en marcha el Banco de España tras la crisis de 2008 y que afectó principalmente a las cajas de ahorros. La implicación de estas en el boom inmobiliario las situó en un escenario insostenible cuando estalló la burbuja. De las cuarenta y cinco entidades de ahorro que quedaron de la primera reconversión hecha a principios de los años noventa se pasó a cinco mediante la fusión fría en los llamados SIP (sistema institucional de protección), concebidos con el objeto de escudarse y de que las bien gestionadas pudieran absorber, como cabezas de grupo, a las otras antes de ser liquidadas.

Uno de esos SIP fue el Banco Financiero y de Ahorros (BFA), formado por Caja Madrid, la valenciana Bancaja, que incluía el Banco de Valencia, y cinco cajas provinciales de distintas comunidades (Caja Canarias, Caja Ávila, Caja Segovia, Caixa Laietana y Caja Rioja), y cuya marca comercial iba a ser Bankia. Las cajas estaban controladas por los gobiernos autonómicos y los ayuntamientos, y, en este caso, la preponderancia de Caja Madrid y Bancaja permitió que la operación fuera tutelada por el PP, que gobernaba tanto en Madrid como en la Comunidad Valenciana, y que pusiera al mando a pesos pesados de sus huestes. Por ahí apareció Rodrigo Rato, como presidente, y el presidente de Bancaja, José Luis Olivas, expresidente de la Generalitat valenciana, como vicepresidente.

El objetivo de Rato, respaldado en Génova 13 (sede del PP), de juntar siete cajas en el BFA no era otro que crear un banco que desplazara a La Caixa de la cabeza del sector por activos. Pero resultó que la suma de las entidades dio resultado negativo y, por mucho que Rato y su equipo trataran de remendarlo, aplicando incluso alguna ingeniería contable al uso, no tardaron en romperse las costuras. Hasta tal punto que el Gobierno de Mariano Rajoy, en el poder desde diciembre de 2011, tuvo que nacionalizar BFA y forzar la salida de su excompañero de gabinete.

Esto ocurrió el 7 de mayo de 2012, lunes, el mismo día que se conocía la noticia de una inyección de capital por parte del Fondo de Reestructuración Ordenada Bancaria (FROB) de hasta 10.000 millones de euros en Bankia. Rato presentó la renuncia y adujo que era «lo más conveniente para esta entidad». Desde luego parecía lo más conveniente dada la deriva que había tomado, pero su renuncia no era tan voluntaria como se podía desprender de sus palabras. Había sido sugerida, y no precisamente con palmadas en la espalda, por el flamante ministro de Economía, Luis de Guindos, un antiguo subordinado suyo cuando era vicepresidente y ministro de Economía y Hacienda entre 1996 y 2004. Cosas de la vida y del poder.

El viernes anterior a su marcha, De Guindos le había convocado a una cena en la sede del ministerio a la que también asistieron los presidentes de las tres grandes entidades del país: Emilio Botín por el Banco Santander, Isidro Fainé por La Caixa y Francisco González por el BBVA. En teoría estaban los cuatro grandes del sector (dos bancos y dos antiguas cajas), pero De Guindos quería testigos de peso para interpretar la obra y catapultar su desenlace. Para los tres banqueros era una adversidad estar allí a sabiendas de que aquello pasaba por el irremediable acoso y, seguramente, derribo de la persona que había dirigido la economía del país durante ocho años y manejado los hilos del FMI otros tres ejercicios.

Los tres financieros habían estado bajo su bota de superministro. Los dos primeros, además, le habían contratado como asesor de su grupo a la vuelta de Washington y el tercero le debía su carrera de banquero. Había sido Rato quien lo había nominado cuando el PP llegó al poder en 1996 para presidir y terminar la privatización de Argentaria, el antiguo banco creado a partir del Banco Exterior y todos los grupos de crédito públicos y que posteriormente se fusionaría con el BBV para dar lugar al BBVA. Pero ya no había piedad. FG, además, fue el más duro con él en aquella reunión y, como De Guindos, pasó al mundo de los malditos de Rato.

Se barajó para sustituirle el nombre de Ángel Corcóstegui, veterano de varias guerras (fusión de Bilbao y Vizcaya, de Central e Hispano y del resultado de este con el Santander), pero acabó siendo José Ignacio Goirigolzarri el escogido. El banquero bilbaíno, que había dejado la vicepresidencia del BBVA en 2009 tras serias discrepancias con FG, lo aceptó como un aporte a la causa nacional, pese a que se encontraba ya retirado, con el riñón bien cubierto por la indemnización de 52 millones de euros recibida por la citada salida del BBVA y dedicándose a su pasión por la filosofía. Incluso, Rato le había tentado meses antes para ser consejero delegado cuando desde el Banco de España comenzaron a presionarle y pedirle un plan de saneamiento urgente.

El exvicepresidente del Gobierno se resistió en principio a su salida. No entendía muy bien la encerrona que le había preparado su exsubordinado, pero el peso de la realidad pudo con él. Se percató de que el problema era él, que por mucho que se pusieran planes y millones sobre la mesa o se recurriera a cualquier ayuda, la solución pasaba por su marcha. Los tres banqueros presentes en su defunción, viejos zorros, seguramente ya estaban maquinando en sus cabezas la forma de quedarse al mejor precio posible la entidad que dejaba. El propio FG llegó a plantear la posibilidad de trocear Bankia en negocios y repartirlos «al mejor postor».

Por mucho que Rato se quisiera defender, los hechos son tozudos, como se comprobó cuando la nueva dirección del banco reformuló las cuentas de 2011, que arrojaron unas pérdidas de 3.318 millones de euros, cuando solo unas semanas antes Rato había declarado unos beneficios de 439 millones. Eran las segundas mayores de la historia de la banca, solo por detrás de los 3.510 millones de Banesto de 1993 (entonces 584.000 millones de pesetas). Además, el volumen de activos tóxicos (créditos morosos o en riesgo e inmuebles que se había quedado la entidad por impago de créditos) provenientes del ladrillo pasaba de 31.800 millones a más de 40.000 millones de euros, más del doble que cualquier otra entidad financiera española.

Ahí estaba la explicación, y el equipo escogido por Rato no había podido arreglar el desaguisado. Bankia era una víctima más del crecimiento desmesurado que condujo a la burbuja inmobiliaria como tantas otras cajas de ahorros y algunos bancos, entre ellos el Popular. Pero, en su caso, con la diferencia clave de que era una entidad sistémica, por lo que su situación contaminaba al resto del sector, que por su culpa encontraba muchas dificultades para acceder a financiación internacional. En efecto, Bankia arrastraba un enorme déficit de capital, que muchos analistas cifraron entre los 11.000 millones de los más benevolentes y los 20.000 millones de los más exigentes. Así lo resaltaron los presidentes de los otros bancos en la reunión conjunta con De Guindos, en la que llamó la atención de que no estuviera el gobernador, Miguel Ángel Fernández Ordóñez, al que un mes después se le acababa el mandato oficial.

Rato sostuvo después que, si a él le hubieran dado los mismos instrumentos y ayudas que a Goirigolzarri, también habría salvado la entidad. Le respondieron que eso era como dar gasolina a un pirómano. La clave estaba en acabar de una vez por todas con la gestión política de las cajas.

En efecto, la crisis de 2008 había dejado al descubierto los problemas del sistema financiero español y, pese a la sólida regulación y supervisión de las entidades, había puesto de manifiesto la necesidad de llevar a cabo una reestructuración en el sector, especialmente de las cajas de ahorros, que se habían convertido en bancos públicos autonómicos o locales, alejados de la disciplina del Banco de España y bajo la batuta política. Cuando los políticos madrileños eligieron a Rato se pasó por encima de que la lógica de un político es muy distinta de la de un banquero. Mientras el primero busca votos, el segundo persigue beneficios para devolver a los depositantes.

Las múltiples dificultades que arrastraban comenzaban con el excesivo número de entidades y continuaban con los impedimentos para obtener financiación internacional, la enorme descapitalización por pérdida de valor de sus activos inmobiliarios, el aumento notable de los préstamos dudosos, la disminución del negocio por la caída de la actividad económica y un número sobrante de oficinas y plantillas. Se puso en marcha un proceso que afectó especialmente a estas entidades de ahorro, que entraron en una especie de metamorfosis para convertirse en bancos, reducir el número mediante fusiones y adquisiciones y, por consecuencia, del número de oficinas y de empleados. De las cuarenta y cinco cajas que existían en 2010 se pasó a seis grupos bancarios resultantes (CaixaBank, Bankia, Kutxabank, Ibercaja, Unicaja y Abanca), además de dos que no se vieron afectadas (Caixa Ontinyent y Caixa Pollensa).

Para abordar la reconversión, en 2009 se constituyó el Fondo de Reestructuración Ordenada Bancaria (FROB, que estuvo precedido, en octubre de 2008, por el FAAF, Fondo para la Adquisición de Activos Financieros, ideado para apoyar la oferta de crédito a la actividad productiva de empresas y a los particulares mediante la compra de activos de máxima calidad. El FROB tenía el doble objetivo de facilitar las fusiones voluntarias y la bancarización de las cajas. La autoridad fue muy exigente, ya que elevó del 8 % al 10 % el porcentaje del capital principal en relación con los activos ponderados por riesgo, lo que obligó a recapitalizar a trece entidades y a intervenir cuatro, entre ellas Bankia y el Banco de Valencia.

El BFA comenzó a andar en 2011 con Bankia como bandera comercial y unas ayudas iniciales del FROB de 4.465 millones de euros. El domicilio social se instaló en Valencia como una concesión del poder central al periférico, aunque la sede operativa se quedó en Madrid. La operación dio lugar a una entidad que gestionaría conjuntamente unos 340.000 millones de euros de activos. Bankia era la marca comercial, pero las circunstancias condujeron a que al final se constituyera como una empresa independiente, filial de BFA.

Meses después, sobre la base de los acuerdos de Basilea II, el Banco de España aprobó un plan que obligaba a los bancos a crear una reserva de capital, a modo de provisión. Como BFA no poseía suficiente liquidez, se diseñó la salida a bolsa, pero sería Bankia y no BFA la que cotizaría. La entidad contaba con activos procedentes del ladrillo y las preferentes, los dos principales males del sistema financiero en aquellos años antes de la crisis y que las entidades no vieron venir. BFA se quedó con los activos tóxicos y las participaciones en Iberdrola y Mapfre, mientras Bankia, convertida en sociedad anónima a partir de la ficha de Altae Banco (filial de Caja Madrid), inició el proceso para salir al mercado de valores.

Entretanto, la entidad procedió a nombrar un consejero delegado, básicamente por indicación del Banco de España, que intentaba que, con esa figura en el organigrama, el presidente pudiera aliviarse de responsabilidades ejecutivas. Se barajaron varios candidatos (uno de ellos, como se ha dicho, Goirigolzarri, quien descartó la oferta por varias razones, entre ellas, la posible merma de la indemnización por el acuerdo de no poder fichar por otra entidad en tres años y porque no quería volver a ser segundo; en todo caso, primero) y acabó incorporándose Francisco Verdú, procedente de la Banca March, un hombre con escaso pedigrí.

Y el 20 de julio de 2011 Rato, acompañado por Olivas, tocó la campana de salida a bolsa en el parquet madrileño. El BFA se quedó con el 45% del capital y vendió el 55% a un precio de 3,75 euros por acción, por lo cual captó 3.092 millones de euros. La campaña publicitaria animaba a sus clientes minoristas a comprar acciones desde mil euros. Bankia cubrió con suficiencia los requerimientos de capital mínimo establecidos y alcanzó un Core Tier 1 (medida de la fortaleza financiera de una entidad que se compone del capital y las reservas) que se situó en el 9,9%. De esta forma, no tuvo dificultades para incorporarse al selectivo índice IBEX 35 de la bolsa española, siendo la cuarta entidad financiera por capitalización.

Es decir, parecía que todo iba sobre ruedas, pero había mucha mercancía que llevar. Tanta que descarriló y hubo que volver a recurrir al FROB mientras el Gobierno ya tenía asumida la salida de Rato y su equipo directivo. El consejo de Bankia, en reunión extraordinaria, decidió pedir más madera al mismo tiempo que aprobaba el abandono del exvicepresidente del Gobierno. El crédito inicial que había aportado el FROB de 4.465 millones de euros en el momento de su formación era imposible de pagar, por lo que el Estado, según el plan de emergencia propuesto cuando se formalizó el préstamo, lo convirtió en acciones del BFA y, por añadidura, aportó otros 19.000 millones en lo que supuso el mayor rescate de una entidad financiera española. De esa forma, el FROB nacionalizó el 100 % de BFA y se quedó como el único propietario de esta entidad, que poseía el 45 % de Bankia. Es decir, el Estado pasó a ser el accionista mayoritario.

Por consiguiente, el viernes 25 de mayo de 2012, la CNMV suspendió la cotización a petición de la propia entidad (el día anterior había cerrado a 1,57 euros, menos de la mitad de los 3,75 euros de su estreno). El lunes siguiente, 28 de mayo, las acciones perdieron un 13,4 % y arrastraron al IBEX, que cayó un 2,17 % (situándose en el nivel que tenía en mayo de 2003), y la prima de riesgo se disparó hasta su máximo histórico desde la entrada en el euro, 511 puntos básicos.

Al siguiente paso enseñó más vergüenzas. El lunes 28, la matriz de Bankia anunció los resultados reales: los beneficios de 439 millones cambiaban de color y pasaban a 3.318 millones de pérdidas. Además, el volumen de activos tóxicos provenientes del ladrillo pasaba de 31.800 a más de 40.000 millones de euros, más del doble que cualquier otra entidad financiera española.

La situación no era desde luego fácil para el Gobierno, que no tuvo otro remedio que solicitar un rescate de hasta 100.000 millones de euros para sanear el sistema financiero español después de que recibiera el informe elaborado por la consultora Oliver Wyman que cifraba en 53.745 millones de euros las necesidades de la banca española. El informe situaba la fotografía del momento de todas las entidades y, quitando siete que tenían buena salud financiera, Bankia estaba en el grupo de los necesitados de capital y recibirían ayudas al tiempo que quedaban obligadas a traspasar sus activos tóxicos a un «banco malo» denominado Sareb a un precio de mercado. Al final, el Mecanismo Europeo de Estabilidad, fondo de rescate permanente de la eurozona, transfirió a España títulos por valor de 41.333 millones para financiar el rescate de los cuatro bancos españoles nacionalizados y la inyección a la Sareb. El FROB utilizó 36.968 millones de euros para recapitalizar BFA-Bankia (17.960 millones), Catalunya Banc (9.084 millones), Nova Caixa Galicia (5.425 millones) y Banco de Valencia (4.500 millones), y 2.500 millones para la Sareb.

De Guindos lo anunció el 9 de junio y Mariano Rajoy se vio obligado a comparecer en rueda de prensa, pero no solo se abstuvo de emplear el término «rescate», sino que habló de «línea de crédito», y añadió que, al contrario, se había evitado el rescate de España. Esta actitud defensiva provocó la salida en tromba del líder de la oposición, el socialista Alfredo Pérez Rubalcaba, al que había ganado las elecciones generales el año anterior. «¿Cómo se ha pasado de 4.500 millones a 23.000?», preguntó el desaparecido político cántabro, al tiempo que exigía la comparecencia en el Congreso de los Diputados de los responsables de la entidad y de sus antecesoras: es decir, Rato, Olivas y Miguel Blesa, presidente de Caja Madrid. Sin embargo, no consideró necesario pedir una comisión de investigación, que sí se establecería años más tarde, en febrero de 2017, por unanimidad del Congreso de los Diputados para analizar la reestructuración de las cajas de ahorros y el papel del Banco de España.

Mientras, el nuevo consejo presidido por Goirigolzarri continuaba sacando trapos. El 27 de junio de 2012 dio a conocer la tasación, realizada de cara a la nacionalización, según la cual el grupo no solo no valía nada, sino que su valoración era negativa en 13.635 millones de euros, motivo por el que no había habido más remedio que nacionalizarla. Por otro lado, las siete cajas de ahorros que habían constituido el BFA se quedaron sin patrimonio y sin dividendos futuros que usar para la obra social y sin activos más allá de los que se mantuvieron al margen de la integración.

Con «las especiales circunstancias» de la recapitalización aprobada por el FROB estaba cantado que Bankia sería excluida del IBEX en la revisión de final de año. La entidad abandonó el selectivo con pérdidas de casi el 90 % respecto a su salida. Tras eso, efectuó un proceso de recapitalización, con medidas como una reducción del valor nominal de los títulos, que en jerga financiera se conoce como *contrasplit*; la amortización de los bonos convertibles contingentes emitidos por Bankia y suscritos por BFA y el canje de instrumentos híbridos por acciones. De esa forma, el valor nominal de las acciones pasó de dos euros a 0,01 euros. Posteriormente, se agruparon las acciones en una proporción de 100/1, a la que siguieron, de manera simultánea, dos ampliaciones de capital por 15.540 millones de euros: la primera para sustituir la emisión de bonos convertibles contingentes por valor de 10.700 millones con derecho de suscripción preferente para los accionistas de Bankia; la segunda, mediante el canje de instrumentos híbridos por acciones por importe de 4.840 millones. Tras estas ampliaciones, BFA aumentó su participación del 48,05 % al 68,39 %. Finalmente, la inyección total fue de 22.424 millones de euros, desgajados en los 4.465 millones recibidos en 2010 y los 17.959 millones del rescate europeo.

Después llegarían las desinversiones de aquellos activos que no se consideraban necesarios para la actividad futura. De esa forma, el 3 de septiembre de 2013 se cerró la venta por diez años y «en exclusiva» del negocio de gestión y comercialización de los activos inmobiliarios al fondo estadounidense Cerberus. El precio se horquilló entre cuarenta y noventa millones de euros, cantidad que dependía del «grado de cumplimiento del plan de negocio».

A finales de ese año, Bankia volvió al IBEX y el 28 de febrero de 2014 el FROB vendió un 7,5 % del capital a grandes fondos de inversión por 1.304 millones, reduciendo su presencia a casi el 61 %. Ya en mejores condiciones, en julio de 2015 Bankia pagaría el primer dividendo, 1,75 céntimos por acción, lo que suponía que el Estado ingresaba 128 millones a través de BFA.

La entidad siguió desinvirtiendo en participadas por casi 5.000 millones, que arrojaron plusvalías de más de mil millones. El 16 de octubre de 2015 llegaría otra desinversión, la del City National Bank of Florida, que fue vendido por el Banco de Crédito e Inversiones (BCI) chileno por 685 millones de euros, arrojando una plusvalía de 117 millones, pero después de arrastrar unas pérdidas de 570 millones. La compra del BCI en 2008 por Blesa, sobre cuyo peligro había advertido el Banco de España, había originado mucha polémica por las sospechas de que se había pagado un sobreprecio, como demostraron las auditorías, y sobre todo porque la operación en Florida no tenía ningún sentido comercial para Caja Madrid.

El 15 de marzo de 2017, con la entidad encarrilada, el FROB consideró que estaba en condiciones de integrar Bankia y Banco

Mare Nostrum (BMN) «como estrategia más adecuada para optimizar la recuperación de ayudas públicas». El 26 de junio de 2017, los consejos de los dos bancos aprobaron la absorción de BMN (formado por las antiguas Caja Murcia, Caja Granada y la balear Sa Nostra) por parte de Bankia por 825 millones. Los accionistas de aquella recibieron un 6,67 % del capital final.

La limpieza continuó. El 17 de diciembre de 2018, Bankia anunció la creación de una sociedad conjunta en la que se incluirían dos carteras de créditos de dudoso cobro por valor de 3.070 millones de euros con el fondo estadounidense Lone Star. Bankia tendría el 20 % del capital, mientras que Lone Star se quedaría con el 80 % restante.

Tras sucesivas ampliaciones, el 3 de septiembre de 2020 se produjo el gran bombazo informativo: CaixaBank y Bankia estudiaban fusionarse. El Estado pasaría de poseer el 61 % de Bankia al 14 % de la entidad fusionada, cuyo principal accionista sería la Fundación La Caixa con alrededor del 30 %. La operación contaba con el visto bueno del Gobierno y, con ese permiso, el 17 de septiembre de 2020 los consejos de administración de ambas entidades la aprobaron. La ecuación de canje fue de 0,6845 acciones nuevas de CaixaBank por cada título de Bankia. Goirigolzarri asumió la presidencia ejecutiva con funciones limitadas y Gonzalo Gortázar se convirtió en consejero delegado. La sede social se unificó en Valencia, donde ya estaban las de los dos (La Caixa la había trasladado allí tras el conflicto de secesión catalán de 2017), y Barcelona y Madrid siguieron como sedes operativas.

La nueva entidad superaría los 664.000 millones en activos, un volumen que la convertiría en el banco de mayor tamaño del mercado español por delante de Santander y BBVA, una capitalización bursátil superior a los 16.000 millones, unas 6.600 sucursales y más de veinte millones de clientes que atendería una plantilla de alrededor de veintiún mil empleados. A 31 de diciembre de 2020, tras una reestructuración recogida en el plan de recapitalización aprobado por la Comisión Europea, contaba con 2.127 oficinas, 15.950 empleados y 7,9 millones de clientes.

La absorción fue un hito para Isidro Fainé, que veía cumplido el viejo sueño que anidaba en su cabeza desde antes incluso de que llegara a ocupar la presidencia de La Caixa en 2007. El ejecutivo de Manresa estaba obsesionado con hacer esta gran operación, que suponía conquistar la capital. Ya lo había intentado en 2010 cuando la reestructuración de las cajas estaba candente. Para Fainé, fusionar CaixaBank y Bankia tenía todo el sentido porque creaba una entidad de dimensiones muy competitivas en el contexto europeo, con importantes participaciones industriales y una obra social que daba lugar a la principal fundación del continente. Pero entonces se encontró con la resistencia frontal del PP y con que Rato mandaba mucho y quería mandar más. No se conformaba con presidir Criteria, el holding industrial de La Caixa. Aspiraba a la presidencia del banco, pero para ello hubiera sido necesario que le eligiera la asamblea general, de acuerdo con los estatutos. Y eso no era fácil de llevar a cabo con Fainé por medio.

La fusión era inviable, difícilmente iban a mandar dos gallos en el mismo corral, y la aparcó. Fainé se volcó con La Caixa, a la que convirtió en CaixaBank tras incorporar varias cajas (Caja Navarra, la andaluza Cajasol, Cajacanarias y Caja de Burgos, integradas a su vez en el SIP Banca Cívica) y solo tuvo que esperar para hacer realidad su gran obsesión ya como presidente de la Fundación La Caixa, principal accionista de CaixaBank.

En aquellos años, la carrera de Rato, que había tenido algunos momentos fulgurantes, se difuminó. En realidad, aunque siempre dejó buenas sensaciones de eficacia en las tareas que ejercitó («el mejor ministro de Economía de la historia de España», según José María Aznar), no había dejado de coleccionar fracasos. Se había colocado varias veces a las puertas de alcanzar la cima: se ganó como diputado pujante ser aspirante a liderar el PP, pero Manuel Fraga Iribarne le puso por delante a Aznar; había sido el escogido por este para dirigir la economía del país cuando ganó las elecciones y su nombre se configuraba como su sustituto al frente del partido, pero Aznar eligió a Mariano Rajoy; se había plantado en Washington al frente del todopoderoso FMI con el apoyo del Gobierno del PSOE, pero volvió antes de cumplir el mandato oficial sin haber dejado ninguna huella y a muy pocos meses de que estallase la gran crisis económica.

Como mal menor, encontró la oportunidad de hacerse banquero y competir con los grandes del lugar, pero la ilusión apenas le duró unos pocos años. Le pudo la ambición y acabó en la cárcel como su padre y su hermano.

Rodrigo de Rato y Figaredo, aunque nacido en Madrid, proviene de dos familias de arraigo asturiano con muchas ramificaciones empresariales. Es el pequeño de tres hermanos. Se licenció en Derecho por la Universidad Complutense y se codeó con la burguesía capitalina de su generación, entre los que estaban muchos de los que luego gobernó. Precisamente cuando comenzaba los estudios superiores, en noviembre de 1966, su padre y su hermano (ambos de nombre Ramón) ingresaron en prisión por un presunto delito de tráfico de divisas que sería confirmado por el Juzgado Especial de Delitos Monetarios tres meses después. La sentencia firme les acusó de haber creado una «organización clandestina» que había sacado setenta millones de pesetas a Suiza. El juez ordenó repatriar 81 millones de la filial del Banco de Siero en Suiza a la matriz española e incautó la Rueda de Emisoras Rato y otras propiedades de la familia. Ramón Rato Rodríguez-San Pedro (nieto del que fuera ministro y alcalde de Madrid Faustino Rodríguez-San Pedro) fue condenado a tres años de cárcel y dos multas por importe de 176 millones de pesetas por evasión de divisas y Ramón Rato Figaredo a dos años y 44 millones de multa. El tío Faustino Rato tendría que pagar cinco millones por cómplice.

Los Rato culparon de aquel episodio a Nicolás Franco, hermano del Generalísimo, que, según ellos, se había vengado de una denuncia que le había obligado a devolver cuatro millones de pesetas que le había prestado el Banco de Siero para una fábrica de plásticos cuando esta suspendió pagos. Según narra Mariano Guindal en *El declive de los dioses* (2011), el *hermanísimo* le contó a Franco la participación de Ramón Rato en el Contubernio de Múnich, un encuentro realizado por opositores al régimen en el marco del IV Congreso del Movimiento Europeo en 1962. Rato padre tuvo que dimitir de sus cargos, el banco fue adquirido por Rumasa, que pasó a denominarse Banco del Norte, y la cadena de radio suspendió pagos. Posteriormente, la vendería en casi su totalidad a la ONCE por 5.000 millones de pesetas dando lugar a lo que hoy es Onda Cero.

Un negocio redondo: Rato padre se había quedado por nada con Radio Toledo tras la Guerra Civil después de haber participado con otros insignes falangistas (entre ellos, Ernesto Giménez-Caballero y Manuel Aznar, padre de José María) en la creación de Radio Nacional de España y obtuvo muchas facilidades para emprender la carrera radiofónica por sí solo hasta llegar a tener setenta y tres emisoras por toda España.

Rato hijo, por su parte, se trasladó a estudiar a la Universidad de Berkeley, en California, un máster de Administración de Empresas, estudios que su padre consideraba los más idóneos para que luego dirigiera el negocio familiar. En Estados Unidos, el vástago pequeño de los Rato lamió las mieles de la progresía californiana, impregnada por la resistencia progresista a la guerra de Vietnam. Volvió a España con el pelo largo y barba, que, como las ideas progresistas, le duraron poco. Lo que tardó en entrar en política. Sin dejar del todo el negocio familiar, en 1979 se afilió a Alianza Popular, el partido creado por Fraga Iribarne para hacer la transición del franquismo a la democracia.

Tenía entonces treinta años y, con la influencia de su padre, que era uno de los empresarios que financiaba a Fraga, se asentó pronto en el partido. El exministro franquista, que buscaba jóvenes como loco para hacer contrapeso a la vieja guardia de franquistas que formaban su grupo (aquellos *siete magníficos* que se presentaron a las elecciones de 1977, con notable fracaso, sacaron dieciséis escaños), le catapultó enseguida. Joven, de buena familia, con conocimiento del inglés y experiencia empresarial (su padre le había metido al consejo de varias de sus empresas y hecho consejero delegado de Aguas de Fuensanta, así como primer ejecutivo de Edificaciones Padilla y Construcciones Riesgo), tenía suficientes visados para encabezar la transformación generacional que supondría el paso de AP a PP.

El veterano político gallego le nombró vicesecretario general adjunto bajo la tutela de Abel Matutes y le hizo participar activamente en el cambio. No logró escaño en las elecciones de 1979, cuando se presentó por Ciudad Real, pero en 1982, como cabeza de lista por Cádiz, consiguió entrar en el Congreso de los Diputados, donde se distinguió por ser buen parlamentario. Era aspirante a mandar en el partido, pero se tuvo que conformar con ser nombrado portavoz del grupo. Fraga, que buscaba una solución después de los fracasos que había tenido con Jorge Verstrynge y Antonio Hernández Mancha como candidatos a sucederle, eligió a José María Aznar, otro de los jóvenes cachorros del partido, como aspirante a la presidencia del Gobierno. Rato quedó como teórico número dos. Aznar tardó tres elecciones en desbancar a Felipe González. Ni en 1989 ni en 1993 pudo superar al político andaluz. En 1996 lo logró, pero por bastante menos de lo que preveían en Génova 13 y, además, no alcanzó la mayoría absoluta, lo que obligó a Aznar a negociar con los nacionalistas vascos y catalanes y a «hablar catalán en la intimidad» con Jordi Pujol. Con el euskera no llegó a tanto.

La llegada del PP al Gobierno tenía, en el área económica, los destinos meridianos. El candidato para dirigir la política económica era Rato, que asumió las carteras de Economía y Hacienda y la Vicepresidencia Segunda. Había formado un equipo económico muy preparado. En el ideario de Aznar y Rato primaba el objetivo de déficit cero para cumplir el Tratado de Maastricht e incorporarse a la moneda única en la primera fase. En ello gastaron los primeros mensajes, pero la tarea inmediata que abordaron con el pretexto de equilibrar las cuentas fue acelerar la privatización del sector público empresarial, en el que quedaba por completar el vasto proceso iniciado por el Gobierno socialista que aceptó a más de ochenta sociedades.

Rato y Aznar aprovecharon para colocar a sus amigos al frente de las principales empresas, con algunas concesiones al mundo nacionalista. De poco servía que los que serían sustituidos en esos puestos hubieran realizado una gran labor y se hubieran comportado con exquisita autonomía alejados de la política. Había que gestionar desde dentro. Se trataba de mandar en los grandes grupos empresariales una vez terminada la privatización y, de paso, recibir favores. Daba igual que los nuevos responsables tuvieran o carecieran de conocimientos relativos a las empresas a las que se les destinaba y de los sectores que iban a manejar. Lo que importaba era establecer una correa de transmisión entre la empresa y el poder político o, lo que es lo mismo, entre la derecha política y la derecha económica. Así que nombraron presidentes a aquellos de los que no había duda de su cercanía política para que terminaran de privatizar las empresas que faltaban y se quedaran en ellas cuando ya estuvieran bajo control privado.

De ello se encargó el dúo Aznar-Rato, que se repartieron los puestos. De la cuadra de Aznar eran Juan Villalonga, compañero de pupitre en el Colegio del Pilar, al que no dudaron en colocar al frente de Telefónica, donde haría y desharía en los cuatro años que le permitieron enriquecerse hasta su cese, y Miguel Blesa, con quien había compartido el oficio de inspector de Hacienda en La Rioja. Los dos amigos de Aznar gobernaron con mucha polémica y no salieron precisamente bajo palio.

Por la parte de Rato, además del amiguismo, primaron otros objetivos menos empresariales. El primer cambio de toda la tacada fue en Argentaria, donde colocó a Francisco González, un programador informático reconvertido en agente de bolsa que había dado un pelotazo con la venta de su sociedad de valores (FG) a Merrill Lynch, que además le hizo asesor para España. Del mundo bursátil, que pasó a ser una especie de granero de talentos empresariales, provenían también César Alierta, al que encomendaron el mando de Tabacalera (cuatro años más tarde sustituiría a Villalonga en Telefónica) y con el que Rato compartió negocios en Berlín, y Jaime Caruana, al que asignarían como futuro gobernador del Banco de España cuando se acabara el mandato de Luis Ángel Rojo cuatro años después.

Cercano a Rato, de sus tiempos de juventud de correrías madrileñas, era también Alfonso Cortina de Alcocer, que recibió el bastón de mando de Repsol, el grupo petrolero que se había encargado de construir con la integración de todas las empresas sectoriales Óscar Fanjul, que tras su salida acabó llevando las inversiones a Alicia Koplowitz, excuñada de Cortina, cuando decidió separarse de su hermana Esther en el negocio familiar, la constructora FCC. Y muy cercano José Antonio Fernández Olano, al que encomendó la bicoca de Aldeasa.

También próximo era Xabier de Irala, a quien puso al mando de Iberia, aunque esta vez fue por recomendación de José Manuel Fernández Norniella, el hombre que prácticamente hizo de secretario personal de Rato hasta el fiasco de Bankia. Era también un guiño al

PNV. Irala, nacido en Nueva York en 1947, es hijo de Antón de Irala, quien fuera secretario del primer *lehendakari* del Gobierno vasco en el exilio, José Antonio Aguirre, y había sido compañero de Norniella en ABB. Para completar el puzle, en Trasmediterránea se instaló el catalán Josep Maria Trías de Bes, exdirigente de CiU.

Sorpresivo, por su perfil no empresarial, fue el nombramiento de Rodolfo Martín Villa como presidente de Endesa, el antiguo imperio eléctrico que el balear Feliciano Fuster había engordado mediante opas durante la Administración socialista. El exprocurador de las Cortes franquistas y exministro del Interior (entonces de la Gobernación) con UCD conocía poco el sector eléctrico, pero aplicó la cabal sabiduría de delegar y hacer que trabajara el equipo que prácticamente seguía de la etapa anterior. Dejó el cargo tras frustrarse la fusión con Iberdrola en 2002 (otro gallo habría cantado si llega a prosperar la integración) y le sustituyó Manuel Pizarro, otro hombre del paraíso bursátil muy cercano al PP que protagonizaría encendidos episodios tanto en la empresa como en la política.

No se olvidó Rato de su director de tesis, Ángel Luis López Roa, cuando se doctoró en Economía por la Universidad Complutense siendo ya vicepresidente. López Roa, que había dirigido el departamento de Estudios del Banco Atlántico, recaló en la Fundación SEPI, el conglomerado que agrupaba las participaciones industriales públicas, y, posteriormente, le incorporó al consejo del Banco de España en la cuota que correspondía al PP.

Los nuevos responsables de las empresas públicas pisaron el acelerador y, salvo algún retraso, antes de que acabara la primera legislatura de Aznar terminaron la privatización que había iniciado tres legislaturas antes el Gobierno de Felipe González. Para la pareja Aznar-Rato las privatizaciones formaban parte de su obsesión. El proceso, que muchos historiadores y analistas compararon con la desamortización de Mendizábal de 1836 por sus efectos (expropiación de terrenos improductivos, principalmente de la Iglesia, para hacerlos productivos pero que cayeron en manos de terratenientes), dio lugar a que entraran en las empresas más de ocho millones de pequeños accionistas, a los que se había reclamado con el mensaje de «capitalismo popular», pero los que acabaron mandando (los terratenientes de esa *desamortización*) fueron los principales grupos financieros, las constructoras más significativas y las grandes fortunas, que entraron en los *núcleos duros* de las sociedades en las que se cocían las estrategias. Fue un acelerado proceso de desmantelamiento del sector público empresarial, sobre el que el Estado perdía el mínimo control que había tenido en la etapa socialista y que Joaquín Almunia, entonces líder del grupo socialista, calificó como «una red de poder escandalosa con sus amigos».

Como responsable de la política económica del país, más allá de la política de amiguetes de las privatizaciones, Rato fue continuista con la tarea realizada los años anteriores por Pedro Solbes, en los que España, tras la crisis de los primeros años noventa y los acuerdos de Maastricht, había iniciado una notable recuperación. Rato, y así lo reconocía él mismo en conversaciones privadas (nunca lo dijo en público), mantuvo la ortodoxia aplicada por el desaparecido ministro alicantino, que pasó a ser comisario europeo de Economía y fue el que desde la Comisión Europea aprobó la entrada de España en el euro dentro del primer grupo de países. Y, cosas del destino, Rato le devolvió la cartera de Economía que había heredado de él cuando Rodríguez Zapatero formó Gobierno tras ganar las elecciones de 2004. Y, si Rato le había puesto alfombra roja para la Comisión Europea, Solbes hacía lo propio con él para irse al FMI.

Como subraya Joaquín Estefanía en *La larga marcha* (2007), Rato fue un ministro de Economía atípico. Además de estar todos los años correspondientes a un ciclo, el de Aznar, en la vicepresidencia económica, algo que no había ocurrido ni en la Transición, ni con el PSOE, ni ocurriría después, «se trata del único responsable de la política económica gubernamental de la democracia con intereses empresariales previos y nítidos. Fuentes Quintana es un economista, y Abril Martorell, un funcionario; Boyer, un físico especializado en economía que no ocupó lugares preeminentes en la empresa privada hasta que dejó de ser ministro; Solchaga, un político puro; y Solbes, la imagen más tradicional del alto funcionario primero en España y después en Europa». «Cuando RR volvió a España, después de haber hecho un MBA en Berkeley (California), estaba destinado a la empresa privada por sus intereses familiares, pero hizo converger estos con los estrictamente políticos», remata Estefanía en referencia clara a la creación de lo que llama «nueva casta empresarial», que ocupó el poder económico a través de la privatización de las empresas públicas.

Asimismo, por ese nexo empresarial y notoriedad pública, su honorabilidad fue puesta en tela de juicio por la oposición socialista, que le acusó de vulnerar la Ley de Incompatibilidades de Altos Cargos como propietario de más del 10% de Muinmo. Esta sociedad, en la que habían quedado las emisoras de la Cadena Rato que no se vendieron a la ONCE, mantenía contratos con varias administraciones públicas. En el mismo saco se incluyó un préstamo de tres millones recibido del HSBC. Pero el saco resultó estar roto. No se probó ninguna irregularidad.

Rato se había encontrado con que Solbes había dejado bien encaminada la economía, por lo que le fue fácil continuar y poner la guinda, pudiendo colegirse que los logros alcanzados durante su etapa al mando son el principal activo de los ocho años de gobierno de Aznar. El presidente popular debe mucho al «milagro económico», que se atribuyó a él mismo y a su ministro del ramo, haber sacado mayoría absoluta en 2000. Se había empeñado en el crecimiento a ultranza y la creación de empleo, pero la consecuencia fue un calentamiento de la economía, como le había advertido el Banco de España, que proponía reducir estímulos y recortar el gasto público. Rato no hizo mucho caso. Quizá por eso no vio el inicio de varias burbujas. Primero la tecnológica, que venía importada, y más tarde la inmobiliaria, que estallaría con la crisis de 2008 bajo el Gobierno de Zapatero y daría lugar a un proceso de reestructuración del sistema bancario que afectó principalmente a las cajas de ahorros, justo el sector donde él acabaría.

Por mucho milagro que le atribuyera y por mucho que dijera que «era el mejor ministro de Economía de la historia de España», la confianza ciega de Aznar en Rato se fue apagando. Su viejo compañero de fatigas le mantuvo de vicepresidente y ministro de Economía en su segunda legislatura, pero le quitó Hacienda para dársela a Cristóbal Montoro, subordinado suyo en el primer Gobierno de

Aznar como secretario de Estado de la materia. Aznar había prometido que no iba a estar más de ocho años y eso significaba que tenía que buscar un sucesor. Rato aparecía en el horizonte como el caballo favorito con varias cabezas de ventaja frente a Jaime Mayor Oreja y Mariano Rajoy, los otros candidatos designados por el propio Aznar para competir, y todo parecía que era una especie de globo sonda del presidente.

Pero resultó que el tapado era Rajoy, lo que supuso una afrenta para Rato (y para rato). No se explicaron las razones, pero trascendió que el ministro de Economía se había mostrado contrario a que España se implicara en la guerra de Irak que respaldaba Aznar ante el silencio mayoritario de los miembros del Ejecutivo. Otros observadores apuntaron que el presidente conocía bien los negocios de Rato y algunas amistades peligrosas, además de tener temores de que eclipsara su trayectoria. «Rodrigo Rato tiene un gran crédito en lo referido a materia económica y una gran autoridad política, derivada de su propia capacidad y de su papel en la historia del PP. Además, ha demostrado una gran capacidad de negociación. Entre nosotros siempre ha existido una confianza política estrecha. Compartimos un mismo punto de vista sobre cuál era la situación y lo que había que hacer», sostiene Aznar en *Ocho años de gobierno. Una visión personal de España*, publicado en 2004.

De poco sirvió esa apreciación y otras alabanzas porque eligió a Mariano Rajoy para presidir el PP y ser el candidato a presidente del Gobierno. Si se mira con perspectiva, Rato se libró del sufrimiento que habría supuesto enfrentarse a la derrota electoral del 14 de marzo de 2004 tras los atentados del 11-M y de justificar la mayúscula mentira que el Gobierno de su partido construyó al atribuírselo descaradamente a ETA. Rato vio el desenlace posterior de todo aquello desde Washington, donde había aterrizado para dirigir el FMI con el apoyo del nuevo Gobierno socialista de José Luis Rodríguez Zapatero.

La estancia del político en la capital estadounidense no fue precisamente un camino de rosas. Desde allí y desde Madrid, adonde acudía con frecuencia, estuvo atento a la evolución de sus amigos en las empresas ya privatizadas. Contempló, sin poder hacer nada, cómo Alfonso Cortina se veía obligado a abandonar («entregar sin pelea», le acusaron desde las filas del PP) la presidencia de Repsol por mandato de La Caixa, que había tomado una parte importante del capital de la energética. La salida le reportó una indemnización de veinte millones de euros. Su puesto lo ocupó Antonio Brufau, ex director general de la caja catalana.

El siguiente asalto apuntaba al BBVA, entidad que Rato había ayudado a cuadrar mediante la fusión del BBV y Argentaria y a tomar todo el poder sin ningún comedimiento cuando se descubrió la existencia de unos fondos de pensiones a nombre de los consejeros provenientes del antiguo BBV. Aquello provocó que el pez chico (Argentaria) se comiera al grande (BBV). El relevo de Rato era la oportunidad para la venganza de las familias de Neguri, pero FG resistió la ofensiva que estas habían orquestado con el grupo constructor Sacyr como punta de lanza y el apoyo del Gobierno socialista, que se concretó a través de Miguel Sebastián, hombre de la entera confianza de Zapatero que había sido defenestrado del Servicio de Estudios del banco por haber criticado muchas decisiones del Gobierno del PP y haber defendido políticas contrarias a sus intereses.

Sacyr, con su presidente Luis del Rivero al frente, no recibió el plácet del Banco de España, gobernado desde 2000 por Jaime Caruana, un hombre muy cercano al PP, y por extensión no pudo recibir el apoyo del titular de Economía, Pedro Solbes. Lo que se pretendía era colocar a Juan Abelló en la presidencia, con José Pérez, ex director general del BBV y antes del banco emisor, como vicepresidente ejecutivo, pero la compra de acciones apenas había superado el 3%, quedándose sin opción a sentar un representante en el consejo de administración (necesitaban, de acuerdo con el número total de consejeros, el 6,5% del capital), algo que daba risa porque la mayor parte de los consejeros dominicales no superaban el 1%. Se manejó, incluso, un informe elaborado por Claudio Aguirre, exresponsable de Merrill Lynch en España, en el que se revelaban operaciones irregulares de FG antes de vender su sociedad de bolsa a la entidad estadounidense, pero no tuvo la suficiente consistencia. Al final, Del Rivero y los suyos se conformaron con una «pedrea» de 148,5 millones de euros, según afirmó el avispado ingeniero de Caminos murciano. Sacyr optó por destinar los fondos a Repsol, donde compraron en torno al 20 % con el gesto revirado de La Caixa. Pero esa es otra historia en la que Rato tuvo poco que decir.

Lo que sí le preocupaba al director del FMI era la resolución del acoso al BBVA. La caída de FG habría supuesto, seguramente, que se revelaran algunos trapos sucios y, lo más probable, la sucesiva de otros presidentes nombrados por él. Pero no hubo ninguna intentona que prosperase. Las empresas ya estaban privatizadas y muchas ni tenían la *golden share* (acción de oro) que confiere a los gobiernos la potestad de impedir operaciones no deseadas, por lo que el margen de maniobra era muy reducido. Había que contar con el apoyo de un inversor, como ocurrió en Repsol con La Caixa.

En Telefónica siguió reinando Alierta, que contaba con el respaldo de los fondos de inversión. Estos controlaban más del 50 % del capital y eran muy reacios a la intromisión de los gobiernos, por lo que los tímidos intentos iniciales de hacer un *sorpasso* no prosperaron. Por otra parte, el ejecutivo maño se preocupó mucho por mantener, y lo consiguió, muy buenas relaciones con los socialistas. Repartió favores a unos y otros y no se complicó la vida con decisiones tormentosas. En Iberia, donde había entrado Caja Madrid como accionista referente, Irala no sufrió ningún acoso significativo y en Endesa había sentado sus reales en 2002 Manuel Pizarro, que pasados los años tuvo que defenderse de la amenaza de Gas Natural (después Naturgy). Con la Constitución en la mano, se opuso rotundamente a la opa lanzada por la firma catalana «por hostil e insuficiente». Se produjo una guerra de opas: a la de Gas Natural prosiguió una de la alemana E.on, aparecida como *caballero blanco* de Endesa, y al final fueron la italiana Enel y la constructora española Acciona las que se quedaron con la antigua empresa pública. Pizarro salió de la eléctrica en 2007 y en 2008 se presentó a las elecciones como número dos por Madrid tras Rajoy y el halo de gran esperanza económica. Pero en eso Rato tampoco tuvo mucho que decir más allá de que cobrara un sueldo como asesor de La Caixa, principal accionista de Gas Natural.

Para entonces, el exministro ya había dejado el FMI por «razones personales», trabajaba para el banco de inversiones estadounidense Lazard Brothers en España y, como asesor, para La Caixa y Banco Santander. El presidente del Gobierno era José Luis Rodríguez Zapatero, que por segunda vez había ganado a Mariano Rajoy en las urnas. La reconversión del sector financiero, impulsada por el Banco de España, en el que desde 2006 gobernaba Miguel Ángel Fernández Ordóñez, significó la oportunidad que quizá Rato estaba esperando para tener un papel protagonista. La antigua Caja de Ahorros y Monte de Piedad de Madrid se encontraba en proceso de relevo tras dos mandatos de Miguel Blesa.

La Comunidad Autónoma de Madrid y el Ayuntamiento (es decir, Esperanza Aguirre y Alberto Ruiz-Gallardón), que controlaban la caja, tenían visiones discrepantes en cuanto a la sucesión. Se abrió el melón y estalló otra batalla. Aguirre tonteó con el nombre de Ignacio González, su segundo en la Comunidad, y manejó el de Manuel Pizarro, en aquel momento diputado sin cartera tras el fracaso del asalto al poder en 2008, pero su verdadera apuesta era Rato. Ruiz-Gallardón apoyaba la continuidad del ejecutivo jiennense, pero sabía que este había perdido el apoyo de su amigo Aznar para un tercer mandato. Y Rajoy, que aspiraba a gobernar el país en una tercera tentativa la siguiente legislatura, quería a Luis de Guindos, que había sido secretario general de Política Económica y secretario de Estado de Economía con Rato. Descartado Blesa, la batalla se decantó por el exvicepresidente, aunque De Guindos tendría tiempo para resarcirse tras ser el elegido por Rajoy para ministro de Economía. Era cuestión de esperar.

Tomado el mando de la caja madrileña, Rato se llevó consigo a su guardia de corps, encabezada por Fernández Norniella, que había sido su secretario de Estado de Comercio y, posteriormente, presidente del Consejo Superior de Cámaras gracias a su dedo decisivo. Su intención era crear un gran banco más poderoso que La Caixa, pero las cosas no salieron tan bien como se había planteado. Al contrario, sus actuaciones acabaron con sus huesos en la cárcel y su calvario jurídico discurría mientras el equipo de Goirigolzarri se aplicaba para limpiar los trapos sucios de la entidad.

El político metido a banquero tenía muchos puntos oscuros. La salida a bolsa había dejado un reguero de irregularidades: se acudió a pequeños ahorradores poco informados y con pocos conocimientos para evaluar una inversión; los empleados de las sucursales tenían indicaciones precisas sobre la forma de convencer a sus clientes de la compra de acciones; quedó probado que algunos ahorradores con escaso nivel de estudios, personas mayores no acompañadas o, incluso, con principios de alzhéimer habían sido captadas sin recibir las suficientes explicaciones.

Por ese motivo, en enero de 2016, el Tribunal Supremo, ante una denuncia de dos inversores, anuló la adquisición de acciones de la oferta pública de venta de 2011 por un error en el consentimiento, al existir desfase entre las cifras del folleto que lo anunciaba y las reales, y obligó a devolver el dinero. Esta decisión abrió la vía a miles de nuevas reclamaciones y a que la entidad se viera obligada a elaborar un programa para que los pequeños suscriptores recuperaran el dinero invertido en la salida a bolsa.

El calendario martilleaba a Rato, a quien se le acumulaban procesos y denuncias. Los técnicos del Banco de España certificaron que la entidad había salido a bolsa con engaños. Se sucedieron las peticiones de cárcel que el juez rechazó al no haber riesgo de fuga, pero en febrero de 2015 fijó una fianza de ochocientos millones a BFA «como accionista único de Bankia», y a su antigua cúpula directiva (Rodrigo Rato, Francisco Verdú, José Manuel Fernández Norniella y José Luis Olivas) para asegurar las responsabilidades que se pudieran acordar en el proceso abierto.

En junio de 2012, el Fiscal del Estado ordenó examinar el proceso de fusión de las siete cajas y la salida a bolsa en respuesta a una demanda de los partidos UPyD (ya desaparecido) e IU y el movimiento 15MpaRato, ligado a Podemos. Llamó a declarar como testigos a Fernández Ordóñez y Julio Segura, presidente de la CNMV. También declaró José Celma, socio de Deloitte, la firma auditora del banco. Entre los imputados estaban, además de Rato, consejeros que representaban a los principales partidos, sindicatos y empresarios, Ricardo Romero de Tejada, Estanislao Rodríguez Ponga, José María de la Riva, Mercedes de la Merced, Luis Blasco, Juan Antonio Moral Santín, Arturo Fernández, Javier López Madrid y José Manuel Fernández Norniella. De Guindos tuvo que declarar sobre la intervención las semanas previas a que Rato dimitiera y, posteriormente, ante el juez Fernando Andreu, instructor del caso, como testigo.

Al final, el juez eximió de penas a los encausados en este caso, del que más tarde la Audiencia Nacional ordenaría al juez que extendiera la causa con la investigación de un supuesto fraude en la venta de las participaciones preferentes como una pieza separada del caso Bankia. La emisión de preferentes por Caja Madrid, antes de formarse Bankia, tenía pinta de ser una estafa de grandes dimensiones y fue común en muchas cajas. En ese sentido, el juez Andreu incorporó al caso los correos del anterior presidente, Miguel Blesa, de 1996 a 2009 y que habían sido añadidos por el juez Elpidio Silva por la compra del Bank of Florida por la entidad. Los correos, por los que Silva decretó por dos veces la prisión de Blesa, descubrieron mensajes del expresidente de Caja Madrid con políticos y ejecutivos.

Pero el estallido que más impactó y que saltó a la luz en octubre de 2014 fue el caso de las tarjetas *black*, que desveló que los consejeros y el equipo directivo de Caja Madrid (y posteriormente de Bankia) habían dispuesto entre 2003 y 2012 de una tarjeta de crédito del tipo Visa Black otorgada por la entidad con cargo a la caja de ahorros y al margen de sus sueldos y gastos de representación. Este tipo de tarjetas de la serie Black estaban destinadas a grandes fortunas. Durante el juicio, Rato expuso que era parte de su retribución como presidente y que le habían asegurado que era un mecanismo legal. Sin embargo, la Audiencia Nacional vio probado que era un sistema de funcionamiento opaco que él había mantenido tras encontrarlo en la entidad cuando llegó a la presidencia. Junto a él fueron condenados otros sesenta y tres miembros del equipo directivo y del consejo que se beneficiaron de las ventajas ofrecidas por ese pago encubierto.

El caso se descubrió en una información de *elDiario.es* publicada el 13 de diciembre de 2013, es decir, cuando Rato ya no estaba en el banco. El diario había desvelado la existencia de los citados correos electrónicos de Miguel Blesa cuando presidía Caja Madrid. En uno de ellos, correspondiente al 1 de septiembre de 2009, y del que Blesa recibió una copia, el secretario saliente, Enrique de la Torre, le informaba a su sustituto, Jesús Rodrigo, de las remuneraciones. «Los miembros de la Comisión de Control, conforme a la normativa de Caja Madrid, no pueden pertenecer a consejos de filiales o participadas, por lo que solo cobran dietas por las reuniones de la comisión (1.350 euros brutos) y, además, tiene cada uno una tarjeta Visa de gastos de representación, *black* a efectos fiscales, de 25.000 euros anuales, excepto su presidente, que tiene una cobertura de 50.000», resumía la misiva.

La publicación de la noticia provocó que el presidente que le había sustituido en Bankia, José Ignacio Goirigolzarri, abriera una investigación interna y ordenara una auditoría. En la primavera de 2014, esta detalló las cantidades que se habían gastado con las tarjetas *black* durante el periodo que habían disfrutado de ellas. Los gastos se cargaban en la cuenta de quebrantos (establecida normalmente en las entidades financieras para cubrir los gastos debidos a errores informáticos, indemnizaciones o robos), por lo que no aparecían en ninguna de las auditorías llevadas a cabo hasta entonces.

Goirigolzarri lo transmitió a su accionista principal, el FROB, que lo puso en conocimiento de la Fiscalía, que por su parte abrió las diligencias oportunas. De los poseedores de tarjeta, no todos hicieron uso de ella, pero el número de operaciones en los años de su existencia ascendió a 81.570. La lista desvelada por la auditoría, de la que dio cumplida cuenta la prensa, detallaba el titular, el concepto y el importe de cada cargo, que tenían poco que ver con gastos relacionados con la actividad bancaria: fiestas, discotecas, electrodomésticos, restaurantes, viajes, hoteles de lujo e, incluso, lencería femenina. Cuestiones que generaron más de un disgusto conyugal.

Algunos consejeros, como el hostelero Arturo Fernández, expresidente de la patronal madrileña CEIM y muy cercano a Esperanza Aguirre, reconocieron los gastos, pero arguyeron que entendían que las tarjetas eran precisamente para gastos personales, como si de un complemento salarial se tratase. Otros, como el político popular Ricardo Romero de Tejada, exalcalde de Majadahonda (Madrid), los achacaron a pirateo informático. Hubo algunos que no la utilizaron, como el consejero delegado Francisco Verdú.

Rodrigo Rato, por su parte, decidió devolver únicamente la parte que se gastó presidiendo Bankia, no la de la etapa de Caja Madrid. Quedó probado que los gastos se elevaron a 99.000 euros en un total de quinientas diecinueve compras para uso y disfrute personal en un periodo de trece meses. Asimismo, entre finales de febrero y primeros de mayo de 2012, mes en que dejó la presidencia, retiró 16.000 euros a un ritmo de 1.500 euros a la semana. La última remesa, de mil euros, la sacó el 5 de mayo, y el día que dimitió pagó 341,63 por una cena en un restaurante de Madrid.

Además de Rato, Fernández Norniella, el hombre que le llevaba el maletín, se gastó 9.700 euros, e Ildefonso Sánchez Barcoj, director financiero con Blesa, elevó los suyos a 90.900 euros. En la lista había de todos los partidos con representación en la Asamblea de Madrid y de los sindicatos. El escándalo provocó que el PSOE expulsara a diez militantes consejeros de Caja Madrid y el PP abriera expedientes a Rato y a otros doce afiliados.

A finales de enero de 2015, el juez de la Audiencia Nacional Fernando Andreu imputó a setenta y ocho exconsejeros y exdirectivos por presuntos delitos de administración desleal o apropiación indebida. El 23 de febrero de 2017, la Audiencia Nacional condenó a sesenta y tres a penas de cárcel por delitos continuados de apropiación indebida. Blesa, que fue hallado muerto en una finca de Villanueva del Rey (Córdoba), fue sentenciado a seis años de cárcel y Rodrigo Rato a cuatro años y medio. El 3 de octubre de 2018, el Tribunal Supremo ratificó la sentencia de la Audiencia Nacional.

11

Pescanova
Manuel Fernández Sousa-Faro

En febrero de 2013, la firma Pescanova decidía no publicar las cuentas del ejercicio de 2012. Todo un síntoma de que las cosas no iban nada bien. Dos meses después, el 15 de abril, se confirmaron las sospechas cuando el consejo de administración de la empresa anunciaba la solicitud de preconcurso voluntario de acreedores. Deloitte, su administrador concursal, detectó un agujero de 1.667 millones de euros y una deuda de 3.640 millones que dejaba congelada a la empresa de congelados más importante de España. La firma gallega arrastraba problemas desde finales del siglo XX y aguantó con créditos de la Xunta de Galicia, hasta que en 2013 la caja ya no pudo más. Al tiempo que se presentaba el preconcurso de acreedores se desvelaba que su presidente, Manuel Fernández de Sousa-Faro, tercer hijo del fundador de la empresa, había vendido parte de su participación en los meses previos a que se tomara la medida. Fue juzgado por los delitos de falseamiento de cuentas, estafa, abuso de información relevante y un delito continuado de falsedad en documento mercantil y condenado a seis años por el Tribunal Supremo. No obstante, tuvo la osadía de reclamar a Pescanova 663.119 euros por un supuesto despido improcedente.

Pescanova, que se había hecho famosa en los años sesenta por su campaña televisiva con el protagonista animado Rodolfo Langostino como estrella fulgurante y había cubierto las mesas de toda España con sus productos congelados (principalmente merluza y langostino), había pasado de ser una empresa ejemplar a un modelo de crecimiento descontrolado cuya gestión se estudia en las escuelas de negocio como una experiencia que hay que evitar. Los analistas destacan que los problemas comenzaron cuando la compañía diversificó su expansión a actividades relacionadas con la acuicultura y se lanzó en los años noventa a crear filiales sin un control cabal en diversas partes del mundo. El caso es que el informe forense, encargado por la Comisión Nacional del Mercado de Valores (CNMV) a la auditora KPMG cuando la empresa pasó a manos jurídicas, desveló que la deuda neta del grupo ascendía a 3.280 millones de euros, es decir, más del doble de la que había declarado. El informe de KPMG fue concluyente y devastador: se lograron créditos documentarios sin respaldo de mercancía, se ocultaron filiales y se utilizaron datos de antiguos clientes, además de realizar contabilidad creativa para ocultar pérdidas. Pescanova, que siempre había comunicado oficialmente beneficios, arrastraba, a cierre de 2012, unas pérdidas de casi 1.400 millones. La empresa había creado un total de catorce empresas instrumentales para obtener financiación. Además, duplicaba facturas, de manera que la misma minuta se utilizaba para distintos fines.

Mientras, Deloitte se ocupó de la administración concursal de Pescanova, que acabó con la creación de Nueva Pescanova, una empresa de nuevo cuño a la que se traspasaron el negocio y los activos de la antigua sociedad. Bajo la tutoría de Deloitte, se sucedió una trayectoria con entrada y salida de accionistas. En septiembre, una junta extraordinaria aprobó un plan de rescate, con una ampliación de capital y la refundación de la compañía con el nombre de Nueva Pescanova. La nueva sociedad, que se quedó con los activos de la vieja Pescanova, dio entrada en el capital a los acreedores y retomó el pulso logrando volver a cotizar en junio de 2017, bajo la presidencia de Jacobo González-Robatto, procedente del Banco Popular.

Ya en 2020, Abanca, banco resultante de la unión de las antiguas cajas gallegas controlado por el inversor venezolano Juan Carlos Escotet, tomó el mando de la empresa, asumiendo el 80 % del capital. Un hito en esa recuperación fue la contratación del primer buque tras más de treinta años de paralización en la compañía, que se distinguió precisamente por haber sido de las primeras empresas con los primeros y más grandes barcos congeladores del mundo.

Ese año la Audiencia Nacional condenó a ocho años de cárcel al responsable de todas las artimañas, Manuel Fernández Sousa-Faro, que estuvo al frente de la empresa desde 1977 hasta 2013. La sentencia también incluyó penas menores a nueve directivos. El Tribunal Supremo rebajó la pena de Fernández Sousa-Faro a seis años (también redujo las del resto de los condenados) y absolvió a la auditora BDO de los delitos de falseamiento de cuentas y de información económico-financiera.

Manuel Fernández Sousa-Faro es el tercer hijo del fundador de Pescanova, José Fernández López, un emprendedor y filántropo lucense, hijo de un adinerado tratante de ganado llamado Antonio Fernández Fernández, más conocido por el sobrenombre de Antón de Marcos, que había creado, junto con sus hermanos, empresas en distintos sectores (Titania en el minero, Zeltia y Antibióticos en el farmacéutico, Frilugo y Frigsa en el de congelados, Transfesa en transporte ferroviario, Corporación Noroeste en el cementero) antes de embarcarse en el pesquero. Su primera aventura, no obstante, fue la explotación del Matadero Municipal de Mérida (Badajoz) en 1935, durante la Segunda República. Aunque de corte progresista, al estar la planta en territorio del bando sublevado, se convirtió en el principal proveedor de carne del ejército franquista. Mantuvo la tierra extremeña como su segunda patria chica y, además del matadero, creó Corchera Extremeña (referencia en el sector) y una fábrica de conservas. La última aventura fue con el kiwi, un fruto procedente de Nueva Zelanda que arrasaba en Alemania. Comprobó que el clima de las Rias Baixas era muy similar al de las antípodas y, en una finca que tenía baldía, colocó la plantación y creó la empresa Productores de Actinidias Chinensis, S. A., cuyo principal objetivo era exportar el producto a Alemania bajo el reclamo de *Kiwis aus Galicien*. La empresa dejó el exótico nombre y pasó a llamarse Kiwi España.

José Fernández (que no tenía nada que ver con su coetáneo Pepín Fernández, el fundador de Galerías Preciados) pasaba largas temporadas de trabajo en Vigo, donde trabó amistad con el abogado e intelectual galleguista Valentín Paz Andrade, que además era un experto en la industria pesquera de la que él no tenía ningún conocimiento. Pero, si se podía congelar la carne en grandes frigoríficos, y en eso tenía experiencia, ¿por qué no el pescado?, se preguntó. De la mano de Paz Andrade, que era asesor de la FAO, la Organización de las Naciones Unidas para la Alimentación y la Agricultura, y dirigía la revista *Industrias Pesqueras*, ideó la construcción de grandes barcos congeladores que permitieran faenar a distancia de los puertos y mantener el pescado refrigerado. Así pusieron en marcha la que sería la empresa Pescanova, fundada el 23 de junio de 1960. Fernández López asumió la presidencia y Paz Andrade la vicepresidencia.

Pescanova irrumpió en la industria pesquera sin complejos. Adoptó una tecnología hasta ese momento casi desconocida, basada en grandes buques congeladores que procesaban y ultracongelaban el pescado a bordo. Los emprendedores gallegos se habían inspirado en la británica Fresh Frozen Foods, que ocho años antes había botado el Fairtry. Este tipo de barcos permitían hacer grandes travesías y almacenar grandes cantidades de pescado ya procesadas en sus bodegas.

El primer barco de Pescanova fue el Lemos, construido en 1961 en los astilleros Ascon (hoy Rodman Polyships) con una capacidad de doscientas cincuenta toneladas. La primera campaña del Lemos tuvo como destino los caladeros de Brasil, Uruguay y Argentina. El buque volvió a Vigo con las bodegas a rebosar de merluza congelada, que, una vez superadas las pruebas de calidad, se comercializó. El éxito sirvió para ampliar la flota con barcos que pronto llegaron a tener una capacidad de mil toneladas.

La publicidad, con un Rodolfo Langostino que entró con buen pie en todos los hogares españoles a través de la televisión en blanco y negro, puso el resto y Pescanova inundó el mercado de merluza y langostino congelados. La empresa siguió creciendo. En 1963 construyó dos innovadores arrastreros, que tenían la particularidad de que las capturas entraban al barco por popa y no por babor o estribor. La incorporación de este sistema supuso una considerable mejora de la faena, mientras la empresa expandía la faena a los caladeros de toda la cornisa atlántica africana.

La revolución pesquera continuaba. En 1964, tras su paso por los astilleros Astano de El Ferrol para su reconversión en buque factoría, Pescanova envió a aguas africanas el Galicia, un transatlántico construido en 1920 con el nombre de Alfonso XIII y luego rebautizado como La Habana en la Segunda República. Su tarea consistía en realizar funciones de fileteado, producción de harina y aceite de pescado. El navío operaba en aguas cercanas a la costa africana con pescado de los buques que faenaban para Pescanova. Tras el procesamiento, los productos se trasladaban a Vigo en buques frigoríficos de la propia Pescanova para su distribución.

El crecimiento iba viento en popa. Pescanova compró la empresa Copiba (Compañía de Pesca e Industrias del Bacalao), que transformó en una planta frigorífica para el envase de filetes y rodajas de merluza. Asimismo, construyó el Gondomar, el primer buque congelador del mundo que superaba los cien metros de eslora.

Al finalizar los años sesenta la flota rebasaba los cien barcos y la empresa se había convertido en líder del sector pesquero de Europa. Asimismo, contaba con más de sesenta camiones frigoríficos. Pero la buena mar empezó a encresparse. De pronto, aparecieron los problemas. Para empezar, algunos países limitaron los caladeros, estableciendo las áreas económicas exclusivas en las doscientas millas más cercanas a la costa frente a las doce anteriores. Un aumento sustancial que supuso un recorte para la actividad de la flota pesquera española de numerosos caladeros y obligaba a tramitar permisos. Como consecuencia de la nueva normativa, se implantaron empresas mixtas que, por un lado, exportaban los barcos y bienes pesqueros al país socio y, por otro, facilitaban la importación de las capturas realizadas con los barcos. Pescanova se acogió a ese nuevo estatus y constituyó empresas filiales en prácticamente todos los países en los que operaba, en los que invirtió en la construcción de muelles, carreteras, educación o sanidad.

En esa época de cambio, en 1977 se produjo el relevo en la presidencia de la compañía. El fundador, con setenta y tres años, cedió el puente de mando a su hijo Manuel Fernández Sousa-Faro, y Alfonso Paz-Andrade, hijo del otro fundador, asumió el cargo de consejero delegado. Fue entonces, con la nueva dirección, cuando la empresa de Redondela incorporó los productos precocinados con platos de vegetales y pizzas y abrió fábricas de procesado a través de Frinova y Bajamar Séptima. El nuevo equipo decidió también crear Pescanova France y Pescanova Portugal. En esa etapa, contaba con cincuenta y cinco delegaciones de venta en España y más de cien productos en catálogo.

Con el viento todavía a favor, el consejo aprobó la salida a bolsa en 1985, un año antes del fallecimiento del patriarca. Con el impulso bursátil, la empresa se expandió a nuevos caladeros, llegando hasta Australia, creando filiales en Namibia, Italia y Estados Unidos, y entrando en acuicultura, que en aquellos años comenzaba a hacerse un hueco en el mercado en paralelo al aumento de las restricciones pesqueras. Se hizo fuerte en la industria del salmón, el rodaballo y el langostino.

A mediados de los noventa la empresa empezó a hacer aguas. La situación financiera de Pescanova comenzaba a ser delicada, lo que provocó que, en 1996, estuviera a punto de ser absorbida por la multinacional Unilever. Este intento hizo reaccionar al presidente de la Xunta de Galicia, Manuel Fraga Iribarne, que inmediatamente facilitó un crédito a Pescanova para evitar la posible compra por parte del grupo neerlandés. La ayuda de la Xunta resultó recalcitrante para seguir adelante y continuar con la diversificación. Comenzó a comercializar productos frescos y construyó las dos mayores plantas del mundo para la cría de rodaballo (una en España y otra en Portugal). También adquirió varias plantas dedicadas al procesado de langostino *vannamei* en Centroamérica.

Pero el crédito de Fraga, con el que el presidente de Pescanova tenía relaciones muy cercanas, duró lo que duró en el poder el exministro de Franco y le sustituyó la coalición PSG-Bloque, con la que ya no hubo tantos favores. El 15 de abril de 2013, la compañía se vio abocada al concurso de acreedores. Aunque acababa de ampliar su capital, no pudo evitar el preconcurso con una deuda de 1.522 millones de euros, ocho veces sus resultados de explotación anuales. Ese mismo día, se conoció que el presidente, Manuel Fernández Sousa-Faro, había vendido la mitad de su participación del 14,4 % en los meses previos. No obstante, se quedaba como principal accionista, con el 7,2 % del capital.

El anuncio de quiebra abrió una carrera para adquirir la compañía en la que participaron varios grupos españoles y extranjeros, acompañados por fondos de inversión. Por un lado, un consorcio encabezado por Damm y Luxempart, que formaban parte del capital, integrado además por KKR y Ergon Capital Partners; por otro, Centerbridge y Bluecrest; y un tercero constituido por los principales bancos acreedores, que dieron lugar al denominado G-7 de Pescanova: Sabadell, Popular, Nova Caixa Galicia, Bankia, CaixaBank, Santander y BBVA.

Los accionistas minoritarios bloquearon la ofensiva de Damm y Luxempart y propiciaron el control por parte de los bancos acreedores, que el 2 de mayo de 2014 (cuatrocientos tres días después) acordaron levantar el concurso. Una vez que se produjo la salida del proceso concursal, Damm y Luxempart abandonaron la gestión, que estaba presidida por Juan Manuel Urgoiti desde septiembre de 2013. Este dimitió el 22 de mayo de 2014. El plan de reestructuración empresarial había recibido el apoyo del 65 % de los acreedores. La compañía continuó funcionando con normalidad bajo la tutela de Deloitte.

El 2 de febrero de 2015, Pescanova volvió a anunciar beneficios con una facturación de 1.600 millones de euros en 2014. En febrero de ese mismo año, el fondo Broadbill adquirió el 3,69 % de la empresa, de la que Manuel Fernández Sousa-Faro continuaba siendo el mayor accionista con un 7,5 %. Carolina Masaveu Herrero (a través de Crisgadini), con un 7,1 %, y la cervecera Damm, con un 6,2 %, le pisaban los talones.

En septiembre de 2015 se celebró una junta extraordinaria de accionistas en la que se aprobó por mayoría el plan de rescate, ampliar el capital y refundar la compañía con el nombre de Nueva Pescanova, que en realidad era una nueva empresa en la que participaba la antigua. Pescanova, S. A. (es decir, los socios minoritarios que ya estaban), se quedó con el 20 %. Se constituyó una sociedad holding que absorbería las compañías filiales españolas y se aprobó la entrada de la banca acreedora como socios mayoritarios con un 80 % del accionariado.

A finales de 2015, el nuevo consejo, al que se incorporó como presidente Jacobo González-Robatto (proveniente del Popular) y como consejero delegado Ignacio González Hernández (anteriormente en Campofrío), quiso recuperar el prestigio de otros tiempos y, fruto de ello, lanzó una campaña publicitaria con un resucitado Rodolfo Langostino de la mano del televisivo cocinero de Illescas Pepe Rodríguez Rey anunciando recetas de cocina con productos Pescanova.

En 2017 la compañía aprobó un plan de negocio mediante una capitalización de créditos de unos trescientos cincuenta millones de euros, lo que hacía que la banca acreedora elevara su participación al 85%. El plan contemplaba renovar la flota, con la construcción de siete nuevos barcos, modernizar las plantas de acuicultura y la puesta en marcha de un centro de I+D+i (Pescanova Biomarine Center). Posteriormente, procedería a desprenderse de su filial de cría de rodaballos, que había sido intervenida por la banca portuguesa, y a la compra de Unick Fish en Sudáfrica con el objetivo de potenciar las ventas del producto estrella de toda la vida, el langostino.

Mientras todo eso ocurría, en junio de 2017, y tras más de cuatro años suspendida, la CNMV levantó la suspensión de cotización bursátil de Pescanova, S. A., que apenas contaba ya con un 1,6% de Nueva Pescanova.

Ya en la década de 2020, y con la sombra de la pandemia planeando, se produjo un nuevo cambio accionarial con la asunción por parte de Abanca (banco que procedía de la fusión de las cajas gallegas y que estaba controlado por el venezolano Banesco, de la familia Escotet) de la mayoría de capital. Para ello, había ido adquiriendo los paquetes del resto del G-7, los últimos los de CaixaBank y Banco Sabadell. La nueva propiedad mayoritaria nombró a José María Benavent como presidente de la compañía y renovó el consejo.

En 2021, el grupo aprobó una capitalización de deuda por valor de más de 542 millones de euros, deshaciéndose así de la heredada por parte de la antigua sociedad. El plan de esta nueva etapa consistió en dar prioridad a la nueva economía, primando la sostenibilidad y entrando en el negocio de plantas solares fotovoltaicas en Namibia y España, así como en potenciar la acuicultura. No ha descuidado el pescado ni las aventuras sofisticadas de la que es ejemplo «La Pasta del Mar», un revolucionario concepto de cultivo de un cereal marino que tiene de respaldo al chef del restaurante Aponiente de El Puerto de Santa María, Ángel León.

El recorrido judicial seguía su camino en paralelo. El 8 de enero de 2015, el Juzgado Central de Instrucción número 5 de Madrid ordenó el embargo de todos los bienes de Fernández Sousa-Faro y de los exdirectivos Alfonso Paz Andrade, Antonio Taboas Moure, Carlos Turci, Alfredo López Uroz y Fernando Fernández Sousa-Faro (hermano pequeño del presidente). Cinco años más tarde, en 2020, la Audiencia Nacional condenaría a ocho años de cárcel a Manuel Fernández Sousa-Faro por fraude contable diseñado para obtener financiación bancaria para la empresa, así como por manipular las cuentas de la entidad para poder captar inversores, que acabaron perdiendo su dinero. Los otros once acusados recibieron penas de seis meses a tres años y medio de prisión.

Manuel Fernández Sousa-Faro, tras la sentencia revisada por el Supremo, ingresó en 2023 en la cárcel de Soto del Real (Madrid). El hijo del visionario, licenciado en Físicas y Matemáticas, se aficionó a la ingeniería financiera y había ocultado la deuda a sus inversores. Su perfil responde al de un hombre tímido, frío, desconfiado y calculador, al que se le conocen pocos amigos. Una de sus últimas elucubraciones fue derivar la responsabilidad civil, de unos doscientos cuarenta millones, a Nueva Pescanova, cuyos responsables no salían de su asombro de que el fiscal pidiera que se cumpliera este compromiso de pago por la sentencia impuesta a la antigua Pescanova. Desde entonces Escotet, poseedor de una fortuna que ronda los 4.000 millones y de un 0,34 % de Nueva Pescanova, no quiere oír hablar de Pescanova, S. A.

La empresa, que en septiembre de 2023 incorporó a Jorge Escudero Hurtado de Amézaga como consejero delegado en sustitución de Ignacio González, no ha dejado de tener problemas. La principal compañía pesquera de España, y quinta de Europa, ha seguido ajustando su plantilla, actualmente de diez mil trabajadores en dieciocho países, para «optimizar su estructura en un mercado que atraviesa un momento muy difícil», según el nuevo ejecutivo.

De la misma raíz que Pescanova, aunque hermana mayor (nació tres décadas antes), es Zeltia, la firma farmacéutica cuyo origen se remonta al estudio, en un laboratorio de Vigo, de métodos para tratar las migrañas y los glaucomas a partir del cornezuelo de centeno. Sus impulsores fueron los hermanos Fernández López y los doctores Calvet Prats, represaliado por el franquismo, y Obella Vidal, militante galleguista. La proximidad ideológica de socios capitalistas y científicos soldó el proyecto de empresa, cuyo objetivo era explotar la flora medicinal y el aprovechamiento de las glándulas de los animales que los hermanos Fernández sacrificaban en sus mataderos de O Porriño y Mérida.

En poco tiempo, el laboratorio reunió a un selecto grupo de científicos formados en la Universidad de Santiago que patentó más de una decena de productos con su registro sanitario y bajo la marca genérica de Zeltivit. Además, desarrolló vacunas, pesticidas e insecticidas. Posiblemente, el más conocido fuera el DDT (dicloro difenil tricloroetano), principal componente de los insecticidas. A partir de este producto, Zeltia creó una división agrícola cuya principal marca fue ZZ. Luego participó, junto con otros laboratorios (Abelló, Ibys, Llorente, Leti y Uquifa), en la creación de Antibióticos, de la que se quedaría un 23 % hasta que en 1985 Juan Abelló dio un golpe de mano y la vendió a la italiana Montedison, dando origen a su escalada posterior en Banesto.

La empresa siguió su desarrollo, se constituyó en un grupo pujante en las áreas farmacéutica, agraria, veterinaria y química y varias filiales: Zeltia Agraria, ICI Farma, Cooper Zeltia, PharmaMar, Xylazel y Zelnova. Ya bajo la presidencia de José María Fernández Sousa-Faro, que había roto con su hermano en Pescanova, se convirtió en uno de los valores más especulativos de la bolsa cuando anunció el descubrimiento de Yondelis. Este producto, que explotó PharmaMar, se convirtió en la niña bonita del grupo y propició una fusión inversa, en la que la filial absorbió a la matriz y pasó a cotizar como tal.

Yondelis es un producto para el tratamiento contra el cáncer y el alzhéimer que se fabrica a partir de la explotación de las algas. Pero no tuvo un camino fácil. Al contrario, se le llenó de obstáculos desde que a finales de los noventa se lanzó al mercado. La Agencia Europea de Medicamentos (EMA) y otras autoridades sanitarias internacionales denegaron su aprobación y pidieron análisis y contraanálisis. Las votaciones de la EMA fueron muy ajustadas en contra de la firma española (ocho votos frente a siete), que se había metido en una pelea de magnitud internacional sin llamar a la puerta y chocó con el omnímodo poder de algunos competidores multinacionales.

El caso es que la empresa tenía previsto comercializarlo en 2004 y su presidente se vio con la amenaza de cierre sobre la cabeza. La cotización se hundió (pasó de veinte a seis euros por acción). Mientras, el Yondelis era apoyado por la comunidad oncológica. La esperanza se centró en la FDA (Food and Drug Administration) de Estados Unidos, que pasados muchos años lo aprobó. Pero no fue hasta 2015 cuando dio el visto bueno definitivo. En paralelo, vendió la filial Zelnova, que se dedica a los insecticidas, a Allentia Invest, controlada por Pedro Fernández Puentes, primo de los Fernández Sousa-Faro por parte de padre. Como consecuencia de esta compra es también accionista (con el 5 %) y vicepresidente de PharmaMar, donde también se sienta como consejera Sandra Ortega, hija de Amancio Ortega, con un porcentaje similar. Los principales accionistas son su primo, con el 11 %, y la esposa de este, Montserrat Andrade, con 5,12 %.

Mientras Manuel Fernández Sousa-Faro se había quedado con el control de Pescanova, su hermano José María lo hacía con el de Zeltia (después de PharmaMar). Las dos empresas mantuvieron participaciones cruzadas y sus presidentes se sentaban en el consejo de administración de ambas. Las relaciones, que habían sido muy fluidas (los barcos de Pescanova llegaron a suministrar las algas con las que Zeltia hacía sus investigaciones farmacéuticas), comenzaron a quebrarse en los años noventa. José María se quejaba de que era marginado de todas las decisiones importantes que tomaba Manuel. Hasta el punto de que un año se negó, como consejero, a firmar las cuentas. El enfrentamiento derivó en la venta de las acciones cruzadas (Zeltia tenía el 7,5 % de la pesquera y esta el 3,5 % de la farmacéutica) y el abandono del barco por parte de José María en 1995 para dedicarse en cuerpo y alma a la farmacéutica. Tres años después sería Manuel el que saliera con cajas destempladas del consejo de esta. Los hermanos se distanciaron de forma evidente hasta el extremo de no hablarse y de no participar en reuniones familiares, pese a que sus mujeres son hermanas. El paso del tiempo les depararía distintos destinos. Mientras Manuel acababa en la cárcel, José María veía que su producto estrella triunfaba en el mercado y el valor en bolsa de PharmaMar se disparaba.

12

Gowex
Jenaro García Martín

El sábado 5 de julio de 2014, Jenaro García Martín, emprendedor que se había ganado fama de benefactor ofreciendo wifi gratis desde la plataforma Gowex, sorprendía a la población con el reconocimiento de que había manipulado las cuentas de la compañía. «Pido perdón a todos; lo siento de todo corazón», escribió en su cuenta de Twitter el mismo día que dimitió como presidente y consejero delegado de la empresa. Al día siguiente de la confesión, su empresa solicitaba el concurso de acreedores, mientras él acudía voluntariamente al juzgado. Luego llegarían las querellas por parte de los más de cinco mil afectados que habían confiado en aquel valor cuando había salido a bolsa cuatro años antes y habían visto difuminarse más de 2.000 millones de euros. En aquellas fechas, Gowex tenía desplegadas sus redes en sesenta y cinco ciudades (incluidas Nueva York y París, además de Madrid) y veinte empresas de transporte público, y planeaba salir a cotizar en el mercado de Estados Unidos.

Jenaro García Martín, un antiguo vendedor del Rastro madrileño que de adolescente se hizo experto en el arte del regateo, respondía al perfil de emprendedor sin tapujos. Era pura ambición. Había descubierto las posibilidades de operar con wifi y se lanzó a la aventura. Fundó Gowex en 1999 después de pasar por Telefónica Servicios Audiovisuales entre 1995 y 1998, años en los que creó Intelideas (luego Recol) e Iber-X, embrión de Gowex, cuyo nombre completo era Let's Gowex, S. A.

El sueño de ofrecer wifi gratuito se convirtió en pasión hasta el punto de que, una vez alcanzado el reconocimiento y llenado la cartera, no le importó falsear datos para seguir en el palmito. Pero en 2014 se descubrió que había falseado las cuentas de los últimos diez años e inventado cientos de clientes ficticios sin que nadie se diera cuenta del monumental engaño. La caída de Gowex hizo mucho daño a la imagen exterior de España por cuanto esta compañía ofrecía el servicio de wifi en la ciudad de Nueva York.

Gowex había experimentado una carrera vertiginosa que le permitió recibir varias distinciones. Tras sus comienzos prometedores, comenzó a instalar wifi gratuito en quioscos, calles y estaciones de grandes ciudades, siendo la sensación de los ciudadanos que se iban incorporando a las nuevas tecnologías. El éxito fue de tal magnitud que, en marzo de 2010, salió al Mercado Alternativo Bursátil (MAB) con una capitalización inicial de 36 millones de euros. Para el MAB (después llamado BME Growth), mercado creado en 2006 para que las pequeñas y medianas empresas puedan cotizar en bolsa, era un valor puntero para publicitar su existencia.

La cotización no dejó de ir al alza y en cuatro años se revalorizó un 2.700 %, llegando a estar presente en el NYSE Alternext de París. Sin embargo, el 3 de julio de 2014, justo el año en que el presidente del Gobierno Mariano Rajoy le entregó el Premio Start-ex, otorgado por la Secretaría de Estado de Comercio y el Instituto de Comercio Exterior en el marco del Foro Global España, la cotización fue suspendida después de que la empresa de análisis económico Gotham City Research, con sede en Nueva York, publicara que Gowex arrastraba una situación deficitaria. El informe de Gotham (titulado «A Pescanovan Charade», en referencia a las prácticas contables realizadas por la firma pesquera) descubrió que el 90 % de los ingresos era irreal y los enmascaraba con operaciones que llevaba a cabo la empresa consigo misma, por lo que no producía ningún flujo de caja.

García Martín acusó a Gotham de haber elaborado un informe lleno de mentiras. «Desde el anonimato de un documento no firmado, el único objetivo que se busca es dañar tanto el valor de la acción como la imagen de la compañía», manifestó. Pero el escándalo ya estaba en el aire y el valor, que había alcanzado los 1.400 millones de euros, cayó un 46 % y un 26 % en dos sesiones consecutivas antes de la cotización fuera suspendida por la Comisión Nacional del Mercado de Valores (CNMV), que además abrió una investigación.

Mientras, Gowex contrataba a PwC con la confianza plena de que esta firma confirmaría la falsedad del informe de Gotham. El optimismo se vino abajo cuando la Asociación Europea de Inversores Profesionales presentó una denuncia ante la Fiscalía General del Estado en la que acusaba a Gowex de los delitos de falseamiento de información financiera y de cuentas anuales, así como de información relevante. La denuncia se extendía a Jenaro García Martín; a Bolsas y Mercados Españoles; a su auditora, M&A Auditores, y a EY, que había hecho de asesora.

Por su parte, la Agencia Tributaria, que había abierto en febrero de 2013 una inspección, descubrió irregularidades que la obligaron a ampliar el foco de la investigación. El informe, enviado a la Fiscalía Anticorrupción cuatro días antes de que Jenaro García testificara, alertó de «presuntos delitos continuados» y que hubo un «masivo» e injustificado desvío de fondos a cuentas ocultas en Costa Rica, tierra natal de Florencia Maté, la esposa de Jenaro García, que se había trasladado allí tras estallar el escándalo. En total, afloraron cobros por doce millones de euros y unas salidas de algo más de cuatro millones. Según Hacienda, eso suponía «la posible existencia de rentas que se habían ocultado», entre otros motivos porque «no se acreditaron la fecha de apertura ni la persona contratante, ni se aportaron los justificantes bancarios donde constara el origen y el destino de los fondos». Las transacciones eran enmascaradas como operaciones comerciales y aparecían ocultas en el balance de Gowex Wireless, una instrumental del grupo.

Los inspectores apuntaron que la finalidad era

> aumentar el volumen de facturación ya fuera con clientes falsos, con clientes que lo niegan o con clientes exteriores con la idea de aparentar un grupo sólido y con capacidad de negocio que resulte atractivo al pequeño inversor, capaz de acudir a bolsa a las diferentes ampliaciones de capital habidas con importante prima de emisión. Este supuesto posibilitaría entender que el comportamiento es fraudulento. La sociedad se ha financiado —afirmaban— en esencia con am-

> pliaciones de capital que llevaban primas de emisión muy elevadas, lo que explica a su vez que hayan alcanzado cotizaciones tan elevadas en el mercado secundario. En consecuencia, los socios antiguos estaban dispuestos a vender participaciones en el capital a precios cada vez más elevados.

Agotada tal vía para obtener recursos, según Hacienda, se buscó otra: «En 2013, la principal fuente de financiación procede de deudas a largo plazo con entidades de crédito. Se incrementó en más de un 200%. Ha pasado de 4,5 millones a 16,8 millones». Es decir, Gowex se endeudaba en el mismo año que Hacienda la inspeccionaba. Pero hubo una tercera línea de ingresos: «Es posible que la mayoría o todos los proyectos de I+D justificativos de las subvenciones disfrutadas tengan un soporte falso de trabajos inexistentes llevados a cabo por el conjunto de empresas fantasma que circulan alrededor de Gowex Wireless», añadía el informe. Por ese motivo, Hacienda exigió que se investigara un posible delito en la captación indebida de subvenciones.

Hacienda señaló que el documento informativo de Gowex cuando salió a bolsa en 2010 decía que «ni la sociedad rectora del mercado alternativo de valores ni la CNMV han aprobado o efectuado algún tipo de verificación o comprobación en relación con el contenido de este documento». Y la auditora, a juicio de Hacienda, estaba viciada de origen: no solo no declaraba al fisco, sino que uno de sus dos representantes estaba imputado en dos juzgados por «las mismas conductas defraudatorias»: empresas que cobran el IVA, pero no lo ingresan porque se deducen facturas falsas.

Los inspectores se toparon con varias contradicciones. Gowex acusaba de impagos millonarios a grandes empresas como Acciona y Unidad Editorial Información Deportiva, que negaron ser clientes de Gowex. La firma también aseguraba haber facturado a la multinacional automovilística india Tata, pero se comprobó que daba como domicilio una dirección ajena a dicha compañía. Y habló de facturas de la firma Ricasa, pero citaba como sede un hotel de Costa Rica. Gowex, preguntada por la identidad real de los clientes extranjeros, dio esta respuesta: «Las personas que están detrás de estas entidades han decidido ocultar su identidad». Y alegó que no podía desvelar dicha información por riesgo a perder esta fuente de negocio.

A todo esto se sumaron las empresas fantasma, filiales sin vida real, que, según Hacienda, cruzaban facturas con la matriz hasta anularse en más del 90% del negocio. «A pesar de que Gowex Wireless tiene su domicilio fiscal en Sevilla, no dispone allí de ningún local ni de personal. El resto de las sociedades dependientes, a pesar de tener en su mayoría denominaciones que incluyen el nombre de una capital española, tienen su domicilio social en la dominante». Algunas apenas facturaban 6.000 euros en un año. Sin embargo, cada una de ellas lograba créditos por valor 200.000 euros. «Se desconoce si dicha financiación se obtuvo con la prestación de garantías reales», señalaban los inspectores.

La Agencia Tributaria también desveló que García Martín utilizó sociedades radicadas en Luxemburgo para la compraventa de acciones a su favor. En resumen, el equipo fundacional de Gowex se lucró vendiendo acciones de la empresa con cuentas falsas y pudo usar el dinero para adquirir paquetes de accionistas opacos.

En abril de 2019, la Fiscalía Anticorrupción solicitó dieciocho años de cárcel y 10,2 millones de euros de multa por presuntos delitos de falsedad en documento mercantil, fraude de inversores, apropiación indebida, fraude a los presupuestos de la Unión Europea y uso de información relevante. También acusaba a sus colaboradores Manuel Martínez Marugán e Ignacio Navarro, y a su esposa María Florencia Maté, para los que la Fiscalía solicitó diecisiete y dieciocho años.

En agosto de ese mismo año, el juez de la Audiencia Nacional Santiago Pedraz decretó la apertura de juicio oral, que al cierre de la edición de este libro todavía no se había celebrado después de varios aplazamientos. Mientras esperaba el juicio, el arrepentido emprendedor reconocía que era justo ir a la cárcel. «Se lo debo a los que confiaron en Gowex», dijo. Lo cierto es que pidió entrar en prisión provisional para recuperar parte de la fianza de 600.000 euros depositada en 2014, aduciendo una delicada situación financiera. Pero el juez Pedraz le denegó la solicitud y ordenó bloquear sus cuentas corrientes, en las que supuestamente se ocultó el saldo millonario obtenido con la venta de acciones de la compañía antes de que Gotham emitiera su demoledor informe. A juicio de la Fiscalía, esa venta se realizó «indiciariamente con conocimiento de información relevante, esto es, con conocimiento de la real situación económica de la empresa».

Mientras esperaba juicio, Jenaro García se dedicó al negocio de criptomonedas. El proyecto se denomina Gow2x, que funciona como organización autónoma descentralizada, un formato de organización digital desarrollada con *blockchain*. Según la web de Gow2x, el objetivo es atraer inversores para mejorar el mundo mediante la adquisición de *tokens* (criptomonedas que dan determinados derechos a sus tenedores sobre los proyectos en los que invierten) a cambio de dinero tradicional. El mensaje del impulsor en la web, que se aproxima al de un predicador, dice:

> Mi misión en esta vida es prever los problemas con los que nos vamos a enfrentar y tratar de resolverlos previamente. Fuimos capaces de prever este tipo de grandes problemas en Gowex y ahora voy a poner todas mis fuerzas y mi credibilidad y siguiendo mi plan tratar de ayudar de nuevo a nuestra comunidad con Gow2x como un proyecto con soluciones para los problemas más importantes de nuestra sociedad.

La CNMV advirtió de que este no era un producto regulado, que carecía de licencia e implicaba riesgos. Aparte de esta afición, se volcó en el Ironman, disciplina que supone nadar 3,86 kilómetros, pedalear 180 kilómetros y correr 42,2 kilómetros.

Diez años después de aquel fiasco, el 9 de enero de 2024, posiblemente mientras Jenaro García se ejercitaba en su nueva y altruista misión, la misma Gotham City Research que había dado el mazazo a Gowex volvió a ser noticia en España con la publicación de un informe sobre la farmacéutica catalana Grifols, en el que aseguraba que las acciones de la compañía valían cero y la acusaba de manipulación de la deuda y el ebitda. El fondo, dirigido por el analista de mercados neoyorquino de origen chino Daniel Yu, culpó a la empresa y a Scranton Enterprises BV (holding de la familia fundadora, con sede en los Países Bajos y propietario del 8,4 % del capital de Grifols) de maquillar sus cuentas para reducir «artificialmente» su endeudamiento al incrementar el resultado operativo. A cierre de 2023, la deuda de

Grifols ascendía a 9.421,5 millones de euros. Según el fondo bajista, especializado en ganar dinero apostando a que un valor bursátil bajará, Grifols habría consolidado las sociedades BPC Plasma y Haema en los estados financieros de la matriz desde 2018, a pesar de que ese año la empresa había vendido ambas firmas a Scranton Enterprises por 490 millones de euros.

El fantasma de Gowex planeó sobre el mercado. La farmacéutica, que desarrolla medicamentos derivados del plasma y está controlada en un 30 % por la familia fundadora, se desplomó después del informe del *hedge fund*, pese a que la CNMV no suspendió la cotización. El organismo regulador alegó que en ningún momento había detectado situación alguna de información asimétrica. Pero nada menos que 2.200 millones de euros se evaporaron en una sola jornada, tras cerrar las acciones con una caída de casi el 26 %. La acción acabó la semana con un descenso del 45 %. Grifols, no obstante, logró retener la caída en bolsa al confirmarse la venta del 20 % de Shanghai Raas al grupo chino Haier por 1.600 millones de euros, lo que permitía un recorte significativo de la deuda. Shanghai Raas, en esa operación, pasaba a controlar el 45 % de los derechos económicos y el 40 % de los derechos políticos de Grifols Diagnostic Solutions, filial estadounidense.

Grifols no solo logró continuar con el acuerdo con Haier, sino que decidió contraatacar y poner una demanda en Nueva York contra Daniel Yu, al que califica de «delincuente» y «estafador», y hace un recorrido por su «sórdido historial delictivo» y «sus temporadas en la cárcel». Grifols, que solicitó un juicio con jurado, describió que el Batman de Wall Street, como es conocido (Gotham es la ciudad ficticia del superhéroe animado), había pasado varias temporadas en la cárcel, incluida una en la que había sido acusado de robo, usurpación de identidad y otros delitos financieros, y que fue demandado por supuestas prácticas ilegales y difamatorias, pero no compareció ante el tribunal y se declaró en rebeldía. Yu sería condenado a cuatro años y, según la demanda, «el tiempo en la cárcel hizo poco para disuadir a Yu de participar en actividades delictivas». En 2013, tras salir, comenzó a publicar informes relativos a supuestos fraudes y mala gestión de empresas cotizadas, utilizando a Gotham, que no aporta información sobre empleados, sede, ni contacto directo. Según Grifols, tampoco estaba claro si Gotham sigue siendo una entidad legal, ya que el estado de Delaware canceló el registro de Gotham LLC en 2021 después de que no nombrara a un agente registrado.

El informe de Gotham reviró el camino de Grifols. La deuda se refinanció con nuevas emisiones de bonos hasta tres veces; se abordaron ventas de activos; cambió el modelo de gobernanza con la separación de la propiedad (salida de los hermanos Víctor y Raimon Grifols de cargos ejecutivos para pasar a ser consejero y vicepresidente, respectivamente) y la gestión, que recayó en Ignacio Abia (exdirectivo de la fabricante de equipos médicos Olympus) como consejero delegado bajo la presidencia ejecutiva de Thomas Glanzmann; se contempló una opa de exclusión y la familia propietaria inició negociaciones para la entrada del fondo canadiense Brookfield que no gustaron a todos los consejeros, lo que obligó a modificar la composición del máximo órgano de administración. La opa fue rechazada en noviembre de 2024 por «infravalorar» la compañía al tiempo que la Audiencia Nacional anunciaba una investigación a Gotham City por dar información sesgada y engañosa sobre Grifols e incitar a la venta de acciones. Cuando se anunció, la cotización de Grifols se volvió a hundir y ni siquiera una nueva emisión de bonos logró mantenerla.

A principios de 2025 la empresa seguía en el laberinto. Casi un año después de la presentación de la demanda por Grifols en Nueva York, las espadas permanecían en alto. En julio de 2024, los equipos jurídicos de la firma catalana y del fondo estadounidense habían pactado un calendario. En enero de 2025, los representantes de Gotham presentaron una petición de archivo a la que los de Grifols replicaron inmediatamente con la solicitud contraria. La incertidumbre, tras esfumarse la posibilidad de la opa de Brookfield con el respaldo de la familia fundadora, condujo a la necesidad de que el nuevo equipo gestor planteara un plan estratégico que llevaría a duplicar la facturación en diez años y volver a dar dividendos, lo que devolvió el aliento bursátil a la empresa. El objetivo era recuperar un accionariado más estable después de que el capital de la firma catalana se plagara de fondos buitre y oportunistas (*hedge funds*) y despejar la posibilidad de nuevas opas.

13

Banco Popular
Ángel Ron Güimil

El 7 de junio de 2017, el Banco Popular fue adquirido por el Banco Santander por el precio de un euro en medio de una gran tormenta mediática tras la decisión del Mecanismo Único de Resolución (MUR) de entidades bancarias de considerarlo inviable. Fue el primer banco intervenido desde que el mecanismo se puso en marcha en 2014. La compra se produjo después de que la entidad, cuyas cuentas estaban muy afectadas por los activos inmobiliarios, perdiera en bolsa prácticamente todo su valor en muy pocos días y «sufriera un deterioro significativo en su posición de liquidez». Los accionistas del Popular perdieron el 100 % de lo que habían invertido, tras la amortización y puesta a cero de todos los títulos. El hecho trajo consigo numerosas reclamaciones mientras el Santander tomaba las riendas y colocaba a su gente en la nueva sede que Ángel Ron había mandado construir cuando era presidente del Popular y nunca llegó a inaugurar. Fue, por otra parte, la primera gran operación institucional de Ana Patricia Botín, que presidía el banco cántabro desde el fallecimiento de su padre, Emilio Botín Sanz de Sautuola y García de los Ríos, en septiembre de 2014.

La resolución y venta del Banco Popular pasó como un éxito de las autoridades europeas, pues había resuelto de modo fulminante una situación de liquidez irresistible. Pero, según algunos observadores, habría podido evitarse. El mercado no llegó a entender la pasividad de supervisores y auditores, cuya actuación preventiva había dejado mucho que desear y permitido la creciente descapitalización en los años anteriores, oculta por una liquidez que habría de faltar hasta hacerse inabordable. Tampoco entendió el mercado la convocatoria relámpago de la subasta. Como siempre, división de opiniones.

La intervención y posterior venta del Popular, en todo caso, fue un drama histórico que ponía fin a un banco ya casi nonagenario (fundado en 1926), que durante muchos años había gozado del título de ser el más rentable de Europa y de los más eficientes del mundo. Había crecido bajo el mandato del carismático Luis Valls-Taberner Arnó, la persona que llevó la línea ejecutiva de la entidad desde finales de los años cincuenta hasta entrado ya el siglo XXI. Casi cincuenta años de una gestión prudente que se fueron por el sumidero debido a la excesiva y arriesgada exposición al negocio inmobiliario a la que se precipitó su sustituto, Ángel Ron. Ron se topó con la gran crisis de 2008, a la que respondió con una huida hacia delante que ahondó los problemas hasta entrar en el periscopio de las autoridades bancarias europeas. La entidad tuvo el dudoso honor de ser el primer banco intervenido por el Mecanismo Único de Resolución (MUR).

La decisión originó un rosario de reclamaciones de inversores y accionistas minoritarios. La Audiencia Nacional admitió una de la OCU, la Organización de Consumidores y Usuarios, al igual que hizo el Tribunal de Justicia de la Unión Europea. La Junta de Resolución acordó que no se compensaría a los accionistas y acreedores porque habrían sufrido mayores pérdidas de haber seguido el procedimiento de insolvencia. A su vez, los jueces de la Audiencia Nacional Fernando Andreu y José Luis Carasa, tras petición de la Fiscalía Anticorrupción, admitieron las querellas contra la propia entidad, sus dos últimos presidentes (Ángel Ron y Emilio Saracho) y el consejo de administración por las ampliaciones de capital realizadas en 2012 y 2016. Se les acusó de los delitos de falsedad, administración desleal y apropiación indebida. También admitieron una querella contra la auditoría PwC, que había dado validez a las cuentas de la entidad.

El Banco Popular nació en 1926 por iniciativa del ingeniero de minas manchego Emilio González-Llana Fagoaga, miembro del Partido Conservador fundado por Cánovas del Castillo. Lo bautizó con el nombre de Banco Popular de los Previsores del Porvenir con un capital inicial de diez millones de pesetas. Su objetivo era «proporcionar a cuantos utilicen sus servicios las mayores facilidades en toda clase de asuntos económicos y bancarios, realizando todas las operaciones que, como peculiares de las compañías de crédito, se determinan en el Código de Comercio vigente». El 15 de junio de ese año, se había ofrecido la posibilidad de suscribir acciones de fundador del banco después de que lo hubiesen hecho el rey Alfonso XIII y familia. Precisamente, fue el monarca el que presidió la inauguración de la primera sede social el 14 de octubre, con presencia de miembros del Gobierno encabezado por Primo de Rivera y una gran fiesta en Madrid.

El banco transitó durante los difíciles años de la dictadura del general, la República y la Guerra Civil española dando muestras de su capacidad de adaptación al Gobierno de cada momento. En los primeros años cuarenta, se expandió por Cataluña. Trató de adquirir la Banca Arnús, que también pretendía la Banca March, pero a ambos se la arrebató el Banco Central de Ignacio Villalonga, posiblemente con más influencia en el Gobierno de Franco. Tras esta intentona, y ya en 1944, el industrial Félix Millet i Maristany (su hijo, del mismo nombre, sería condenado en 2018 por saquear el Palau de la Música Catalana, institución que presidió durante décadas) dio un golpe de mano (y de talonario) y se hizo con el control del Popular. Millet, un hombre de profundas convicciones religiosas, colocó como primer ejecutivo a Juan Manuel Fanjul Sedeño, vinculado al Opus Dei, lo que supuso que los miembros de la Obra fundada por Escrivá de Balaguer empezaran a tomar posiciones de poder en el banco.

Fue en 1947 cuando el banco adoptó la denominación de Banco Popular Español. Bajo la égida de Fanjul y Millet, y la temprana influencia del Opus, el banco fue extendiendo su red. Pero, frente al grupo catalán, se erigió otro de accionistas valencianos liderado por un directivo llamado Juan Castellano, que plantó cara a Millet y consiguió que le nombraran vicepresidente. Se produjo un periodo de enfrentamiento en el que se especuló con una alianza con el Central.

Hasta que Millet logró imponer «una revolución interna» en la que participó un hijo de una prima carnal suya llamado Luis Valls-Taberner Arnó, licenciado en Derecho por la Universidad de Barcelona, nacido el mismo año que el banco y miembro del Opus Dei desde los diecinueve años. El joven talento, que ya ejercía como profesor ayudante de Hacienda Pública en la Universidad Complutense de Madrid, donde entablaría buenas relaciones con personajes como Enrique Fuentes Quintana, tenía un proyecto muy ambicioso en la cabeza. Creó una sociedad de cartera con capital captado entre la alta burguesía catalana y miembros del Opus. La sociedad comenzó a comprar acciones del Popular, como le había recomendado el banquero José María Ramón de Sampedro, que le había dicho que el banco era «*res nullius*» (tierra de nadie). Valls llegó a controlar el 32 % y, con la complicidad de Millet y Fanjul, tomó el poder en una junta muy agitada tras la que, en una solución salomónica muy de su estilo, provocó que dimitieran Millet y Castellano.

Había que nombrar una nueva dupla y el grupo predominante tiró de cantera. Para la presidencia eligió a Fernando Camacho Baños, un veterano letrado manchego y político de inspiración cristiana. Como consejero delegado llegó Mariano Navarro Rubio, un hombre muy bien visto por el régimen que, sin embargo, pasó pronto a ocupar cargos de responsabilidad en el Gobierno de España cuando Franco incorporó a representantes del Opus Dei. Valls, que contaba con treinta y un años, prefirió quedarse como vicepresidente, haciendo ya gala de su tendencia a actuar en la sombra encargándose de la dirección ejecutiva.

Una vez que ya tenía el control, disminuyó el 32 % que poseía la sociedad de cartera sustituyéndolo por una sindicatura pactada con muchos de los tenedores de las acciones. El pacto, que obligaba a informar previamente de las propuestas que debían ser elevadas a la junta por el consejo, se plasmó en un documento de escaso rigor jurídico, pero aseguró la estabilidad del banco y estuvo vigente hasta la resolución.

Desde entonces no se puede entender el Banco Popular sin Luis Valls, y viceversa. Su vida era el banco y el banco se movía a su ritmo. Desarrolló un estilo muy diferente a los habituales de la banca tradicional, introduciendo una organización flexible y primando la figura del cliente con especial atención a las pymes. Era un admirador confeso de John F. Kennedy y leía con avidez todo lo que caía en sus manos sobre el presidente de Estados Unidos, según cuenta Aristóbulo de Juan en el libro biográfico *De bancos, banqueros y supervisores* (2021). Valls estaba esperanzado, en aquellos primeros sesenta, en los cambios sociales y Kennedy era, junto al papa Juan XXIII, su principal referente, narra el que durante quince años fuera un estrecho colaborador de Valls y, para muchos, el delfín (en el banco le llegaron a llamar el Mesías, por considerarle el hijo de Dios, o sea, de Luis Valls).

En España, el régimen se acercaba a los veinticinco años y el Plan de Estabilización impulsado en 1959 por los llamados ministros tecnócratas, gente del Opus Dei que Franco había incorporado al Gobierno desde 1957 para hacer de contrapeso a los falangistas, había otorgado cierta apertura, sobre todo en materia económica. Aquellos dirigentes se encargaron de introducir medidas de modernización de la economía, algunas incluso de carácter socialdemócrata, amparados por las exigencias de los organismos internacionales. O se adaptaban ciertas actuaciones o el país se hundiría todavía más de lo que estaba.

A Valls, profesor universitario, no le faltaba vocación política, pero aplicó una de sus máximas («lo ideal para los empresarios es estar cerca de la política, pero no sentir la necesidad de intervenir en ella»). Por eso no estuvo en ese grupo de tecnócratas que diseñaron el desarrollo del país, aunque sí tuvo mucho que ver en sus nombramientos. Según le contó a De Juan, elaboró una lista de posibles ministros que hizo llegar a Franco a través de José Luis Arrese, el poderoso falangista, exministro y hombre de confianza del dictador. En esa lista estaban, entre otros, Alberto Ullastres, Mariano Navarro Rubio, Gual Villalbí y los *lópeces* (Laureano López Rodó, Gregorio López Bravo y José María López de Letona). Los tecnócratas incorporaron a economistas jóvenes que no eran del Opus ni necesariamente adeptos al régimen para participar en el renovador Plan de Estabilización de 1959. Entre ellos estaban Enrique Fuentes Quintana, Luis Ángel Rojo, Manuel Varela, Juan Velarde Fuertes y Ramón Tamames, bajo las órdenes de Joan Sardà i Dexeus, director de Estudios del Banco de España.

El plan permitió la apertura de la economía española al exterior: devaluó la peseta para impulsar las exportaciones, redujo la inflación y adoptó medidas para el crecimiento del PIB. En paralelo, a partir del plan, se pusieron en marcha los Planes de Desarrollo, que permitieron que el país experimentara un crecimiento esencial que dejaba atrás la autarquía. En materia bancaria, el ministro de Hacienda, Navarro Rubio, dictó en 1962 la Ley de Ordenación Bancaria que introdujo cambios trascendentales en la legislación sectorial, como la separación de funciones entre la banca comercial y la industrial e insuflar más actividad a las entidades financieras. Navarro Rubio luego sería gobernador del Banco de España y sería depurado por el régimen al implicarle en el caso Matesa, consistente en la venta fraudulenta de maquinaria textil que fue utilizado por el sector falangista para arremeter contra los tecnócratas.

Pero las innovaciones incorporadas por Navarro Rubio crearon un clima muy propicio para crecer que el joven banquero barcelonés aprovechó para colocar la entidad en órbita creciente y acercarla a la mesa de los grandes bancos. La cercanía a los tecnócratas y, en concreto, a Ullastres permitió al Popular ser el primer banco español que obtuvo permiso para comerciar con la Unión Soviética, anatema en aquellos tiempos de la dictadura. La amistad de Valls con el ministro de Comercio facilitó la exportación de naranjas y la importación de celulosa, lo que reportó pingües beneficios al banco, según se recoge en los anales de la entidad y relatan Manuel J. Peláez y Concepción Serrano Alcaide en *Historia del Banco Popular de los Previsores del Porvenir, luego Banco Popular Español (1926-2008)* (2008).

En el mercado interior, y al amparo de una de las citadas leyes liberalizadoras que permitía crear bancos industriales, el Popular fundó el Banco Europeo de Negocios (Eurobanco), que comenzó a operar en 1964. Pese a haber sido el fundador, Valls no era muy partidario de la banca industrial, pero formó un equipo muy profesional en Eurobanco que desarrolló varias inversiones en empresas y emitió bonos de caja para financiarlas. Para presidirlo llamó a su amigo José María Arana y, como contrapeso, encargó a Manuel Laffon la dirección general. El crecimiento del banco le llevó a competir internamente con la banca comercial y, en su desarrollo, apareció como gran entusiasta Rafael Termes, un economista también del Opus que tenía grandes deseos de dejar su impronta en la entidad y que, según relata De Juan en su libro, mantuvo una disputa con Valls hasta que este maniobró para que le hicieran presidente de la patronal bancaria.

Para eso tendrían que pasar muchos años. De momento había que adaptarse a la rigidez de la dictadura. Por otra parte, la fuerte personalidad de Valls hacía que el banco se viera como una entidad del Opus Dei, del que era numerario (los miembros del Opus se dividen en numerarios, que son aquellos que consagran su vida a la prelatura con los votos de pobreza, castidad y obediencia, además de vivir en una residencia con otros correligionarios; y supernumerarios, que pueden estar casados o solteros, pero sin celibato y son menos disponibles para otras funciones). Incluso llegó a considerarse que el banco se utilizaba como un «cajero automático» para financiarla, según relata Gareth Gore en *Opus* (2024), libro en el que el autor dedica varias páginas al Popular. El hecho de que el principal accionista fuera la sindicatura de inversores ligados a la Obra acrecentaba más la percepción, la cual el banco negaba machaconamente argumentando, entre otras cosas, que la mayor parte de los empleados y muchos directivos no tenían nada que ver con el Opus. Pero esa dependencia se aumentaba porque el presidente, Fernando Camacho; el secretario general, Fernando Camacho hijo; el secretario general técnico, Vicente Picó, y Rafael Termes también pertenecían a la organización religiosa fundada por san Josemaría Escrivá de Balaguer.

A Valls esa vinculación le preocupaba sobremanera porque, aunque esto podía aportar ventajas al banco por la atracción del universo religioso, estaba convencido de que suponía más inconvenientes. «Así las cosas, le hablaba con frecuencia a Valls de la conveniencia de diluir la imagen religiosa del banco, para que prevaleciera la de una empresa con rigurosos criterios profesionales, regida por alguien que, además de ser miembro del Opus Dei, tenía un origen familiar empresarial y público y una variedad de facetas en nada relacionadas con aquella institución», cuenta Aristóbulo de Juan.

Ante esta evidencia, comenzó una *desopusización* del banco con algunas decisiones de distinto alcance. En ese contexto se puede encuadrar la llegada de sus hermanos. El mayor, Félix, ya era consejero, pero en 1963 ingresaron Javier y Pedro. Los cuatro hermanos acabaron en el consejo de administración y todos, menos Félix, con dedicación exclusiva. Ninguno era precisamente religioso, excepto Luis. Javier, al que haría adjunto a la presidencia y luego copresidente, con frecuencia bromeaba sobre esa condición («yo no soy del Opus Dei, soy del Opus Night»), haciendo referencia clara a unas costumbres muy distintas a las de su hermano Luis, cuatro años mayor que él, que vivía en una residencia de la obra en Mirasierra, al norte de Madrid, con varios compañeros correligionarios y se recogía pronto a sus aposentos.

Llegó el momento en que su hombre de confianza más cercano, Picó, decidió dejar el banco para dedicarse a la docencia, y Camacho hijo se retiró por problemas de salud. Así que Valls tuvo que buscar a otra persona en quien apoyarse y que le valiera en todos los frentes (elaboración de informes, proyectos y discursos, diseño de estrategias, asistencia a almuerzos o reuniones relevantes). Lo encontró en Aristóbulo de Juan, un joven de treinta y cuatro años (no mucho más joven que él) para quien creó *ad hoc* el cargo de adjunto a la Presidencia para Política Económica, un puesto de interpretación fluida. De Juan se incorporó a la antigua sede de la madrileña calle de Cedaceros, en un despacho adjunto al del vicepresidente, que enseguida le apodó como Mac Bundy, en referencia a uno de los principales ayudantes de Kennedy a quien la revista *Time* había categorizado como «hombre del año» de 1964.

De Juan, con experiencia y dominio de idiomas, fue el nuevo *the right hand man* de Valls. En el citado libro *De bancos, banqueros y supervisores*, hace una disección muy pormenorizada de aquel personaje atípico en el mundo bancario. En los quince años que estuvo en el Popular antes de pasar al Banco de España, tuvo «una creciente sintonía» con Valls, que contaba con él para casi todo, incluida su participación en la sociedad Fomento de Actividades Económicas y Sociales (Faces), el club de debate que Valls había creado y en el que se reunían personas de distintas tendencias dentro de lo que permitía la época. La cercanía a Valls hizo que, en el entorno del banco y del sector, De Juan fuese considerado como miembro del Opus, algo que ha perdurado en el tiempo del consultor ahora nonagenario. Lo soportó en silencio suponiendo que era irrelevante hasta que, tras una imputación que consideró aparatosa en la revista *Tiempo* en 1986, publicó un desmentido rotundo ante el cual el entonces gobernador del Banco de España, Mariano Rubio, le dijo: «Lo podías haber dicho antes, con los disgustos que nos has hecho pasar».

Faces le sirvió a Valls como vehículo para satisfacer las aficiones distintas a la banca basadas en sus ideas avanzadas y tolerantes. En el banco había creado *Diario de Diarios* y *Revista de Revistas*, una especie de resúmenes de noticias, pero a través de Faces se adentró en aventuras mediáticas, quizá «es posible que considerara el control de un periódico como un arma defensiva ante los ataques de los medios o del sistema», cuenta De Juan. Fue Valls, por medio del banco y de sus empresas, el que aportó los fondos con los que pudo adquirir el *Madrid, diario de la noche*, que era propiedad de Juan Pujol. Valls se sentía a gusto con el periódico, lo único que le preocupaba era no perder dinero, que al fin y al cabo pertenecía a los depositantes del banco.

Como mandamás del «instrumento» (en palabras de Aristóbulo), no le tembló el pulso cuando tuvo que destituir al presidente del diario, José Ignacio Escobar, marqués de Valdeiglesias, y al director, Luis González de Linares, después de que apenas dieran cobertura a la victoria demócrata en Estados Unidos en las elecciones de 1964. Le pareció una falta de objetividad intolerable para un medio serio que escondieran la noticia en una página par y no la llevaran a la primera. Fue la excusa para colocar como presidente a Luis Calvo Serer y director a Antonio Fontán, ambos destacados miembros del Opus, que reunieron un equipo muy competente con jóvenes valores del periodismo. El *Madrid*, después de peleas internas en el accionariado en las que Valls, ya distanciado de Calvo Serer, tuvo que superar los intentos de los falangistas de controlar el rotativo, con Salvador Serrat de ariete. La sede donde se ubicaba sería dinamitada (en el sentido exacto de la palabra) en 1971 para construir apartamentos. Una placa recuerda su existencia en el edificio levantado en la calle General Pardiñas esquina Maldonado, en el barrio de Salamanca de Madrid.

Valls mandaba mucho, pero seguía siendo vicepresidente. Por encima tenía a Fernando Camacho, un hombre que dejaba hacer y al que no le gustaba meterse en harina, y un consejo de administración en el que alguno de sus miembros le miraban con recelo. Por eso, la fuga de Gregorio Ortega Pardo, presidente del Banco Portugués de Agricultura (englobado en el Popular) y muy cercano a Valls, fue aprovechada para cercarle. Ortega se había llevado la caja para financiar la guerrilla en Venezuela, según trascendió. El dinero fue recuperado y Ortega detenido en Argentina, pero el hecho desencadenó el nombramiento de Rafael Termes como consejero delegado del banco. Desde luego era un contrapeso, ya que pasaba a ser el primer ejecutivo, y Valls era vicepresidente. Se aventuraba una pelea de gallos y las tensiones se mantuvieron durante años. Hasta que Valls, que era mucho Valls, ganara la partida.

El episodio de la filial portuguesa había provocado en Valls una grave crisis de confianza que tuvo consecuencias en la estructura del banco. Valls ideó entonces la Sociedad General Fiduciaria (Sogefi), una instancia superior controlada por él por la que debían pasar todas las decisiones estratégicas de grupo obligatoriamente. Aunque el proyecto fracasó con la oposición rotunda de Termes, la fuerte personalidad de Valls hizo que, de hecho, funcionara.

Entre los dos, como bisagra, seguía Aristóbulo de Juan, que había ascendido a secretario general de la comisión delegada, pero cuya relación con Termes tampoco era precisamente fluida. No obstante, al parecer se llevaron bien e hicieron cosas juntos para seguir la expansión de la entidad. Los dos, en comandita, elaboraron la primera Memoria del banco en 1969, que, «comparada con las actuales parecía como propia de la edad de piedra, tanto en su contenido como en su presentación», pero que ganó el primer concurso de memorias de sociedades cotizadas organizado por la Cámara de Comercio de Barcelona.

En medio de las disputas internas («todo esto es muy triste, porque los tres años en que formamos tándem consejero delegado-secretario general fueron los mejores del banco», le dijo Termes a Aris, como le llamaba), la cúpula del banco se refugió en el hotel Felipe II de El Escorial (establecimiento que se había levantado en los primeros años de la posguerra, en pleno florecimiento de la localidad, para la burguesía madrileña y que había acabado en poder del Popular por un impago) para discutir si el objetivo debía ser la rentabilidad o el crecimiento y, también, el papel de Aristóbulo de Juan. Valls no pudo acudir por otros compromisos en Madrid. No quedaron zanjadas las diferencias y todos volvieron a la capital casi como habían ido. O, incluso, peor, porque se produjo una situación en la que el mando estaba muy disperso.

Ocurrió entonces que, en 1972, falleció Fernando Camacho, el hombre que había hecho de presidente silencioso, que había dejado hacer a sus ejecutivos, aunque se pegaran entre sí. Tocaba nombrar sustituto. Luis Valls quería seguir de vicepresidente y convertir a su hermano Javier en presidente. Termes se opuso y Juan Manuel Fanjul, que quería serlo, también. Al final, ante la presión de la mayoría, incluido Termes, a Valls no le quedó más remedio que aceptar. Mantuvo a Fanjul como candidato a vicepresidente, pero acabó siéndolo Javier, que pasados unos años sería copresidente. Luis le consideraba de mentalidad afín y le usaba como frontón de ideas, pero resultaba negativo. Solía emplear la pregunta «¿qué ventaja tiene?» como argumento opositor. Así cayeron algunas propuestas, incluidos posibles planes de fusión, quizá porque hubieran podido afectar a su posición.

Hacia 1974, la agresiva política de crecimiento protagonizada por Termes había desequilibrado el balance del banco, que pasó a sufrir fuertes tensiones de liquidez. Con dinero interbancario a un día, prestaba a muy largo plazo. Con la batalla perdida, Valls confió en De Juan la dirección general y la formación de un equipo joven y con ganas, sin contaminar de las peleas pretéritas, que podía llevar a cabo las actuaciones urgentes (el exceso de liquidez en los mercados y la crisis del petróleo) y a largo plazo (reestructuración de la red). El resultado fue exitoso y el banco recuperó el equilibrio que había perdido.

El Popular había ido creciendo y se había hecho con una red de filiales por todo el territorio a golpe de talonario. Creó una organización con los bancos de Jerez (luego Andalucía), Castilla, País Vasco (luego Banco de Vasconia), Vigo (una vez fusionado con el

Banco Soto, dio lugar al Banco de Galicia) y el Banco de Crédito Balear. En el exterior, había adquirido el citado Banco de Agricultura en Portugal y el Banque des Intérêts Français en Francia. Las cinco entidades regionales españolas pasaron a ser llamadas «los bancos concertados» para evitar la palabra «filiales», pero no dejaban de ser una parte del Popular. Ante la posibilidad de nacionalización de la banca, de la que había rumores constantes, y con la ayuda de Albino Menéndez Marqués, ideó la segregación jurídica de las cinco filiales y la creación de sociedades de cartera que se llamarían Popularinsa A, B, C, D y E (luego muy *populares* en el mercado), que tendrían su propio consejo y accionariado. Cada una tenía el 20 % de las otras, que dejarían de ser filiales del Popular, por lo que no consolidaban sus cuentas.

En paralelo, se constituyeron también varias sociedades financieras en las áreas de leasing y *factoring* (y otras *ing*) introducidas del mundo anglosajón y de las que Termes tenía la paternidad. En esos momentos las relaciones entre los dos gallos estaban en máxima tensión porque Termes quería abarcar cada vez más y Valls simplemente reflexionaba («el hombre es limitado en su capacidad, incluso física»).

En aquella época se cambió de sede, que tardó más de un lustro en que se pudiera estrenar por litigios vecinales. Se pasó del edificio de Cedaceros, que estaba inmerso en el entonces distrito financiero de la capital del eje Alcalá-Cibeles, al edificio Beatriz, en el barrio de Salamanca y bautizado así por Valls como homenaje a Beatriz Galindo, la Latina, que había morado allí cuando la manzana la ocupaba un convento de monjas y ella ejercía de instructora de Isabel la Católica. Allí, en aquel inmueble, cuya construcción había encargado a capricho al arquitecto Eleuterio Población, el banquero montó su fortaleza, en la que no quiso poner ninguna identificación del banco y llenó la planta baja de tiendas ajenas al negocio bancario.

No todo eran flores para el financiero, que pasaba por ser un hombre educado, ecuánime y sin enemigos. «Usted es la segunda persona más odiada del banco», le espetó el representante de los directores de sucursales de Madrid a Valls en un encuentro que este había provocado para sondear el clima interno. «¿Quién es el primero?», le preguntó Valls. «Raimundo Castro», le desveló el otro. Castro era el secretario general de Personal y no era nada querido por los trabajadores. La tajante afirmación hizo pensar mucho a Valls, que empezó a notar «cosas muy extrañas» a su alrededor.

Sus sensaciones se confirmaron cuando, en la junta general de accionistas, que quería despachar sin dar más información que la de la Memoria, le exigieron explicaciones y que hablase Termes. Este no lo tenía previsto, pero tuvo que improvisar un discurso que calmó los ánimos. Sin embargo, los episodios del descontento del personal, la protesta de los accionistas y la presión que recibía de parte del consejo sobre el crecimiento del banco «conformaron una carga explosiva en su cabeza [la de Valls] y prendieron la mecha. Llegó a pensar en un posible golpe de mano», cuenta Aristóbulo de Juan.

Así que Valls, tras unos días de reposo en Mallorca, decidió dar el golpe de mano, en el que contó con el asesoramiento de Antonio Navalón, y organizó su *revolución cultural*. «Hoy se traza una raya en la vida del banco; el que quiera seguirme que dé un paso adelante y se coloque a mi lado», pronunció como émulo de Pizarro en la conquista del Perú. Eso significaba que habría cambios en el banco y remodelaba las funciones de la cúpula. Por ejemplo, a Aristóbulo de Juan le restó poder («las riadas se llevan a los malos, pero también pueden afectar a los buenos», le justificó). Asimismo, para tranquilizar a Castro, ideó los jurados de ética profesional, con los que permitía a los empleados recurrir ante sus propios compañeros por los cambios. Pero corría ya 1977 y existían los sindicatos (o, mejor dicho, ya estaban legalizados), y Comisiones Obreras, que dominaba en el comité de empresa, rechazó el proyecto por considerar que era un intento de hacer un sindicato vertical (o de empresa). En su lugar, creó más tarde una asociación de directivos cuyo presidente entraría en el consejo de administración. Cada cinco apoderados eligieron un compromisario y estos hicieron presidente a Aristóbulo por abrumadora mayoría.

Ese año estaban convocadas las primeras elecciones democráticas y los partidos acudieron a los bancos para financiar sus campañas. Muchos de ellos pusieron la raya roja en el PSOE, que quedó incluido, pero dejaron fuera al PCE y todos los que estaban a la izquierda de los socialistas. Ahí, Valls dio el toque de distinción. A contracorriente, financiaría al Partido Comunista, que había sido legalizado dos meses antes, aquel famoso Sábado Santo Rojo. Ordenó que se tratara al PCE como a todos, según las perspectivas de escaños que les daban las encuestas. Las cuentas de los partidos se sustentaban (y sustentan) en gran parte con los ingresos que reciben por el número de diputados que obtienen y Valls parecía seguro de que la formación que lideraba Santiago Carrillo sacaría una cantidad razonable. El PCE, cuya negociación llevó Ramón Tamames con Aristóbulo de Juan por parte de la entidad, siempre estaría agradecido al «banco del Opus Dei». El partido pagó religiosamente el crédito y la relación con el Popular siempre fue fluida. Valls, por su parte, procuró mantener contactos con los dirigentes comunistas y de otros partidos de la izquierda a los que invitaba al ático donde se encontraba su reino. En el rincón en el que le gustaba recibir, que no era su despacho, destacaba una foto dedicada y enmarcada de Antonio Gutiérrez Vergara, cuando este era secretario general de Comisiones Obreras, que permaneció en una repisa hasta incluso después de su retirada.

Ya con un Parlamento democrático, el sector bancario se enfrentó a una digestión difícil. La crisis del petróleo y el impacto en las cuentas de los bancos se dejó notar y sacaron a la luz muchas deficiencias. Cerca de cincuenta entidades fueron intervenidas y algunas tuvieron que ser rescatadas por los grandes bancos, entre los que ya se había situado el Popular.

En esas circunstancias, el sector se vio obligado a responder en conjunto. Existía el Consejo Superior Bancario, un órgano oficial creado en 1921 dependiente del Gobierno, pero su eficacia era nula. Ante eso, y con el impulso del entonces subgobernador del Banco de España, Mariano Rubio, el sector decidió crear la Asociación Española de Banca (AEB), que pronto se integró en la Confederación Española de Organizaciones Empresariales (CEOE). Para Valls la creación de la patronal bancaria suponía la oportunidad de quitarse a Termes de al lado. Lo propuso a sus colegas como presidente ofreciendo elogios por todos los rincones. Con la anuencia del Banco de España, los demás bancos lo aceptaron sin pestañear, conocedores del prestigio del candidato y sin necesidad de tener que proponer a alguien de su plantilla. Termes, que estaría en el cargo casi catorce años (1977-1990), no puso inconvenientes. Tenía que dejar el cargo de consejero delegado, pero seguiría como consejero, con despacho y dos secretarias en el Popular.

Cinco meses después de Termes, saldría también del Popular Aristóbulo de Juan, que aceptó con gusto fichar por el Banco de España para dirigir el tratamiento de la grave crisis bancaria que acababa de aflorar primero como responsable de la Corporación Bancaria y después como secretario general del Fondo de Garantía de Depósitos (FGD), figura que se crearía en 1980 para asegurar precisamente los fondos de los particulares y comprar activos malos. De Juan pasaría luego a la Dirección General de Inspección del banco emisor.

Entre los bancos con serias dificultades estaban muchos de los del grupo Rumasa, que controlaba una veintena de entidades con el Banco Atlántico como mascarón de proa. El conglomerado, que contaba también con varios centenares de empresas en distintos sectores, presentaba muchos problemas de solvencia y demasiados riesgos, lo que unido a la permanente obstrucción a la Inspección del Banco de España y la falta de auditorías llevó a que el Gobierno socialista lo expropiara el 23 de febrero de 1983. El presidente de Rumasa, José María Ruiz-Mateos, supernumerario del Opus Dei, pidió ayuda a Valls, quien le recomendó la mente asesora de Antonio Navalón, pero respaldó la actuación del gabinete de Felipe González. Eso le supuso tener que aguantar varias bravuconadas del empresario gaditano, quien le acusó de haberse puesto de perfil e incluso de haber instigado la operación.

Para entonces, el Popular ya formaba parte del club de los siete grandes bancos, que desde los últimos años del régimen se reunían una vez al mes en una comida que se celebraba en casa del primero de ellos por tamaño de pasivo (el banco que más recursos ajenos manejaba, que era la referencia de calidad), que durante muchos años fue Banesto y, en los últimos, el Central. La comida se realizaba en la planta duodécima de la sede de la Castellana de Banesto, que había dejado la de la calle Alcalá para actos especiales, y la servía el vecino restaurante Jockey. Luego, desde 1983, fue el Central el que recibía en su sede de la esquina entre Barquillo y Alcalá (hoy sede del Instituto Cervantes).

Eran «las comidas de los siete», una especie de cartel que en estos tiempos habría estado prohibidísimo por las autoridades de la competencia, pero que entonces contaba con el amparo del Banco de España. Allí se hablaba de la situación económica y política y se pactaban actuaciones en materia comercial y laboral. Las comidas seguían un protocolo rutinario. Iban llegando al banco anfitrión y esperaban de pie y con una copa en la mano a que apareciera el dueño de casa. Después pasaban al comedor contiguo, en el que cada uno tenía su sitio asignado y, tras las palabras introductorias de rigor, analizaban la situación sectorial en los temas que les eran comunes y en los que debían actuar. Por eso, era habitual que estuviera también Rafael Termes como presidente de la patronal.

Valls había logrado sentarse en la mesa y que le escucharan los grandes popes del sector de entonces: José María Aguirre Gonzalo (Banesto), Alfonso Escámez (Central), Luis Usera (Hispano), Ángel Galíndez (Vizcaya), José Ángel Sánchez Asiaín (Bilbao) y Emilio Botín Sanz de Sautuola López (Santander). Pero Valls no fue el último en incorporarse. En los últimos años también lo hizo el Banco Exterior, que había alcanzado una dimensión suficiente para que los siete pasaran a ser ocho. Su presidencia la ocupaba Miguel Boyer desde poco después de dejar la cartera de Economía.

Fue Boyer el que propuso en una de esas comidas un comunicado a favor del sí a permanecer en la OTAN en el referéndum que habría de celebrarse el 12 de marzo de 1986, tal como había propuesto el Gobierno. El PSOE se había opuesto a la entrada («OTAN, de entrada no») cuando lo decidió el Gobierno de Calvo-Sotelo en 1982 y había cambiado de parecer en sus años en el poder. Los banqueros estuvieron de acuerdo. Ganó el sí con un resultado muy ajustado (casi el 57 % a favor de entrar en la organización).

Por aquella mesa ya habían pasado antes temas de calado durante la Transición, como la legalización del PCE y el intento de golpe de Estado del 23-F. Todos en público se manifestaron en la línea del Gobierno de turno. En el caso del PCE fueron Botín y Valls los más expresivos a favor de que se legalizara antes incluso de que se hiciera. El intento de golpe de Estado los pilló en distintos lugares, pero todos lo rechazaron y en conjunto se manifestaron a favor de la democracia cuando tuvieron oportunidad.

En alguna ocasión invitaban al gobernador del Banco de España, sobre todo a José Ramón Álvarez Rendueles o Mariano Rubio (hay fotos que lo atestiguan), con los que más convivieron mientras duraron los encuentros. Con Rubio, un hombre con carácter fuerte, las relaciones eran especiales, pero se había ganado el respeto por su actuación como subgobernador durante la crisis que atravesó la banca al salir del intervencionismo franquista y que se llevó a una cincuentena de entidades. Muchas de estas fueron absorbidas por los grandes bancos en una acción concertada con Rubio. Según cuentan Mercedes Cabrera y Fernando del Rey en *El poder de los empresarios*, «a finales de 1983, la crisis bancaria se cerraba, aunque quedaban muchos problemas pendientes. El resultado fue una mayor concentración: de los 134 bancos existentes, 65 formaban parte de los grupos liderados por los siete grandes y suponían el 73% de los activos totales».

Los datos aparecían en la memoria de actuación presentada por Rubio, a quien los banqueros reconocían la labor de limpieza que había hecho. Cabrera y Del Rey relatan que, en su toma de posesión como gobernador en 1984, pronunció una frase ante Felipe González y los ministros Miguel Boyer y Carlos Solchaga que quedó grabada para siempre en la memoria de los banqueros que asistían: «Felizmente, no habéis incurrido en el error de confundir el progresismo con la demagogia». Se estaba refiriendo a las críticas del vicepresidente, Alfonso Guerra, que no acudió al acto, y reafirmando ante los financieros que iba a actuar con rigor y no para la galería.

Las comidas empezaron a fenecer con la llegada de la siguiente generación de presidentes. La vieja guardia fue desapareciendo y los banqueros más jóvenes (Pedro Toledo en el Vizcaya, Emilio Botín hijo en el Santander, e, incluso, Mario Conde en Banesto) empezaban a fallar a algunas de ellas. Tenían, al parecer, cosas más importantes que hacer que aquella puesta en común. Además, no parecía muy grato que mientras degustaban una ensalada de perdiz estuvieran rumiando los ataques que se preparaban entre ellos con ofertas hostiles o supercuentas revolucionarias. Lo que llamaba la atención es que las autoridades de la competencia las hubieran permitido tanto tiempo.

Cuando Botín hijo comenzó a dominar el cotarro, las comidas desaparecieron. El signo de los tiempos, determinado por la entrada de España en la Unión Europea (todavía Comunidad Económica Europea) en 1986, obligaba a modernizarse y no todos estaban en condiciones de hacerlo. Los más grandes de los grandes (Banesto, Central e Hispano) llegaron a esos años muy debilitados y no pudieron aguantar la ofensiva del Santander, dispuesto a revolucionar el sistema con las cesiones de crédito, que tuvieron a Botín por la calle de la amargura durante un tiempo acusado de opacidad fiscal, supuesto que luego no prosperó. También rompió el mercado con las supercuentas, con las que duplicó el número de clientes.

El cartel se resquebrajó. Casi en paralelo, se había iniciado el baile de fusiones. El Informe Revell, encargado por el Banco de Vizcaya para estudiar las hipotéticas integraciones, planteaba la alianza del Popular con el Hispano Americano, del Central con el Vizcaya y Banesto con Santander, dejando al Bilbao en solitario. El presidente de este, José Ángel Sánchez Asiaín, que había tirado los tejos al Popular en un almuerzo con Valls, acabaría eligiendo Banesto, por el que lanzó una opa hostil, que el consejo de este banco, capitaneado por el recién llegado Mario Conde, rechazó. La oferta, pese a fallar, levantó la espita y todos se empezaron a mirar entre ellos.

Después vendrían las fusiones del Bilbao y el Vizcaya (BBV) y del Central e Hispano (BCH), esta propiciada por el Banco de España; la creación de Argentaria a partir del Banco Exterior y la banca oficial; la compra de Banesto por el Santander en subasta tras la intervención de aquel en diciembre de 1993, y, ya al final de siglo, las fusiones del Santander con el Central Hispano, dando lugar al BSCH, y del BBV con Argentaria, que deparó en BBVA.

El Popular, que era una pieza de caza mayor cada vez más codiciada, se mantuvo soltero. Valls, al que los periodistas y sus compañeros de mesa y mantel llamaban el Florentino (acertado sobrenombre con que le definió el periodista Fernando González Urbaneja en una entrevista en *El País*) por su porte de caballero del Renacimiento italiano y su estilo polifacético y sibilino, optó por refugiarse. Se quedó en la barrera, observando, aunque «sin perder la perspectiva y estar atento a cualquier señal del Gobierno», según señalaba a sus interlocutores. No le obsesionaba avanzar en la clasificación de los siete grandes, que cada vez eran menos. Se escudaba en decir que se había convertido en un banco moderno que, año tras año, era clasificado como la mejor entidad bancaria por la revista *Euromoney*, y la más rentable, según la agencia de calificación crediticia IBCA.

No obstante, sí tuvo oportunidades. El Hispano, como planteaba el informe de Jacques Revell y en el que el Banco de España había situado a Claudio Boada como presidente para arreglar las cuentas, fue el primero que se acercó a sus faldas recibiendo calabazas. También lo intentó Banca March a través de una fuerte toma de posiciones en las *popularinsas*. Para el March, un banco mediano muy saneado, el Popular era un complemento apreciado desde hacía tiempo. Al Banco de España la integración con Banca March le parecía bien, pero a Valls no. Le pareció una traición que le enemistó con la familia balear y con el propio gobernador. Tachó públicamente a los March de «tiburones» y les recompró el paquete de acciones a buen precio.

Pero lo que más atormentó a Valls fue el intento de Mario Conde de meterse en su casa sin avisar. Tras rechazar la opa del Bilbao, y antes de negociar con el Central la fusión que luego se frustró, el abogado del Estado gallego metido a banquero llegó a comprar el 4 % del Popular para apretar a Valls. Este logró recuperar el paquete de acciones y puso a Conde en la lista negra. Él fue uno de los que no acudió, junto a Escámez y Botín, a la investidura del presidente de Banesto como doctor *honoris causa* por la Universidad Complutense en Alcalá de Henares en febrero de 1993 (en diciembre de ese año, Banesto sería intervenido).

También le tanteó, pasados los años, Francisco González para un acuerdo con Argentaria antes de fusionarse con el BBV. FG, incluso, había concertado algunos extremos para un acuerdo con el consejero delegado del Popular de turno, Ricardo Lacasa, pero Valls lo rechazó.

No obstante, según cuenta Aristóbulo de Juan en su libro de memorias, sí mantuvo una negociación seria con el Central: «En 1988, mientras disfrutaba de mis vacaciones en Madrid de mi trabajo en el Banco Mundial, [Valls] me invitó a desayunar en el banco y me entregó una nota en la que se describían las grandes líneas de la fusión que estaba negociando el Popular con el Banco Central, de la cual me habló», escribe De Juan, que añade: «Entendí que me proponía ser el eje de la negociación... Pero sin concretar... Pensé que el proyecto estaba muy poco maduro y que mi posible función estaba poco definida». En 1988 ya se había lanzado la opa del Bilbao sobre Banesto y Conde ya cortejaba al Popular, por lo que la operación con el Central se podía contemplar como un arma defensiva.

Aquello no prosperó. A cambio de fusiones, el florentino banquero inició una política de alianzas con entidades extranjeras, como la aseguradora alemana Allianz (constituyeron las sociedades Europensiones, Eurovida y Euroconsulting, dedicadas a la gestión de fondos de pensiones, seguros de vida y asesoramiento en materia de planes de pensiones y sistemas alternativos de previsión) y los bancos Rabobank e Hipobank. En 1992 convirtió su filial francesa en una *joint venture* con el Banco Comercial Portugués bajo el nombre Banco Popular Comercial. A finales del siglo XX aterrizó en la banca electrónica con servicios de telefonía e internet, dando lugar al Bancopopular-e en 2000.

De los siete grandes, el Popular era el único que se quedaba solo, y, aunque a Valls no le preocupaba la clasificación, de un plumazo había pasado de ser séptimo a subir al podio como tercero: el Santander se había engullido a los tres más grandes (Banesto, Central e Hispano) y los vascos se habían juntado entre ellos y con la antigua banca pública en el BBVA. Valls siguió primando el negocio comercial y preservando su independencia. Mientras la resistencia de Javier Valls a las fusiones era radical, solo se permitió alguna excepción. En 2003, en su última operación como presidente, compró el Banco Nacional de Crédito en Portugal.

Esta decisión se ejecutó ya con Ángel Ron como presidente *in pectore*. Al año siguiente, Valls, que durante diecisiete años compartió la presidencia con su hermano Javier, renunció al cargo, quedando como presidente de la junta de accionistas. Él, que tanto había teorizado sobre la sucesión y criticado que sus colegas se eternizaran en el cargo, no preparó concienzudamente la suya. Dejó el puesto a Ángel Ron, pero compartiéndolo con Javier Valls. Un lío, porque ninguno dispuso de autoridad en un consejo en el que habían entrado nuevos accionistas que también querían mandar. Javier Valls, en ese pandemónium, llegó a defender la fusión con Rabobank. La rechazaron. A los dos años de copresidencia con Ron, se fue. «Valls había construido el mejor banco en 50 años y, en muy pocos, dejó que se destruyera», escribió González Urbaneja.

En realidad, no tuteló la sucesión. Ángel Ron Güimil (Santiago de Compostela, 1962), que había entrado en el Popular en 1984 en la dirección regional de Galicia recién licenciado en Derecho por la universidad de su ciudad y desde 2004 hasta 2017 fue presidente, había heredado el banco como el más rentable del mundo en varios ejercicios, pero no supo o no pudo controlar el crecimiento. Había desarrollado una carrera muy fructífera en el grupo pasando por varios cargos hasta que en 1998 ascendió a director general de la red comercial y, en 2002, a consejero delegado. Cuando sustituyó a Luis Valls en 2004 y, sobre todo, cuando en 2006 murió su valedor y Javier Valls renunció a la copresidencia que mantenía con él, comenzó a caminar solo. Se dejó llevar por el boom inmobiliario cuando la crisis todavía no había aflorado y, con un afán desmedido de crecimiento, se metió de lleno en el ladrillo con un crecimiento vertiginoso entre 2005 y 2007 en la concesión de créditos a promotores grandes y pequeños.

Paradójicamente, fue en 2007 cuando el Popular alcanzó su mayor cota bursátil con un valor cercano a 20.000 millones de euros. La euforia momentánea llevó a los veteranos del mercado a recordar el latiguillo que durante años corrió por el parquet, según el que, «si al Popular le va bien en bolsa, a la economía española le iría bien». Es verdad que la economía no iba mal y las cuentas del Popular no reflejaban la realidad. Quizá por eso decidió saltar por primera vez el charco y comprar el Totalbank en Florida (Estados Unidos).

Seguramente, poco podía imaginar Ron que estaba en los albores de una crisis devastadora y que su aventura inmobiliaria le iba a voltear. En octubre de 2007 explotó la burbuja inmobiliaria en Estados Unidos con la llamada crisis de las hipotecas *subprime*, que empaquetaban hipotecas basura con otras de mejor calidad en títulos que las entidades financieras asumieron como buenos. Se produjo un colapso de esos valores. El 15 de septiembre de 2008 alcanzó su máxima expresión con la quiebra de Lehman Brothers, una de las míticas marcas del mercado estadounidense con ramificaciones por gran parte del mundo capitalista.

El contagio fue inmediato. De Estados Unidos saltó a todo el mundo, provocando una falta de liquidez dramática que se trasladó a todas las economías y desencadenó la Gran Recesión, ya en forma de insolvencia sistémica era la mayor crisis desde la Gran Depresión de 1929. El impacto duró varios años y, en el caso del Popular, le dio en toda la línea de flotación. El pago de los numerosos préstamos que había concedido comenzó a fallar en cadena y el agua le llegó al cuello. La entidad entró en un declive que trató de superar con medidas que resultaron de medio pelo, como la venta de su filial francesa a Crédit Mutuel, con la que además acordó una alianza a largo plazo para prestar servicios conjuntos en un nuevo banco llamado Targobank.

Pero la descapitalización que había comenzado en 2006 y 2007 no fue transparente desde el principio porque los resultados no lo permitían. Un hecho clave en el hundimiento del Popular fue la compra del Banco Pastor, que culminó en 2012 y sobre el que el Popular lanzó una opa amistosa con el compromiso de dejar la marca en territorio gallego, donde la entidad fundada en 1779 estaba muy asentada. El Pastor era otro banco enfermo cuya compra agravaría la situación. A pesar de ello, la operación fue validada por el Banco de España y por los informes limpios de PwC, auditora del Popular durante tres décadas. Lo peor era que, al no provisionar las pérdidas, los activos improductivos permanecían enmascarados en el balance y provocaban nuevas pérdidas corrientes porque no producían ingresos, pero conllevaban gastos financieros por su propia financiación.

Aquello era una huida hacia delante que no solucionaba nada. El peso del ladrillo, lejos de aliviarse, fue en aumento por los créditos impagados obligando a efectuar grandes provisiones. La salida pasó por un aumento de capital por valor de 2.500 millones de euros en noviembre de 2012. La información del folleto no era fidedigna. Además, si la ampliación se destinaba a amortizar pérdidas, no suponía nuevo capital. Las pérdidas continuaban y no eran comunicadas al consejo ni identificadas por los supervisores.

Un año después adquirió el 24,9 % de la entidad mexicana BX+, controlada por la familia Del Valle, que a cambio entraría en el capital del Popular. Por otro lado, se desprendió de algunos activos considerados no imprescindibles, como el 51 % de Bancopopular-e, que vendió al fondo de inversión Värde Partners, o del negocio de depositaría y custodia de fondos y planes de inversión, adquirido por BNP Paribas.

Pero ni por esas. La estrategia falló. En mayo de 2016 volvió a recurrir al mercado para captar otros 2.500 millones de euros en una nueva ampliación de capital. La información era más deficiente que la del folleto anterior y parte de los suscriptores recibieron créditos del propio banco para financiar sus operaciones.

El goteo de medidas siguió: el Bancopopular-e pasó a denominarse WiZink, centrándose en el negocio de tarjetas y depósitos. El banco anunció un recorte de la plantilla de entre dos mil ochocientas y tres mil personas y el cierre de trescientas dos oficinas. Tampoco fue suficiente. Ni para arreglar la negativa deriva del negocio bancario ni para sostenerse en bolsa.

En pleno desplome bursátil, el consejo también se hundió en pleno. Las divisiones internas que sufría el máximo órgano de gestión llevaron a plantear, el 1 de diciembre de 2016, el cese de Ángel Ron, quien el 20 de febrero dimitió de forma oficial en junta general extraordinaria. Se fue con veinticuatro millones de pensión, aunque sin indemnización, que luego reclamaría sin éxito. En 2020, la CNMV le multó, junto a siete exconsejeros, por «omitir datos y presentar información engañosa» en los informes anuales de 2013, 2014 y 2015 sobre los sistemas de ahorro y pagos por dictamen de los consejeros ejecutivos. En 2023, el Tribunal Supremo ratificaría la multa, constatando que el banco había ocultado que dos de sus consejeros ejecutivos habían cobrado una pensión de 15,6 y 14,6 millones, respectivamente.

Aquella junta general extraordinaria nombró presidente a Emilio Saracho, entonces vicepresidente de J. P. Morgan en España y exdirectivo del Banco Santander, aunque en ese momento no mantenía ninguna relación. Saracho fue propuesto por la familia Del Valle, que se convirtió en el principal azote de Ron tras perder todo lo que había invertido. La familia mexicana, con el 4,2 % del Popular; el fondo BlackRock, con el 4,4 %; Crédit Mutuel, con el 4 %, y Allianz, con el 3,4 %, además de la sindicatura de accionistas ligados al Opus Dei, eran los otros accionistas de referencia.

El consejo había visto la última tabla de salvación en Saracho, que trató de enderezar la nave con sucesivas operaciones corporativas. Alcanzó un acuerdo de venta del Popular Servicios Financieros, la antigua división de consumo del Pastor, a Abanca; vendió a Crédit Mutuel el 49 % que tenía en Targobank, y encargó a los bancos de inversión J. P. Morgan y Lazard que hicieran un primer sondeo para saber si existía algún interés de compra.

Las medidas de Saracho, sin embargo, tuvieron poco efecto y las que aseguró que tenía pensadas no pudieron llevarse a cabo. Paradójicamente, al mismo tiempo que buscaba soluciones, mantenía la falta de transparencia del banco en todos los estados oficiales que ofrecía al Banco de España, a la CNMV y al mercado. A pesar de ello, apenas tres meses y medio después de su nombramiento, la entidad era la de menos valor en bolsa. Los más de trescientos mil accionistas, fieles a las *populares*, entraron en estado de prepánico. El valor siguió desangrándose hasta alcanzar un mínimo de 1.300 millones de euros frente a los 20.000 millones de diez años antes. La fuga de depósitos ya era incesante, lo que hacía inviable la continuidad. Hubo incluso retiradas masivas de entidades públicas, lo cual no dejó de levantar suspicacias.

Pese a esta coyuntura, el banco, en un hecho relevante comunicado a la CNMV, declaraba un capital regulatorio del 11 %, algo que contrasta de forma llamativa con las pérdidas de 12.200 millones de euros que el proceso de resolución daría por ciertos apenas un mes después.

¿Qué había ocurrido? Ante la salida de depósitos, las instancias supervisoras se pusieron manos a la obra desde 2014. El Banco Central Europeo declaró que era inviable y no era merecedor de apoyos de liquidez. Se inició el mecanismo de resolución por primera vez y se convocó una subasta a la que solo acudió el Banco Santander, que identificó un par de días después pérdidas ocultas por los 12.200 millones citados. Ofreció un euro condicionado a que las pérdidas fueran cubiertas previamente por los accionistas y obligacionistas. El 7 de junio se concretó la operación, después de que las autoridades dieran por válidas las cifras.

El Banco Santander completó la absorción del Popular el 28 de septiembre de 2018, fecha en la que este banco desapareció como entidad jurídica. La integración de toda la red se produciría en julio de 2019, lo que supuso el carpetazo definitivo de la marca Popular en el mercado bancario. El banco presidido por Ana Patricia Botín, que colocó al frente de la entidad a Rodrigo Echenique, había ido dando pasos para limpiar el camino de obstáculos. En principio, decidió compensar a los pequeños inversores que habían acudido a la ampliación de capital de 2016 con menos de 100.000 euros la posibilidad de recuperar el dinero en siete años. Para ello, emitió bonos de fidelización por valor de 980 millones.

Más tarde, en agosto de 2017, abordó la mayor operación inmobiliaria privada conocida en España con el acuerdo de venta al fondo Blackstone del 51 % de los activos inmobiliarios de Banco Popular por más de 5.000 millones de euros. El fondo estadounidense, accionista del Popular, asumía gestionar el patrimonio integrado en la nueva sociedad conjunta, de la que el Popular controlaría un 49 %. El valor contable bruto de los activos era de 30.000 millones de euros.

Posteriormente, absorbió, a través de su filial portuguesa, Santander Totta, negoció los activos del Popular en Portugal y vendió la filial en Estados Unidos (el TotalBank, de Florida) al chileno Banco de Crédito e Inversiones por 444 millones de euros. Asimismo, se deshizo del 49 % que el Popular mantenía en el WiZink, aunque recuperaría el negocio de tarjetas que había vendido a esta entidad en España y Portugal.

Una vez allanado el camino, los consejos de administración de los dos bancos aprobaron la fusión por absorción del Popular por el Santander, así como la absorción previa de Pastor y Popular Banca Privada por el Popular. Es decir, todo se integraba en el Santander, que tomaría «por sucesión universal» los derechos y obligaciones del

Popular, Pastor y Banca Privada. Noventa años después de su nacimiento el Banco Popular de los Previsores del Porvenir terminó en el seno del Santander, que había engullido a cuatro de los siete grandes (Banesto, Central, Hispano y Popular) en menos de tres décadas.

El banco cántabro llevaba tiempo ojo avizor sobre el devenir del Popular, cuya deriva era cada vez más preocupante para el Banco de España como consecuencia de la exposición al ladrillo. Sin embargo, quizá por respeto entre las dos históricas entidades, quizá por esperar a que llegara el momento oportuno, no se había decidido a lanzarse. Para la entidad presidida por Botín, la integración del Popular suponía un refuerzo muy significativo, sobre todo en el mercado interior y en el segmento de pymes, en el que copaba el 18 % del mercado. A 31 de diciembre de 2017, los activos del Popular eran de 113.137 millones de euros, siendo la sexta entidad financiera española por volumen de activos; contaba con 1.416 oficinas, 9.066 empleados y 4,6 millones de clientes.

Valls le había recetado a Ron que mantuviera la independencia y no se metiera en camisas de once varas. Quizá transgrediendo la proclama de Valls o llevado por otros convencimientos, el ejecutivo gallego decidió hacerlo y llevar a cabo operaciones arriesgadas, como la compra del TotalBank de Florida en 2007 o, cuatro años después, la citada del Banco Pastor. El transcurso del tiempo demostraría que fue una operación fallida que, más que sumar, restaba. Para entonces, el banco ya estaba metido de hoz y coz en el ladrillo, con un riesgo que a marzo de 2017 superaba los 36.000 millones y que fue la causa definitiva de su caída en picado.

Ron no pudo recuperar la vitalidad pese a las dos multimillonarias ampliaciones de capital (de 2.500 millones cada una) que abordó y haber acordado con la familia mexicana Del Valle desarrollar BX+ en aquel país y adquirir el negocio de tarjetas de Citibank en España. Luego ya vino su reemplazo por Emilio Saracho, cuyo mandato fue tan breve como confuso; el interés de compra por parte de varias entidades que (esta vez sí) sabían que el Popular no iba a resistir en solitario, y la decisión de urgencia del Santander mientras el banco se derretía en bolsa.

Con Ron y Saracho al frente había nacido el caso Popular por las presuntas irregularidades que condujeron al derrumbe de la entidad. Las dos ampliaciones de capital acabaron en la Audiencia Nacional y permanecían en proceso judicial a la hora de acabar este libro. La de 2012 la dirigía el juez Santiago Pedraz, que investigaba a Ron y su consejo, mientras que la de 2016 la seguía el juez José Luis Calama, cuyas pesquisas se centraban en la actuación de Ron, bajo cuya presidencia se realizó la ampliación, y de Saracho, desde su nombramiento hasta la resolución de las autoridades europeas el 7 de junio de 2017. Este proceso también incluía a los miembros del consejo de administración, los directivos y los auditores de PwC.

En su declaración en octubre de 2022 en el juicio sobre la ampliación de capital de 2012, Ron manifestó que los organismos supervisores y reguladores (es decir, el Banco de España y el Banco Central Europeo) la avalaron. Asimismo, subrayó que la entidad superó las pruebas de estrés a las que el organismo sometió al banco. En el escenario más favorable contaba con un exceso de capital de 677 millones y en el más desfavorable con un déficit de 3.200 millones, que habría podido asumir con sus recursos. Según Ron, el Popular diseñó un plan a instancias del Banco de España que contemplaba la ampliación de capital. El consejo, que representaba el 25 % del capital, suscribió quinientos millones, lo que a su juicio demostraba que nadie quería estafar. Ron también recalcó que no empleó fondos públicos.

El segundo proceso juzgaba a los dos expresidentes por delitos societarios en la ampliación de 2016 que hizo Ron y la gestión durante ciento ocho días de Saracho por un posible delito de manipulación del mercado con noticias falsas para hacer caer el valor. En sus declaraciones en octubre de 2019, Saracho y Ron se cruzaron acusaciones. El último presidente declaró que Ron había ocultado las circunstancias reales por las que atravesaba la entidad, que arrojaba más pérdidas de las declaradas, y que durante su etapa se habían inflado las tasaciones inmobiliarias. También manifestó que él nunca trató de hundir la cotización para vender la entidad por orden del consejo, que ya había perdido el 98 % de su valor con Ron. Se remitió, incluso, a un informe de la CNMV que decía que en su etapa no había habido ninguna oscilación significativa. Como colofón a sus acusaciones, subrayó que el banco no necesitaba un aumento de capital de 2.500 millones, sino de 8.000 millones, y que él ya tenía preparada otra de 5.000 millones para el 12 de junio de 2017 cuando se decidió intervenir el banco cinco días antes. Aseguró que, además, su plan pasaba por desprenderse de activos por valor de 4.000 millones.

Ron respondió que Saracho había sido el instrumento de una maniobra externa para quedarse con el banco a bajo precio por parte de la familia mexicana Del Valle, a la que él había incorporado al accionariado y al consejo del Popular tras el acuerdo con BX+. Ron dedicó buena parte de su relato a denunciar las maniobras de Antonio del Valle y la consejera Reyes Calderón para apartarle de la presidencia y tomar el control. En ese sentido, dijo que Del Valle contaba con 1.500 millones de euros preparados para el asalto y que él, desde la presidencia, le retó a presentar una opa mientras le acusaba de filtraciones a la prensa. A eso añadió que Saracho y ese grupo de consejeros no quisieron aplicar el plan de salvación que había diseñado y que a su juicio habría salvado al banco.

En junio de 2023, una vez finalizada la instrucción del caso de esa ampliación, Ron solicitó que le dejasen fuera de la causa, razonando que no se habían encontrado pruebas que acreditasen la comisión de delitos. En un extenso escrito de cuarenta páginas, subrayaba que la entidad cumplió «holgadamente» con las ratios de capital y liquidez y que las cuentas de 2015 reflejaban la imagen real del banco. Según su defensa, Ron solo participó en la ampliación, pero sin tener «competencia, conocimiento o intervención en el resto de las cuestiones que se investigan». El escrito recalcó que los peritos del Banco de España concluyeron que a 31 de diciembre de 2016 era una «entidad solvente, viable y estable» y que la venta fue consecuencia de «tres episodios de fuga de depósitos durante el segundo trimestre de 2017, siendo el que se origina el 31 de mayo de especial gravedad». Precisamente, entonces estaba ya Saracho, a quien Ron culpa de la caída. A su juicio, esta «no fue un problema de solvencia, sino de acontecimientos externos».

En enero de 2024, la Audiencia Nacional reabrió la investigación de la ampliación de capital de 2012 que el juez Pedraz había decretado. La Sección Segunda del tribunal consideró que Pedraz se había equivocado al archivar el caso sin esperar la ratificación de los inspectores del Banco de España que ejercieron de peritos judiciales y le ordenó que los citase para que las partes los pudieran interrogar. Los peritos habían presentado un informe en julio de 2023 que debían ratificar. «Una vez realizada esa ratificación judicial el juzgado se podrá pronunciar sobre las diligencias solicitadas por la parte recurrente o decidir la realización de nuevas diligencias de instrucción que resulten estrictamente necesarias», dice el auto.

Esa decisión se produjo tras el anuncio por parte del juez José Luis Calama de enviar el caso de la ampliación de 2016 a juicio oral. Es decir, decidió no archivar la causa y proponer a la Fiscalía Anticorrupción y a los afectados que presentasen escritos de acusación. Mientras Calama apuntaba posibles irregularidades contables en esta ampliación, Pedraz se sustentó en el informe pericial para el archivo de la de 2012. El juez destacó en su auto que esa ampliación se hizo en un contexto de «grave crisis económica mundial» y para «cumplir los objetivos requeridos a nivel estatal» conforme a la legislación vigente y sometida a controles pertinentes. Según los peritos, la ampliación de capital fue «beneficiosa» para los accionistas del Popular, restando importancia a que el banco dejó de reclasificar créditos dudosos, valorados en 4.796 millones, para 2023 «sin que podamos acreditar que el no incluir esas reclasificaciones en el ejercicio de 2012 se hizo con intención de engañar a los posibles compradores».

En este caso, Ron pidió el sobreseimiento parcial, alegando que el banco cumplía los requisitos de capital y liquidez cuando él lo dejó. La respuesta podría darse en el auto de transformación. En medio de todo estaba la duda de si se incluiría al Banco Santander, al que un auto de la Sala de lo Penal sentenció que no podía ser «heredero penal» de su filial.

En el caso se personaron cientos de inversores, algunos con cuantiosas pérdidas. Los bonistas, liderados por Pimco, y el empresario chileno Andrónico Luksic superaban los mil millones. Existía mucha expectación tras el precedente de Bankia, en el que la Audiencia y el Supremo no vieron delitos contables, y el de la ampliación de capital de 2012, que fue archivado y recurrido. Gareth Gore refiere en *Opus* que fue llamativo que la sindicatura de accionistas del Popular se retirara discretamente de las demandas y notificara su disolución «mientras los demás accionistas libraban una batalla pública para recuperar su dinero». Según sus investigaciones, la sindicatura «era mucho más de lo que parecía», con una serie de sociedades que colgaban de una principal, denominada Unión Europea de Inversores, y que compartían accionistas.

Todo apuntaba a que la Fiscalía acusaría por delitos contables y de estafa por la ampliación de 2016, y que adaptaría su escrito tras las lecciones aprendidas del caso Bankia. Junto con el escrito de Ron, también estaba pendiente de resolver el presentado por los auditores de PwC, que se aferraron a la denominada doctrina Pescanova, caso en el que BDO fue absuelto al no haber pruebas de que hubiera participado en ninguna irregularidad.

El 4 de marzo de 2024, el juez Calama despejó las dudas. Propuso juzgar a Ron y a otros doce exdirectivos por delitos de estafa a inversores y falsedad contable en relación con la citada ampliación de capital de 2016. El juez consideraba que los accionistas acudieron «engañados», ya que los estados financieros de ese año y del anterior «no reflejaban la imagen fiel del balance ni del patrimonio». También incluyó a la firma auditora PwC por no haber indicado ninguna salvedad. Asimismo, decidió sobreseer a Saracho, al entender que no tuvo ninguna intervención en las cuentas y que no se había podido constatar que fuera el responsable de las «graves filtraciones» que aceleraron la retirada de depósitos.

Además de Ron y PwC, el juez propuso juzgar al exvicepresidente Roberto Higuera y al ex consejero delegado Francisco Gómez; a los exdirectivos Javier Moreno, José María Sagardoy, Jesús Arellano, Antonio Pujol, José Ramón Alonso, Francisco Juan Sancha y Tomás Pereira; así como a los socios auditores Pedro Barrio y José María Sanz Olmeda. El instructor también analizó la posible responsabilidad civil subsidiaria del Banco Santander, como sucesora del negocio del Popular. Tras la sentencia del Tribunal de Justicia de la Unión Europea, que rechazó que se pudiera demandar por las pérdidas ocasionadas por los anteriores gestores, la entidad solicitó quedarse fuera del procedimiento penal. El instructor decidió aplazar la decisión hasta el final del procedimiento. Tal y como sugirió la Sala de lo Penal, el momento para resolver esta cuestión sería el auto de apertura de juicio oral.

Ante ello, la Asociación Española de Accionistas Minoritarios de Empresa Cotizadas (AEMEC) presentó un recurso el 13 de marzo de 2024 en el que pedía el encausamiento de Saracho. Ron, que presentó su propio recurso, pidió adherirse al de AEMEC, pero el juez Calama lo desestimó el 17 de abril. Según el juez, Ron «carece de toda legitimación» para solicitar el encausamiento de otros investigados, aunque admite el recurso en cuanto se refiera a él. A su juicio, el hecho de que Ron pidiera el enjuiciamiento «chirría procesalmente». La defensa de Ron arguyó que era «una aberración jurídica» impedir la adhesión «a través del uso torticero de la jurisprudencia».

El 17 de mayo de 2024, Ron en el recurso de reforma volvió a recurrir el procesamiento por estafa y falsedad contable en la citada ampliación de 2016 con los mismos argumentos de que tras la instrucción practicada no hay indicios de delito y el banco cumplía con todos los requerimientos de los supervisores.

El caso Popular quedó listo para ser juzgado el 22 de noviembre de 2024 después de que la Fiscalía Anticorrupción solicitara seis años, seis meses y un día de prisión para Ron, los exconsejeros delegados Higuera y Gómez y el exconsejero Jorge Oroviogoicoechea, y otras penas para el resto de los acusados. Según Anticorrupción, el falseamiento de las cuentas influyó en los inversores e «impidió que adoptaran una decisión libre y no viciada sobre la realización de la inversión en los términos y condiciones que lo fue». Según el escrito, entre otras irregularidades contables, se ocultó el déficit de provisiones cuya repercusión en la cuenta de resultados fue la de arrojar un beneficio por importe de 105,4 millones cuando había unas pérdidas de 2.553 millones.

En el auto de apertura de juicio oral, el juez Calama fijó una responsabilidad civil de 2.277 millones para garantizar posibles indemnizaciones a los perjudicados en caso de que la sentencia fuera condenatoria. La cuantía era provisional porque algunas acusaciones no habían concretado la solicitud de responsabilidad o habían formulado «una petición desorbitada confundiendo su concreto perjuicio con otras cuestiones que desbordan su calificación acusatoria». En ese mismo sentido, el juez rechazó la adopción de medidas cautelares reales, como el embargo de bienes al tener en cuenta la solvencia del Santander, PwC y las aseguradoras contratadas.

El auto de Calama cerraba el último trámite pendiente antes de mandar a juicio la investigación iniciada en 2017. Tras analizar los escritos de las partes personadas y de la Fiscalía Anticorrupción, el magistrado mandó la causa a la Sala de lo Penal de la Audiencia Nacional para que pusiera fecha para la vista oral. Aunque la Fiscalía no dirigió acusación penal contra la auditora y solo le atribuyó responsabilidad civil, el juez decidió abrir juicio oral porque el resto de las acusaciones particulares, excepto la OCU, lo hicieron. PwC planteó falta de legitimación de varios perjudicados, pero el instructor desestimó la petición por cuestiones procesales. El juez sí rechazó abrir juicio oral al Banco Santander como partícipe a título lucrativo al entender que no obtuvo ningún beneficio de la resolución del Popular. No obstante, no se libró de comparecer como responsable civil subsidiario al ser sucesor universal del Popular. Asimismo, las siete aseguradoras contratadas deberán afrontar las posibles indemnizaciones hasta el límite de la cobertura de sus correspondientes seguros.

14

Abengoa
Felipe Benjumea Llorente

El 25 de noviembre de 2015 Abengoa presentaba preconcurso de acreedores en los juzgados de Sevilla, donde está domiciliado el grupo empresarial. Además de la casa matriz, a la medida se acogían también las veinticinco filiales españolas. La empresa, que se había convertido en líder mundial del sector de energías renovables en unos años de crecimiento vertiginoso bajo el mando de Felipe Benjumea Llorente, buscaba la protección judicial, ante una deuda que superaba los 25.000 millones de euros, y un acuerdo con los acreedores para evitar la liquidación. Durante más de seis años aguantó una situación sumamente endeble, con idas y vueltas, negociaciones interminables con los acreedores, cambios en la gerencia y un goteo continuo de despidos de los cerca de veintiocho mil trabajadores que llegó a emplear. Hasta que acabó suspendiendo pagos en febrero de 2021 y fue adjudicada en subasta judicial en abril de 2023.

El preconcurso vino precedido de un verano efervescente. El lunes 3 de agosto de 2015, después de un fin de semana de tirantez extrema, la empresa lanzó un comunicado anunciando un aumento de capital de 650 millones de euros, «para complementar su estrategia de nuevas ventas de activos», con el objetivo de reducir deuda por valor de trescientos millones, y un plan de desinversiones por quinientos millones. La ampliación daba derecho preferente a los accionistas, entre los que Inversión Corporativa (la firma patrimonial tenedora de los títulos de las familias fundadoras del grupo) se comprometía a suscribir una cantidad (entonces indeterminada).

El efecto inmediato del comunicado, que no dejaba de ser el reconocimiento de la delicada situación que se había difundido por el mercado, fue que la acción se derrumbó, con una caída del 31 % (hasta 1,31 euros por título) sobre la sesión anterior. El hundimiento continuó al día siguiente, martes, con un 26 %, y así hasta perder la barrera psicológica de un euro. Tampoco conseguía vender papel en el mercado de deuda y los bancos cortaron el circulante. Las agencias de calificación, consecuentemente, colocaron el *rating* en el último escalón antes de entrar en el terreno especulativo del temible *default*.

El presidente de la empresa, Felipe Benjumea, un hombre refractario a la prensa y sin gabinete de comunicación por convencimiento, algo extraño en una empresa del IBEX, contrató los servicios de una de las agencias de mayor prestigio del país para contrarrestar en lo posible el impacto en la prensa, en la que ocupó espacios de primeras páginas y de telediarios. Muchos redactores y jefes de redacción de los principales medios recibieron llamadas de urgencia en sus lugares de veraneo para negociar entrevistas e información de primera mano como si pudieran hacer algo mientras el valor se desangraba.

Mientras, Felipe Benjumea se sumía en el desespero. Vencían los plazos para pagar deuda a bancos y a proveedores, y la entidad no disponía de liquidez. Sus llamadas de auxilio a los principales grupos bancarios, principalmente al Santander, su banco de cabecera, se sucedían sin éxito. La banca se resistía, hasta que a finales de agosto la entidad presidida por Ana Patricia Botín logró un acuerdo *in extremis* con los principales bancos acreedores españoles (CaixaBank, Popular, Bankia y Sabadell) en un encuentro al que asistieron Benjumea y su consejero delegado Santiago Seage.

Según los términos del acuerdo, para el que se recurrió al expresidente del Gobierno Felipe González —paisano y conocido de Benjumea— y a varios ministros y exministros como mediadores, los bancos acudirían al aumento de capital con la condición de que las acciones se desdoblaran en dos categorías, se cambiara el consejo de administración y se constituyera una comisión especial para aprobar unas inversiones que superaran los cincuenta millones de euros. Además de las entidades españolas, se comprometían también muchos acreedores extranjeros.

Abengoa había encontrado una vía de salida, pero a Felipe Benjumea, el responsable del imperio, el que había reconvertido la empresa productora de contadores eléctricos creada por su padre (Javier Benjumea Puigcerver) y varios socios en 1941, el adelantado a su tiempo que había apostado por una estrategia ambiciosa que le llevó a estar en más de ochenta países y que se había aventurado en inversiones arriesgadas que convirtieron a Abengoa en un modelo universal alabado por el mismísimo Barack Obama en un discurso a la nación, tenía los días contados. Quizá por una ambición desmedida, aquel templo al sol que tenía como símbolo la planta de Sanlúcar la Mayor (Sevilla) se le había nublado y Benjumea pasó de ser un semidiós a ser tratado como un iluminado.

En diversos encuentros durante la negociación, los acreedores le habían sugerido que abandonara, pero él se había negado rotundamente. Se veía a sí mismo con capacidad para resurgir del averno. El acuerdo, sin embargo, no se había firmado todavía y la banca, que era la que tenía la llave, exigió como garantía adicional su renuncia a la presidencia para sacar adelante el plan. Durante varias semanas, la multinacional negoció con las entidades la denominada «carta de aseguramiento», en virtud de la cual el Santander y el HSBC se comprometían a garantizar la ampliación de capital en el caso de que el importe total no fuera colocado en el mercado, pero siempre con la condición «indispensable e inexcusable» de que Felipe Benjumea abandonara su cargo «para mejorar la imagen de eficiencia en la gestión de la sociedad».

Aquella exigencia retrasó varios días la firma del documento, lo que hizo necesario abrir una línea de crédito de 165 millones, además de mandar un mensaje de que la compañía estaba gestionada de forma irregular. Al final, el 23 de septiembre, el *pool* bancario forzó el cese de Benjumea por parte del consejo de administración, cuyos miembros él mismo se había preocupado de nombrar uno a uno y había manejado a su antojo durante los veinticuatro años que presidió la empresa.

El Banco Santander, representado en las negociaciones por el vicepresidente Rodrigo Echenique, se encargó de comunicárselo personalmente a Benjumea. Puso sobre la mesa el nombre de Javier Monzón, que había dejado la presidencia de Indra en 2014 y contaba con la máxima confianza de Ana Botín. El ejecutivo sevillano se cerró en banda. Monzón, de ninguna manera. No estaba en su radio de acción. Echenique aceptó de mala gana y quedaron en buscar la alternativa, que apareció dentro de la casa en la persona de José Domínguez Abascal, Pepón, un ingeniero reconocido, catedrático de la Universidad de Sevilla, que ocupaba el cargo de secretario técnico y al que Benjumea consideraba uno de los suyos, lo que le permitiría mantener la influencia.

Solo de esa forma se logró desbloquear el acuerdo financiero y encauzar la ampliación de capital. Santander, HSBC, Crédit Agricole y Citigroup, entre otros bancos, se comprometieron a poner 465 millones de euros, y la gestora de fondos Waddell & Reed, 65 millones. Inversión Corporativa, además, conseguía un crédito para suscribir los ciento veinte millones restantes, pero veía limitados sus derechos políticos en el 40 % frente al 52 % que hasta entonces tenía. El pacto suponía modificar el plan de salvación inicial, que pasaba a contemplar unas desinversiones de 1.200 millones (incluida la filial estadounidense Abengoa Yield, considerada la joya de la corona), suprimir dividendos y congelar las inversiones.

La ampliación se aprobó en un consejo celebrado el 13 de septiembre de 2015. Al día siguiente, según declaró como hecho probado la sentencia 1/18 de la Sección Cuarta de la Sala Penal de la Audiencia Nacional en la sentencia que absolvió a Benjumea, Sánchez Ortega y otros directivos de administración desleal, el Banco Santander exigió que se destituyera al histórico presidente e hijo de uno de los fundadores, para asegurar el aumento de capital.

El cese de Benjumea se consumó, pero su efecto fue el indeseado: precipitó que la ampliación, lejos de ejecutarse según lo previsto, fracasase. La propia sentencia añadía: «Esta novedosa imposición, inicialmente desconocida por los representantes de HSBC Bank, pero luego plenamente consentida, impidió que la suscripción del acuerdo de aseguramiento de la ampliación se efectuara el previsto 14 de septiembre de 2015», ya que el banco británico pospuso la firma por el «radical cambio en el gobierno corporativo» que supuso el cese de Benjumea. La ampliación de capital nunca se llevó a efecto. El cambio de guion resultó trascendental para comprender el porqué de la liquidación que llegaría más de seis años después.

Así que el plan volvió a fallar. Bank of America lo frustró porque decidió cancelar el préstamo de doscientos millones que tenía garantizado con las acciones de Abengoa Yield. La única salida posible que se vislumbraba era encontrar a un socio industrial. Se buscó a Ferrovial, pero Rafael del Pino Calvo-Sotelo lo declinó educadamente y sin apenas pensárselo. Luego apareció la opción Gonvarri, firma propiedad del grupo Gestamp, líder mundial de componentes de automóvil en franco crecimiento.

El grupo de la familia Riberas manejó la cifra de doscientos cincuenta millones de euros, sujetos a que la banca pusiera el resto hasta los seiscientos cincuenta millones comprometidos para la ampliación de capital y facilitara la liquidez. De esa forma, se quedarían con el 28 % del capital de Abengoa. Tras analizar los datos, y quizá como una estratagema para dar marcha atrás, pidieron 1.500 millones (luego rebajados a 1.300 millones) a los bancos, que no lo aceptaron. Ya no había otra salida: el 25 de noviembre Abengoa presentaba el preconcurso de acreedores.

Así pasó un año. En marzo de 2016, tras acabar los tres meses más uno de prórroga del preconcurso, se alcanzó el acuerdo llamado *stand still* (pacto de espera o de no agresión), cuyo efecto era el mismo que el del preconcurso, es decir, impedir instar el concurso y las ejecuciones. Ante ello, el juez Pedro Márquez Rubio abrió un periodo adicional de siete meses, tras el que se presentó un acuerdo de refinanciación (bautizado «susto o muerte» por los asesores legales) que implicaba quitas alternativas del 70 % y el 97 % de la deuda de la matriz. De esta forma, la deuda pasaba de 12.700 millones a cierre de 2016 a 1.093 millones a 31 de diciembre de 2017.

Esa reestructuración suponía crear, dentro del organigrama societario de Abengoa, dos grupos de sociedades luxemburguesas, las denominadas ACIL Luxco (contienen los activos y garantías de las concesiones, incluida la participación en Atlántica Yield) y A3T Luxco (con las garantías y el activo del proyecto A3T de cogeneración en México). Estas sociedades luxemburguesas, propiedad en último término de Abengoa, recibieron un capital, New Money 1 (por valor de 945,1 millones de euros) y New Money 3 (treinta millones de euros), que prestó una sociedad creada al efecto, también en Luxemburgo, denominada ABG Orphan Holdco.

Mientras tanto, el desplome del valor en bolsa había supuesto que la participación individual del presidente saliente, que había llegado a superar los doscientos millones de euros, se hubiera difuminado en gran medida. Benjumea reclamó los derechos recogidos en el contrato. Es decir, su indemnización, que se fijó en 15,4 millones de euros en concepto de su trabajo como presidente y consejero delegado durante todo el periodo (11,4 millones) y de una cláusula de no competencia (cuatro millones). Además, se le mantuvo un asesoramiento externo durante los quince meses siguientes a razón de un millón de euros.

Esas cifras repercutieron en todos los estamentos, desde la fuerza laboral de la empresa, que dudaba de si cobraría la paga extra de Navidad, hasta el último rincón de la sociedad sevillana, en la que Abengoa era algo más que una institución, pasando por los acreedores y los proveedores, que reclamaban sus deudas, así como los gobiernos andaluz y nacional. Y, si aquella indemnización ya era un escándalo mayúsculo, los cuatro millones por no irse a la competencia resultaban un insulto ridículo. Era difícil imaginar que, en aquellas circunstancias, Felipe Benjumea recalara en cualquier empresa rival.

Y comenzó el calvario. Los bonistas, cuya cifra comprometida superaba los 5.000 millones, se sentían los más damnificados. Empezó a fallar el pago de los cupones. Así que a los pocos días llegaron las primeras demandas a la Audiencia Nacional, acusando de administración desleal y apropiación indebida a Benjumea y al ex consejero delegado, Manuel Sánchez Ortega, que había abandonado el barco unos meses antes de que se quedara a la deriva con una indemnización de 4,5 millones. La juez Carmen Lamela, que asumió el caso, impuso una fianza de dieciséis millones de euros a los dos imputados, a los que además retiró el pasaporte y obligó a presentarse en la Audiencia cada quince días. Meses después, la juez imputaría a los tres miembros de la comisión de retribuciones y nombramientos que habían aprobado la indemnización: Mercedes Gracia, Alicia Velarde y Antonio Fornieles.

La polémica que rodeó la salida de Benjumea de Abengoa se trasladó al juicio celebrado en 2017 en la Audiencia Nacional, en el que la Fiscalía lo acusaba de «disfrazar» de cese una renuncia voluntaria con la que habría pretendido obtener beneficios económicos «a costa de los accionistas». Los cinco encausados fueron absueltos de los delitos de administración desleal y apropiación indebida, al valorarse que dichas cantidades se adecuaban a la normativa legal y contractual existente en aquel momento.

Fornieles acabaría siendo presidente de Abengoa a principios de marzo de 2016 en reemplazo de Domínguez Abascal, cuya cabeza fue exigida por el propio Benjumea al considerar que había sido abducido por los acreedores bancarios en medio de las acaloradas discusiones con las entidades financieras sobre la capitalización de la deuda. Benjumea había dado por seguro que Pepón iba a bailar al son que él marcara, pero al ex secretario técnico, con el que había trabajado desde 2008, lo que le marcó fue la búsqueda de una medida racional para salvar el grupo, muy distinta a la que quería su mentor, que era seguir mandando en la sombra. El talante de Pepón no era precisamente el de bailar el agua a su exjefe, sino el de buscar la mejor solución para la empresa.

Bajo el mandato de Pepón, que años después sería secretario de Estado de la Energía en el primer Gobierno de Pedro Sánchez (entre enero de 2018 y junio de 2020), se trató de allanar el camino, sobre todo de obtener liquidez para pagar las nóminas, entre ellas la paga de Navidad de 2015. Logró 106 millones con la garantía de las acciones de Abengoa Yield valoradas en 265 millones, más de dos veces el préstamo. Pero era pan para hoy y hambre para mañana porque la empresa y sus filiales no levantaban cabeza, y tuvo que cerrar algunos proyectos y despedir a muchos de sus miles de empleados.

Para entonces ya se había puesto en marcha toda la maquinaria para trazar un nuevo plan de salvación con la participación de un ejército de asesores. La auditora KPMG se encargó de esquematizar la deuda; la consultora Álvarez & Marsal, del plan de viabilidad, con la supervisión del banco Houlihan Lokey, al que habían contratado los fondos, y el despacho Cortés Abogados, encabezado por el especialista en crisis Matías Cortés, de controlar los temas legales. Un trabajo que no era precisamente gratis y era seguido casi a tiempo real por la prensa económica. La crisis de Abengoa, la mayor empresa de Andalucía, tenía mucha incidencia en los ámbitos financiero y político del país, y eso requería mucha atención mediática.

El planteamiento del rescate consistía en centrar la actividad de Abengoa en ingeniería y construcción y reducir su cifra de facturación a las dos terceras partes de los últimos balances, en los que se habían superado los 7.000 millones. Eso suponía desinvertir en plantas de generación eléctrica con las que había conquistado el mundo y recortar el endeudamiento de forma drástica convirtiendo deuda en capital. Además, se buscarían fondos para que aportaran liquidez por valor de 1.500 millones con altos intereses.

Se avanzaba con lentitud y se acababa el plazo de cuatro meses que concede legalmente un preconcurso de acreedores para refinanciar la deuda. Ya bajo el mando de Fornieles (antiguo socio de KPMG), y ante la dificultad manifiesta de cerrar un acuerdo con acreedores y accionistas para presentarlo ante el juez, se alcanzó un pacto para prorrogar siete meses más las negociaciones sobre el rescate con el respaldo del 75 % de los acreedores financieros.

En realidad, el 28 de marzo sí se presentó un acuerdo de refinanciación que el juez titular del Juzgado de lo Mercantil número 2 de Sevilla, Pedro Márquez Rubio, homologó, pero era un acuerdo que lo único que contenía era el compromiso de todas las partes involucradas de aprobar el plan. En otras palabras, el juez Márquez, que se encontró con esta *patata caliente* al poco de aterrizar en la plaza de Sevilla, ampliaba siete meses el blindaje judicial que impedía que alguien instase el concurso de acreedores. Mientras, aprovecharía para resolver las impugnaciones presentadas.

Abengoa, cuyas ventas caían dramáticamente a lo largo de 2016 mientras la cuenta de resultados se teñía de rojo, apuró hasta el último día legal, 30 de junio, para celebrar su junta general de accionistas correspondiente al ejercicio de 2015. Sin Felipe en la cúpula, solo quedaba su hermano Javier en el consejo como vocal, cargo que abandonó tras la junta. Fornieles, en un ambiente funerario y patético, dio cuenta de algunos avances en el plan de desinversiones y se calló el número de contratos que había ido perdiendo o que no había podido renovar por todo el mundo. ¿Para qué desanimar aún más a los asistentes?

Metidos en el verano, el 11 de agosto de 2016 la empresa anunció que había llegado a un nuevo acuerdo con los acreedores y varios fondos de inversión (el tercer plan). La sociedad sostuvo que así solucionaba los problemas de solvencia y liquidez. Para ello, varios *hedge funds* (conocidos como *fondos buitre*) aseguraban a la empresa que asumirían casi 1.200 millones de euros que estaban garantizados por los activos de Atlántica (la antigua Abengoa Yield, a la que había cambiado el nombre para no generar confusiones) y una planta de cogeneración en México.

Los fondos se quedarían, de esta forma, con un 50% del capital. Otro 40% sería para los acreedores financieros (arrastraban más de 9.200 millones de deuda entre bancos y bonistas), pero siempre y cuando estuvieran dispuestos a convertir en capital el 70% de la deuda y aplazar el cobro del 30% restante ocho años. Para los que rechazaran la oferta, el plan contemplaba una quita del 97% y el pago del 3% en diez años sin intereses. ¿Quién podía dar más?

Aún quedaba un 10% del capital. Un 5% sería para los bancos avalistas (Santander, Popular, CaixaBank, Bankia, entre otros), que ponían 307 millones. Y el definitivo 5% era para los accionistas, los de toda la vida y los que habían permanecido a bordo pese a todo. De ese 5%, Inversión Corporativa tenía en torno al 2,5%. Más o menos, es decir, nada. Pero controlaban el 52% de los derechos de voto porque el plan anterior de reducir ese poder al 40% no se había cumplido. Es decir, todo.

Un escollo importante era que Benjumea, a través de Inversión Corporativa, controlaba la mayoría de los derechos de voto pese a ostentar esa minoría de capital. Dentro de su numerosa familia y de las que tradicionalmente formaban el núcleo duro de la empresa encontró muchos contestatarios que le afearon la conducta y le quisieron derrocar. Entre ellos, su hermano Javier, que nunca encajó bien que el Niño (como le llamaban en el seno familiar, era uno de los pequeños de la prole de trece hermanos) hubiera sido el escogido por su padre para sustituirle. Sin embargo, al final votaron a favor de apoyar el rescate, sin ejercer los derechos de voto, y quedaron pendientes de la junta extraordinaria que habría de celebrarse el 22 de noviembre para refrendar el aumento de capital.

Pero antes de cerrar cualquier acuerdo había que firmarlo. El plazo, tras la ampliación de siete meses concedida por el juez Márquez, terminaba el 28 de octubre. Los bancos, los bonistas, los accionistas, todos los que habían visto caer el imperio, tenían que apoyarlo. Y no todos lo hicieron. Un grupo de bonistas, al que representaba el abogado Ángel Zamora, había impugnado la homologación (o prórroga) que había hecho el juez en marzo y no parecían dispuestos a torcer el brazo. El magistrado homologó el acuerdo el 24 de octubre. Al día siguiente, la compañía comunicó a la Comisión Nacional del Mercado de Valores (CNMV) que había cumplido sus objetivos de adhesiones al plan.

La queja de bonistas y accionistas estaba justificada. El 12 de noviembre de 2014, en una reunión con analistas, se había preguntado cómo estaba anotada en el balance la deuda del *green bond* que se había lanzado en septiembre de ese mismo año con notable aceptación. La entonces responsable del mercado de capitales, Bárbara Zubiría, admitió que podía considerarse como deuda corporativa pese a que solo podía utilizarse para determinados proyectos verdes. El simple hecho de reconocer que la matriz respondía a la deuda provocó la caída del valor un 50% en dos días, como relata Lalo Agustina en *El ocaso del imperio del sol* (2017), libro que recoge con detalle los primeros años de la crisis hasta la citada junta de noviembre de 2015.

La situación se enderezó tras una nueva reunión urgente con los analistas, pero el aviso era serio. La acción estaba tocada y acabó por desplomarse en el verano de 2015 tras un encuentro con analistas en Nueva York. Durante el mismo, Santiago Seage, presidente de la filial Abengoa Yield, tuvo que explicar qué era la «deuda sin recurso en proceso» y reconocer que los bonos adquiridos debían de vincularse a la matriz mientras se realiza el proceso concreto. Se descubrió el pastel: Benjumea financiaba por adelantado y cuando acababa un proceso iniciaba otro de la misma manera.

Por supuesto, Santiago Seage cayó en desgracia y duró poco, al igual que había ocurrido con Bárbara Zubiría. La reacción de Benjumea definía su personalidad. Aquel encuentro de Nueva York fue el detonante que faltaba para hundir la acción, que se puso por debajo de los dos euros frente a los cinco de un par de meses antes. Los accionistas, no obstante, siguieron fieles esperando la recuperación, que no llegaba, y los bonos seguían cayendo.

Hasta el episodio veraniego ya referido que llevó a las intervenciones de los bancos. La junta extraordinaria de noviembre de 2015 aprobó la recapitalización de Abengoa y cambió el consejo de administración. Felipe Benjumea no fue a la junta, tampoco su hermano. Abengoa comenzó una nueva andadura sin un horizonte muy claro, una dimensión mucho menor que la de los grandes tiempos del imperio del sol y lejos de los aires de grandeza que su presidente tenía entonces. El consejo, que salía de la gestión, realizó provisiones por valor de 3.200 millones. Las pérdidas a septiembre de 2016 se elevaron a algo más de 5.400 millones y los activos estaban valorados en 5.000 millones.

La historia de Abengoa de los tres últimos decenios marca el fulgor y muerte de Felipe Benjumea Llorente, uno de los dos varones del total de trece hijos que tuvo el fundador de la empresa sevillana, Javier Benjumea Puigcerver. Benjumea hijo se atrevió a convertir la firma que había creado su padre en 1941 en un imperio de las renovables cuando todavía no existía el furor por este tipo de energía, impulsado por la transición ante el cambio climático.

En efecto, Abengoa, que responde a un acrónimo de los apellidos de los fundadores (José Manuel Abaurre, Javier Benjumea, Fernando Gallego, Antonio Ortueta y Ricardo Abaurre), fue concebida como fabricante de un contador eléctrico monofásico de cinco amperios y su capital inicial fue de 180.000 pesetas, que financiaron principalmente los tres últimos y desarrollaron los dos primeros, ingenieros industriales, hasta que José Manuel Abaurre se metió a fraile y dejó solo a Benjumea al frente de la empresa.

Con los años, la compañía entró en el sector de gestión de agua y después se convirtió en una firma de ingeniería de primer nivel, principalmente en energía, con una vocación internacional creciente concretada en diversos contratos en Latinoamérica, que servirían como palanca para la posterior expansión.

Con esas perspectivas de crecimiento, la empresa decidió salir a bolsa en 1982, lo que le permitiría acceder al mercado de capitales y captar dinero con más fluidez. Pero la experiencia no fue positiva. Las exigencias impuestas por la Ley del Mercado de Valores, promulgada cuando España ya había entrado en la Comunidad Económica Europea, y el peligro de que entraran en su accionariado inversores no deseados en aquellas fechas en las que imperaba la cultura del pelotazo pusieron muy nerviosas a las familias propietarias de la empresa, sobre todo a Benjumea Puigcerver, que decidieron sacarla del mercado en 1989.

Ese mismo año, el presidente de Abengoa sufrió un infarto cerebral del que se recuperó levemente, aunque no lo suficiente para seguir en el día a día. Así que, dos años después, con setenta y seis años a las espaldas, cedió el mando a sus dos hijos varones, pero con una característica contra natura, por lo poco habitual, en los grupos familiares: sería el pequeño, Felipe, de treinta y tres años, el que asumiría la presidencia, mientras Javier, de treinta y ocho, se quedaría como vicepresidente. El patriarca, que al menos había repartido entre sus trece descendientes el 30% del capital de la empresa a partes iguales sin distinción de sexo, no quería en la compañía a ninguna de sus once hijas, a las que ni siquiera dio estudios universitarios. Ni a sus maridos, si estaban casadas. La empresa era un coto cerrado para los hijos varones, que sí tuvieron facilidades paternas para prepararse y completar la formación fuera de España.

Los dos hermanos Benjumea Llorente convivieron en medio de tensas relaciones después de la decisión de su progenitor. Javier soportaba como podía tener que sentarse al lado de su hermano menor en las reuniones del consejo de administración, seguramente con la creencia de que Felipe le había hecho la cama y había convencido a su padre de la conveniencia de su nombramiento. Agustina cuenta en *El ocaso del imperio del sol* que el enfado llegó a tal punto que Javier pidió el arbitraje de dos expertos (uno de ellos el exministro de Hacienda con UCD Jaime García Añoveros) que, para su chasco, decidieron que Felipe estaba más cualificado para el puesto.

Benjumea padre había meditado el relevo y había visto más involucrado en la empresa al hijo menor, en el que reconocía su propio estilo, mientras al mayor lo catalogaba como menos ejecutivo y más dado a las relaciones sociales de la cultura sevillana. Para bien o para mal. La tensión se redujo cuando Felipe nombró a su hermano copresidente, aunque sin funciones ejecutivas, pero sí representativas, lo que cubría esas expectativas sociales.

Sin embargo, la tirantez volvió tras la muerte del padre en 2001. Javier intentó sumar el apoyo de sus hermanas y cuñados sin éxito. Hasta que en 2007 Felipe no aguantó más y propuso al consejo de administración destituirlo como vicepresidente, el cargo oficial que figuraba en el Registro Mercantil, y sustituirlo por José Terceiro Lomba, catedrático de Economía Aplicada de la Universidad Complutense. Años más tarde, cuando estalló la crisis, Javier, que siguió como vocal en el consejo de Abengoa, se alió con los accionistas contestatarios de Inversión Corporativa que lideraba su cuñado y primo Rafael Benjumea Cabeza de Vaca.

Con el estigma de su hermano en la mochila desde el principio, el hijo menor se dedicó en cuerpo y alma a la empresa, de sol a sol. Y nunca mejor dicho. Su sueño pasaba por construir un imperio; aunque algunos le atribuyeran fama de visionario, en aquellos primeros años difícilmente podría estar pensando en que el astro rey iba a ser la causa de su éxito y su perdición.

En paralelo, y con la discreción como bandera, fue entrando en los círculos de poder empresarial nacional. Fue uno de los empresarios escogidos por el Banco de España para incorporarse al consejo de administración del Banco Hispano Americano cuando el banco emisor se vio obligado a tomar las riendas de la entidad y colocar a Claudio Boada como presidente. Posteriormente, entraría como consejero en el grupo ThyssenKrupp, Papelera Española, Cablevisión y Fedea, centro de pensamiento ligado al Banco de España.

Pese a las desavenencias, el descompensado tándem de los hermanos se preparó para regresar a bolsa, hecho que se produjo en 1996, cuando, a su juicio, se dieron las condiciones apropiadas. Era el comienzo de una nueva etapa después del intento fallido de catorce años antes, bajo la supervisión de su padre y con la aquiescencia del núcleo duro de accionistas siempre y cuando se les garantizara el reparto de dividendos y el mantenimiento de la mayoría de control, algo sagrado en la casa.

Entonces, al parecer, el panorama era lo suficientemente distinto como para volver a la aventura bursátil y, así, beneficiarse de la presencia en el mercado de capitales. La empresa, además, funcionaba bien, el negocio tradicional de la ingeniería, centrado en la energía, se había ampliado a la construcción, que se beneficiaba de hacer las plantas proyectadas por la matriz, y las telecomunicaciones, sector en el que el crecimiento era exponencial desde la etapa paterna, de la mano sobre todo de Telefónica como principal cliente. Con ese colchón, la compañía comenzó el asalto a las energías renovables, siempre bajo la atenta mirada interrogativa del patriarca, que ejerció como presidente de honor hasta su fallecimiento el 31 de diciembre de 2001.

En realidad, Abengoa ya había entrado en el campo de las renovables en 1985, con la puesta en marcha de los primeros parques eólicos de España en la zona de Tarifa (Cádiz), pero los acabó vendiendo, precisamente en 2001. Mientras, se adentraba en el biocombustible, con la construcción de una planta de bioetanol y la compra de una empresa en Estados Unidos (High Plans Corporation) y de la española Befesa, y se preparaba para hacerlo en la generación termosolar.

Benjumea, que se fue rodeando de consejeros con pedigrí político y social con pasado de altos cargos y ministros de distintos gobiernos, siguió haciendo compras e inversiones, de manera que el crecimiento en la cifra de negocios fue continuo. Se convirtió en el líder de bioetanol de los tres principales mercados: Europa, Estados Unidos y Brasil. Asimismo, certificó su preponderancia en desaladoras, expandiendo su presencia por el mundo árabe, muy necesitado de potabilizar el agua.

La idea fuerza de Benjumea era tan simple como obsesiva: «El mundo necesita soluciones innovadoras que permitan un desarrollo sostenible que no comprometa el bienestar de las generaciones futuras, la presencia en zonas de crecimiento y una oferta que se adapte a las demandas», me manifestó en un reportaje para *El País Semanal* de octubre de 2010, en uno de los escasísimos encuentros que tuvo con periodistas y para el que accedió a hacerse una foto con su equipo directivo en la sede empresarial de Palmas Altas, de la que se sentía muy orgulloso de su paternidad. «La crisis nos ha enseñado que la tecnología y la innovación marcan las diferencias», añadió en aquel *scoop* periodístico.

Con esas premisas, la estrategia de Abengoa se basó en lo que dentro de la empresa se conocía como *horizontes*. El horizonte uno era el de los negocios maduros, que suponían el 40 % de los ingresos del grupo, como la ingeniería, la transmisión eléctrica, la gestión de residuos (Befesa) y las telecomunicaciones (Telvent). El horizonte dos correspondía a los biocombustibles y las desaladoras, actividades que ya arrojaban rentabilidades estables. Y el horizonte tres englobaba a los negocios de futuro, de los que se esperaban rendimientos importantes. Así ocurrió con la energía termosolar, que no tardó en pasar del tres al dos porque los contratos se sucedían tanto en España como en el resto del mundo.

De esos tiempos fue la construcción del Campus Palmas Altas, en Sevilla, un ambicioso complejo tecnológico por el que pujaron los despachos de arquitectura más notables del planeta y cuya ejecución se llevó el arquitecto británico Richard Rogers con un coste de ochenta millones de euros. Abengoa había logrado para su emblemática sede la permuta de unos terrenos en una antigua zona portuaria por los terrenos de su antigua central y que se recalificaran para levantar el citado complejo. Apenas nadie levantó la voz, en este caso de la oposición del PP, contra el alcalde del PSOE, Alfredo Sánchez Monteserín. Con Abengoa, primera empresa de Sevilla y de Andalucía, todos navegaban en el mismo barco y no convenía enfrentarse. Lo que era bueno para Abengoa era bueno para Sevilla y para Andalucía.

Pero la guinda de los aires de grandeza la pondría la implantación en 2007 de la primera central térmica solar de torre central y campo de heliostatos del mundo en la localidad sevillana de Sanlúcar la Mayor, que se convirtió en símbolo de la compañía y en la meca a la que peregrinaban técnicos y empresarios ávidos de conocer su funcionamiento *in situ*. Así ocurrió con Larry Page, uno de los fundadores de Google, en 2007, que había mostrado un inusitado interés en viajar a Sevilla para conocer el sofisticado complejo.

La planta de Sanlúcar fue, en efecto, el mejor pasaporte para cumplir sus objetivos de expansión y tutearse con los principales conglomerados del mundo. También para que Benjumea exhibiese su vanidad, sobre todo cuando fue puesto como ejemplo de desarrollo sostenible por el presidente estadounidense Barack Obama en 2009, en uno de sus discursos radiados, al tiempo que anunciaba el contrato para construir una planta solar en Arizona. Ante eso y la política de apoyo ejercida por el Gobierno de José Luis Rodríguez Zapatero en energía verde, Felipe Benjumea cogió el definitivo impulso para llegar a la cúspide internacional.

En aquellos años, justo cuando la Gran Recesión azotaba el mundo, Abengoa crecía y crecía. Estaba presente en todos los continentes, facturaba casi 8.000 millones de euros (frente a los trescientos millones de cuando Felipe Benjumea asumió la presidencia en 1991), el valor bursátil superaba los 4.000 millones, la plantilla se acercaba a los veintiocho mil empleados, la mayor parte de ellos de alta cualificación y de los que novecientos eran ingenieros que trabajaban en el departamento de I+D, al que dedicaba un buen paquete de millones de inversión.

Las cifras avalaban su política con crecimientos de dos dígitos hasta superar los 7.000 millones en 2011 y acercarse a la cifra récord de 7.800 millones en 2012. En 2013, los ingresos se redujeron ligeramente (7.356 millones), al igual que en 2014 (7.151 millones), marcando una tendencia que no parecía muy peligrosa. Pero sí lo fue. Se vio en 2015, cuando cayó 5.755 millones y el beneficio bruto a 515 millones frente a los 1.408 del año anterior. Y ya en 2016, con la empresa en caída libre, las cuentas auditadas presentaron una cifra de negocios de 1.510 millones y un resultado atribuido negativo de 7.629 millones. El patrimonio neto alcanzó los 7.336 millones, equivalente a un valor patrimonial por acción negativo de 7,79 euros. En los tiempos gloriosos, solo el 28 % de las ventas procedían de España, casi el mismo porcentaje que la plantilla (29,5%). El resto se repartía entre Estados Unidos, Latinoamérica y Europa, casi a partes iguales, y en menor medida Asia y África.

Benjumea había apostado sin reservas por la energía termosolar para respaldar ese imparable crecimiento, mientras el sector eléctrico español le miraba con displicencia, como a un iluminado que no tardaría en cegarse. Sin embargo, las políticas sectoriales nacional, comunitaria e internacional, que defendían a ultranza la reducción de gases de efecto invernadero, respaldaron su apuesta. No tardarían las grandes empresas eléctricas, en las que Benjumea no coleccionaba precisamente amigos, en entrar en los sectores renovables que por aquel entonces miraban con recelo, a buen seguro por las dudas sobre los riesgos regulatorios, propicios a sufrir cambios. Y no les faltaba razón, como se pudo demostrar con el parón decretado por el Gobierno del PP al poco de llegar Mariano Rajoy al poder en 2011 y que supuso una cascada de demandas contra el Reino de España.

Mientras tanto, Benjumea insistió en su empeño de convertir Abengoa en el imperio del sol y lo consiguió. La pega fue que, ofuscado quizá por una tasa de retorno superior al 20% de la que estaba convencido, no reparó en que la inversión requerida era excesiva, lo que obligaba a endeudarse proporcionalmente. Además, jugaba en su contra la escasa dotación de recursos propios con los que contaba la empresa, en gran parte porque se habían destinado pocos beneficios a reservas y realizado contadas ampliaciones de capital. Cuando se quisieron hacer ya era tarde y estaban con el agua al cuello. O, lo que es lo mismo, en manos de los acreedores.

Para entonces la empresa ya era un verdadero conglomerado global y Benjumea tocaba el cielo, pero... Cuando estaba instalado en la nube, alejado de la realidad de la tierra, probablemente cuando menos lo esperaba, el imperio del sol se desmoronó. A partir del invierno de 2014 llegaron las primeras señales y las columnas del templo empezaron a temblar aquel fatídico verano de 2015. El esperado retorno de la inversión no se producía y la enorme deuda que arrastraba ahogaba a la empresa cada vez más.

Benjumea, hacedor del éxito de Abengoa y causa de su fracaso, no vio venir el tsunami que se aproximaba. Se cayó con todo el equipo, quizá porque ejerció una gestión muy personalista que le impidió formar una gobernanza adecuada a las circunstancias de una gran empresa, porque hacía caso omiso a las recomendaciones que recibía de sus colaboradores más cercanos, de cuya cercanía no se beneficiaba. Y eso que se había rodeado de gente de prestigio, conectada con los poderes fácticos, a los que pagaba muy bien, pero que, a la vista de lo pasado, era más para adornar el árbol.

El avance de Abengoa había sido una continua carrera hacia delante a base de deuda, ya que Felipe Benjumea era absolutamente reacio a realizar ampliaciones de capital que le habrían quitado la mayoría porque el grupo familiar no habría podido respaldarlas en la proporción correspondiente. Colaboradores de entonces le definen como un hombre de lo más imaginativo posible, pero que a la vez no aceptaba ninguna opinión: «No hacía caso a nadie», recalcan.

Algo de eso ocurrió en 2010, cuando dos consejeros independientes, Carlos Sebastián y Daniel Villalba, quisieron ejercer su independencia y advirtieron del riesgo que suponían unas inversiones en biocombustibles: «Abengoa apenas tiene ingresos para devolver los intereses asociados a las inversiones», vinieron a decir en un informe entregado al presidente, sugiriendo que se hiciera un apunte contable que reconociera las pérdidas latentes. Benjumea torció el gesto, y calló. La reacción no fue inmediata. Pero a los tres meses se les pidió que dejaran el consejo, aunque ambos siguieron un tiempo (Villalba, seis meses, tras los que aceptó irse al consejo de un par de filiales; Sebastián, catorce meses, para dejar después el máximo órgano de decisión).

En la misma dimensión se puede encuadrar la salida, en los meses previos al estallido, del vicepresidente José Terceiro Lomba, que anticipaba el declive y le había advertido del peligro que podía avecinarse sin que se le hiciera caso, y de Manuel Sánchez Ortega, el consejero delegado, que alegó problemas de salud, aunque poco después ficharía por la gestora de fondos BlackRock.

Tampoco ayudaron mucho las auditorías. Las primeras investigaciones de las cuentas demostraron la dificultad que había tenido Deloitte para auditar un grupo con centenares de filiales que se cruzaban negocios y se repartían la deuda. El error es que la auditora firmó que la empresa reflejaba la imagen fiel y no recomendó realizar provisiones. En noviembre de 2015, cuando el grupo se precipitaba a la hecatombe, advirtió de la existencia de incertidumbres en el desarrollo de su actividad corriente. En octubre de 2016, la Asociación de Perjudicados de Abengoa presentó una denuncia contra Deloitte en el ICAC, el Instituto de Contabilidad y Auditoría de Cuentas, organismo adscrito al Ministerio de Economía.

El caso es que nadie conocía el volumen de la deuda ni dónde estaba reflejada entre la selva de sociedades que formaban el grupo. Quizá la habilidad de Benjumea, su capacidad para desviar la atención o la aparente fortaleza de la sociedad (líder mundial de energías renovables y ventas de más de 7.000 millones de euros, cerca de veintiocho mil empleados repartidos por medio mundo, miembro del selectivo índice español IBEX, donde había alcanzado un valor de 4.000 millones de euros, con la filial Telvent cotizando en el Nasdaq y el respaldo financiero de la comunidad bancaria internacional) impidió que se detectaran sus vulnerabilidades, que resultaron ser muchas.

A toro pasado, todos encontraron culpables a todos. Además de denigrar la actuación de la auditora y, de pasada, a la CNMV, se cargó contra los analistas, las agencias de calificación, los propios bancos y la Administración. La compañía era recomendada por analistas y bancos como un valor en alza a principios de 2015 (solo una tercera parte planteaba que se vendiera) y las firmas de *rating* la mantuvieron, cuando menos, en perspectiva estable hasta noviembre, cuando la compañía ya negociaba con los acreedores. Esa circunstancia sirvió para que los responsables de la empresa validaran internamente su plan financiero.

Por su parte, las administraciones recibieron su parte de culpa por haber destinado ayudas y avales con facilidades por parte del Banco Europeo de Inversiones, el Instituto de Crédito Oficial (ICO) o, incluso, la Federal Financial Bank, dependiente del Departamento del Tesoro estadounidense.

La actitud de Felipe Benjumea, que en su época de gloria se pasaba la vida en el AVE entre Sevilla y Madrid (y viceversa) y en aviones por medio mundo de visita a sus posesiones o negociando nuevos contratos, pasó a ser todo un dilema. De espíritu innovador, en busca continua de la excelencia, ambicioso, educado en las maneras, obsesionado por el trabajo, famoso por su férreo control del personal bajo la máxima del «ordeno y mando» hasta el punto de que a Palmas Altas se le llamara Palmatraz, se convirtió en una caricatura. Se salvó de soportar cómo el faraónico proyecto se iba quedando vacío y que se tuviera que abandonar la sede de Madrid, en el eje de la Castellana/Abascal, para trasladarse a la periferia, pero difícilmente soportó que le hubieran quitado su obra. Quiso recuperarlo y, quizá desesperado, se dedicó a presentar demandas.

En 2018, una vez que la Audiencia Nacional absolviera al expresidente y a la antigua cúpula de Abengoa de cobrar indemnizaciones millonarias, Felipe Benjumea interpondría una demanda contra el Santander y el HSBC en la que solicitaba mil millones por daños y perjuicios en la ampliación de capital de 650 millones y el cambio en el consejo de administración de Abengoa acordados en 2015. La demanda fue desestimada por un juzgado de primera instancia y, después, por la Audiencia Provincial de Madrid, pero el 29 de noviembre de 2023 el Tribunal Supremo admitió a trámite los recursos extraordinarios por infracción procesal y casación presentados por el propio Benjumea, Inversión Corporativa (vehículo de inversión de la familia Benjumea), Ardachón y Finapirsa.

En efecto, en febrero de 2021 el Juzgado de Primera Instancia número 43 de Madrid había sostenido que se trataba de una acción extracontractual, lo que implicaba que el plazo de prescripción habría expirado un año después de los hechos que relataba la demanda, que datan de septiembre de 2015, argumento que compartió la Audiencia de Madrid. Esta destacó que «no existió relación contractual alguna entre los demandantes y los bancos, ni negociación al objeto de suscribir la carta de aseguramiento de la ampliación de capital», lo que implica que el plazo para emprender acciones legales había prescrito cuando se inició la reclamación. La admisión a trámite por el Supremo abrió una nueva ventana a sus esperanzas y ansias de venganza.

Desde su nueva atalaya, alejado de Palmas Altas, pudo observar como el *empresón* que había creado se convertía en pasto de una guerra de guerrillas en las que aparecían y desaparecían protagonistas, algunos de lo más variopinto.

La vida seguía. La junta general extraordinaria de accionistas del 22 de noviembre de 2016 aprobó la primera reestructuración financiera, que incluía también cambios societarios en España: la aportación de los activos esenciales a una filial denominada Abengoa Abenewco1 (los otros se quedaban en Abenewco2) y, a propuesta de la Comisión de Nombramientos y Retribuciones saliente, se procedió a nombrar nuevos consejeros tras una selección hecha por Spencer Stuart. Todos los acuerdos fueron aprobados con más del 99,8 % del 52,1 % del capital presente en la reunión.

En cuanto quedó al frente Gonzalo Urquijo Fernández de Araoz, un pomposo ejecutivo procedente del grupo ArcelorMittal con apellidos muy ligados a la burguesía empresarial madrileña y entronques aristocráticos y que había pilotado la reestructuración como asesor, la promesa de construir una nueva Abengoa rentable quedó pronto en entredicho. El primer signo fue que la banca que se había hecho con la mayoría del capital vendió casi de inmediato sus acciones, asumiendo fuertes pérdidas. Nunca ha quedado claro el destino total de una gran parte de esas acciones. Desde entonces, el 70 % del capital no compareció nunca en la junta de accionistas.

Poco antes, el nuevo presidente, aficionado al fútbol y a los toros, había anunciado en marzo de 2017 que procedería al desembolso de dinero y a la entrega de los títulos de deuda y capital para cumplir el plan de viabilidad. Pero de poco valían las sobreactuaciones. El día de San Fermín de 2017, las acciones celebraron los encierros estampándose contra la barrera de los 0,010 euros, el límite de cotización en la bolsa española (requisito que quedaría eliminado en septiembre de 2018). Una semana antes, la junta general de accionistas había rechazado que se agrupasen las acciones en una nueva por cada cien antiguas, lo que seguramente habría evitado el chasco.

Apenas un año después de la primera reestructuración, el consejo presidido por Urquijo anunció una segunda, tras constatar que los efectos de aquella habían sido más lentos de lo esperado y para poder continuar con su actividad necesitaba nueva liquidez por 97 millones, una línea de avales y una reestructuración de la deuda *Old Money* para «optimizar la estructura de balance del grupo».

En realidad, aunque no trascendió entonces por el alambicado texto del plan presentado a los accionistas, la segunda reestructuración devolvía a parte de los acreedores que capitalizaron 5.099 millones de deudas y vendieron rápidamente su participación, el control efectivo sobre el grupo empresarial.

Tampoco la segunda reestructuración sirvió para que resucitara la empresa, ni siquiera «cual ave fénix» como dijo en el día del Inversor el propio Urquijo en octubre de 2019. Al inicio de 2020, antes de que la pandemia fuese una amenaza cierta en España, la Abengoa de Urquijo incumplió la obligación de presentar las cuentas de 2019, hecho por el que el consejo fue sancionado por la CNMV. No las comunicó hasta cumplido un año natural de la segunda reestructuración, lo que hacía a partir de entonces inviable su impugnación por la vía jurisdiccional mercantil.

Cuando la pandemia fue un hecho, la empresa adujo que no presentaba las cuentas a la espera de un informe que valorase a Abenewco2, de la que pendía todo el grupo. Cuando se presentaron las cuentas y, con base en el informe de valoración hecho por un experto independiente, KPMG (aunque entonces no se dijo quién), Abengoa, S. A., la matriz del grupo que cotizaba en bolsa, fue situada en causa de disolución por tener un patrimonio neto negativo de 388 millones de euros.

Para salir de esa situación, preparó otro rescate financiero al que llamó Plan Vellocino, con las garantías del ICO, de la Compañía Española de Seguros de Crédito a la Exportación y de la Junta de Andalucía. Sin embargo, el rechazo por parte de esta, que no vio viable aportar los veinte millones que se le pedían para salvar a la empresa más señera de la comunidad, alargó la agonía de Abengoa. La Junta presidida por el popular Juan Manuel Moreno Bonilla se apeó del carro al no encontrar instrumentos jurídicos que le permitieran participar.

Nuevo batacazo. De poco valieron los esfuerzos de los acreedores por evitar una pelea a muerte entre el equipo dirigido por Gonzalo Urquijo y los accionistas minoritarios, que habían logrado agruparse en la plataforma AbengoaShares. El entusiasta Urquijo no encontró forma de calmar a los accionistas minoritarios, que habían comprobado que el rescate planteaba que Abenewco1 los dejaba en el 2,7 % de su valor. Es decir, sus inversiones se iban al garete, más todavía del que estaban.

AbengoaShares emprendió acciones contra el consejo de administración presidido por Urquijo y forzaron una junta extraordinaria el 17 de noviembre de 2020, en la que el presidente dimitió, pero maniobró para permanecer con su equipo en Abenewco1. Eso le permitía mantener el control de los principales activos del grupo mientras no se nombrase al nuevo consejo de la matriz.

En esa junta de finales de 2020, no obstante, los minoritarios lograron echar al equipo de Urquijo para colocar a Marcos de Quinto al frente, pero no nombrar a un nuevo consejo de administración. Se convocó otra junta extraordinaria para diciembre que debía decidir entre dos consejos, uno reducido a tres personas y otro el que no pudo elegirse en noviembre. Pero el exdiputado de Ciudadanos y expresidente de Coca-Cola España les salió por la tangente. Tras analizar la situación, respaldó el Plan Vellocino, lo que provocó una nueva bronca entre los accionistas, que se sintieron traicionados. De Quinto, quien visto lo visto renunció casi sin haberse sentado, optó por aprobar la reducción del consejo a tres miembros y se eligió a tres personas de las que le acompañaban: su cuñada Margarida de la Riva Smith, Juan Pablo López-Bravo Velasco y Jordi Sarrias, que dimitió a los trece días.

El 8 de enero de 2021, Gonzalo Urquijo y su equipo dimitieron de Abenewco1, después de que no consiguiesen el aval político para hacer realidad el Plan Vellocino, en el que se habían parapetado, y en febrero el consejo de administración residual (López-Bravo y Smith) declaró concurso voluntario de acreedores y solicitó al juez la suspensión de la junta extraordinaria que los accionistas minoritarios de AbengoaShares, ahora convertidos en sindicatura, habían convocado para destituirlos.

Era la puntilla y el juez la aceptó. López-Bravo (hijo del exministro franquista Gregorio López-Bravo), que dos años después, cuando se liquidó la matriz, escribió sin complejos a la plantilla que el Plan Vellocino era provocar que la empresa dejase de depender de la histórica cotizada, lograba el objetivo de evitar que los minoritarios se alzaran con el control de Abengoa y sus filiales y colocaran a un nuevo equipo directivo que habría de encabezar Clemente Fernández, un inversor que se había hecho con un importante paquete de acciones de Abengoa desde la recepción de su hotel en San Vicente de la Barquera (Cantabria) a medida que el valor iba cayendo.

Clemente Fernández González apareció en el panorama de Abengoa con la experiencia del rescate de empresas en crisis como Amper y Dogi. Había realizado prácticamente la misma jugada en 2017 en la toma de control de Amper dos horas después de celebrarse una junta de accionistas. Tras dar el voto de confianza al entonces presidente de la tecnológica, Jaime Espinosa de los Monteros, este fue destituido cuando intentó cobrar un bonus justo después de que se hubieran hecho ampliaciones de capital. De igual manera, lideró la asociación de minoritarios de Dogi cuando tomaron el control de la compañía.

Así que el inversor sabía a qué llegaba y cómo liderar a accionistas minoritarios, que no dudaron en investirlo como salvador. Sin embargo, no fue bien recibido por la banca, que trató de persuadirlo. Con la empresa en concurso de acreedores y el gesto revirado de los acreedores financieros, la tarea no se presentaba fácil para el arrojado cántabro, que pergeñó un plan de salvación en el que pedía la participación estatal a través del Fondo de Solvencia constituido a raíz de la crisis de la pandemia y gestionado por la SEPI. AbengoaShares solicitó al Estado 249 millones. Al inversor le acompañaron en la aventura Alfonso Murat Moreno y José Joaquín Martínez Sieso (expresidente de Cantabria con el PP y exdiputado nacional).

En la primera junta que presidió, en la que se aprobaron las cuentas de 2019 con unas pérdidas de casi quinientos millones de euros, lanzó mensajes de conciliación «en busca de garantizar tanto la paz social como la viabilidad del grupo integrado por la sociedad y sus filiales, reclamadas por todos los empleados, acreedores, clientes y accionistas». El objetivo radicaba en recuperar el control de

Abenewco1, en la que se habían agrupado los activos que realmente estaban vivos del grupo y la que sería la receptora del rescate de 249 millones solicitados a la SEPI. A ello respondió también la petición de Fernández al administrador concursal (EY Abogados) de entrar en el consejo de la filial junto a Sieso porque, de llevarse a cabo la reestructuración prevista, la filial habría sido la matriz del nuevo grupo.

El inversor barquereño manejaba el poder que le daba tener el 21 % del capital en su petición a la SEPI y esa arma usó en su pugna con el fondo californiano TerraMar, que había llegado de la mano de López-Bravo. TerraMar ofreció doscientos millones de euros, de los que ciento cuarenta eran de créditos y sesenta de capital. Para Fernández, el único interés del fondo estadounidense era despiezar el grupo, por lo que buscó un aliado. Y lo encontró en la familia mexicana Amodio, que presentó otra oferta a través de los fondos EPI y Ultramar. Su estrategia era parecida a TerraMar, pero con la diferencia de que dejaba el 25 % del capital a los minoritarios. De esta manera, los nuevos inversores se habrían quedado con el 50 % y la SEPI y los minoritarios se repartieron el otro 50 %. Pero los Amodio se retiraron. Acababan de tomar posiciones de control en el grupo OHL de Juan Miguel Villar Mir y, al parecer, no querían enturbiar las relaciones con las entidades financieras.

Abengoa dejó de cotizar en julio de 2022. Fue excluida de la negociación bursátil por la CNMV y la confirmación de que los accionistas lo habían perdido todo definitivamente. La decisión de la CNMV no era más que un trámite que formaba parte del proceso de liquidación de la sociedad, disuelta desde que era firme el auto del Tribunal de Instancia Mercantil de Sevilla. El magistrado Francisco Javier Carretero Espinosa de los Monteros, juez sustituto que tenía la responsabilidad del concurso de Abengoa, desestimó el recurso instado por la sociedad en liquidación dirigida por Clemente Fernández porque no se había presentado dentro del plazo establecido, que terminaba el 1 de julio, y porque consideraba que la propuesta no cumplía los requisitos que exige el Texto Refundido de la Ley Concursal.

La resolución fue un misil contra el último intento de Fernández de parar la liquidación. Al cántabro solo le quedaba la vía judicial, que se habría añadido a las tres causas abiertas contra la gestión de distintos consejos de administración de la histórica empresa sevillana. Una se instruyó en la Audiencia Nacional contra los gestores de Abengoa hasta 2015, bajo la presidencia de Felipe Benjumea Llorente, por supuesta comisión de delitos de falsedad contable y estafa a inversores. Esa causa la impulsó la Asociación de Perjudicados de Abengoa, que también encabezaba otra por supuesto falseamiento de cuentas contra Benjumea y seis exdirectivos en relación con el proyecto de construcción del AVE a La Meca. La juez titular del Juzgado de Instrucción número 3 de Sevilla, Yolanda Rueda, archivó este caso en julio de 2023, cinco años después de su apertura, al no encontrar indicios de delito.

Otra era la causa abierta por la Fiscalía de Sevilla al encontrar indicios de delito, lo que llevó a investigar a Urquijo y a López-Bravo por la gestión desde 2016 a 2020, en la que se realizaron dos reestructuraciones financieras que nunca se refinanciaron realmente. Esa querella, impulsada por Inversión Corporativa, acusaba de la supuesta comisión de un delito relativo al mercado por alteración y ocultación de información económica-financiera por parte de los administradores de una sociedad mercantil cotizada, un delito societario de negativa de información a un socio y de un delito societario de imposición de acuerdos lesivos para la sociedad y los socios minoritarios.

A esta querella se adhirieron cien accionistas minoritarios, que denunciaron los hechos acaecidos desde 2016 ante la Fiscalía de Delitos Económicos, que consideró que existían indicios racionales de «un delito de administración desleal, un delito contra el mercado, un delito societario, y un eventual delito de estafa».

Urquijo, que no tardó en fichar como consejero delegado de Talgo, también fue multado por la CNMV por haber cometido una infracción muy grave al no presentar las cuentas del ejercicio 2019, lo que provocó que se suspendiera la cotización de Abengoa.

Pero había más. A lo largo de marzo de 2021 se conoció por una investigación periodística la existencia de una sociedad pantalla llamada Sitching Seville, ubicada en Holanda y ya extinta, propietaria de la estructura luxemburguesa de la primera reestructuración, que habría obtenido millonarios beneficios canalizando la refinanciación de 2017, mediante el cobro de intereses y comisiones desmesurados.

La negativa de la SEPI a ayudar a Abengoa que llevó a la matriz a la disolución forzó la intervención judicial y la subasta de los activos productivos de la sociedad. En abril de 2023, el titular del Juzgado Mercantil número 3 de Sevilla adjudicó al grupo Cox Energy la propiedad de lo que quedaba de la multinacional andaluza Abengoa. De entre las cinco ofertas, la presentada por la empresa de Enrique Riquelme resultó la vencedora de una puja en la que participaron la constructora Urbas, la preferida por la dirección de la empresa; TerraMar Capital, la favorita de los bancos; Ultramar y la unión de la portuguesa RCP con el fondo británico Sinclair.

Enrique Riquelme Vives, joven alicantino (de la localidad de Cox que da nombre a su empresa) de treinta y cinco años y con grandes aspiraciones, creó la empresa con veintisiete con la ambición de colocarse pronto en el olimpo empresarial. Uno de sus sueños fue presidir el Real Madrid, del que no tardó en desistir una vez vistas las dificultades. Riquelme apuró hasta el último momento para presentar su oferta por Abengoa, en enero de 2023, acompañada con el gesto de adelantar 2,5 millones de euros para pagar las nóminas de febrero y retrasos. Su oferta fue sobre todas las áreas de negocio con el compromiso de mantener la sede en Sevilla, algo que no se cuestionaba.

Cox Energy, que fue demandada por el banco hondureño Atlántida por no devolver un préstamo de 6,5 millones de dólares, cuenta con mayor presencia en Latinoamérica que en España. Su filial americana fue la primera fotovoltaica en cotizar en la Bolsa de México y en América Latina. Su aterrizaje tuvo lugar en Brasil y desde allí saltó a Panamá, donde constituyó el Grupo Sol, que trabajó en la ampliación del canal y le sirvió de catapulta para los negocios de energía.

La firma, que fue un invitado de última hora y se presentó en el periodo de mejora de las ofertas, valoró el grupo andaluz en más de 564 millones, según sus informaciones. El tribunal mercantil primó que la oferta se hiciera por la totalidad del activo y del empleo, que en ese momento se cifraba en 9.505 trabajadores. Asimismo, tuvo peso que asumiera los litigios pendientes de Abengoa con la promesa de destinar parte de lo que percibiera a reparar deuda. Según la resolución, abonaría el 30 % a los acreedores privilegiados y el 20 % para el concurso.

Riquelme, al que se asoció el empresario vasco Alberto Zardoya, se comprometió también a aportar quince millones en Abengoa, además de otros 5,5 millones, que se suman a los 2,5 adelantados para pagar nóminas. Abonaría al menos 19,3 millones de la deuda privilegiada, ocho de la deuda más privilegiada y otros cincuenta millones en deuda en proyectos. Los 564 millones de valoración correspondían al cálculo del esfuerzo total. A las cantidades citadas se añadieron 252 millones de deuda de proyecto y 22,8 millones de deuda a la Seguridad Social.

El juez, que exigió a Cox la justificación de su capacidad para abordar la operación, valoró que los negocios fueran complementarios y que no requiriera avales. Vistas todas las ofertas, concluyó que la de Cox se viera como «suficientemente fundada, sólida, creíble, y factible».

Uno de los objetivos que se propuso Riquelme al poco de regir los destinos de la empresa fue sacar a bolsa Coxabengoa, la firma surgida de la integración de Abengoa con los activos productivos de Cox. Para ello, contrató los servicios de Santander, Bank of America y BNP, así como la asesoría de Lazard Brothers, según publicaron varios medios informativos. Eso suponía que el Santander y Lazard volvían al entorno de la compañía andaluza de la que la entidad financiera fue la principal acreedora y el banco de inversiones trabajó como asesor. Una forma de cerrar el círculo.

El 15 de noviembre de 2024 lo logró. Riquelme se propuso captar al menos 230 millones de euros con la venta del 20 % del capital a inversores institucionales y quedarse en torno al 60 %, además de alcanzar una valoración cercana a los 1.100 millones. Asimismo, no tenía previsto dar dividendos los tres primeros años para fortalecer la caja y cubrir las expectativas de crecimiento. Entre los compañeros de viaje estaban, además de la familia Zardoya, Corporación Cunext (transformador de cobre y aluminio), la firma dubaití Amea Power y el banco marroquí Attijariwafa Bank, que copaban la tercera parte de la oferta.

En una entrevista con motivo de la salida a bolsa con el periodista Alberto Grimaldi en el *Diario de Sevilla*, un eufórico Riquelme manifestaba que cuando se le adjudicó la empresa había mucha incertidumbre sobre él y sobre qué herramientas contaba para cumplir sus promesas. «Entonces la compañía no podía pagar los sueldos, y tuvimos que adelantarlos nosotros, había claramente incertidumbre también sobre los activos: o había una solución rápida o iba a liquidación; la carga de trabajo se había consumido y ya nadie les adjudicaba más contratos. Y yo prometí varias cosas; carga de trabajo, que no habría despidos ni desinversiones para financiar la solución, sino todo lo contrario, que íbamos a tratar de recuperar activos perdidos, traer avales...», le contaba al periodista gaditano, quizá el que con más detalle ha seguido la información sobre la crisis del grupo andaluz.

Tras dos años de «reseteo», según el empresario alicantino, el balance es de una compañía integrada con Cox, sin limitación de avales y con el respaldo de importantes bancos, una deuda digerible y un ebitda positivo, que contaba con un plan para invertir 3.200 millones de euros hasta 2028 en agua y energía. Antes de la vuelta al mercado, precisamente, la empresa alcanzó una alianza con la china Gotion, firma participada por la alemana Volkswagen, para invertir 250 millones en una planta de baterías eléctricas en Utrera (Sevilla). Para entonces, Coxabengoa ya era solo Cox, por lo que Abengoa se convirtió en pasado. Aunque un pasado pesado, pues muchos pleitos seguían en marcha y los activos del nuevo grupo provenían en su mayor parte de la antigua Abengoa.

15

Otros casos

Fecsa

En los años de la reconversión industrial y acercamiento a la Unión Europea, y como consecuencia también de levantar las alfombras, la Administración socialista ratificó algo que sospechaba: que el poderoso sector eléctrico estaba prácticamente en quiebra técnica y que necesitaba respiración asistida. Las eléctricas, entonces muy atomizadas, se habían metido en un bucle inversor a raíz del impulso a la energía nuclear que había planteado el régimen franquista tras la crisis del petróleo de 1973 y se encontraban excesivamente endeudadas. El Gobierno de Felipe González, que había anunciado en su programa electoral que lo único que nacionalizaría sería la red de alta tensión, tuvo que poner en marcha un intercambio de activos y echar mano de la empresa pública Endesa (Empresa Nacional de Electricidad, S. A.) para evitar suspensiones en cadena mediante la compra de parte de ellas.

De esta peculiar nacionalización, en la que entró un grupo de empresas, no se salvó Fecsa (Fuerzas Eléctricas de Cataluña, S. A.), aunque en principio se resistió con uñas y dientes pese a la evidencia de su deteriorado balance. La compañía, que había monopolizado el mercado eléctrico en Cataluña desde que en 1951 la fundara Juan March a partir de los activos de Barcelona Traction y de las diversas compañías que había ido absorbiendo, venía lastrada por las deudas enormes generadas por las fuertes inversiones realizadas en nucleares. Participó en la construcción de la central de Vandellòs en 1972 y luego instaló en solitario la de Ascó, que comenzó a producir en 1983, cuando ya sus cuentas la habían colocado con el agua al cuello.

Para entonces la eléctrica catalana estaba bajo el mando del Banco Central, que había ido quitando poder a los March. Hasta que, en 1987, en una situación sin retorno, la entidad financiera presidida por Alfonso Escámez obligó a cesar a Juan Alegre Marcet, un hombre de la confianza de la familia balear, y le sustituyó por Luis Magaña. Magaña, que había sido comisario de la Energía (correspondiente a secretario de Estado) con UCD, tenía muy buen cartel en el Gobierno socialista y tomó las riendas con decisión, reconociendo el mal estado de la compañía. Lo primero que hizo fue sustituir a todo el consejo de administración, muy viciado con prácticas pasadas, por otro nuevo. Tras aplicar una cirugía acoplada a las circunstancias, la empresa capeó el temporal hasta que en 1991 el Central acabó aceptando la oferta de Enher (filial de Endesa en Cataluña e histórica competidora de Fecsa) de tomar una participación del 40%. Era un paso previo para acabar con el control total cinco años después y la posterior integración jurídica en Endesa en abril de 1999.

Fecsa fue un ejemplo de crecimiento sin control con la idea de que cualquier patinazo lo cubriría el Estado. Pero las inversiones la superaron y, en efecto, fue el Estado el que acabó controlando la empresa a través de la empresa pública Endesa. Enher había mantenido una dura competencia con Fecsa por la preponderancia en Cataluña. La fusión de las dos empresas catalanas se había planteado en tiempos de la autarquía promovida por el INI, propietario de Endesa y de Enher. Esta tenía más producción, sobre todo hidráulica, pero Fecsa tenía los clientes, y rechazó la integración. La guerra entre las dos empresas fue cruenta. Fecsa puso muchos problemas de conexión a Enher, cuyos responsables se quejaron a las altas instancias. Al llegar el asunto al Pardo, Franco salió en defensa de los March, a cuyo patriarca le debía mucho de su victoria en la Guerra Civil, aunque los demandantes fueran sus adeptos Juan Antonio Suances y Victoriano Muñoz.

El mapa eléctrico cuando los socialistas llegaron al Gobierno era el de un mercado repartido entre las eléctricas de forma oligopolista y sin ningún control: Hidroeléctrica Española (Hidrola) en el centro, controlada por la familia Oriol; Iberduero en el norte y el centro, con los bancos vascos al mando; Sevillana de Electricidad en Andalucía, mandada por varias familias industriales (Ybarra, Luca de Tena, Angulo) y el Vizcaya; Fenosa, en Galicia, bajo la bota del conde de ídem, que absorbería por aquellas fechas Unión Eléctrica Madrileña; Hidrocantábrico, en Asturias; Electra de Viesgo en Cantabria y con el Santander al mando, y Eléctricas Reunidas de Zaragoza (ERZ), que fue la primera que se quedó Endesa cuando comenzó la reconversión socialista. Luego llegarían Sevillana, Viesgo y Fecsa. Hidrola, donde la familia Oriol no quería perder el poder que había disfrutado con Franco, reaccionó y no tardaría en llegar a un acuerdo con Iberduero para fusionarse en Iberdrola, en 1992, con la bendición gubernamental.

El sector eléctrico no tenía más remedio que abordar un proceso de concentración si quería sobrevivir. Luego vendrían las negociaciones para nuevas operaciones, las opas hostiles, las sonadas peleas por mantener o ganar el poder, tras las que el sector experimentó un cambio radical. Iberdrola y Endesa llegaron a escribir un acuerdo de fusión que se cargó el Gobierno de Aznar en 2001. Posteriormente, Gas Natural, que era el resultado de la integración de esta empresa gasista controlada por La Caixa con Unión Fenosa, intentó quedarse con Endesa, donde Manuel Pizarro, que había sustituido a Rodolfo Martín Villa tras el fracaso de la unión con Iberdrola, salió en tromba contra aquel intento esgrimiendo incluso la Constitución para defenderse. La opa fracasó, pero Endesa acabó repartida entre Acciona y el grupo italiano Enel tras un pacto con la alemana E.on, que había entrado en la lucha como *caballero blanco* de Pizarro. Luego la constructora de la familia Entrecanales se iría con buenos réditos. Para entonces Fecsa ya era una parte del antiguo grupo público español y, curiosamente, acabaría integrada en el grupo público italiano.

Fórum Filatélico/Afinsa

El 9 de mayo de 2006 la policía accedía a las sedes de Fórum Filatélico y del grupo empresarial Afinsa por orden de la Audiencia Nacional para intervenir la sociedad. Ambas entidades, que se dedicaban a captar inversores para negociar con la compraventa de sellos, sumaban un total de 459.000 clientes a los que se debía 6.281 millones de euros. Los magistrados Fernando Grande Marlaska (con el paso de los años sería ministro del Interior con Pedro Sánchez) y Santiago Pedraz ordenaron el procesamiento de sus responsables por los delitos de estafa piramidal y blanqueo de dinero. El engranaje consistía en prometer intereses superiores a los que ofrecían las entidades financieras por la compraventa de lotes filatélicos que estaban sobrevalorados. El estallido se produjo cuando los nuevos ingresos que sustentaban los pagos anteriores se desinflaron y se descubrió que ambas sociedades arrastraban un agujero que rondaba en ambos casos los 3.000 millones de euros.

En el caso de Fórum Filatélico la estafa había funcionado veintisiete años y la empresa se había ganado un prestigio en la sociedad, sobre todo en Valladolid, donde patrocinó el club de baloncesto que llevaba su nombre, equipo que se codeó con los principales de la división de honor y en el que jugaron estrellas como Arvydas Sabonis, Oscar Schmidt Bezerra y Juan Antonio Corbalán.

El Tribunal Supremo confirmó en 2020 penas de prisión para dieciséis integrantes de la cúpula de Fórum, aunque ligeramente rebajadas. Entre ellas la del presidente, Francisco Briones, condenado a once años y diez meses de cárcel frente a los doce años y cuatro meses que había impuesto en 2018 la Audiencia Nacional, como principal señalado por un delito continuado de estafa agravada en concurso con otro de falseamiento de cuentas anuales y otro de blanqueo de capitales, además de una multa de cincuenta millones. Briones, junto al exasesor Juan Ramón González (tres años y tres meses) y la propia empresa debían responder económicamente ante los 289.000 afectados. Sin embargo, estos últimos apenas recuperaron el 25 % de lo invertido por la sencilla razón de que no había fondos.

Cuando fue intervenida, la empresa tenía 393.700 contratos en vigor con una inversión de 3.200 millones de euros. La entidad contaba con un fondo de 121 millones de sellos, de los que 71,5 millones estaban adjudicados a contratos con los clientes. Pero los sellos estaban «sobrevalorados de manera impresionante», según la sentencia. Para Fórum, el inventario de estampas valía 4.347 millones de euros, pero, según el catálogo Yvert et Tellier (de referencia internacional en el mercado filatélico), el valor era de algo más de trescientos noventa millones. Es decir, once veces menos, que además lo fueron perdiendo los años siguientes. La Administración concursal logró vender una módica cifra de ocho millones a través de una casa de subastas por solo un millón de euros.

El mecanismo consistía en la venta de lotes de sellos con la promesa de revenderlos al vencer el plazo del contrato a un precio superior. Fórum aseguraba al cliente que, en el caso de no encontrar comprador, la misma empresa los adquiriría con esa ganancia. Los clientes ignoraban que el dinero que entregaban se destinaba en parte a la compra de nuevos sellos a precios muy inferiores a los que luego se los vendían a otros clientes. Esto se hacía para pagar a los clientes que deseaban recuperar sus inversiones o a los que tenían un interés asegurado en contrato, además del que se desviaba a los bolsillos de los directivos. También ignoraban que el dinero que se devolvía era el que entregaban otros clientes, es decir, la forma de nutrirse cualquier negocio piramidal, que no tiene otros ingresos que los que aportan los clientes convencidos.

En Afinsa era más de lo mismo dentro de la mecánica de la estafa piramidal de manual. Los responsables, además de captar clientes, los convencían para hacer caer a familiares, amigos y vecinos en la red. A cambio, se comprometían a recomprar los sellos que vendían entregándoles las cantidades invertidas más una rentabilidad superior a la del mercado financiero. Ese beneficio provenía, según ellos, de la constante revalorización de los sellos. Un negocio que, según precisaron los jueces, «era inviable» porque la inversión era mínima y generaba gastos que aumentaban el déficit patrimonial. Así se explica que la empresa arrastrara el agujero de casi 2.600 millones de euros que provocó la intervención.

El número de afectados fue de ciento noventa mil pequeños ahorradores que se habían creído el milagro. Su fondo de armario llegaba a ciento cincuenta millones de sellos, la mayor parte de ínfimo valor. La sobrevaloración, como pasó en Fórum, era la clave. Eso y que el «relato imaginado que solo inversores no informados y crédulos podían aceptar sin reserva», según la sentencia. Los sellos que gestionaba, además, eran retirados de la circulación y almacenados, lo que va contra la lógica del mercado para que obtengan valor.

Para remate, los contables se encargaban de usar «artificios técnicos» para falsear las cuentas y ocultar la situación patrimonial.

Afinsa había desarrollado esta actividad entre 1998 y la fecha de la intervención. En ese periodo había logrado tejer una red comercial «muy fuerte y muy bien pagada que presionaba al máximo», según la Fiscalía. Esa red estaba formada por setecientas diez delegaciones con «profesionales sobreintegrados en la subcultura de la organización hasta el punto de atraer y hacer caer a familiares, amigos, vecinos y conocidos en la red especulativa tejida por los administradores», según la sentencia, que situaba a Albertino Figueiredo, fundador de la empresa y experto coleccionista de sellos, y Juan Antonio Cano, presidente, en la cúspide de la pirámide.

La Audiencia Nacional había condenado a Cano a doce años y diez meses y a Figueiredo a once años en 2016 en una sentencia que había dictado penas para once de los trece acusados. El Supremo redujo parcialmente las penas, que se dictaron por estafa agravada, insolvencia punible, falsedad contable, blanqueo de dinero y delito contra la Hacienda Pública. Juan Antonio Cano, el presidente, pasó de doce años a ocho y siete meses, mientras el fundador de Afinsa, Albertino Figueiredo, su hijo Carlos y Vicente Martín se llevaron una pena similar y una multa de cien mil euros.

Grupo Arturo/Cantoblanco

Capítulo aparte merece también Arturo Fernández Álvarez, heredero de la empresa de armas fundada por su abuelo (Arturo Fernández Iglesias, armero de Alfonso XIII) que él convirtió en un gran negocio de hostelería. Su empresa, Grupo Arturo Cantoblanco, copaba gran parte de los contratos de restauración de organismos públicos (Congreso de los Diputados, Asamblea de Madrid, Institución Ferial de Madrid, Teatro Real, RTVE, el Club de Campo, Telemadrid, la mayor parte de los ministerios, varios hospitales y algunas sedes de grandes empresas) donde daba más de cincuenta mil comidas al día.

Arturo Fernández, sin embargo, destacó más por sus cargos públicos. Su buena relación con el poder empresarial y político de la capital le llevó a presidir la Cámara de Comercio de Madrid y la patronal madrileña CEIM, desde la que además ocupaba una vicepresidencia de la gran patronal CEOE. Se le conocía en los círculos políticos y empresariales como *el noveno consejero* de la Comunidad de Madrid por su cercanía con los presidentes Esperanza Aguirre e Ignacio González. Pero el sobrenombre que más se ajustaba era el de Rey del Catering.

Llegó a tener ciento cincuenta establecimientos y más de tres mil empleados en nómina, pero en 2017 entró en barrena y en liquidación mientras él se enfrentaba a una deuda con Hacienda de más de veinte millones de euros. Estuvo implicado en la operación Púnica sobre financiación irregular del PP y fue condenado por gastar 38.777 euros con la tarjeta *black* de Caja Madrid, de la que era consejero. Devolvió el dinero y fue absuelto, pero él achacó a ese episodio la caída que llevó a perder las concesiones hosteleras.

«Un repaso a los negocios de Fernández en Informa, la empresa que recoge los datos del Registro Mercantil, se parece a un paseo por una zona en demolición. Los avisos de concurso, preconcurso, liquidación, inactiva e, incluso, ilocalizable se suceden en la cincuentena larga de empresas en la que figura como director general, gerente, consejero delegado o, las más, administrador único. La mayoría no registra cuentas desde hace años y muchas presentan abultados agujeros en los fondos propios», escribían en 2017 Manuel V. Gómez y Javier Salvatierra en *El País* con motivo de su aparición en la lista de morosos con una deuda de veinte millones de euros.

Arturo Fernández se centró desde entonces en el Club de Tiro Cantoblanco, una finca a las afueras de Madrid donde posee una colección de más de cien coches, reliquias del pasado que tiene amontonadas como en su época de esplendor y de donde hace alguna inversión esporádica como la compra de una veintena de supermercados Día.

Grupo Villar Mir

En el lío de financiación al PP también se vio implicado Juan Miguel Villar Mir, una mente privilegiada que, después de ser ministro de Hacienda en el Gobierno de Arias Navarro y presidir varias empresas por cuenta ajena (Altos Hornos de Vizcaya, Electra de Viesgo), en 1987, ya con cincuenta y cinco años, decidió crear su propio grupo a partir de la inmobiliaria Espacio y la constructora Obrascón, que precisamente adquirió a AHV por una peseta. Con el tiempo, se fue ramificando en sectores como la electrometalurgia, los fertilizantes, la energía eléctrica y las concesiones bajo la cabecera OHL (fruto de la fusión de Obrascón con las también constructoras Huarte y Lain en 1999).

En su etapa de esplendor intentó presidir el Real Madrid y, en 1995, armó una candidatura que retiró para integrarse en la de Ramón Mendoza, que le nombró vicepresidente. Posteriormente, en 2006, volvió a aspirar a dirigir el club blanco, pero salió derrotado por Ramón Calderón en unas elecciones muy alteradas por la anulación de los votos por correo que probablemente le habrían dado la victoria. Miembro de la Real Academia de Ciencias Morales y marqués de Villar Mir por concesión de Juan Carlos I, el Madrid era su pasión confesada.

Pero no olvidaba OHL. La empresa se convirtió en una de las grandes del sector de la construcción, que en los años noventa experimentó un enorme proceso de fusiones y adquisiciones que dieron lugar a algunos de los grupos más importantes del planeta (ACS, Acciona, Ferrovial, FCC, Sacyr). El veterano empresario, sin embargo, no pudo aguantar el ritmo de crecimiento y se vio abocado a una crisis que tuvo el principal estallido en su filial mexicana, involucrada en una trama de corrupción por supuestas comisiones en un caso que sigue sin resolverse.

Aunque Espacio —que no entró en el G-14 inmobiliario— sorteó la crisis inmobiliaria, en 2015, Villar Mir se encontró con un cúmulo de proyectos fallidos que le obligaron a poner en venta muchos de sus negocios y activos. Entre ellos, la Torre Espacio (una de las cuatro de la antigua Ciudad Deportiva del Real Madrid y casi un emblema del grupo), que adquirió el grupo filipino Emperador, y el Centro Canalejas, complejo de lujo que incluye una galería comercial y un hotel junto a la Puerta del Sol de Madrid, en el que compró el 50 % el multimillonario Mark Scheinberg. Asimismo, en 2020 el Grupo Villar Mir, ya gestionado por su yerno Javier López Madrid, dio entrada en OHL a los hermanos mexicanos Luis y Mauricio Amodio (los mismos que tantearon la compra de Abengoa), que tomaron el 16 % para luego ampliar su dominio.

Adicionalmente, enfrascado en reducir la deuda, se tuvo que desprender de sociedades como Ferroglobe (antes Ferroatlántica) y Fertiberia. También vendió su filial concesionaria de México al fondo australiano IFM Investors, el mismo que luego lanzaría una opa sobre Naturgy que acabó con su entrada en el consejo de la energética. Tras estas variaciones, Villar Mir siguió reduciendo su participación hasta dejarla en un testimonial 0,1 % a través de Espacio, mientras el mando lo tomaban los hermanos Amodio, que habían elevado al 26 % su presencia en el capital. En la nueva aventura, con el nuevo nombre de OHLA, le acompañan los fondos Sand Grove (15,5 %) y Tyrus, el último en incorporarse en octubre de 2023 adquiriendo el 7 % que le quedaba a Villar Mir. Los nuevos dueños apuntaban desde entonces, más allá de la venta de activos, a recuperar el pulso en construcción y concesiones con la vista puesta en Estados Unidos, Latinoamérica y Europa.

Por otra parte, alcanzó un acuerdo para pagar una deuda al Banco Santander, del que Villar Mir fue consejero entre 2013 y 2019, con una decena de obras de arte, entre ellas algunas de Goya, Rubens y Zurbarán. Además de eso, entregó como garantía la filial de hormigones Pacadar y un 32,5 % de la firma de aparcamientos Alse Park de la deuda con la propia OHL por 129 millones. Y, para remate, acabó solicitando una ayuda de doscientos cincuenta millones de euros al fondo de rescate que creó el Gobierno para hacer frente a la crisis de la pandemia.

Isolux

Otro caso relevante es el de Isolux Corsam. La firma de ingeniería, construcción y mantenimiento de infraestructuras tuvo un crecimiento espectacular desde que se constituyó en 2004 y llegó a tener actividad en más de sesenta países. El grupo nació de la unión de Isolux Wat y Corsán-Corviam, ambas empresas con larga trayectoria. Llegó a poseer más de mil setecientos kilómetros de autopistas en Brasil, India, México y España y 23.500 plazas de aparcamiento. Además, fue uno de los mayores constructores mundiales de proyectos en el sector fotovoltaico, petróleo y gas y biocombustibles.

Sin embargo, se torcieron las cosas y en julio de 2016 los acreedores (Banco Santander y CaixaBank, principalmente), de acuerdo con los accionistas, impulsaron un plan de rescate financiero para evitar el concurso de acreedores por más de 2.000 millones. En octubre de ese año logró la homologación judicial con el 89,4% para reestructurar su deuda.

El plan suponía que los principales accionistas (Luis Delso y José Gomis, presidente y vicepresidente, respectivamente) pasaban de tener el 54% a menos del 10%. Los otros accionistas eran CaixaBank, con el 28%, proveniente de la antigua Banca Cívica; el FGD, con el 11%, que pertenecía a Caja Castilla-La Mancha (CCM); Unicaja y EDB.

El plan fracasó y en julio de 2017 presentó concurso de acreedores, que afectaba a siete empresas. Posteriormente entró en liquidación, dando lugar a una de las mayores quiebras de España, con un agujero patrimonial de más de 3.800 millones de euros. Los administradores apuntaron como causa del problema la crisis financiera, que imposibilitó dar un vuelco al negocio. El grupo trató de reducir los niveles de endeudamiento con acuerdos con fondos de inversión, que no se mantuvieron en el largo plazo, e hizo dos intentos de salida a bolsa (en Brasil y España), ambos fallidos. La situación se fue deteriorando y la caída de actividad en los últimos ejercicios empeoró de manera significativa la estructura financiera.

En junio de 2020, la Fiscalía Anticorrupción presentó una querella en la Audiencia Nacional contra la empresa y la que fue su cúpula entre 2008 y 2015 por unas supuestas entregas de dinero a una asociación para el cobro de comisiones en Argentina. La operación se enmarcó en el proceso que se sigue por los denominados «cuadernos de la corrupción», anotaciones que realizó el chófer de un alto cargo durante las presidencias de Néstor Kirchner y Cristina Fernández con los viajes realizados para recibir sobornos a cambio de adjudicaciones.

Fagor

En noviembre de 2013, Fagor Electrodomésticos, uno de los iconos del cooperativismo del grupo Mondragón con más de sesenta años de historia, presentaba concurso de acreedores con una deuda acumulada de ochocientos millones de euros. La caída de la empresa, que había inundado la televisión con aquel anuncio tan pegadizo «¿Qué dices? ¡Que te fagorices!» que protagonizaba el actor Antonio Garisa y llevado los electrodomésticos a los hogares españoles, además ponía en duda el modelo que había triunfado en el País Vasco y era modelo mundial.

Fagor era sinónimo de eficacia. En 1986, con treinta años de vida, era el fabricante europeo con la gama más amplia de productos para el hogar y contaba con más de cinco mil seiscientos empleados en todo el mundo (mil ochocientos en el País Vasco). Desde 2019, la marca Fagor la comercializó el grupo polaco Amica, uno de los principales fabricantes europeos, tras llegar a un acuerdo con el grupo Mondragón, propietario de la marca, después de que fracasara la entrada de la firma catalana Cata (del grupo CNA) precisamente porque el grupo se negó a venderle la marca. El asunto acabó en un largo proceso judicial entre Mondragón y los catalanes por la marca. Amica, que está presente en sesenta países, tiene exclusividad para utilizarla en grandes electrodomésticos de línea blanca durante quince años desde 2020, prorrogables otros quince si la compañía logra una facturación de, al menos, 35 millones de euros.

Mientras, el grupo Fagor continúa su actividad en ocho cooperativas de distintos sectores. Pero los electrodomésticos, que eran los que habían triunfado, no pudieron superar la crisis que provocó la burbuja inmobiliaria de 2008. Había realizado importantes inversiones y se acumuló la deuda. Mondragón aguantó lo que pudo hasta que tiró la toalla después de haber aportado trescientos millones del fondo de solidaridad intercooperativo. La crisis también afectó a Eroski, pero los supermercados la superaron mediante recortes y otras medidas que en Fagor Electrodomésticos no prosperaron, pese a que Mondragón reubicó a muchos de sus trabajadores.

Las preguntas sobre el futuro del cooperativismo se agolparon en el entorno del grupo vasco, que veían una amenaza para el resto del tejido industrial. Lo que ocurrió es que los mecanismos de defensa, aunque se vieron debilitados, resistieron y se pudo iniciar un nuevo camino con la lección aprendida de que no eran inviolables. Entre otras medidas, se duplicaron las cuotas de los cooperativistas adscritos a Lagun Aro, el sistema de protección social. Además, la crisis de Fagor llegó poco después de que algunas cooperativas como Ulma y Orona decidieron salir del grupo, como lo habían hecho Irizar y Ampo en 2008.

Bibliografía

Agustina, Lalo, *El ocaso del imperio del sol*, Barcelona, Península, 2017.

Amat, Jordi, *El hijo del chófer*, Barcelona, Tusquets, 2020.

Ayora, Amador G., *Rodrigo Rato*, Madrid, La Esfera de los Libros, 2003.

Aznar, José María, *Ocho años de gobierno. Una visión personal de España*, Barcelona, Planeta, 2004.

Baiges, Francesc; González, Enric, y Reixach, Jaume, *Banca Catalana. Más que un banco, más que una crisis*, Barcelona, Plaza y Janés, 1985.

Cabrera, Mercedes, y Del Rey, Fernando, *El poder de los empresarios*, Madrid, Taurus, 2002.

Cacho, Jesús, *Asalto al poder. La revolución de Mario Conde*, Madrid, Temas de Hoy, 1988.

Conde, Mario, *El sistema. Mi experiencia del poder*, Barcelona, Espasa-Calpe, 1994.

Cuervo, Álvaro, *La crisis bancaria en España, 1977-1985*, Barcelona, Ariel, 1988.

De Juan, Aristóbulo, *De bancos, banqueros y supervisores. 50 años desde la trinchera*, Barcelona, Deusto, 2021.

—, *De buenos banqueros a malos banqueros*, Madrid, Marcial Pons, 2017.

Díaz González, Enrique, *Rumasa*, Barcelona, Planeta, 1983.

Estefanía, Joaquín, *La larga marcha*, Barcelona, Península, 2007.

Guindal, Mariano, *El declive de los dioses*, Barcelona, Planeta, 2011.

María, Javier, *Será amado cuando falte*, Madrid, Alfaguara, 1999.

Márquez, Fabián, *José María Cuevas o la aventura de la CEOE*, Madrid, Cinca, 2012.

Martínez Soler, José Antonio, *La prensa no fue un regalo*, Madrid, Marcial Pons, 2022.

Peláez, Manuel J., y Serrano Alcaide, Concepción, «Historia del Banco

Popular de los Previsores del Porvenir, luego Banco Popular Español (1926-2008)», *Contribuciones a la Economía*, septiembre de 2008.
Pérez, Encarna, y Nieto, Miguel Ángel, *Los cómplices de Mario Conde*, Madrid, Temas de Hoy, 1993.
Pérez, Manel, *La burguesía catalana*, Barcelona, Península, 2022.
Rato, Rodrigo, *Hasta aquí hemos llegado*, Barcelona, Península, 2023.
Ríos, Pere, *Banca Catalana: caso abierto*, Barcelona, Península, 2015.
Solbes, Pedro, *Recuerdos. 40 años de servicio público*, Barcelona, Deusto, 2013.
Solchaga, Carlos, *Las cosas como son. Diarios de un político socialista (1980-1994)*, Barcelona, Galaxia Gutenberg, 2017.

Anexo
Glosario de términos económicos y jurídicos

Acción: parte en la que se divide el capital de una sociedad. Valor mobiliario que representa una parte alícuota de una sociedad anónima y que otorga a su poseedor derechos sobre dicha sociedad.

Acción convertible: acción que se puede convertir en otros valores emitidos por la misma sociedad.

Acción de oro (*golden share*): es aquella acción a la que se atribuyen derechos especiales de voto que permiten a su propietario ejercer el control de una sociedad sobre el resto de los accionistas. Suele utilizarse por parte de los gobiernos después de haber privatizado una empresa, lo que en la práctica permite mantener cierto control y vetar determinadas decisiones.

Acción liberada: aquella que se entrega con cargo a reservas cuando se hace una ampliación de capital.

Acción preferente: aquella acción que confiere un derecho especial a su titular. Suele ser de contenido económico y se materializa en el reparto de beneficios.

Acción social de responsabilidad: derecho que la ley concede a determinadas personas (socios, accionistas, acreedores...) a exigir judicialmente que se repare cualquier detrimento en el patrimonio social motivado por determinadas conductas.

Accionariado: conjunto de acciones y accionistas de una sociedad mercantil.

Acreedor: persona física o jurídica que tiene el derecho a pedir el cumplimiento de alguna obligación contraída con él. En un préstamo, el acreedor es la persona que entrega una cantidad a un tercero a cambio de que se le devuelva, normalmente con intereses, y el prestatario en la que se obliga a devolver el préstamo.

Activo: conjunto de bienes y derechos de una empresa susceptibles de ser valorados económicamente. Dicho de otra forma, son los que pueden ser tocados: monedas, edificios, bienes inmuebles, flota de vehículos, inventarios, equipos de todo tipo... Entre los tipos de activos figuran los corrientes (también llamados líquidos o circulante), que son los que pueden convertirse en dinero vendido o consumido a corto plazo; y los fijos, que son los que tienen una vida útil más larga.

Activo inexistente: se trata de activos omitidos, que no fueron incluidos en las declaraciones de impuestos existiendo la obligación legal de hacerlo. Los pasivos inexistentes son los que se incluyen en las declaraciones de impuestos con el único fin de disminuir la carga tributaria del contribuyente.

Activo malo (o tóxico): es un activo financiero de mala calidad que ha perdido todo o la mayor parte de su valor, y posee un elevado riesgo y baja probabilidad de recuperar su valor. Por ello, tiene mala calidad crediticia, lo que también se conoce como *subprime*, y no alcanza el grado óptimo de inversión. El valor es cero o negativo.

Adeudo: obligación adquirida por un prestatario de devolver un préstamo.

Agencia de valores y bolsa: empresa de servicios de inversión que actúa como intermediaria en los mercados financieros. Pueden tramitar órdenes de compra o venta para sus clientes, pero no pueden actuar por cuenta propia.

Amortización: devolución de la cantidad invertida a los tenedores de un valor. Hay muchos tipos de amortización, que puede ser total o parcial, y la opción de realizarla puede corresponder al inversor o al emisor, según se establezca en los contratos establecidos.

Ampliación de capital: operación mediante la que la sociedad incrementa su capital social. Se puede hacer por la emisión de nuevas acciones o por el aumento del valor nominal de las ya existentes.

Apalancamiento financiero: es la relación entre capital propio e inversión total en una operación financiera. A mayor crédito, mayor apalancamiento y menor inversión de capital propio. Consiste en usar endeudamiento para financiar una operación. Al reducir el capital inicial que es necesario aportar, se produce un aumento de la rentabilidad obtenida. Cuanto más apalancamiento, más riesgo, porque supone mayor exposición a la insolvencia o incapacidad de atender los pagos.

Apropiación indebida: delito contra el patrimonio que consiste en apoderarse de bienes ajenos con intención de lucrarse cuando esos bienes se encontraban legalmente en su posesión a través de otros títulos posesorios distintos de la propiedad.

Arbitraje: operaciones realizadas para sacar ventaja de las situaciones de ineficacia de los mercados. El arbitrajista venderá el valor más caro y comprará el más barato, con lo que la posible ineficacia termina por desaparecer o reducirse al límite de los costes de transacción.

Autocartera: conjunto de acciones propias de una sociedad emitidas por ella misma.

Aval: garantía que ofrece el Estado u otra persona.

Bajista: este término indica que existen expectativas de caída de los precios o cotizaciones, lo que provoca una presión vendedora que contribuye a fortalecer la tendencia a la baja.

Balance: situación patrimonial de una empresa. Tiene dos partidas, activo (bienes y derechos de la empresa) y pasivo (recursos propios y obligaciones de la empresa), cuyo valor debe ser equivalente.

Balanza de pagos: registro que recoge las transacciones que realiza un país con el exterior en un periodo de tiempo.

Banco Central Europeo (BCE): órgano responsable de la política monetaria de la eurozona. Su cometido es garantizar la estabilidad de precios y apoyar las políticas económicas generales de la Unión Europea. Debe actuar con independencia respecto a los gobiernos de la UE.

Banco industrial: institución financiera cuyo objeto social es la creación de nuevas empresas o desarrollar las ya existentes mediante la concesión de créditos para financiar sus inversiones.

Beneficio: el beneficio bruto es el resultado de la actividad de una sociedad (diferencia entre ingresos y gastos) antes de descontar amortizaciones e impuestos. El neto es el margen que queda tras restar esas partidas.

Beneficio por acción: ratio que relaciona el beneficio neto con el número de acciones de una compañía.

Bienes: cosas materiales e inmateriales en cuanto a objetos de derecho.

Bienes inmuebles: tierras, edificios, caminos, construcciones y minas, junto con los adornos o artefactos incorporados, así como los derechos a los cuales atribuye la ley esta consideración.

Blanqueo de capitales: es el proceso también conocido como lavado de capitales, lavado de activos o lavado de dinero que consiste en cambiar grandes cantidades de dinero obtenidas de delitos por otras de origen legítimo. Comisión de un acto delictivo de tipo grave, que supone la obtención de beneficios ilegales en los mercados u otros sectores económicos utilizando sistemas encubiertos para realizar transacciones y pagos lejos de los mecanismos de vigilancia. Es una práctica habitual en el crimen organizado (narcotráfico, contrabando de armas, trata, prostitución, extorsión, piratería, evasión...) y la economía sumergida.

Blindajes: acuerdos tomados en las juntas de accionistas de las sociedades anónimas por las que se modifican los estatutos con el fin de establecer limitaciones al derecho de voto de los accionistas o de fijar mayoría reforzada para modificar dichos acuerdos. Su objetivo es salvaguardar la composición del consejo de administración y asegurar el control por parte de un accionista o grupo de accionistas.

Blockchain: cadena de bloques, es la tecnología que se encuentra tras el bitcoin y permite almacenar las transacciones. Está basada en una estructura de datos de manera que cada vez que se hace una operación la información queda almacenada en un bloque que luego se agrupa en la cadena de bloques. Se acumula en una línea temporal para hacer un seguimiento a través de grandes cálculos criptográficos.

BME (Bolsas y Mercados Españoles): sociedad holding constituida en 2002 que aglutina a todas las entidades españolas dedicadas a la negociación, compensación y liquidación de valores.

Bolsa de valores: mercados organizados, sujetos a regulación oficial y supervisados por la Comisión Nacional del Mercado de Valores (CNMV).

Bonista: persona o entidad que ostenta la titularidad de un valor de renta fija, lo que le convierte en acreedor de una sociedad.

Bonos: valor de renta fija emitido a cinco o diez años emitido por una entidad pública o privada.

Bonos basura: valores emitidos por empresas de solvencia más o menos dudosa que ofrecen altos rendimientos a cambio de elevado riesgo.

Bonos convertibles: bonos en cuyas condiciones de emisión se contempla la posibilidad de convertirlos en acciones.

Bonos del Estado: instrumento de renta fija emitido por el Estado. Estos activos ofrecen un tipo de interés fijo que se abona en cupones anuales.

Bróker: intermediario que solo puede operar por cuenta de sus clientes, y que, a diferencia del *dealer*, no puede tomar posiciones propias.

Bróker ciego: figura característica del mercado de deuda anotada; son entidades que se interponen entre comprador y vendedor manteniendo el anonimato de ambos.

Burbuja especulativa: puede darse en cualquier mercado que funcione libremente bajo los principios de oferta y demanda. La burbuja se produce cuando los precios varían de manera acusada sin que los movimientos puedan asociarse a razones objetivas.

Caballero blanco: empresa a la que recurre una compañía que ha sido objeto de una opa hostil para contrarrestar presentando otra oferta con mejoras sobre la primera.

Caballero negro: persona o entidad que lanza una opa hostil.

Caja b: se considera caja b (o contabilidad b) a las operaciones realizadas fuera de las cuentas oficiales que se utiliza para ocultar fondos no declarados y, por tanto, opacos al fisco.

Calificación de solvencia: estimación de la solvencia de una compañía que realizan entidades especializadas. La valoración se plasma en el *rating*, que permite a los inversores evaluar el riesgo de invertir.

Canje: cambio de unos títulos por otros con características similares.

Capital riesgo: actividad financiera por la cual se participa con carácter temporal en empresas que se encuentran en fase de creación o desarrollo. Normalmente, la realizan inversores profesionales o entes públicos.

Capital social: fondos propios de una sociedad que proceden de las aportaciones de los accionistas. La participación otorga derechos de suscripción preferente en ampliaciones de capital y derechos de asistencia y voto en las juntas generales de accionistas.

Capitalismo popular: expresión utilizada para fomentar la participación de la mayor parte de ciudadanos en el capital de las empresas que cotizan en bolsa. Se puso de moda en el proceso de privatización de compañías estatales. En una definición más académica, es aquel que permite una igualdad de oportunidades en el acceso a la riqueza y a la producción.

Capitalización bursátil: valor que el mercado atribuye a una empresa expresado como producto del número de acciones emitidas por el precio de cotización.

Cartera crediticia: conjunto de préstamos que las instituciones financieras han otorgado a sus clientes. A través de esta cuenta se generan los ingresos para la institución mediante la tasa activa, es decir, el porcentaje que cobran por los créditos concedidos.

Cartera de valores: conjunto de activos financieros que posee una persona física o jurídica (acciones, bonos, fondos de inversión...).

Casación: anulación, revocación, invalidación.

Causación: acción y efecto de causar. Reconocimiento de los hechos económicos y financieros en el momento en el que ocurren, no cuando se reciben o pagan. Es esencial para asegurar que los estados financieros reflejen con precisión la realidad económica de la empresa en cada periodo contable.

Cesión de créditos: operación en la que un acreedor transmite a un tercero los derechos de cobro de un crédito pendiente.

Chantaje: amenaza o difamación pública para obtener provecho de alguien u obligarlo a actuar de manera determinada. Consiste en exigir de otro el pago de una cantidad bajo la amenaza de revelar o difundir hechos referidos a su vida privada o sus relaciones que no sean de dominio público y puedan perjudicar su crédito. Se diferencia de la extorsión en que en esta la amenaza es de dañar físicamente. (Véanse *extorsión* y *coacción*).

Chicharros: clase de valores sometidos a una fuerte volatilidad unida a una escasa liquidez, lo que los configura como unos valores con un elevado índice de riesgo.

Chiringuito financiero: aquellas entidades que ofrecen servicios de inversión sin estar autorizadas para ello.

Ciclo económico: variación a largo plazo de la actividad económica de un país medida a través de sus índices macroeconómicos. Es expansivo (fase de crecimiento) o recesivo (fase de contracción).

Cláusula suelo: aquella que establece un porcentaje mínimo a pagar en las cuotas de una hipoteca, aunque el interés surgido de la suma del índice de referencia y el diferencial sea inferior.

Coacción: consiste en utilizar la violencia para impedir a otra persona hacer algo que no está prohibido legalmente u obligar a hacer algo que no desea, con independencia de que sea justo o injusto. (Véanse *chantaje* y *extorsión*).

Código de Buen Gobierno: conjunto de recomendaciones sobre los principios y normas que deben inspirar el funcionamiento de las sociedades anónimas. En España existe el Código Unificado de Buen Gobierno. La aplicación de las recomendaciones es voluntaria para las entidades, pero en caso de no asumirlas deberán explicar el motivo.

Coeficiente: mide la capacidad de una empresa para atender sus obligaciones a corto plazo con sus activos más líquidos. Resultado de dividir la totalidad de los ingresos presupuestados que se encuentren afectados a la realización de un gasto presupuestario por el importe total del gasto presupuestado.

Cohecho: delito contra la Administración pública consistente en el ofrecimiento de una dádiva a una autoridad o funcionario público a cambio de realizar u omitir un acto inherente a su cargo. Se ofrece algo a cambio de establecer un dominio corrupto fuera de orden con fin de sacar beneficios sin importar los daños.

Colocación: es el servicio que presta una entidad al emisor u oferente para distribuir los valores de una sociedad.

Comisión: lo que cobra la sociedad gestora como remuneración por sus servicios.

Comisión Nacional de los Mercados y la Competencia (CNMC): organismo público que se encarga de supervisar y regular el buen funcionamiento de los mercados y de que se cumplan las normas de competencia entre las empresas. Es un organismo público con personalidad jurídica propia, independiente del Gobierno y sometido a control parlamentario.

Comisión Nacional del Mercado de Valores (CNMV): organismo público dependiente del Ministerio de Economía al que corresponde la supervisión e inspección de los mercados de valores y de las personas que se relacionan en el tráfico de estos.

Comiso: decomiso o confiscación, pena accesoria a la principal que consiste en la privación definitiva de los instrumentos y del producto del delito o falta.

Concurso de acreedores: procedimiento para resolver las situaciones de insolvencia de una sociedad o de una persona física cuando no es capaz de cumplir con sus obligaciones exigibles. El objetivo es satisfacer a los acreedores sin tener que llegar a la total liquidación del patrimonio. La declaración de concurso pueden solicitarla tanto el deudor como cualquier acreedor.

Confiscación: pena o sanción consistente en la apropiación por parte del Estado de la totalidad del patrimonio de un sujeto.

Conflicto de intereses: situación que se da cuando una entidad intermediaria tiene unas expectativas que pueden ser contrapuestas a las del inversor particular (cliente o accionista).

Consejero delegado: directivo responsable de la dirección ejecutiva de una sociedad.

Consejero ejecutivo: es el que, además de consejero, está en la actividad diaria de la sociedad desempeñando tareas de alta dirección.

Consejero externo: el que no interviene en la actividad diaria, puede ser dominical o independiente. El dominical es el que forma parte del consejo de administración por su condición de accionista importante de la sociedad. El independiente es aquel que debe desempeñar sus funciones sin verse condicionado por relación alguna con el equipo gestor ni con los accionistas de control.

Consejo de administración: órgano de gobierno de una sociedad al que le corresponde la gestión y representación.

Contrato de futuros: contrato negociado en un mercado organizado por el que las partes acuerdan la compraventa de una cantidad concreta de un valor en una fecha futura y determinada y con un precio establecido de antemano. También se denomina mercado a término.

Corrupción: mal uso por parte de un funcionario de su autoridad y los derechos que se le confían con el objeto de obtener ventajas o beneficios contrarios a la legalidad o que sean de naturaleza defraudatoria. Un acto de corrupción es un conjunto de comportamientos fraudulentos o ilegales cometidos para aprovechar su poder y obtener beneficios personales.

Corrupción entre particulares: delito que se caracteriza por actos de soborno o manipulación orientados a obtener un beneficio ilícito, ya sea como ventaja competitiva, un contrato o cualquier ganancia económica o comercial.

Cotización: valor de una acción tras la negociación en bolsa.

Crac bursátil: caída vertiginosa de las cotizaciones de una mayoría de los valores de una bolsa. Término que se popularizó en la conocida jornada negra de Wall Street en 1929.

Crédito: cesión de bienes o valores que conceden generalmente las entidades de crédito con el compromiso de devolución en un plazo y unos intereses convenidos. Existen muchas modalidades de créditos, los más importantes son los de consumo, los comerciales o los hipotecarios, dependiendo el destino para el que se negocia. El crédito se diferencia del préstamo en que en este se facilita todo el dinero que se pide de una sola vez, mientras que en el primero el banco pone a disposición del cliente una cantidad que puede utilizar en función de sus necesidades.

Crédito blando: crédito con vencimiento a largo plazo y un bajo tipo de interés concedido normalmente por una entidad de crédito oficial o por una institución financiera internacional a empresas de países en desarrollo, sectores en crisis, inversiones con alto interés social u causas parecidas.

Crédito ficticio: son los llamados créditos falsos o exprés, que suponen un fraude.

Cultura de riesgo: abarca los valores, las creencias, las actitudes y el conocimiento sobre el riesgo que se tiene en el interior de una empresa, con o sin ánimo de lucro.

Cupón: es el interés nominal que tienen derecho a percibir los titulares de un valor de renta fija.

Dación de pago: transmisión al acreedor o a los acreedores, del dominio de una cosa en compensación de una deuda.

Dealer: intermediario que, además de comprar y vender por cuenta de sus clientes (como el bróker) está autorizado para hacerlo por cuenta propia.

Default: incapacidad de un deudor para pagar las deudas que tiene con los acreedores. En este caso, la diferencia con la quiebra es que el deudor tiene suficientes activos para hacer frente a las deudas, pero sus activos no son suficientemente líquidos.

Defensor del cliente: figura cuya función es atender las quejas de los inversores de una entidad o conjunto de entidades.

Déficit: magnitud que refleja un saldo negativo. En el caso del público se refiere al de una administración.

Deflación: proceso de disminución de precios en un país, fenómeno contrario a la inflación.

Delegación de voto: procedimiento por el que un accionista designa a otro para que le represente y ejerza sus derechos.

Demanda judicial: petición que el litigante que inicia un proceso formula y justifica en el juicio. Escrito con el que normalmente se inicia un proceso y en el que, exponiendo los hechos y los fundamentos de derecho que se crean aplicables, se solicita del juez un pronunciamiento favorable a una determinada pretensión.

Depreciación: disminución del precio que tiene un valor comparándolo con el que tenía antes o con otros de su clase

Derechos políticos: aquellos que tiene el accionista para aprobar o desaprobar las actuaciones de los gestores de la sociedad y se suelen ejercitar en las juntas generales de accionistas. Las acciones sin voto renuncian a esos derechos políticos en favor de un mayor dividendo.

Descubierto: fondos que se ponen a disposición del cliente y que superan el saldo disponible en su cuenta.

Desfalco: acción y efecto de desfalcar. Tomar para sí algo que se tenía obligación de custodia. Malversación, estafa, fraude.

Desgravación: disminución parcial o total de la base imponible de un impuesto.

Desinversión: acción de recuperar las cantidades invertidas en cualquier producto financiero que puede deberse a la necesidad de obtener liquidez.

Desistimiento: acción y efecto de desistir.

Deuda pública: también llamada deuda soberana, es el volumen de dinero que un Estado ha pedido prestado en los mercados financieros para cubrir su déficit. Suele representarse como porcentaje del PIB, lo que permite valorar la capacidad que tiene un país para devolver el dinero que debe. El Estado emite valores de deuda pública (letras, bonos u obligaciones) para conseguir financiación ajena.

Devaluación: reducción del valor de una divisa en relación con otra.

Devengo: momento en el que nace la obligación de pago de un tributo.

Diferencial de tipos de interés: es la prima de riesgo que los inversores exigen a los activos de renta fija de un país en relación con otro que se considera más solvente.

Dilaciones indebidas: son retrasos de trámite del proceso que se evalúan analizando pormenorizadamente la causa y los lapsos de tiempo muerto en la secuencia del proceso. La dilación indebida tiene que darse desde que se inicia hasta la celebración del juicio oral. Por el contrario, un plazo razonable es un concepto más amplio que implica el derecho de todo lo que se realice en un tiempo prudencial, atendiendo a la complejidad y los avatares procesales. Tanto una como otra lesionan el derecho del acusado a que su causa sea tratada y resuelta a tiempo.

Dilución: disminución del valor teórico de las acciones en circulación.

Dividendo: parte del beneficio que se reparte entre los accionistas.

Divisa: moneda en circulación en un país.

Dotación: provisión o asignación de recursos con un determinado fin. La dotación financiera se refiere al dinero o bienes con la condición de que sea invertido.

Dow Jones: índice de la Bolsa de Nueva York.

Ecofin: consejo de ministros de Economía y Finanzas de la UE.

Economía sumergida: actividad económica practicada al margen de los cauces legales, sin figurar en los registros fiscales ni estadísticos.

Ecuación de canje: proporción en la que las acciones de una sociedad serán intercambiadas por la de otra en una fusión de empresas.

Emisor: entidad que origina o pone en circulación valores o instrumentos financieros.

Empréstito: forma de financiación por la que una empresa acude al mercado para solicitar un préstamo a un gran número de inversores.

Escisión: operación de reestructuración de sociedades en sentido inverso a la fusión.

Especulación: proceso por el cual, en los mercados de valores, el inversor asume una posición de riesgo esperando un beneficio a corto plazo.

Estado de bienestar: concepto que se refiere a todo el conjunto de intervenciones dirigidas desde el Estado orientadas a garantizar unos servicios mínimos a la población a través de un sistema de protección social. En España está representado principalmente por la Seguridad Social con cuatro vías de actuación: subsidios, sanidad, educación y provisión de vivienda.

Estafa: delito consistente en provocar un perjuicio patrimonial a alguien mediante el engaño y con ánimo de lucro. En ocasiones se asimila al fraude, al timo y al engaño (dolo), pero aunque estén relacionados no se trata de los mismo ya que estos suelen formar parte de la estafa.

Estafa piramidal: se conoce como estafa piramidal (fraude de pirámide empresarial) a un esquema de negocios en el que los participantes tienen que recomendar y captar a más clientes con el objetivo de que los nuevos participantes captados produzcan beneficios a los que ya están desde el origen. Se le da nombre de piramidal porque se requiere que los nuevos beneficios superen a los ya existentes, de manera que va subiendo en forma de pirámide. La estafa consiste en que se promete que se va a obtener un beneficio seguro con las aportaciones de los nuevos participantes; pero, cuando se saturan (exceso en la oferta), los beneficios caen y la mayoría no tienen beneficio alguno tras haber financiación las ganancias de los primeros.

Euríbor: índice de referencia al que se vincula la remuneración de contratos financieros.

Evasión de capitales: consiste en la exportación ilegal de capital al extranjero burlando la legislación de un país con el objetivo de ocultarlo al fisco o para evitar compromisos adquiridos. La evasión fiscal o fraude fiscal se produce cuando los contribuyentes (personas o empresas) ocultan ingresos y bienes a la Administración o cuando se sobrevaloran conceptos deducibles con el fin de aminorar el pago de impuestos.

Exención fiscal: ventaja fiscal de la que por ley se beneficia un contribuyente y en virtud de la cual es exonerado del pago total o parcial de un tributo.

Expropiación: fenómeno de derecho público, constitucional y administrativo que consiste en la transferencia coactiva de la propiedad privada de su titular al Estado mediante indemnización. Esta debe ser equivalente al valor económico del objeto expropiado, lo que la diferencia de la confiscación. La expropiación forzosa es la que se hace por causa de utilidad pública o interés social.

Extorsión: delito grave que se basa en el uso de la intimidación o violencia para obtener un beneficio económico o patrimonial. Se distingue de la coacción en que en la extorsión la ofensa puede ser plural (se perjudica a bienes muebles o inmuebles, la integridad física de terceras personas o la libertad) y en la coacción suele ser una acción directa e inmediata y hace que el afectado actúe por él y haga algo en contra de su voluntad. El chantaje, por su parte, no implica amenazas directas ni coerción física, sino que se basa en la manipulación de las emociones, la confianza o la información de la víctima para lograr sus objetivos.

Extradición: procedimiento por el que las autoridades de un Estado hacen entrega de una persona a las de otro que la reclaman para que pueda ser enjuiciada penalmente en este o cumpla en él una pena ya impuesta.

Falsedad: delito consistente en la alteración o simulación de la verdad, con efectos relevantes, hechas en documentos públicos o privados, en monedas, en timbres o en marcas.

Falsificación: acto que se lleva a cabo para crear o modificar documentos, productos o efectos con el fin de hacerlos parecer como verdaderos o para alterar la verdad.

Family office: grupos familiares que desarrollan una gestión integral de sus patrimonios por sí mismos o a través de entidades especializadas.

Fed (Reserva Federal): banco central de Estados Unidos.

Fiduciario: persona o institución al que se le da poder para actuar en nombre de otro.

Filial: es una empresa controlada por otra, conocida esta como holding o empresa matriz. Las filiales no consolidadas son aquellas en las que la empresa holding tiene una participación no significativa a través de acciones con derecho a voto, pero no ejerce control sobre las operaciones. A diferencia de las consolidadas, en las que la matriz consolida los estados financieros con los suyos, las no consolidadas se contabilizan utilizando el método de participación, que reconoce la participación proporcional en los activos, pasivos, ingresos y gastos de la subsidiaria.

Financiación: forma utilizada por una sociedad para conseguir el dinero para acometer las inversiones o cubrir los gastos, ya sean derivados de la actividad ordinaria o de algún hecho extraordinario.

Fiscalía Anticorrupción: de nombre oficial Fiscalía Especial contra la Corrupción y la Criminalidad Organizada, es el organismo que se encarga de investigar y conocer los procesos penales de especial trascendencia relativos a delitos económicos, corrupción política y aquellos relacionados con la delincuencia organizada.

Fluctuación: diferencia entre el valor en un momento dado de una magnitud o variable y su medida. En bolsa, movimiento continuado de alzas y bajas de un valor.

FMI (Fondo Monetario Internacional): organismo creado en 1945 para establecer un marco de cooperación económica internacional mediante la expansión y el crecimiento del comercio y el fomento de la estabilidad cambiaria.

Fondo buitre: fondo de inversión de carácter especulativo que compra deuda o activos de empresas o instituciones en graves dificultades económicas.

Fondo de amortización: depósito realizado periódicamente por un prestatario conforme a las condiciones del crédito o de la emisión de deuda a largo plazo para rescatar la totalidad o una parte de uno u otro.

Fondo de comercio: exceso, en la fecha de adquisición, del coste de la combinación de negocios sobre el correspondiente valor de los activos identificables adquiridos menos el de los pasivos asumidos.

Fondo de Garantía de Inversión: sistema de indemnización de los inversores que ofrece una cobertura de hasta 100.000 euros cuando una entidad sea declarada insolvente y no puede restituir los valores que tuviera en depósito. En el caso de que sea una entidad financiera, la cobertura corresponde al Fondo de Garantía de Depósitos (FGD) en establecimientos bancarios.

Fondo de inversión: patrimonios sin personalidad jurídica constituidos por aportaciones de particulares. La sociedad gestora se encarga de invertir las aportaciones en distintos activos e instrumentos financieros.

Fondo de maniobra: capital circulante, parte del activo que se financia a largo plazo.

Fondo de pensiones: fondo que agrupa las aportaciones de un conjunto de planes de pensiones.

Fraude: acción contraria a la verdad y a la rectitud, que perjudica a la persona o instituciones contra quien se comete. El fraude fiscal supone dejar de declarar impuestos a los que se está obligado.

Free float: capital flotante que circula en la negociación bursátil.

Fusión (de empresas): operación mediante la que una sociedad absorbe a otra o dos o más deciden crear una nueva.

Ganancia: es el aumento del valor de un activo financiero respecto al precio de compra. Para hacer efectiva la ganancia hay que vender el activo, mientras no se haga es solo latente. También se usa como sinónimo de «beneficio».

Garantía: compromiso temporal del fabricante o vendedor, por el que se obliga a reparar gratuitamente algo vendido en caso de avería o hacer frente a la falta de pago al que ha presentado la garantía.

Gastos: asignación presupuestaria aneja a ciertos cargos públicos o privados que se programa para atender a sus actividades sociales.

Golden share: véase *acción de oro*.

Gravamen: carga fiscal impuesta sobre la riqueza, el gasto o la renta de individuos y empresas.

Green shoe: opción de compra que los emisores u oferentes conceden a las entidades coordinadoras de una oferta pública de venta o suscripción.

Hedge funds: fondos de inversión libre que intentan maximizar la rentabilidad sea cual sea la tendencia del mercado, incluso con tendencias bajistas, lo que en circunstancias normales implicaría pérdidas. No tienen las restricciones de inversión de los fondos tradicionales, por lo que pueden elegir los valores o instrumentos, emplean estrategias sofisticadas como ventas o apalancamientos que implican nivel de riesgo que el inversor debe conocer.

Hipoteca: derecho real que grava un bien inmuebles y que normalmente se utiliza para lograr la financiación para su compra (aunque también se pueden hipotecar bienes muebles). Se utiliza como sinónimo de «préstamo hipotecario».

Holding: grupo de empresas que se conforma como cabeza, es decir, no ejercen por sí la industria o el comercio, sino que su objeto es la posesión de acciones de otras empresas, teniendo el control de las mismas.

IBEX 35: índice selectivo de la bolsa española que agrupa a los treinta y cinco valores con mayor cotización.

ICO (Instituto de Crédito Oficial): entidad pública que tiene naturaleza jurídica de entidad de crédito y actúa como agencia financiera del Estado.

Imposición: carga, gravamen, obligación, especialmente cuando se trata de impuestos o tributos. Entrega realizada por un cliente a una entidad bancaria.

Impuesto: tributo que se paga al Estado para que este pueda costear los gastos públicos que constituyen el sistema de bienestar.

Impugnación: interposición de un recurso contra una resolución judicial.

Indemnización: resarcir de un daño o perjuicio, generalmente mediante compensación económica.

Inflación: proceso de aumento de los precios en un país. Implica una disminución del poder adquisitivo y se mide a través del IPC (índice de precios al consumo).

Información privilegiada (*insider trading*): información que aún no ha sido objeto de difusión y que, por su naturaleza, puede afectar a la cotización de uno varios valores o al mercado en su conjunto. Es una práctica ilegal perseguida por las autoridades del mercado de valores.

Información relevante: acontecimiento, noticia o dato que puede influir en las decisiones de los inversores sobre un valor con la consiguiente incidencia en un valor.

Inmovilizado: conjunto de bienes materiales o inmateriales consignados en los balances de las empresas y creados o adquiridos por ellas para ser utilizados de forma duradera.

Insolvencia: es la situación jurídica en la que se encuentra el deudor que no puede hacer frente al cumplimiento de sus obligaciones por carecer de patrimonio para ello.

Institución de inversión colectiva: fondos o sociedades de inversión que tienen como objeto la captación de fondos para gestionarlos e invertirlos. El rendimiento del inversor se establece en función de los resultados colectivos.

Instrumento financiero: contrato que genera, al mismo tiempo, un activo financiero para una de las partes y un pasivo financiero para la otra. El titular tiene derecho a percibir una remuneración mientras mantenga la inversión y la entidad tiene la obligación de abonar dicha remuneración hasta el momento del vencimiento.

Interés: cantidad que se paga como remuneración de un crédito. Retribución que se recibe por una inversión.

Intermediación: función que tienen las entidades autorizadas legalmente para actuar como medios de enlace entre el acreditante de un financiamiento y el acreditado, cobrando una comisión por haber realizado la conexión entre las partes.

Inversión colectiva: la realizada mediante la aportación de múltiples inversores que buscan mejorar sus posibilidades en un mercado.

Inversión institucional: inversión llevada a cabo por entidades con personalidad jurídica que invierten en una determinada clase de valores por ser uno de sus fines sociales.

IPC (índice de precios al consumo): dato estadístico que refleja la evolución de los precios de los bienes y servicios que se consumen.

IRPF (impuesto de la renta de las personas físicas): impuesto que pagan las personas físicas en base a las rentas obtenidas en un año natural. Es la base sobe la que se sostiene el sistema tributario español.

IVA (impuesto sobre el valor añadido): carga fiscal que se aplica al consumo al adquirir un bien o al disfrutar de un determinado servicio.

Joint venture: término que designa la agrupación temporal de empresas para el logro de objetivos comunes.

Juicio oral: periodo decisivo del proceso penal en que, tras el que, una vez terminado el sumario, se practican directamente las pruebas y alegaciones ante el tribunal sentenciador.

Juicio ordinario: juicio declarativo.

Junta general de accionistas: órgano supremo de una sociedad en el que se adoptan por mayoría las principales decisiones societarias y estatutarias.

Jurisdicción: poder que tienen los jueces y tribunales para juzgar y hacer ejecutar lo juzgado.

Jurisprudencia: conjunto de las sentencias de los tribunales y doctrina que contienen. Criterio sobre un problema jurídico establecido por una pluralidad de sentencias concordes.

Justiprecio: aprecio o tasación de algo. Cantidad que se da al expropiado de un bien en concepto de indemnización.

Latibex: mercado autorizado que negocia en Europa los valores de empresas latinoamericanas.

Laudo arbitral: decisión o fallo dictado por los árbitros o amigables componedores, que pone fin al procedimiento arbitral.

Lavado de dinero: es el proceso también conocido como lavado de capitales, lavado de activos o blanqueo de capitales que consiste en cambiar grandes cantidades de dinero obtenidas de delitos por otras de origen legítimo. Es una práctica habitual en el crimen organizado (narcotráfico, contrabando de armas, trata, prostitución, extorsión, piratería, evasión…) y la economía sumergida. Comienza con la comisión de un acto delictivo de tipo grave, que supone la obtención de beneficios ilegales en los mercados u otros sectores económicos.

Leasing: operación financiera de arrendamiento mediante la que una empresa arrendadora compra directamente al proveedor de un bien de equipo a efectos de cederlo en alquiler a una empresa arrendataria por un precio y plazo predeterminados pudiendo ejercer la opción de compra a la finalización del periodo por un valor residual.

Letras del Tesoro: valor a corto plazo (menos de dieciocho meses) emitido por el Estado a través del Tesoro Público. Se emiten con descuento mediante el procedimiento de subasta.

Ley del Mercado de Valores: ley que regula el mercado de valores desde 1988 y que también recoge el régimen sancionador en casos de infracción.

Libertad bajo fianza: situación o beneficio del que pueden gozar los procesados pagando una fianza, no sometiéndolos durante la causa a prisión preventiva.

Línea de crédito: dinero que el banco pone a disposición de un cliente durante un periodo de tiempo concreto pudiendo ser utilizada en parte o en su totalidad.

Liquidación: fase final por la que se culmina una operación sobre valores mediante la entrega de títulos por parte del vendedor con gran rebaja de precios por cesación, quiebra o traslado.

Liquidez: cualidad de una inversión por la que es posible su transformación inmediata en efectivo.

Litigio: pleito, altercado en juicio.

Lock-up: periodo durante el cual no es posible hacer una determinada operación.

Lucro cesante: ganancia dejada de obtener como consecuencia del incumplimiento de una obligación, por la infracción de un deber o por un sacrificio patrimonial legítimo. Normalmente debe ser indemnizada por el causante del daño.

Malversación: delito que cometen las autoridades o funcionarios que sustraen o consienten que un tercero sustraiga caudales o efectos públicos que tienen a su cargo.

Margen bruto: diferencia entre ingresos obtenidos por ventas y los gastos directos de producción (es decir, sin incluir amortizaciones ni gastos financieros y comerciales).

Medidas cautelares: medidas que se adoptan para preservar el bien litigioso o para prevenir en favor del actor la eficacia final de la sentencia. Se utilizan también en el procedimiento administrativo.

Memoria: informe que, junto al balance y la cuenta de resultados, compone las cuentas anuales de una compañía.

Mercado continuo: sistema informatizado de contratación que permite la negociación de los principales valores de la bolsa.

Mercado de divisas: mercado cuyo objeto de contratación son las divisas autorizadas y convertibles a la moneda nacional y que se realiza entre las instituciones financieras por cuenta propia o ajena, al contado o a plazo.

Mercado inmobiliario: conjunto de bienes inmuebles (casas, edificios comerciales, urbanizaciones...) que están disponibles para su compra, venta o alquiler.

Mercado interbancario: mercado reservado para las entidades financieras que se prestan el dinero entre ellas y fijan los tipos de interés. Sus repercusiones son importantes porque las hipotecas se refieren a los tipos de míbor, que es el interés medio del dinero en el mercado interbancario.

Míbor: interés medio del dinero en el mercado interbancario.

Minusvalías: pérdidas generadas por una disminución del valor de una inversión. Mientras se mantiene la inversión, las minusvalías son latentes. Si se vende, se convierten en pérdidas.

Monopolio: concesión que asigna una autoridad competente para que una empresa aproveche de manera exclusiva un tipo de industria o comercio. Existe esta situación cuando una única empresa es la que fabrica o comercializa un determinado producto o servicio, sin que exista ningún tipo de competencia por parte de otra empresa de su sector.

Moroso: que incurre en morosidad, es decir, el hecho de que un deudor incumpla sus obligaciones de pago en el momento establecido para ello.

Muralla china: mecanismo que intenta prevenir la aparición de conflictos de interés entre empresas de un mismo grupo o entre departamentos de una entidad que se encuentran relacionados en operaciones que tengan efecto en el mercado de valores.

Nasdaq: mercado organizado estadounidense que nació en las transacciones que se hacían fuera del mercado bursátil y que, posteriormente, se especializó en un mercado empresas de reducida dimensión y alto potencial de crecimiento, totalmente informatizado y de referencia mundial.

Negligencia: omisión de la atención debida por inacción, descuido o acción incorrecta, inadecuada o insuficiente, con imprudencia.

Nominal: valor facial de un título o valor. Los valores pueden emitirse por un valor distinto del nominal en el supuesto de prima de emisión o si se emiten al descuento.

Nominativo: valor que identifica al legítimo titular.

Novación: acuerdo de las partes que han suscrito un contrato para modificar una parte de su contenido. Se aplica en el mercado hipotecario con frecuencia.

Nuda propiedad: derecho de dominio que tiene el propietario de un bien y que ha perdido las facultades de uso y disfrute al constituirse un derecho de usufructo sobre ese bien a favor de otra persona.

Nulidad de actos administrativos: en un procedimiento administrativo o judicial, decisión que, por la omisión de un trámite esencial, deja sin efecto las actuaciones practicadas. Nulidad absoluta es cuando supone invalidez de un acto jurídico que para ser eficaz no necesita ser declarada por un juez, y relativa, cuando necesita ser declarada por un juez.

NYSE (New York Stock Exchange): Bolsa de Nueva York, más conocida como Wall Street, por ser esta la calle en la que se domicilia.

Obligación: valor mobiliario que representa una parte proporcional de un empréstito.

OCDE (Organización para la Cooperación y el Desarrollo Económico): organismo internacional creado en 1961 para promover políticas económicas y sociales que mejoren el bienestar de las personas de todo el mundo.

Oferta pública de adquisición (opa): operación mediante la que una persona física o jurídica ofrece públicamente a los accionistas de una sociedad la adquisición de sus acciones con el fin de obtener o aumentar la participación en el capital. Se puede presentar con carácter voluntario, pero la normativa establece los casos en los que es obligatoria (cuando supera un determinado porcentaje o tiene una posición de dominio evidente). El precio suele ser superior al del mercado para facilitar la aceptación de la oferta. El pago puede ser en dinero, en acciones o mixta. La opa puede ser amistosa, es decir, de acuerdo con los responsables de la empresa ofertada, u hostil, que es cuando pasa lo contrario y se considera no solicitada o en contra de sus intereses. En estos casos, suele aparecer la opa competidora, que es la que se presenta para contrarrestar la opa hostil y que, de acuerdo con la normativa, debe mejorar las condiciones de la oferta inicial.

Oferta pública de exclusión: cuando la opa se hace para sacar un valor de cotización.

Oferta pública de suscripción (OPS): operación dirigida a la captación de fondos de los mercados.

Oferta pública de venta (OPV): operación para ofrecer una parte o la totalidad del capital social de una empresa. Suele hacerse cuando se privatiza una empresa pública o cuando un accionista mayoritario quiere desprenderse de sus acciones.

Oligarquía: grupo reducido de personas que tiene poder e influencia en un determinado sector social, económico y político.

Oligopolio: concentración de la oferta de un sector industrial o comercial en un reducido número de empresas.

Opción (financiera): contrato que implica el derecho a comprar o vender una determinada cuantía a un precio establecido y en un plazo determinado.

Operación acordeón: operación que consiste en una reducción y ampliación de capital simultáneas con el fin de sanear la sociedad. El capital se reduce a cero o por debajo de la cifra mínima legal y luego se incrementa hasta una cifra igual o superior a dicha cifra mínima. Estas operaciones suelen estar vinculadas a la necesidad de adaptar el capital social tras haber tenido pérdidas y se espera disponer de nuevos recursos por la ampliación.

Pacto de recompra: acuerdo por el que el vendedor de un activo se compromete a volverlo a comprar al adquirente.

Pagaré: valor de renta fija emitido al descuento en el que se instrumenta una deuda contraída por una empresa a corto plazo.

Papel: posición en bolsa que indica un exceso de la oferta sobre la demanda y que, en situación límite, puede impedir que se realicen operaciones.

Paraíso fiscal: aquellos países que aplican una presión fiscal inferior a la habitual y, a menudo, con una regulación financiera menos estricta. De esa forma, consiguen captar importantes volúmenes de capitales internacionales. Existen unos cincuenta paraísos fiscales.

Paridad: equivalencia entre el valor nominal y el efectivo de los valores mobiliarios. Definición del valor de una moneda en relación con otra o con un patrón internacional.

Parquet: salón de contratación de las bolsas a la vista del público. Se llama así por ser el piso de parquet. Ahora apenas se usa.

Participación: unidad de inversión colectiva en un fondo o en el capital de una empresa. Cuando supera un determinado umbral (en España se entiende que un 3 %) se considera significativa.

Pasivo: término contable que define el conjunto de deudas y obligaciones pendientes de pago. Mientras que el activo muestra en qué ha invertido la sociedad, el pasivo informa sobre el origen de los fondos para realizar las inversiones. Se incluyen las deudas con los bancos, otras entidades financieras y proveedores. El pasivo circulante muestra el pasivo que tendrá que ser atendido a corto plazo.

Patrimonio: conjunto de bienes y derechos detentados por una persona.

Pay out: tasa de reparto de dividendo. Es decir, el beneficio que se destina a dividendo.

Pelotazo: operación económica que produce una gran ganancia fácil y rápida.

PER: número de veces que está contenido el beneficio por acción en el precio de mercado de esta.

Periodificación: procedimiento contable por el cual los ingresos y los gastos se reconocen en el ejercicio al que corresponden, aplicando el criterio de devengo, independientemente de cuando se paguen. La base de este procedimiento es que puede haber determinados gastos que se realizan en un año, pero que van referidos en parte a un ejercicio futuro.

Permuta: contrato por el que se entrega una cosa a cambio de recibir otra.

Pignoración: actuación en la que se deja algo en prenda.

Píldora envenenada (*poison pill*): estrategia de defensa frente a adquisiciones hostiles mediante la cual se devalúa el valor de las acciones emitiendo más acciones, dificultando así la compra de la mayoría.

Planes de pensiones: producto financiero de inversión y ahorro al que se hacen aportaciones periódicas para disponer de un capital tras la jubilación.

Pleito: contienda, diferencia, disputa, litigio judicial entre partes.

Plusvalías: ganancias generadas por un incremento en el precio de un valor. Mientras se mantiene se consideran plusvalías latentes. Si se vende, pasan a ser ganancias.

Pool: conjunto de unidades que se agrupan con un fin común. En términos económicos se utiliza para las reuniones de empresas en operaciones industriales o financieras.

Porfolio: conjunto de inversiones que constituyen el patrimonio de una persona o entidad.

Preconcurso (de acreedores): es una vía alternativa de la que disponen las empresas que, previamente a la presentación de concurso de acreedores ante el juzgado, informan a este de la apertura de un periodo de negociaciones.

Préstamo: es un producto financiero que permite a un usuario acceder a una cantidad fija al comienzo de una operación con la condición de devolver esa cantidad más los intereses pactados en un plazo determinado. La amortización se realiza mediante cuotas regulares. El crédito se diferencia del préstamo en que en este se facilita todo el dinero que se pide de una sola vez, mientras que en el primero el banco pone a disposición del cliente una cantidad que puede utilizar en función de sus necesidades.

Prestatario: que toma dinero o bienes a préstamo.

Prevaricación: delito consistente en que una autoridad, un juez o un funcionario dicte a sabiendas una resolución injusta.

Prima de emisión: diferencia entre el valor nominal y el precio por el que se emite. Es un sobreprecio con el fin de incrementar las reservas y evitar la dilución por la entrada de nuevos accionistas.

Prima de riesgo: es la mayor rentabilidad que se exige a un activo por aceptar el riesgo que incorpora en relación a los activos que se consideran libres de riesgo.

Privatización: venta total o parcial de una empresa pública a inversores privados.

Productos derivados: opciones y futuros. Sus oscilaciones dependen de otros productos que toman como referencia, ya sean acciones o materias primas.

Provisiones: prevención de recursos o caudales que se realiza para cuando hagan falta. Son fondos que se acumulan en las empresas para hacer frente a posibles mermas de los recursos propios de las empresas.

Póliza: documento en el que se realiza un contrato mercantil.

Quebrantamiento: omisión o violación de garantías sustanciales en el procedimiento.

Querella: acto por el que el fiscal o un particular ejercen ante un juez o un tribunal la acción penal contra quienes se estiman responsables de un delito.

Quiebra: situación jurídica de insolvencia patrimonial en la que se encuentra una persona física o jurídica. Se produce cuando el pasivo es superior al activo, cesando por tanto en el pago de obligaciones. La declaración de quiebra debe realizarse judicialmente, con la designación de un administrador judicial que se haga cargo de la empresa quebrada a fin de asegurar que su patrimonio responderá, en un proceso de liquidación, al menos a una parte de las deudas.

Quita: convenio que un deudor firma con uno o varios acreedores a través del que se compromete a pagar una parte de la deuda mientras renuncia a su derecho sobre el resto.

Quórum: mínimo de asistentes que deben estar presentes en la junta de accionistas de una sociedad para que sea válidamente constituida.

Raider: operador de los mercados financieros que está a la caza de oportunidades. Busca operar a corto plazo y generalmente con fines especulativos.

Rating: instrumento analítico que permite valorar el riesgo de una empresa o de una emisión.

Ratio: relación entre dos magnitudes que, en términos de bolsa, permiten comparar el comportamiento de las acciones cotizadas con los datos de la compañía.

Reaseguro: contrato de seguro mediante el cual una compañía aseguradora pasa a ser asegurado de otra entidad, es decir, distribuye los riesgos y limita las responsabilidades que habría de asumir en caso de siniestro, cubriendo parcial o totalmente su coste.

Rebeldía procesal: situación procesal de quien, siendo parte en un juicio, no comparece al llamamiento que formalmente le hace el juez.

Recargo de apremio: recargo de contribuciones o impuestos por causa de demora en el pago. Mandamiento de autoridad judicial para proceder al pago de alguna cantidad o al cumplimiento de otro acto obligatorio. Procedimiento ejecutivo que siguen las autoridades administrativas y agentes de la Hacienda Pública para el cobro de impuestos o descubiertos a favor de esta o de entidades a que se extiende su privilegio.

Recurso de alzada: recurso de apelación en lo gubernativo que se entabla a fin de que una resolución sea revocada, total o parcialmente, por un tribunal o autoridad superior al que la dictó.

Recurso de amparo: estatuido por algunas constituciones modernas, europeas y americanas, para ser tramitado ante un alto tribunal de justicia, cuando los derechos asegurados por la ley fundamental no fueren respetados por otros tribunales o autoridades.

Recurso de casación: el que con carácter extraordinario se interpone ante el Tribunal Supremo contra fallos definitivos, por apreciar en ellos la infracción de una ley o doctrina legal o el quebranto de alguna garantía legal del proceso. En el caso del derecho foral en España, se sustancia ante el Tribunal Superior de Justicia de la correspondiente comunidad autónoma.

Recurso de queja: es el que interponen los tribunales contra la invasión de atribuciones por autoridades administrativas, y, en general, el que los interesados promueven ante un tribunal o autoridad superior contra la resistencia de un inferior a admitir una apelación u otro recurso.

Recurso de reforma o reposición: se interpone ante un juez o tribunal que en un proceso ha dictado una resolución, normalmente de trámite, para que la reconsidere.

Recurso de revisión: se interpone para obtener la revocación de sentencia firme en casos extraordinarios determinados por las leyes.

Recursos (propios y ajenos): los propios son los aportados por los propietarios o accionistas y los generados por la actividad de la empresa que no han sido repartidos. Es decir, el capital social y las reservas. Los ajenos son los que recibe una empresa de terceros como financiación y se convierten en deudas.

Recusación: acto tendente a apartar de la intervención en un procedimiento administrativo o judicial a un juez, un testigo o un perito, por su relación con los hechos o con las demás partes.

Reducción de capital: operación que se hace porque el capital excede las necesidades o porque necesita ajustarlo a su patrimonio para absorber pérdidas.

Registro: en las diversas dependencias de la Administración pública, departamento especial donde se entrega, anota y registra la documentación referente a ellas. En el de la propiedad, el registrador inscribe todos los bienes raíces de un partido judicial, con expresión de sus dueños, y donde se hacen constar los cambios y limitaciones de derecho que experimentan dichos bienes. El de la propiedad industrial sirve para registrar patentes de invención o de introducción, marcas de fábrica, nombres comerciales y recompensas industriales, y para obtener el amparo legal de los derechos concernientes a todo ello. El mercantil sirve, con carácter público, para la inscripción de actos y contratos del comercio, preceptuada legalmente en determinados casos.

Reinversión: acción de invertir nuevamente los beneficios.

Rendimiento: resultado de una inversión que comprende la suma de los intereses o dividendos obtenidos más la revalorización o depreciación experimentada en el mercado.

Renta fija: instrumento emitido por una empresa que representa unos préstamos que la entidad recibe de los inversores. Confiere derechos económicos, pero no políticos.

Renta variable: instrumento financiero cuya rentabilidad no está definida de antemano, sino que depende de distintos factores, como los beneficios obtenidos o las expectativas de negocio. Los más representativos son las acciones.

Rentabilidad bursátil: diferencia positiva o negativa anual entre la cotización al cierre de dos ejercicios consecutivos más los dividendos y beneficios por ampliaciones de capital producidos en el periodo.

Repo: pacto de recompra que se realiza sobre valores de deuda pública.

Rescate: acción destinada a poner fin a una deuda mediante el pago de las cantidades adeudadas.

Reservas: junto al capital forman los recursos propios de una empresa.
Retracto: derecho que compete a ciertas personas para quedarse, por el tanto de su precio, con la cosa vendida a otro.
Riesgo: incertidumbre sobre la evolución de un activo que indica la posibilidad de que una inversión ofrezca un rendimiento diferente del esperado.
Riesgo país: es el riesgo de crédito de una inversión que no depende de la solvencia de un emisor, sino de la de su país de origen.

Saldo: cantidad positiva o negativa que resulta de una cuenta.
Sanción penal: pena que una ley o un reglamento establece para sus infractores.
Scrip dividend: retribución que consiste en abonar el dividendo mediante la entrega de nuevas acciones en lugar de efectivo.
SEC (Securities and Exchange Commission): órgano regulador y supervisor de los mercados de valores de Estados Unidos.
Segundo mercado: mercado bursátil de pequeñas y medianas empresas.
Seguridad Social: sistema mediante el cual el Estado garantiza la protección social adecuada a las personas, proporcionando el acceso a la asistencia médica. Se nutre de los impuestos y de las aportaciones de los trabajadores y empresas.
Seguro: contrato por el que alguien se obliga mediante una prima a indemnizar el daño producido a otra persona o a satisfacer un capital, una renta u otras prestaciones.
Seguro de depósitos: mecanismo que, ante la liquidación de una empresa o institución financiera inscrita en el Fondo de Garantía de Depósitos, garantiza a los depositantes la recuperación total o parcial de su dinero. (Véase *Fondo de Garantía de Inversiones*).
Sicav: institución de inversión que funciona como una sociedad anónima y que destina los fondos a valores mobiliarios.
Sindicación: en el universo mercantil se refiere a la unión temporal de empresas o entidades financieras con intereses comunes.
Síndico: persona elegida por una comunidad o corporación para cuidar de sus intereses.
Sobreseimiento: fin de un procedimiento penal o sancionador sin llegar a una resolución sobre el fondo.
Sobrevaloración: otorgar a alguien o algo mayor valor del que realmente tiene.
Sociedad anónima: empresa cuyo capital social está distribuido en acciones y limita la responsabilidad de sus socios al capital aportado.

Sociedad de cartera: sociedad que tiene por objeto la tenencia de acciones de otra u otras con el fin de contratarlas o de tener rentabilidad por la vía de dividendos o plusvalías.

Sociedad de valores y bolsa: empresa de servicios de inversión (ESI) que actúan como intermediaria y tiene forma de sociedad anónima con dos millones de euros como mínimo. Puede recibir órdenes de terceros o actuar por cuenta propia, así como gestionar las carteras de inversión.

Sociedad instrumental: sociedad utilizada como interpuesta para realizar operaciones o custodiar títulos de valores.

Sociedad limitada: sociedad formada por reducido número de socios con derechos en proporción a las aportaciones de capital y en que solo se responde de las deudas por la cuantía del capital social.

Solvencia: capacidad de satisfacer deudas.

Split: desdoblamiento del valor nominal de las acciones de una sociedad en una proporción determinada. Es decir, el número de acciones se multiplica y el precio de mercado de las mismas se divide en la misma proporción.

Spread: diferencia entre el precio de oferta y demanda de un determinado valor.

Stock option: derechos que se otorgan a ciertos directivos para recibir suplementos en caso de obtener más beneficios.

Subprime: modalidad de crédito del mercado hipotecario de Estados Unidos que se caracteriza por tener un nivel de riesgo de impago superior a la media del resto de los créditos. La tasa de interés suele ser alta para compensar a los prestamistas por asumir el riesgo de que el prestatario no pague el préstamo. El vocablo se hizo popular en la crisis financiera de 2008, que tuvo su origen precisamente en la burbuja que se produjo y explotó en Estados Unidos por la sobrevaloración de los activos inmobiliarios, y que luego se extendió a los demás mercados mundiales.

Subrogación: sustituir o poner a alguien o algo en lugar de otra persona o cosa.

Supernumerarios: son los miembros casados o solteros del Opus Dei que por su vida familiar están menos disponibles para las actividades de la prelatura. Su colaboración en tiempo y dinero es menor que la de los numerarios, que son aquellos que se someten a los votos de pobreza, castidad y obediencia y viven en residencias junto a otros correligionarios.

Suspensión de pagos: cuando una empresa no dispone de liquidez para hacer frente a sus obligaciones de pago, aunque tenga activos suficientes para responder a las deudas. Si la situación patrimonial de la empresa es tal que sus bienes y derechos de crédito son insuficientes para responder, sería necesario instar la quiebra.

Swaps: intercambio de dos corrientes de pago en la misma moneda o diferentes.

Tarjetas *black*: tarjetas de crédito especiales que dan derechos privilegiados a sus poseedores.

Tasa: tributo que se impone al disfrute de ciertos servicios o al ejercicio de ciertas actividades. En finanzas, la tasa activa es el porcentaje que cobran las entidades financieras por los créditos que prestan. La tasa pasiva es la que los bancos pagan al público por sus depósitos.

Tasación: fijar oficialmente el precio máximo o mínimo para una mercancía.

Tendencia: es el sentido en el que se mueven los precios de los activos analizados.

Tesorería: dirección de una empresa que gestiona las acciones relacionadas con las operaciones de flujos monetarios, es decir, la gestión de la caja y bancaria.

Testaferro: persona que presta su nombre en un contrato, pretensión o negocio que en realidad es de otra persona. Son personas que se prestan como títeres de otras, manipuladas para que sean las caras visibles y reciban las consecuencias en vez de quien genera sus acciones realmente.

Timbre: renta del Tesoro constituida por el importe de los sellos, papel sellado y otras imposiciones, algunas cobradas en metálico, que gravan la emisión, uso o circulación de documentos.

Tipo de interés: precio del dinero, lo que debe pagar el deudor al acreedor.

Titulación: método de financiación de empresas basado en la venta o cesión de activos a un tercero que a su vez financia la compra emitiendo valores.

Trading: compra y venta de instrumentos financieros por cuenta propia.

Transferencia: cualidad de un mercado en el que existe un flujo adecuado y suficiente de información por parte de las empresas y los mercados.

Unión monetaria: situación en la que dos o más países acuerdan compartir moneda.

Unión temporal de empresas (UTE): sistema utilizado por el cual dos o más empresas se unen para realizar una obra o prestar un servicio, normalmente de gran alcance, que dura hasta que se ha terminado.

Usufructo: derecho a disfrutar de bienes ajenos con la obligación de conservarlos.

Valor actual neto (o valor efectivo): valor que se supone que tendrían en el momento actual los cobros y pagos que se prevé que genere en el futuro un determinado activo.

Valor bursátil: también capitalización bursátil, es el resultado del precio por acción multiplicado por el número de acciones en circulación.

Valor contable: importe neto que está reflejado en la contabilidad de una empresa una vez deducida, en el caso de los activos, la amortización acumulada correspondiente o cualquier corrección de valor del mismo por deterioro. También se conoce como valor en libros.

Volatilidad: mide la variabilidad de los precios de un activo financiero. Es un termómetro del riesgo de un valor en un periodo asociado a las fluctuaciones del precio. Ayuda a medir la incertidumbre de un mercado o valor concreto.

Índice alfabético

«Para viajar lejos no hay mejor nave que un libro».
EMILY DICKINSON

Gracias por tu lectura de este libro.

En **penguinlibros.club** encontrarás las mejores recomendaciones de lectura.

Únete a nuestra comunidad y viaja con nosotros.

penguinlibros.club

Penguin Random House Grupo Editorial